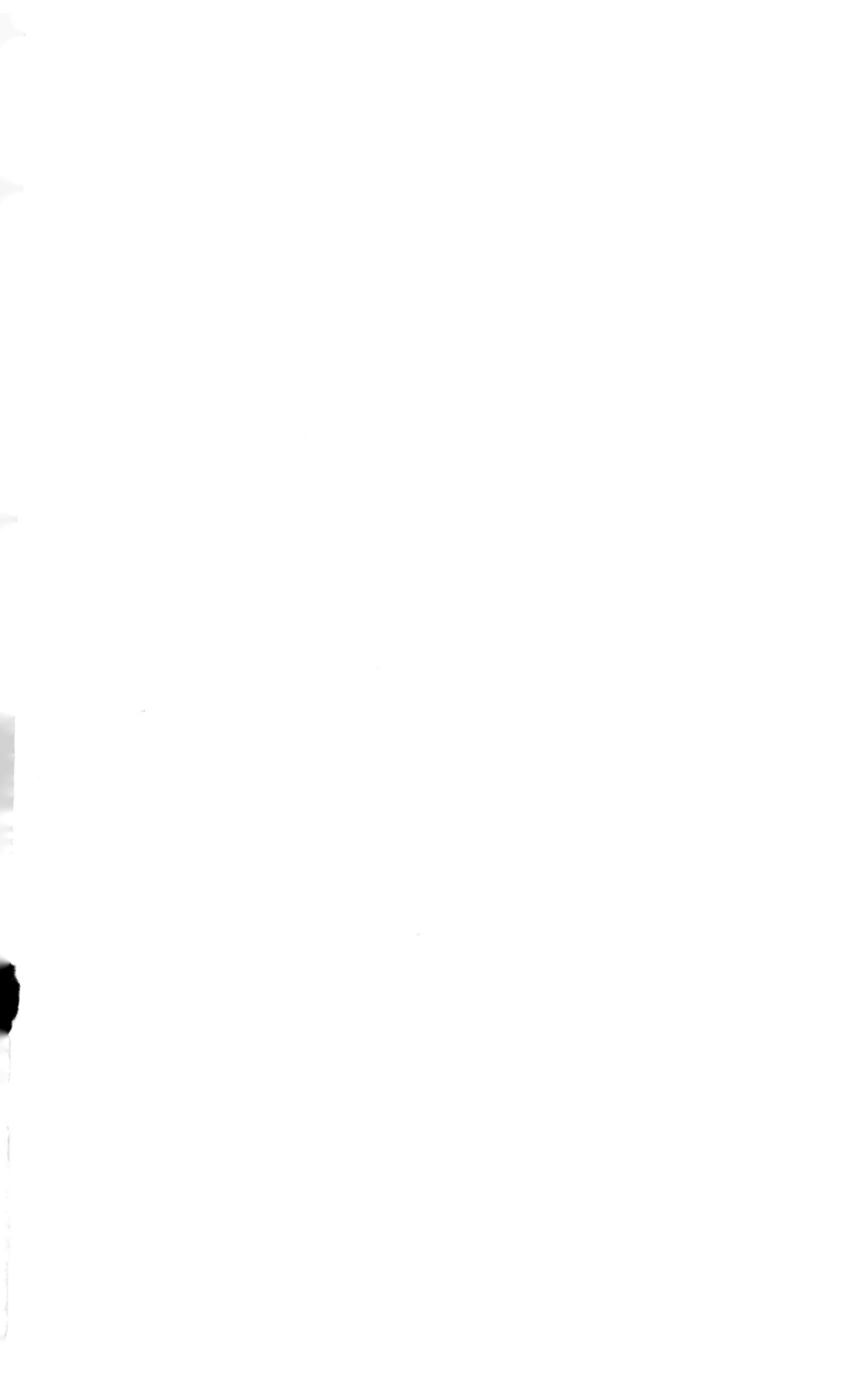

Yiqun Zhou

Festivals, Feasts, and Gender Relations in Ancient China and Greece

Cambrige University Press

New York

2010

Ицюнь Чжоу

•

Празднества, торжества и гендерные отношения в Древнем Китае и Древней Греции

Academic Studies Press
Бостон
2024

УДК 94(38)+94(510)
ББК 63.3(0)32+63.3(5Кит)3
Ч57

Перевод с английского Андрея Разина

Серийное оформление и оформление обложки Ивана Граве

Чжоу, Ицюнь.
Ч57 Празднества, торжества и гендерные отношения в Древнем Китае и Древней Греции / Ицюнь Чжоу ; [пер. с англ. А. Разина]. — Бостон: Academic Studies Press, 2024. — 492 с. — (Серия «Современное востоковедение» = «Contemporary Eastern Studies»).
ISBN 979-8-887194-94-3 (Academic Studies Press)

Древний Китай и Древняя Греция — две классические цивилизации, оказавшие существенное влияние на многие области человеческого опыта и часто упоминаемые в качестве парадигмы при сравнении «Восток — Запад». В данной книге упомянутые древние общества рассматриваются с точки зрения гендерных отношений, отражающихся в таких контекстах общения, как семейные пиршества, общественные праздники и религиозные празднества. В китайских и греческих источниках прослеживаются две различные модели межличностной близости и конфликта, которые показывают, как мужчины и женщины самоорганизуются и взаимодействуют во время социальных мероприятий, предназначенных для получения коллективного удовольствия. Через анализ этих моделей Ицюнь Чжоу освещает различные социально-политические механизмы, системы ценностей и структуру человеческих связей в двух классических цивилизациях. Эта книга станет важным источником информации для тех, кто интересуется гендерными исследованиями, историей женщин, сравнительным анализом древних обществ и наследием цивилизаций.

Ицюнь Чжоу — доцент кафедры языков и культур Восточной Азии Стэнфордского университета.

УДК 94(38)+94(510)
ББК 63.3(0)32+63.3(5Кит)3

© Yiqun Zhou, text, 2010
© Cambrige University Press, 2010
© А. Разин, перевод с английского, 2023
© Academic Studies Press, 2024

ISBN 979-8-887194-94-3

Предисловие

Эта книга посвящена исследованию межличностных отношений и структур поведения с особым акцентом на их отражении в различных социальных контекстах и в гендерном измерении, в Древнем Китае и Древней Греции (ок. X–IV века до н. э.). Изучив широкий спектр источников (в основном литературных и исторических), которые продемонстрировали коллективное стремление мужчин и женщин участвовать и получать удовольствие от семейных пиров, общественных и религиозных празднеств, мы постарались осветить различные социально-политические механизмы, системы ценностей и структуру человеческих взаимоотношений в двух классических цивилизациях, которые оказали значимое влияние на многочисленные сферы человеческой деятельности.

Данное исследование выходит за рамки преимущественно изучаемых предметов в активно развивающейся области сравнительных исследований Китая и Греции, а именно таких наук, как: медицина, философия и историография[1]. Сосредоточив

---

[1] Среди примеров статей и глав книг в существующей литературе отметим [Keightley 1993; Nylan 2000; Schaberg 1999a; Turner 1990; Vernant, Gernet 1980; Wooyeal, Bell 2004]. Такие журналы, как «Journal of Chinese Philosophy», «Philosophy East and West», «Dao» и «Asian Philosophy», время от времени публикуют сравнительные исследования по китайской и греческой философии. Совсем недавно специальный выпуск «Журнала китайской философии» (Journal of Chinese Philosophy. 2002. Vol. 29. № 3) был посвящен сравнению китайской и греческой этики. Среди монографий см. [Beecroft 2010; Chen Fang 2001; Jullien 1995, 2000; Kim 2009; Kuriyama 1999; Li Zhiqiang 2008; Liu Chenglin 2001; Lloyd G. 1996, 2002, 2004, 2005; Lloyd G., Sivin 2002; Lu Xing 1998; Raphals 1992; Reding 1985, 2004; Shankman, Durrant 2000, 2002; Wang Daqing 2006; Yu Jiyuan 2007]. Приведенный список включает только те пуб-

внимание на взаимодействии людей в праздничной обстановке, мы стремились к созданию более полной и точной по своему содержанию и структуре картины двух древних цивилизаций.

В данной работе рассматриваются важные темы гендерных исследований: истории семьи и женщин, включая отношения между общественной и домашней сферами, особенности гендерного соперничества и сотрудничества, взаимное влияние гомосоциальных связей и гендерных отношений, роль религии и ритуала в жизни женщин, а также связь между женской субъективностью и мужским воображением. Поскольку гендерные отношения и отношения между семьей и более широким социально-политическим кругом продолжают оставаться одними из наиболее изменчивых и интенсивно оспариваемых аспектов человеческого опыта в разных культурах, в данном исследовании мы постарались через сравнение объяснить некоторые из основных исторических парадигм в человеческой организации, наследие которых сохраняет свое влияние и в наши дни.

Наконец, мы надеемся, что данное исследование дополнит те труды, где социабельная деятельность рассматривается в качестве отправной точки для понимания организации, системы ценностей и человеческих отношений в обществе. Такой подход уже обогатил наше понимание древнегреческого общества, свидетельством чему служат работы таких ученых, как Освин Мюррей

ликации, которые посвящены сравнению Китая и Греции, и не учитывает такие работы, как объемные исследования Дэвида А. Холла и Роджера Т. Эймса [Hall, Ames 1987, 1998, 1999] по китайской и западной философии, в которых важная роль отведена грекам. Шенкман и Дюррант [Shankman, Durrant 2000: 4–8; 2002: 3–5] предлагают полезные обзоры литературы, которая в разной степени опирается на сопоставление древних Китая и Греции. На сегодняшний день только два эссе посвящены гендерным вопросам в Древнем Китае и Древней Греции. Найлан [Nylan 2000] сравнивает образы высокопоставленных женщин в империях Ахеменидов (559–331 до н. э.) и Хань (206 до н. э. — 220 н. э.) и то, как они изображаются в современных греческих и китайских исторических источниках, а Рафалс [Raphals 2002b] сопоставляет китайские и греческие представления о гендере и добродетели через обсуждение Платона, Аристотеля, Конфуция и нескольких ранних китайских исторических и дидактических текстов.

(Osvin Murray) и Полин Шмитт-Пантел (Pauline Schmitt-Pantel)[2]. Осознание необходимости расширения сферы исследования для получения как более обоснованных обобщений, так и более глубокого понимания отдельных явлений уже побудило ученых классиков к изучению практик общения на праздниках в соседних культурах Египта и Ближнего Востока [Dentzer 1982; Slater 1991]. Результаты, полученные для Китая, другой крупной древней цивилизации, не только послужат важным примером, но и повысят теоретическую заинтересованность исследователей социабельности[3].

Тексты, переводы, цитаты и подход к прочтению

Все первоисточники на китайском и греческом, основные комментарии и переводы, использованные для данного исследования, перечислены в начале библиографического списка. Если не указано иное, все греческие тексты и переводы взяты из Loeb Classical Library (с некоторыми изменениями).

Китайские тексты взяты из различных изданий. Для «*Шицзин*», «Книги од», китайского текста, наиболее важного для настоящего исследования, мы использовали перевод Артура Уэйли (Arthur Waley), внося по необходимости изменения. Для латинизации китайского языка во всей книге используется система пиньинь.

Хотя основу первичных материалов данного исследования составляют литературные тексты, мы анализировали их в первую очередь для того, чтобы понять идеи и практику социальных отношений в древних Китае и Греции. Поэтому читатели, чувствительные к тонкостям эстетических и риторических аспектов литературных текстов, вероятно, найдут много для себя интересного на следующих страницах. Однако я верю, что богатство и интенсивность чувств, выраженных в литературных текстах,

---

[2] См. работы этих двух авторов в библиографическом списке.
[3] Мюррей [Murray O. 2000] высказывает пожелание, чтобы Китай был включен в число «древних обществ» в будущих исследованиях социабельности.

все же займут приличествующее им место и что эти тексты являются незаменимым источником для исследования древних праздничных, пиршественных практик.

Ошеломляющее количество научных трудов, стоящих практически за любым аспектом вопросов, затронутых в данном исследовании, не позволяет нам привести исчерпывающие ссылки на вспомогательные источники. Однако мы надеемся, что нам удалось сослаться в библиографии на работы, наиболее актуальные для обсуждаемых тем, в которых представлены позиции, наиболее влиятельные по рассматриваемым аспектам, а также труды, содержащие самые последние исследовательские данные и способные ориентировать читателя на более ранние исследования.

Благодарности

Эта книга основана на диссертации, которую я, Ицюнь Чжоу, писала в 2004 году в Чикагском университете. Энтони Ю, Майкл Муррин, У. Р. Джонсон и Дэвид Рой, члены моего диссертационного совета, оказывали мне поддержку на различных этапах работы над проектом. Энтони Ю, в частности, безгранично верил в меня как в начинающего ученого на протяжении всех долгих лет, проведенных мной в Гайд-Парке. Без его понимания и постоянных подбадриваний я не смогла бы довести до конца столь масштабную и необычную работу, как эта. Если говорить не о Чикаго, Вайи Ли и Лиза Рафалс были столь великодушны, что прочли диссертацию и обеспечили мне столь необходимую помощь. Я особенно благодарна Вайи за то, что она предложила мне включить в число первоисточников китайские бронзовые надписи.

С лета 2006 года, когда я снова взяла в руки свою диссертацию и начала ее пересматривать, прошло много времени. В процессе редактирования мне помогало щедрое великодушие многих коллег и друзей, которые находили время, чтобы прочитать мою работу и обсудить ее со мной. Я благодарю Джима Райхерта за помощь в разъяснении некоторых важных понятий в предварительном варианте, который я в итоге представила в издательство Кембриджского университета. Ричард П. Мартин провел содержательную беседу о греческой женской поэзии. Эндрю Эббот, Роджер Эймс, Миранда Браун, Мартин Керн, Фенг Ли, Ли Менг, Эдвард Шонесси, Бан Ванг и Энтони Ю прочитали различные черновые версии и высказали интересные замечания. Я особенно благодарна Джеффри Ллойду, Майклу Найлану и Питеру Уайту, которые основательно проработали более поздний черновик и прислали мне свои подробные комментарии. На заключительном этапе подготовки рукописи Марк Льюис прочел весь черновик и высказал замечания, которые позволили мне пересмотреть некоторые из своих доводов. Я также выражаю глубокую признательность двум рецензентам из Кембриджа, чьи проницательные и конструктивные наблюдения сыграли решающую роль в улучшении этого исследования практически во всех его аспектах.

Я в глубоком долгу перед всеми коллегами и друзьями, которые здесь упомянуты, за то, что они щедро делились со мной своими познаниями и размышлениями. Мне было и трудно, и интересно, и чрезвычайно полезно вникать в их критические замечания и предложения в процессе редактирования. Я беру на себя исключительную ответственность за все ошибки и неточности, которые мои личные предубеждения и ограничения не позволили мне исправить.

Частично содержание этой работы было представлено в 2005–2006 годах на следующих площадках: Университет Вальпараисо (Крайст Колледж), Гарвардский университет (Центр китайских исследований Фэрбанка) и Стэнфордский университет (Центр восточноазиатских исследований). Я благодарю участников этих мероприятий за их ценный вклад. Здесь я также выражаю признательность фонду миссис Уайтинг (Фонд имени миссис Д. Уайтинг), предоставившему стипендию, которая помогла мне достичь решающего перелома в деле написания диссертации. Кроме того, я искренне благодарю Беатрис Рель из издательства Кембриджского университета, моего старшего редактора, которая с самого начала горячо поддержала этот книжный проект, а также Сьюзен Гринберг, выпускающего редактора, за тщательную проверку рукописи.

Наконец, большое спасибо Динсинь Чжао, который неустанно пытался убедить меня, пессимистку, в том, что научная деятельность, вероятно, даст мне наилучший из шансов найти смысл в любой принципиально незначительной человеческой жизни. Он наблюдал за постоянными метаморфозами этого исследования с несомненным сочувствием и был моим самым вдохновляющим критиком. Ему и другим столпам моей жизни — моим родителям, брату, сестре и У Сюэчжао, чье любящее наставничество и верная дружба сопровождали меня на протяжении 20 лет, — я посвящаю эту книгу.

Введение
Родство и дружба

В этой книге рассматриваются социальные отношения, которые принято называть «дружественными отношениями». Они определяются «моральным обязательством испытывать — или хотя бы изображать — чувства, которые подвигают человека на альтруистические действия» [Pitt-Rivers 1973: 90]. Эти дружественные отношения делятся на две широкие категории: родство и дружба [Pitt-Rivers 1973][1]. Хотя они могут незаметно переходить друг в друга (например, в случаях ритуального родства или ритуализированной дружбы)[2], две эти основные модели привязанности к группам не только, как правило, различимы на практике и поддерживаются различными институтами, но и часто в политической мысли и в антропологических моделях определяются как противоположность друг другу. Чаще всего дружба рассма-

---

[1] На эту классификацию довольно часто ссылаются ученые, пишущие о социальных группах в западной Античности; см., например, [Konstan 1997: 1–8] и [Murray O. 1982: 48].

[2] В общем плане явление взаимного пересечения (не столько самих отношений, сколько того, как они воспринимаются заинтересованными сторонами) более заметно в современных обществах. Некоторые примеры того, как социологи решают эту проблему в своих исследованиях современных родственных и дружеских отношений, можно найти в [Allan 1979, 1996]. В своем исследовании ритуализированной дружбы в Древней Греции, определяемой как «узы солидарности, проявляющиеся в обмене товарами и услугами между индивидами, происходящими из отдельных социальных единиц», Херман [Herman 1987: 10] анализировал общие черты, которые ритуализированная дружба разделяет как с родственными отношениями, так и с собственно дружбой как таковой.

тривается как «достигаемые» отношения, которые не зависят от «приписываемых» родственных связей, и как таковые представляют собой альтернативную и трансцендентную сферу человеческой солидарности [Konstan 1997, ch. 1].

Считающийся автономным и достигаемым характер дружеских связей по сравнению с предписываемыми и «естественными» родственными связями играет существенную роль в эволюционистской модели социальных теорий, которая доминировала в XIX веке и до сих пор пользуется немалым влиянием в современных научных кругах и среди широкой публики. В этой модели возникновение гражданского общества, состоящего из людей, оторванных от семьи и связанных взаимными обязательствами и верностью своему содружеству, знаменует собой разрыв с социальным порядком, сложившимся до нового времени, поскольку свидетельствует о переходе от статуса к договору [Elshtain 1993, introduction; Pateman 1988, ch. 1, 2; Patterson C. B. 1998, ch. 1; Rosaldo 1980: 401–405][3]. Греческий город-государство — гражданское сообщество, члены которого должны были объединяться друг с другом на принципах равенства и конкуренции, — именуется древним предшественником национального государства современного Запада [Redfield 2003: 10–11], что подтверждает знаменитое высказывание Эдит Гамильтон (1867–1963) о модерновом, современном характере Древней Греции[4]. Отграничивая

---

[3] Среди социальных теоретиков — эволюционистов XIX века упомянем такие светила, как Иоганн Якоб Бахофен (1815–1887), Морган (1818–1881), Энгельс (1820–1895), Мэйн (1822–1888), де Куланж (1830–1889). Знаменитый тезис «от статуса к договору» сформулирован Генри Мэйном [Maine 1861].

[4] См. широко известную книгу Гамильтона «Греческий путь» («The Greek Way»), которая увидела свет в 1930 году и с тех пор не раз переиздавалась и выходила многочисленными тиражами. «По всеобщему согласию греки принадлежат к древнему миру... Но то, что они находятся в нем, — лишь вопрос временно́й принадлежности; у них нет тех отличительных знаков, которые дают право на место в нем... Ни одна из великих цивилизаций, предшествовавших им и окружавших их, не служила им образцом. С ними в мир пришло нечто совершенно новое. Они были первыми людьми Запада; дух Запада, современный дух, — это греческое открытие, и место греков — в современном мире» [Hamilton 1943: 18–19].

публичную, политическую сферу от частной, домашней, и отдавая предпочтение достигаемым ролям над приписываемыми, греки принадлежат к Античности только в хронологическом смысле, тогда как надлежащее их место — в современном мире. Напротив, в эволюционистской модели Китай является квинтэссенцией стагнации и примитивности, поскольку он тысячелетиями опирался на родственные организации и семейную этику. В Китае ни один социальный, политический или религиозный институт не смог выйти за рамки родственных связей и создать гражданские узы и силу, противодействующую доминированию семьи во всех сферах китайского общества с классической древности до вынужденной встречи Китая с Западом в современную эпоху. Как западными востоковедами, так и патриотически настроенными китайскими интеллектуалами XIX и XX веков сохраняющаяся центральная роль семьи в социально-политической организации и системе ценностей Китая, очевидно, воспринималась как причина отсталости китайского общества, что демонстрировало резкий контраст между неменяющимся Китаем и развивающимся Западом[5].

В свете особого значения древних Китая и Греции в эволюционистской сравнительной парадигме, структурированной вокруг родства и дружбы, данное исследование, в котором противопоставляется центральный статус патрилинейных родственных отношений в Китае и преобладание дружественных отношений в Греции, основывается на предпосылке, о которой следует сказать в самом начале. Важные различия между древними Китаем

---

[5] Георг Вильгельм Фридрих Гегель (1770–1831) сыграл главную роль в распространении такого взгляда на Китай на Западе [Saussy 1993: 162–163]. Краткое обсуждение гегелевской концепции семьи см. в [Landes 1982]. О том, как западное эволюционистское мышление повлияло на взгляды ведущих китайских мыслителей в конце XIX — начале XX века, см. антологию под редакцией Фогеля и Зарроу [Fogel, Zarrow 1997], особенно эссе Лю [Liu Z., Liu J. 1997] и Вана [Wang F. 1997]. Также смотрите [Glosser 2003, ch. 1] и [Liang Shuming 2003: 18–22], где приводятся некоторые репрезентативные современные точки зрения относительно доминирования института семьи на протяжении истории Китая.

и Грецией в социальной организации и системе ценностей не должны иметь эволюционного значения для нашего понимания этих двух обществ. И древние китайцы, и древние греки изо всех сил старались приспособиться к различным типам организации общества, межличностных и гендерных связей, равно как и в других отношениях, в своем стремлении к достойной жизни. К критике, направленной на тенденцию к поляризации Китая и Греции в сравнительных исследованиях этих двух цивилизаций, в исследовании, подобном этому, следует относиться особенно внимательно[6]. Родство и дружба представляли собой две основные категории социальных отношений в Древнем Китае и Древней Греции, как это было и остается во всех известных нам культурах сегодня. Чтобы описать одно общество как ориентированное на родство, а другое — на дружбу, не следует забывать об их относительных различиях. Более того, такое сравнение было бы бесплодным, если только далее не разграничивать подкатегории отношений в рамках двух основных категорий, анализировать, как эти отношения складываются и проявляются в близости и конфликте, либо изучать, каким образом динамика отношений внутри и вне семьи и сети родства формирует то и другое. Таким образом, именно с пониманием относительного характера различий и необходимости разделять две первичные категории отношений и исследовать сложные взаимосвязи между ними и их подкатегориями мы приступим к сравнению межличностных и гендерных отношений в Древнем Китае и Древней Греции.

---

[6] Три известных компаративиста, Дэвид Холл, Роджер Эймс и Франсуа Жульен, подверглись резкой критике за представление Китая и Греции как строгих бинарных противоположностей (например, эстетическое/рациональное, конкретное/абстрактное, косое/прямое, спонтанность/свобода). Жульен, в частности, подвергся язвительным нападкам за то, что изобразил Китай и Грецию/Запад в терминах биполярной альтернативности и оценил Китай за «теоретическое дистанцирование», которое позволяет западным читателям лучше понять их собственную традицию. Подобную критику см. в [Billeter 2006; van Norden 2000; Reding 1996; Salkever 2004; Saussy 2002; Zhang L. 2005; Zhao H. 2007]. Шанкман и Дюррант [Shankman, Durrant 2000: 6–7], однако, благосклонно относятся к Холлу и Эймсу за то, что те успешно избегают упрощения в сравнении двух традиций.

В качестве отправной точки настоящего исследования взяты следующие вопросы: каким образом семья и другие социальные сферы (от политики до религии) были связаны друг с другом в Китае и Греции в древности? Как эти различия влияли на гендерные отношения в этих двух обществах, где доминировали мужчины, если разделение полов было ключевым принципом социальной организации, а основной сферой деятельности и влияния женщин была семья? Какие различные подкатегории и конфигурации родства и отношений включали в себя «родство» и «дружба» в Китае и Греции? И, наконец, была ли в этих двух древних обществах динамика отношений в семье зеркальным отражением динамики более широких социальных процессов или же она отличалась?

Чтобы ответить на эти вопросы, мы исследуем различные общественные мероприятия в Древнем Китае и Древней Греции, предназначавшиеся для коллективного культивирования социальных связей, во время которых два пола взаимодействовали. Подобные мероприятия способствовали сближению мужчин и женщин, и особенно из-за распространенных поведенческих ограничений в этих двух обществах, где практиковалось разделение полов, празднества, древнегреческие хоры и пиршества, представляют собой идеальный контекст для наблюдения за подобным взаимодействием. Более того, изучение греческих и китайских гендерных отношений в различных социальных контекстах помогает взглянуть на пол в более широкой перспективе. Так как групповые стремления к единению и удовольствию были глубоко укоренены в религиозной, политической и этической жизни Древнего Китая и Древней Греции, анализ, который пытается раскрыть связь социальных групп в этих двух обществах, позволяет нам понять гендерные отношения, существовавшие в них, в свете отличающихся социально-политических организаций и ценностей.

В продолжении настоящей главы будет дано определение некоторым основным терминам и понятиям, представлены соответствующие исторические факты, основные аргументы и первоисточники, а также изложена организация глав книги. При этом мы также хотим обозначить свои цели и подчеркнуть, для чего лучше всего подходят использованные источники и методы, а чего не позволяет достичь их предвзятость.

Время и место

Данное исследование охватывает широкий хронологический период, примерно с X по IV век до н. э. Согласно общепринятой исторической периодизации, для Китая и Греции эти шесть веков разделяются на основные периоды, показанные в таблице 1.1.

И Китай, и Греция имели меняющиеся географические и политические коннотации, и ни один из них не был унитарным территориальным или политическим образованием на протяжении шести исследуемых веков. В этом разделе мы объясним, почему древний Китай (ок. 1000–450 до н. э.) и древняя Греция (ок. 800–300 до н. э.) представляют собой самобытные цивилизационные единицы, несмотря на огромные географические различия и исторические изменения внутри каждой традиции.

В конце Темных веков, после распада фратрий, в Греции образовались сотни независимых городов-государств (полисов), которые оставались характерной формой политической организации страны вплоть до эллинистического и римского периодов[7]. Широко раскинувшийся греческий мир, который будет рассматриваться в данном исследовании, включает в себя собственно Грецию, острова Эгейского моря, побережье Малой Азии, южную

---

[7] Мюррей [Murray O. 1980: 64] уверен, что «к концу Темных веков полисы уже сложились как таковые во всех своих существенных аспектах». Источники и общие исторические исследования о полисах см. в [Ehrenberg 1969; Jones 1940; Murray O., Price 1990; Rhodes 1986]. Копенгагенский центр по изучению полиса (CPC) под руководством Могенса Хермана Хансена с момента своего основания в 1993 году провел множество исследований о характере и развитии античных полисов (полный список публикаций см. в [Hansen, Nielsen 2004: 191–193]). Об отличительных особенностях полиса в рамках того, что Хансен называет «культурами городов-государств», см. следующий раздел. Считается что, в течение тысячи лет (ок. 650–323 до н. э.) существовало около полутора тысяч полисов [Hansen 2006: 1–2].

Таблица 1.1. Исторические периоды, около X–IV века до н. э.

Китай		Греция	
ок. 1045–771 гг. до н. э.	Западная Чжоу	XII–IX вв. до н. э.	Темные века
770–256 гг. до н. э.	Восточная Чжоу	ок. 800–480 гг. до н. э.	Архаический период
770 — ок. 450 г. до н. э.	Период Весен и Осеней	480–323 гг. до н. э.	Классический период
ок. 450–221 гг. до н. э.	Период Воюющих царств	323–31 гг. до н. э.	Эллинистический период

Италию и Сицилию, а также северную Африку[8]. В Китае династия Западной Чжоу сначала относительно уверенно управляла рядом регионов, во главе которых стояли родственники и приближенные царского двора, служившие местными его представителями, но обладавшие значительной автономией в гражданских, юридических и военных делах. После первого столетия существования Западной Чжоу и, вероятно, после 771 года до н. э. (год, когда глава царской династии погиб в сражении с союзом захватнических войск и недовольной знати, а столица была перенесена на восток, что положило тем самым начало Восточной Чжоу) регионы все чаще и чаще вели войны и занимались дипломатическими делами независимо. К концу периода Весен и Осеней власти у дома Чжоу практически не осталось[9]. Китайский мир в интересующий нас период имел центр на северных равнинах, простирался на юг за реку Янцзы и на восток до побережья.

Политического и территориального единства не существовало ни в Древнем Китае, ни в Древней Греции. Однако именно куль-

---

[8] Финли [Finley 1977: 17] уподобляет «греческий мир» «христианскому миру» Средневековья и «арабскому миру» современности.

[9] По приблизительным оценкам, в ранней Западной Чжоу имелось более тысячи самостоятельных царств; к концу периода Весен и Осеней это число сократилось до десятков из-за непрекращающихся захватнических войн, в которых царства сражались друг с другом [Lü Wenyu 2006: 20–21, 150–151].

турная связь между более мелкими единицами в стране придавала традициям каждой из них уникальность и самобытность. Согласно высказыванию, которое Геродот (ок. 485–425 до н. э.) приписывает афинянам во время конфликта между греками и персами в начале V века до н. э., существовало нечто «истинно греческое» (*to Hellēnikon*), определяемое общей кровью, общим языком, общей религией, общими обычаями и нравами (Геродот, «История» 8.1.144). Такое утверждение можно оспорить, оно может нуждаться в уточнении относительно конкретного региона, определенного населения или отдельного времени, однако трудно отрицать существование «греческого пути» или общегреческой идентичности, что становится еще более убедительным, если говорить о восприятии (самими греками или другими народами, того времени или более поздними), а не об исторической реальности[10].

Подводя итоги более чем десятилетней коллективной работы в Копенгагенском центре изучения полиса, в результате которой была составлена опись всех известных греческих полисов архаического и классического периодов, Могенс Херман Хансен отмечает:

> Итак, греки имели общую культуру и твердое убеждение в принадлежности к одному народу. Это и служит основой утверждения, что все 1500 полисов принадлежали к одной и той же культуре города-государства, — утверждения, сформулированного кратко и убедительно поэтом Посидиппом: «Эллада одна, полисов много» [Hansen 2006: 37].

---

[10] Что касается утверждения Геродота о том, что все греки единокровны, Финли [Finley 1984: 8] утверждает, что, хотя древние греки были «тщательно перемешаны», «в социальном и историческом плане в вопросе о "расе" важна не наука, а вера». В другом месте Финли [Finley 1977: 18] резонно указывает, что «общая цивилизация никогда не означала абсолютной идентичности», и объясняет, что «наличествовали различия в диалектах, в политической организации, в культовых практиках, зачастую в морали и ценностях, более выраженные на периферии, но отнюдь не отсутствующие и в центре. Однако в их собственных глазах эти различия были незначительными по сравнению с общими элементами, которые они столь хорошо осознавали». Хансен [Hansen 2006: 36–37] аналогичным образом подтверждает тезис Геродота.

Аналогичным образом следует понимать и единство китайской традиции. Помимо региональных культур, процветавших на отдельных территориях, возникла «основная общая система политико-религиозных ценностей, а также схожая социальная организация элит» [Falkenhausen 1999: 542–544]. Это явление тем более примечательно, что оно стало более очевидным и широко распространенным в период Весен и Осеней, когда падение Западной Чжоу привело к ослаблению и окончательной утрате любого центрального политического импульса, который мог бы способствовать формированию культурной однородности. Хотя понятие Китая, характеризующегося культурным единством географических регионов и социальных слоев, неприменимо к периоду данного исследования (или даже к двухтысячелетнему имперскому периоду после 221 года до н. э.), тем не менее в период Чжоу происходил «постепенный процесс слияния и объединения, ведущий от относительного различия к относительному единообразию». Этот процесс происходил на фоне политической разобщенности и, таким образом, свидетельствует об огромной, и в значительной степени независимой, силе культурного взаимодействия[11].

В рамках изучения греческой традиции в период шести веков, охватываемых данным исследованием, будут рассмотрены архаический и классический периоды (ок. 800–300 до н. э.). Выбранный

---

[11] Цитата взята из пространного исследования Блейкли [Blakeley 1977: 211], посвященного различным социально-политическим традициям царств в период Весен и Осеней. Фэн Ли [Li F. 2006: 294] пишет о все более широком распространении ритуальной системы Чжоу в период Весен и Осеней как о «спонтанном процессе, в котором общая культурная традиция Чжоу почиталась и соблюдалась в новых восходящих региональных политических центрах». Чэнь Лай [Chen Lai 2006: 18, 80] рассматривает культуру периода Весен и Осеней как двоякий процесс расширения и кристаллизации культуры Западной Чжоу, с одной стороны, и трансмутации и нового развития — с другой. Пайнс [Pines 2002: 132–135], комментируя более тесные связи между различными частями царства Чжоу в период Весен и Осеней, развивавшиеся вопреки политической дезинтеграции, считает, что культурное развитие в то время заронило семена для поиска единства в период Воюющих царств.

хронологический отрезок весьма условен[12], есть две причины, по которым мы решили сосредоточиться на этих двух периодах, а также время от времени обращаться к эллинистической эпохе.

Во-первых, в социальной жизни Греции до и после Александра Македонского (356–323 до н. э.) прослеживается четкая и прочная преемственность, и то, что казалось поразительно новым в социальных и гендерных отношениях в более поздний период, часто оказывалось чем-то иным или более ярким проявлением устойчивой тенденции, которая была активна в предшествующие два периода. Как было отмечено ранее, вопреки существующей практике подчеркивать изменения в эллинистический период, III и начало II века до н. э. образуют континуум с классическим периодом как в идеях, так и в институтах греческой гражданской и частной жизни, а значимый разрыв происходит или становится заметен гораздо позже [Gauthier 1985; Shipley 2000, ch. 3; Van Bremen 2003][13]. Вторая причина заключается в том, что архаический и классический периоды эффективно демонстрируют заметные аспекты греческой социабельности и отношений гендеров и позволяют провести наиболее наглядные сопоставления с китайской традицией. Например, с точки зрения классических исследований, Кеннета Довера можно справедливо критиковать за то, что он опустил в своей работе по греческой гомосексуальности постклассический период на том основании, что «отличи-

---

[12] Несмотря на значительное внимание, уделяемое в последнее время эллинистическому периоду, в обсуждениях греческой истории и культуры все еще принято концентрироваться на четырех веках между Гомером и Александром, которые, как обычно считается, наиболее ярко демонстрируют достижения Греции. То, что предпочтение отдают архаическому и классическому периодам, не означает, что науке неизвестна решающая роль эллинистического периода в распространении греческой цивилизации, и, конечно, не рассматривают все события более поздней эпохи всего лишь как прямое продолжение архаического и классического наследия.

[13] В эллинистических государствах такие демократические институты, как собрания, городские советы и суды, оставались в значительной степени нетронутыми, а религиозные праздники, атлетические игры и гимнастические упражнения могли вызывать у людей такой же энтузиазм, как и раньше. См. примечание 32 ниже.

тельные черты греческой цивилизации были полностью развиты до конца классического периода» и поэтому не «полезно накапливать свидетельства, которые показывают только то, что характерные греческие взгляды и поведение сохранялись в течение длительного времени как компоненты греко-римской культурной амальгамы» [Dover 1978: 4][14]. Однако мы считаем, что с точки зрения сравнительной перспективы наиболее убедительной и экономичной стратегией подхода к греческой социабельности и гендерным отношениям является сосредоточение на этих двух периодах, которые не только представляли собой вершину эллинской цивилизации для самих греков, но и оказали наиболее продолжительное влияние на западную традицию. Если мы углубимся в эллинистический период, то только для того, чтобы найти дополнительные подтверждающие свидетельства или проиллюстрировать преемственность того или иного аспекта греческой традиции.

При рассмотрении китайской традиции основное внимание будет уделено периоду Западной Чжоу и эпохе Весен и Осеней (то есть ок. 1000–450 до н. э.). Западная Чжоу, которая на несколько столетий предшествует эпохе величайших ранних мыслителей Китая, не получила должного внимания в компаративных исследованиях Китая и Греции. Тем не менее невозможно отрицать значение этого периода в формировании китайской культуры в целом и в сфере китайской социабельности и гендерных отношений в частности. В этот период Китай обрел этническое ядро, а также основные парадигмы системы политических, этических, религиозных и ритуальных верований и практик, пусть они и подвергались постоянным трансформациям и дополнениям [Falkenhausen 2006; Hsu C. 2005: 456; Li F. 2006: 293–296], и вплоть до падения последней китайской династии в начале XX века период Западной Чжоу считался золотым веком китайской цивилизации. В данном исследовании мы подтвердим тот факт, что решающую роль в определении структуры и принципов китай-

---

[14] Критические замечания по поводу того, что Довер упрощает картину, ограничиваясь двумя ранними периодами, см. в [Percy 2005].

ской социабельности и гендерных отношений сыграла Западная Чжоу. Период Весен и Осеней важен для наших целей тем, что, несмотря на политическую разобщенность и очевидную культурную фрагментацию этого периода, именно в нем происходила устойчивая творческая консолидация и распространение культурных ценностей Западной Чжоу.

Не подразумевая, что последующая эпоха Воюющих царств не внесла новых критических изменений в наследие Западной Чжоу, и не повторяя причин, по которым мы не останавливаемся на эллинистическом периоде при обсуждении греческой традиции, просто процитируем слова Лотара фон Фалькенхаузена об этих эпохах:

> По мере того, как устоявшиеся структуры [Западной Чжоу] подвергались растущему давлению, происходили фрагментарные изменения; но даже основательная культурная трансформация периода Воюющих царств оставила нетронутыми важнейшие части наследия бронзового века [Falkenhausen 1999: 543][15].

В своем предисловии к книге «Наследие Греции» («The Legacy of Greece») Мозес Финли решительно заявляет, что для определения наследия греков «место, регион в основном не имеют значения» [Finley 1984: 2]. Заявления такого рода уже не могут быть безоговорочно одобрены классицистами или другими учеными, так как для более глубокого понимания любой конкретной традиции необходимо уделять больше внимания аспектам

---

[15] Не так давно Фалькенхаузен [Falkenhausen 2006], ориентируясь на общий нарратив растущего внутреннего слияния и демаркации внешних границ в китайской культуре в эпоху Чжоу, обратился к изменениям и вариациям в социальной организации Чжоу с самого начала и до периода Воюющих царств. Фэн Ли [Li F. 2006: 293–294] с одобрением цитирует Фалькенхаузена [Falkenhausen 1999: 543]. М. Э. Льюис [Lewis M. E. 1997] утверждает то же самое относительно ритуальной и символической сфер, говоря, что ритуалы Чжоу предоставили реформаторам — царям и министрам периода Воюющих царств — набор идей и образов, на которые можно было опираться при создании основных институтов.

места и времени. Тем не менее мы считаем, что не стоит ограничиваться рассмотрением только различий и изменений, чтобы выявить важные, устойчивые закономерности внутри традиции, а также существенные различия между традициями[16]. Взаимосвязь между широкими обобщениями, изменениями и вариациями рассматривает Бенджамин Шварц, который балансирует между склонностью «настаивать на реальности исторических изменений и появлении нового в китайской культуре» и необходимостью определить «одно или несколько устойчивых доминирующих культурных направлений». Комментируя то, как политический порядок пользовался авторитетностью и силой в восточноазиатских обществах, не имеющих аналогов в других цивилизациях и культурах, Шварц замечает:

> На деле, однако, мы, возможно, имеем дело не с дихотомией между взаимоисключающими терминами. Доминирующая культурная ориентация действует на высоком уровне общности, и ее легче всего обнаружить, когда мы рассматриваем всю историю Китая. Это общая направленность, которая остается вполне совместимой с масштабными и значительными изменениями, происходящими в ее широких границах [Schwartz 1987: 1].

Как читатель увидит, мужчины и женщины, о которых пойдет речь в следующих главах, происходили из разных уголков Китая и Греции и жили в разных веках. На этих страницах они покажут нам, как фивские, спартанские, афинские, а также лесбосские

---

[16] В сборнике материалов конференции под названием «Культуры в древнегреческой культуре: контакт, конфликт, сотрудничество» Догерти и Курк [Dougherty, Kurke 2003: 6] ратуют за изучение разнообразия внутри греческой культуры, чтобы понять, как процессы контакта, конфликта и сотрудничества между субкультурами «объединяются в то, что мы понимаем как "греческость"». Поддержание целостного взгляда, признающего «греческость», поможет представить в правильной перспективе усилия по деконструкции монолитной точки зрения, где греческая культура рассматривается как «нечто простое, чистое и беспроблемное — как начало, источник западной цивилизации» [Dougherty, Kurke 2003: 2]. То же можно сказать и о изучении Древнего Китая.

практики социабельности и гендерных отношений сошлись в едином греческом стиле и как этот стиль повлек за собой практики и идеи, которые отличают его от китайского стиля общения, воплощенного на протяжении веков мужчинами и женщинами Ци, Чу, Цинь, Сун, Цзинь, Чжэн и Лу. Конечно, останутся исключения и несоответствия, которые требуют специальных исследований и которые будут продолжать бросать вызов постулированию двух столь различающихся моделей, но между тем также свидетельствовать о потрясающем богатстве человеческого опыта и высоком уровне организации древних китайской и греческой цивилизаций. Тем не менее попытка выявить и отметить отличительные черты образа жизни, организации и мышления мужчин и женщин двух древних миров станет особой данью нашего к ним уважения.

Полис и род

Если нужно было бы назвать наиболее известные и значительные социально-политические и культурные события в архаической Греции и Китае времен Западной Чжоу, которые определили их роль в греческой и китайской цивилизациях, следовало бы отметить развитие греческих полисов и формирование в Китае системы права родословия (*цзунфа*)[17]. Критические различия между социальными структурами, политическими идеологиями и этическими ценностями, связанными с этими двумя событиями, имеют для настоящего исследования важное значение.

Согласно одному из недавних определений, полис был «сообществом людей или, точнее, граждан ("*Bürgerverband*"), места или территории, культов, обычаев и законов, и которое проявляло способность к самоуправлению (полному или частичному)»

---

[17] Lineage Law, *zongfa* (宗法), использовали в древнем Китае для разграничения различных родословных линий семьи и ранжировки их по отношению к общему предку. *Lineage* в терминологии М. Фридмана — клан; также см. примечание 22 ниже. Далее здесь мы используем «род, родословие» для перевода англ. *lineage*. — *Прим. перев.*

[Raaflaub 2005: 269]. Акцент на участии всех членов в функционировании гражданской общины, возможно, больше всего отличает греческий полис от множества городов-государств в других частях Древнего мира, настолько, что термин «государство граждан» был предложен в качестве более точного обозначения уникального греческого типа государства [Raaflaub 2005: 269][18]. Ян Моррис, описывая возникновение полиса как новой социальной структуры, в которой особое внимание уделялось сообществу взрослых граждан мужского пола, в конце VIII века до н. э., отмечает, что «новая модель использовалась в течение следующих 500 лет, пусть и со значительными региональными и хронологическими вариациями и всегда под давлением представлений соперничающих моделей относительно того, каким должно быть сообщество» [Morris 1992: 27][19].

Долгое время считалось, что природа полиса как гражданской общины имела решающее влияние на институты семьи и родственных связей в греческом обществе. Согласно широко распространенной в XIX веке эволюционистской модели социальной теории, возникновение полиса как политического (буквально «полисного») порядка подразумевало отмену контроля, который родство, семья и другие традиционные виды связей оказывали на людей, помимо этого происходило формирование нового сообщества равных и свободных людей (в том смысле, что граждане по очереди управляют и управляются). В этой модели переход от

---

[18] Помимо прочего, см. также [Hansen 1998: 57–62; Morris 1987; Vernant 1980, ch. 4] об идеологическом аспекте полиса как политического сообщества, как совокупности его граждан. Раафлауб [Raaflaub 1998], наряду со многими другими авторитетными специалистами по Греции архаического периода, придерживается мнения, что «государство граждан» было «специфически греческим творением» в тот период, когда Греция находилась под большим влиянием соседних культур Средиземноморья и Ближнего Востока.

[19] См. аналогичные высказывания в [Raaflaub 2005: 270, 275–276]. У Сили [Sealey 1987: 92–96] показано сходство в устройстве управления всех греческих полисов. Мюррей [Murray O. 1980: 57–68] и Раафлауб [Raaflaub 1993] среди прочих считают, что все основные элементы полиса (такие как основная схема поселения, совещательные органы собрания и совета старейшин, а также формы религиозного ритуала) присутствуют уже у Гомера.

аскриптивных и иерархических организаций отношений, основанных на родстве, к эгалитарным, основанным на достижениях в гражданском сообществе, рассматривается как прогрессивный шаг, который характеризует греков как одних из основоположников современного состояния общественного устройства.

В более поздних исследованиях серьезно оспариваются эволюционистские постулаты модели XIX века, ставится под сомнение как предполагаемое господство корпоративных родственных структур в дополисный период, так и предполагаемое полное вытеснение семейных отношений с возникновением полиса. Указывается, что однолинейные родовые группы, связанные родством (реальным или фиктивным) и объединенные общей собственностью и религиозным культом, никогда не существовали в Греции ни в архаический, ни в классический периоды [Bourriot 1976; Donlan 2007; Patterson C. B. 1998: 47–50; Roussel 1976][20]. Также показано, что вместо того, чтобы быть оттесненной вновь возникшей гражданской силой, семья оставалась важным фактором благополучия города-государства на протяжении всей греческой истории[21]. Гражданская община возвысилась, чтобы превзойти, но не вытеснить членство в родственных и других конкурирующих группах и связях. С возникновением полиса появилось общее пространство (*койнон* или *койнония*) для гражданской жизни, включая собрания, агоры, святилища и гимнасии, — более высокого уровня власти и подчинения, нежели семья [Freeman 1999: 90; Herman 1987; Schmitt-Pantel 1990b; Vernant 1982, ch. 4]. Рит ван Бремен описывает статус семьи в гражданской идеологии эллинистического периода, когда значение семьи

---

[20] Два термина, «lineage» (род, родословие) и «clan» (клан), обычно используются в этих обсуждениях для обозначения уровневой организации родства. Согласно определению Роджера М. Кизинга [Keesing 1976: 251], «род — это родовая группа, состоящая из людей, патрилинейно или матрилинейно происходящих от известного предка через ряд связей, которые они могут проследить», тогда как «более крупная родовая категория ... [состоящая из людей], которые считают, что они происходят от общего предка, но не знают фактических связей, именуется кланом».

[21] Это главный вывод, к которому приходит С. Б. Паттерсон [Patterson C. B. 1998] в своем стремлении развенчать эволюционистскую парадигму.

якобы возросло с политическим упадком полиса под насаждением монархического правления, в следующем отрывке:

> В общественной сфере домохозяйства перегруппировывались по половому и возрастному признакам, образуя в определенном смысле коллективную семью из граждан. Для гражданских целей семьи распадались на группы мужчин (*неои*: молодые мужчины, составляли отдельную и важную группу), женщин (называемых *гинеками* или *политидами*), мальчиков разного возраста (*паидес*: молодые мальчики, *эфебои*: мальчики старшего подросткового возраста) и незамужних девочек (*партеной*). Это функциональное разделение влияло на занятие должностей, включая религиозные посты, и придавало структуру гражданскому и религиозному ритуалу, а также аккультурации и воспитанию (будущих) граждан [Van Bremen 2003: 322].

По замечанию ван Бремен, то, о чем она пишет в связи с эллинистическим периодом, уже давно было неотъемлемой чертой греческого общества [Van Bremen 2003: 323]. В гражданской идеологии полиса естественные семьи растворялись в одной гражданской семье, а членство в гражданских категориях коллективов (мужчины, женщины, юноши и незамужние девушки — каждая категория ассоциировалась с различными гражданскими идентичностями и функциями) накладывалось на родственные связи. Несмотря на то что семейные и родственные связи, несомненно, составляли важнейшую основу сплоченности в полисе, каждый мужчина, женщина, юноша и девушка принадлежали к определенному гражданскому коллективу, а все вместе эти коллективы составляли всеобъемлющую «семью граждан». Хотя после завоевания Александром действительно произошел уход от политики и все внимание было направлено внутрь семьи[22], природу этих изменений следует верно истолковывать в свете важности концепции единого пространства, сохраняющейся в элли-

---

[22] Попытки осветить изменения в семьях и в жизни женщин в эллинистические времена можно найти в работах Фантэм и др. [Fantham et al. 1994, ch. 5], С. Б. Паттерсон [Patterson С. В. 1998, ch. 6] и Помрой [Pomeroy 1997].

нистический период. В течение нескольких веков уже после завоеваний Александра то, что ван Бремен называет «гражданским семейным мышлением», достигло кульминации, и общественные институты, занимающиеся формированием и культивированием отдельных гражданских идентичностей для мужчин, женщин, мальчиков и девочек, процветали [Van Bremen 2003: 323, 329][23].

Таким образом, с архаического периода до середины эллинистической эпохи, несмотря на различные формы правления и изменения в распределении власти, неизменным для жизни в полисе оставалось важное чувство причастности к «общему делу». В зависимости от периода и места, в укреплении этого сознания в разной степени могли играть роль различные виды коллективной деятельности (строго политические, общинные не политические или характеризующиеся иным образом)[24], но самый высокий статус всегда придавался тем мероприятиям, которые были направлены на создание чувства единства между различными гражданскими группами и внутри них[25]. Хотя властные отношения (между элитой и массами, а также внутри элиты)

---

[23] История афинской *эфебии*, военного учебного заведения для молодых людей (*эфебов*) до их официального вступления в гражданство, наглядно показывает, что изменилось в новое время, а что осталось прежним. Хотя к концу II века до н. э. эфебия в военном отношении прекратила свое существование, она продолжала сохраняться как учреждение, предназначенное для подготовки молодежи к атлетическим и гимнастическим соревнованиям, и являла собой мощное эллинизирующее влияние в постклассическом мире [Garland 1990: 185; Hadas 1959: 26; Shipley 2000: 130]. С конца IV века до н. э. параллельно с развивающимися эфебиями появляются и ассоциации молодых мужчин, основной функцией которых, по-видимому, было поощрение атлетических состязаний, часто в форме командных соревнований [Garland 1990: 202]. О значительном росте таких старых институтов, как *гимнасии*, агоры, театры и святилища, в эллинистический период см. [Hornblower 1991: 275–276; Shipley 2000: 86–87].

[24] Эволюционистская парадигма, превознося зарождение отдельной и трансцендентной публичной сферы в Древней Греции, склонна фокусироваться на деятельности таких политических институтов, как собрания и суды.

[25] Шмитт-Пантел [Schmitt-Pantel 1990b] исследует изменение статуса различных типов коллективных практик в определении гражданской общины от архаического до классического периода.

были неотъемлемой частью коллективного стремления к консолидации, даже в условиях демократии [Hall J. M. 2007: 46; Ober 1989], идеал сплоченного и крепкого гражданского сообщества должен был реализовываться через эгалитарную конкуренцию между его членами, как индивидуально, так и в гражданских группах разного размера и характера.

Отличия в конфигурация отношений между различными социальными сферами в Китае Западной Чжоу могут быть проиллюстрированы так называемой системой родового права, которая регулировала политические и экономические отношения внутри аристократии через структуру родства и кодекс религиозных и ритуальных практик[26]. В основе этой системы лежало различение между главной линией, происходящей от старшего сына и главной жены (в отличие от других жен, имеющих второстепенный статус[27]), и второстепенными линиями, передаваемыми по наследству через других сыновей. Главная линия пользовалась преимуществом перед второстепенными линиями в наследовании политической власти и распределении экономических, религиозных и ритуальных привилегий [Hsu C. 2001, ch. 5; Qian Hang 1991; Qian Zongfan 1989: 72–95; Yang Kuan 1999, ch. 6; Zhu Fenghan 2004: 309–337]. Получившуюся иерархическую структуру родства можно представить в виде ветвистого дерева, где каждая второстепенная линия формирует главную линию, состоящую из главы второстепенной линии и его потомков по тому же принципу прямого патрилинейного наследования[28]. Такая

---

[26] Глава 2 посвящена включению простолюдинов в социально-политическую идеологию Чжоу, закрепленную в системе права родословия.

[27] Чжоуские правители и высокопоставленные чиновники обычно имели одну главную жену и несколько второстепенных супруг. Эта практика полигинии, включая ее последствия для китайских гендерных отношений и ее отличия от греческого наложничества, будет обсуждаться в главе 4.

[28] Образ ветвящегося дерева обнаруживается во второй строфе оды 235 («Вэнь ван», «царь Вэнь») из «Книги од», темой которой является царь Вэнь, прославленный основатель династии Западная Чжоу. «Очень усерден был царь Вэнь, / Его высокая слава не утихает; / Он распространил свои щедроты в Чжоу, / И теперь в его внуках и сыновьях, / В его внуках и сыновьях / Стебель

система родословия соответствовала структуре политической системы, в которой правитель наделял своих родственников и союзников землей и титулами (причем наиболее стратегически важные регионы царства доставались членам рода), которые в свою очередь раздавали посты и другие привилегии (которые, с территориальным расширением региональных государств в период Весен и Осеней, все больше включали именно земли) своим собственным потомкам и близким соратникам. Правитель на каждом уровне образовавшейся конической иерархии должен был быть старшим сыном от главной жены своего отца, а его министры и приближенные должны были быть его дядями, братьями, кузенами и племянниками[29]. В принципе, с некоторыми локальными отличиями (особенно в тех регионах, которые изначально имели относительно маргинальный статус в период Чжоу, таких как Цинь и Чу), вышеупомянутая система с главной и второстепенными линиями родства подчеркивала политическую организацию всех региональных государств, признававших власть двора Чжоу. Воплощал структурную идентичность между политическим и семейным правитель Чжоу, в своей власти он представлял линию прямого происхождения от основателя династии и, таким образом, имел право заручиться поддержкой подданных, оказывать защиту и помощь своим родственникам и союзникам[30].

разветвился / На множество поколений, / И все знатные люди Чжоу / Славны в своем поколении» [Cheng, Jiang 748; Waley 227]. (Здесь и далее ссылки на «Книгу од» даются по изданиям: Book of Odes (Shijing 詩經) / Annotated by Cheng Junying 程俊英 and Jiang Jianyuan 蔣見元. 2 vols. Beijing: Zhonghua, 1991; и перевод на английский: Book of Odes (Shijing 詩經) / Arthur Waley, edited with additional translations by Joseph R. Allen. New York: Grove Press, 1996. Цитируется как Cheng, Jiang и Waley соответственно, с указанием страницы.)

[29] Люй Вэньюй [Lü Wenyu 2006] приводит исчерпывающий обзор практики дарения в истории Чжоу.

[30] В своей работе Фэн Ли [Li F. 2008] характеризует Западную Чжоу как «делегирующее родственные связи поселенческое государство», в котором чжоуский правитель делегировал свою власть региональным царствам через структуру родства, а «социальная организация родословных была перенесена в политическую организацию» [Li F. 2008: 296, note].

Помимо симбиоза политического и семейного порядков, институт родового права имел религиозные основания в виде культа предков. Как о том свидетельствуют археологические данные, поклонение предкам, по-видимому, было наиболее значимой формой «религиозной медиации» у китайского народа уже в эпоху неолита [Keightley 1998]. Важными нововведениями Чжоу в сфере поклонения предкам были исключение предков из второстепенных линий в богослужениях и настойчивое требование, чтобы ритуальным центром для группы патрилинейного происхождения была главная линия[31]. Родовые обряды, совершавшиеся по многочисленным поводам в течение года членами одного рода под руководством его главы, были направлены на укрепление родственных отношений и подтверждение идентичности и обязательств людей, определяемых их ролью в родословной. Изображение царя Чжоу и его подчиненных, поклоняющихся в храме предков, иллюстрирует не только то, как семейный и социально-политический порядки взаимно отражают друг друга, но и то, как религия обеспечивает высшую духовную поддержку и средства для построения симбиотических отношений между политической и семейной сферами жизни[32]. В целом в то время как греческая религия (в ее первичной форме в виде празднеств и жертвоприношений в честь богов) не обеспечивала ни системы ценностей, ни норм политического или этического поведения, китайский

---

[31] О культе предков в предшествующей династии Шан см. [Chang Yuzhi 1987; Keightley 1978, 1998, 2000]. Чан [Chang K. 1976, ch. 5], Пуэтт [Puett 2002: 50–68], Ван Гуйминь [Wang Guimin 1998: 380–381] и Ван Хуэй [Wang Hui 2000, ch. 4] обсуждают как преемственность, так и изменения в родовых практиках Западной Чжоу. Среднее и позднее Западное Чжоу (середина X — середина IX века до н. э.) широко признаны ключевым периодом, в который происходили основные ритуальные инновации Чжоу (см., например, [Falkenhausen 2006; Rawson 1999a]). Керн [Kern 2009a] предлагает стратифицированный взгляд на эволюцию культа предков в эпоху Западной Чжоу.

[32] Чэнь Лай [Chen Lai 2006: 9–10] называет такой симбиоз «редким» для цивилизаций Древнего мира. В главе 2 мы обсудим, как политическая, религиозная и семейная гомология, проиллюстрированная здесь на уровне аристократии, закрепляет социально-политическую идеологию Чжоу, включающую в себя и простолюдинов.

культ предков служил религиозной основой и моральным обоснованием как для государства, так и для семьи[33].

Распад Западной Чжоу в 771 году до н. э. и растущая политическая фрагментация в течение следующих нескольких столетий привели к постепенному разрушению системы родового права. К периоду Воюющих царств домохозяйство (*цзя*, основная домашняя единица, состоявшая из супружеской пары, их несовершеннолетних детей и, возможно, дедушек и бабушек) заменило более крупные родственные организации (*цзун* или *ши*) старой системы родословной в качестве основной социальной единицы, экономического и ритуального центра [Li Hengmei 1999: 306–315; Lewis M. E. 2006a, ch. 2; Zhu Fenghan 2004: 559–575]. Какой бы радикальной ни оказалась эта трансформация, однако некоторые основные ценности, относящиеся к системе родового права, сохранились, нередко в новых формах. Марк Льюис, который называет период Весен и Осеней в Китае «эпохой города-государства» и утверждает, что для этого периода характерно снижение политической роли родства, преобладание коллегиальной власти среди знати и повышение роли населения во время политических кризисов, признает, что в эти века не возникло иных, альтернативных форм власти или форм политического участия [Lewis M. E. 2006a: 138–150][34]. Объясняя, почему новые события,

---

[33] О том, что греческая религия не обеспечивала этические нормы, см. [Raaflaub 2005: 276]. Ученые расходятся во мнениях относительно того, имел ли культ предков этическое измерение уже в Западной Чжоу или приобрел его только в период Весен и Осеней [Holzman 1998: 2; Hsu C. 2005: 456; Knapp 1995: 201–204; Pines 2002: 188–194; Zha Changguo 1993; Zhang Jijun 2008: 63–66]. Можем согласиться с доводами в пользу Западной Чжоу. Хотя, возможно, и без системного формулирования, источники Западной Чжоу ясно показывают, что обряды, связанные с поклонением предкам, имели последствия для повседневного этического поведения (подробно см. главы 2 и 3). См. [Yu 2004] относительно рассмотрения непростых, переплетающихся отношений между религией, этикой и государством в истории Китая.

[34] Как отмечает Льюис [Lewis M. E. 2006a: 149], население никогда не пыталось править как группа, и в раннем Китае так и не возникла теория автономного города. Йейтс [Yates 1997: 76], который также применяет термин «город-государство» к древнему Китаю, признает, что в охарактеризованных таким

которые он выделяет в китайской «эпохе города-государства», оставили столь мало следов в более поздней истории, Льюис указывает на «сохраняющееся присутствие монархии Чжоу как ритуальной традиции и политической идеи» [Lewis M. E. 2006a: 149][35]. Для целей настоящего исследования стоит отметить два момента в отношении долговременного наследования социально-политической модели Западной Чжоу, основанной на родственных связях.

Во-первых, после распада системы родового права глава патрилинейного домохозяйства заменил главу главной линии в качестве центра политической, экономической и ритуальной деятельности, связанной с семьей. Хотя настойчивое стремление возникших крупных территориальных государств использовать семью в качестве потенциально спорного политического и экономического субъекта управления в период Воюющих царств сильно изменило структуру и функции этого института и добавило напряженности в отношения между политическим и семейным, заведенные ранее связи и порядки оставались основой как этики, так и политической идеологии в Китае. «Высшая власть», которую государство в период Воюющих царств (и в дальнейшем) пыталось отвоевать у института семьи, так и не привела к созданию автономного гражданского общества или привилегирован-

---

образом китайских полисах не было свободных граждан. В главе 2 мы постараемся доказать, что гражданство, которое было существенным аспектом греческого полиса, было чуждо древнекитайским социально-политическим концепциям.

[35] Рассуждения Льюиса [Lewis M. E. 2006a: 149–150] направлены на то, чтобы отличить китайские «города-государства» периода Весен и Осеней от греческого полиса, который широко рассматривается как парадигма города-государства. Недавние сравнительные исследования (в частности, проведенные в Копенгагенском центре изучения полиса; см. примечание 10 выше) попытались поместить полис во всемирно-исторический контекст различных типов «культур городов-государств», но полис явно рассматривается как модель, с которой сравниваются другие формы. Независимо от того, называем ли мы Китай эпохи Весен и Осеней эпохой города-государства, крайне важно, вслед за Льюисом, признать фундаментальные различия между китайским региональным государством и полисом.

ного общинного сословия[36]. Во-вторых, концепция сыновней почтительности, которая выдержала крушение традиционных норм и столетия глубоких социально-политических изменений, получила новые интерпретации со стороны мыслителей и госу-

---

[36] Широко известно, что в доимперскую эпоху, особенно до середины периода Воюющих царств, в представлениях людей сыновняя почтительность преобладала над верностью государству [Knapp 1995; Lin Suying 2003; Zhang Jijun 2008: 143]. Противоречия между верностью семье и лояльностью государству должны были стать одной из непреходящих и самых сложных моральных проблем, стоявших перед китайскими мыслителями и государственными деятелями в имперскую эпоху [Feng Youlan 1998; Guo Qiyong 2004; Liu Q. 2003; Tan 2002]. С точки зрения сравнительной перспективы нуждаются во внимании два момента. Во-первых, китайское государство никогда не задумывалось как политическое сообщество, равное сумме своих граждан, а отношения между правителями и управляемыми считались отношениями, аналогичными таковым между родителями и детьми. Во-вторых, китайские рефлексии и решения относительно потенциально неразрешимых напряженных конфликтов, как правило, выражались через деяния героев и мудрецов, представленных таким образом, чтобы подчеркнуть семейные обязательства и чувства как фундаментальные моральные императивы китайского общества. Напротив, в Греции Антигона, женщина и, следовательно, в первую очередь существо домашнее, лучше всего воплощала такой конфликт и была самым красноречивым выразителем интересов семьи по отношению к государству. Хамфрис [Humphreys 1983: 72] полагает, что изображение Антигоны представляет собой «способ исследовать последствия помещения главного смысла жизни в частную сферу, не вызывая при этом всех тех неоднозначных реакций, которые могли бы возникнуть у зрителей, если бы им представили героя-мужчину, занимающего такую же позицию». О непреходящем наследии образа и истории Антигоны в западной литературе, философии и искусстве см. [Steiner 1984]. В недавнем исследовании, посвященном войнам периодов Весен и Осеней и Воюющих царств, Чжао Динсинь [Zhao Dingxin 2006] рассматривает решающую роль этих веков с их непрерывными и безрезультатными войнами между царствами в создании сильного государства, которое смогло как объединить политическую власть и идеологическую силу, так и оттеснить на второй план силу экономическую и военную. Это развитие, утверждает Чжао, определило всю историю имперского Китая. Соглашаясь с Чжао в том, что война в периоды Весен и Осеней и Воюющих царств сыграла важную роль в формировании самобытного и исключительно устойчивого социально-политического порядка Китая, я считаю, что развитие, вызванное войной, обсуждаемую гомологию скорее переконфигурировало, чем создало как нечто новое.

дарственных деятелей различных убеждений и целей, и вновь возникла в период Воюющих царств в качестве ключевой добродетели, несущей в себе этические, религиозные и политические императивы[37].

Гомология политического, религиозного и семейного в Китае, а также отсутствие китайского эквивалента греческой идеи общего пространства, на наш взгляд, являются критическими различиями между китайским и греческим социальными порядками[38]. Устойчивая китайская гомология опровергает популярное в западной политической мысли, основанное на греческом примере, деление на предгосударственное общество, где экономика, политика и религия являются «семейными, семейственными», и государственное общество, отмеченное появлением отдельно-

---

[37] Обсуждение эволюции концепции сыновней почтительности от Западной Чжоу до периода Воюющих царств см. в [Kang Dewen 1997; Knapp 1995; Pines 2002: 188–199; Zhang Jijun 2008: 137–145]. Хольцман [Holzman 1998: 4] отмечает, что к середине IV века до н. э. сыновняя почтительность стала «особым видом добродетели, которая преобладала почти над всеми другими соображениями». Чэнь Лай [Chen Lai 2006: 10] говорит о различии между политическим и социальным уровнями, анализируя крах системы права родословия с конца периода Весен и Осеней и далее. По утверждению автора, крах произошел только на политическом уровне; на социальном уровне способ организации отношений, предусмотренный системой права родословия, остался невредимым. Ли Сянпин [Li Xiangping 1991: 220–223] приходит к такому же выводу, обсуждая изменение значения культа предков с середины периода Весен и Осеней до времени Воюющих царств.

[38] Арнасон [Arnason 2005: 47–48], проводя различие между формированием государства в Древнем Китае и Древней Греции, утверждает, что если в Греции этот процесс был «уникально самоограничивающимся, ориентированным на слияние государства с политическим сообществом и систематическую минимизацию монополизирующих тенденций», то в Китае этот процесс был отмечен «исключительно сильными» монополизирующими тенденциями государства. Хотя формулировка Арнасона адекватно характеризует греческий случай, я считаю более точным определить источник монополизирующей динамики Китая в китайской гомологии политического, семейного и религиозного. В Китае семья обеспечивала наличие краеугольного институирования и идеологизирования, которые предотвращали конкуренцию со стороны других сил и связей, которые можно было обнаружить в греческом общем домене.

го публичного политического порядка и оттеснением семьи [Comaroff 1987: 63; Elshtain 1993]. Неудивительно, что современные китайские ученые, впервые познакомившись с западной политической мыслью, недоумевали по поводу природы досовременного китайского общества, которое, несмотря на сложную государственную систему Китая, в течение нескольких тысяч лет оставалось в основном государством, построенным на принципах родства[39]. Неудивительно и то, что другие современные мыслители, китайские и западные, пришли к выводу, что Китай, в котором доминировала семейная этика, никогда не был настоящим политическим образованием и не мог создать гражданское общество между семьей и государством[40]. Какими бы ни были ценностные суждения об отклонении Китая от нормы, которые ученые XIX и начала XX века высказывали с точки зрения западной политической теории, остается без ответа сложный, поставленный эволюционистской парадигмой вопрос о том, как понять разительные расхождения в социально-политических моделях двух великих цивилизаций.

---

[39] Янь Фу (Yan Fu, 1854–1921), наиболее известный тем, что познакомил Китай с трудами Томаса Хаксли, Адама Смита, Джона Стюарта Милля и Герберта Спенсера, однажды заметил, что, хотя китайское общество и превратилось в империю после династий Цинь и Хань, в конечном итоге оно осталось «на семьдесят процентов родовой организацией и на тридцать процентов империей» [Liang Shuming 2003: 18–19]. Лэй Хайцзун (1902–1962) [Lei Haizong 1940] утверждает, что на протяжении большей части своей истории Китай был обществом, в котором доминировала семья, а период Воюющих царств называет единственной эпохой, когда государство представляло собой истинную политическую единицу. Конечно, тоталитарная политическая власть, которой обладало государство, и отсутствие какого-либо понятия гражданства в период Воюющих царств были совсем не похожи на уравнение государства и гражданской общины в Древней Греции.

[40] Гегель — наиболее известный западный сторонник этой точки зрения (см. ранее). Бертран Рассел (1872–1970) во время своего визита в Китай в 1920/1921 годах заметил, что Китай — это культурное образование, а не государство [Liang Shuming 2003: 29]. О дискуссиях среди китайских интеллектуалов на рубеже XX века (Янь Фу и Лян Цичао (Liang Qichao, 1873–1929) — наиболее яркие представители этих дискуссий) об отсутствии гражданского общества в досовременном Китае см. [Liu Z., Liu J. 1997; Wang F. 1997].

Мы подойдем к этой задаче с точки зрения половой принадлежности и попытаемся выявить связи между гендерными отношениями и наиболее значимыми институтами общества и власти в древних Китае и Греции. Как связи между основными социальными сферами в этих двух цивилизациях формировали различные модели гендерных отношений? Сравним, как мужчины и женщины жили в обществе, где они составляли две отдельные группы в «гражданской семье», с жизнью в обществе, где родственные и семейные связи определяли структуру и ценности политических и религиозных порядков. Как изучение моделей гендерных отношений улучшит наше понимание систем ценностей и ключевых социально-политических институтов двух цивилизаций?[41]

Гендер и социабельность

Изучение гендерных отношений в Древнем Китае и Древней Греции необходимо начать с фундаментального принципа полового разделения. Согласно этому правилу, мужчины и женщины перемещаются в разных физических пространствах, занимаются разными видами деятельности, имеют разные обязанности и следуют установленным правилам поведения. Пространственное разделение обычно выражалось в противопоставлении «внутреннего» (женщина, в доме) и «внешнего» (мужчина, вне дома) и обеспечивало как основание для физического разделения полов, так и основу для определения гендерных ролей[42]. Конечно, в реальной жизни установленные таким образом дихотомии не были бы столь однозначными. Даже за исключением необычных

---

[41] Призывая исследовать конкретное содержание семейных уз вместо демонстрации универсальных принципов домашних группировок, Розальдо [Rosaldo 1980: 408] предлагает задавать вопросы о том, «как меняющиеся отношения внутри дома могут влиять на отношения вне его».

[42] Классические текстуальные формулировки: «Книга перемен», глава 37 («Домашнее хозяйство»); Ксенофонт, «Ойкономика», книга 7; см. также [Hinsch 2003; Just 1989, ch. 6; Raphals 1998, ch. 8, 9; Vernant 1983; Walker 1983].

обстоятельств, таких как период войны или общественных беспорядков[43], всегда имелись исключения, обусловленные такими факторами, как возраст, роль в семье или социально-экономический статус женщины. Кроме того, как будет показано в последующих главах, существовало множество социальных и ритуально санкционированных случаев для временного ослабления правил разделения полов. Однако, хотя китайские и греческие женщины никогда не «запирались» и женщины, несомненно, занимались определенными ремеслами и выполняли конкретные общественные роли, нельзя отрицать, что в обоих обществах роли жены, матери и дочери составляли основные социальные роли, доступные женщинам, и что дом был тем местом, где женщины выполняли большинство своих обязанностей и оказывали наибольшее влияние[44]. Случаи исключений и послаблений приобретают значение именно потому, что они свидетельствуют о том, что было нормальным и нормативным, вместо того чтобы подрывать или опровергать правило, они показывают нам сложность и гибкость его работы.

Основное положение данного исследования заключается в том, что, хотя и в древнекитайском, и в древнегреческом обществах господствовали принципы полового разделения и доминирования мужчин, в дошедших до нас источниках этих двух традиций представлены две различные модели общения: модель того, как мужчины и женщины относились друг к другу по межгендерной

---

[43] Например, Помрой [Pomeroy 1975: 119] полагает, что Пелопоннесская война (431–404 до н. э.) могла привести к временному нарушению сексуального этикета, заставив женщин покинуть уединение и взяться за ту работу, которую раньше выполняли мужчины.

[44] Жрицы, которые пользовались высоким социальным статусом и, как правило, происходили из знатных семей, были одними из немногих женщин, игравших общественные роли в Греции. Однако жречество в Греции не было пожизненной должностью. Отслужив свой срок, жрица возвращалась к обычной семейной жизни. В Китае многие женщины служили чиновниками при царском дворе, отвечая за его повседневную работу. Однако, несмотря на свои официальные титулы, эти женщины функционировали в качестве царских супруг и, по сути, вели домашнее хозяйство, хоть и с особым статусом.

линии, а также модель общения внутри одной гендерной группы в случаях, предназначенных для коллективного формирования и укрепления социальных связей. Как и почему это происходило, является предметом данного исследования, и далее следуют некоторые предварительные замечания относительно наших идей, проблем и методов.

Во-первых, мы рассматриваем «гендерные отношения» (определяемые в данном исследовании как отношения между мужчинами и женщинами) вместе с отношениями между мужчинами и отношениями между женщинами. Эти три понятия нельзя рассматривать в отрыве друг от друга. Из-за полового разделения и доминирования мужчин в обоих обществах то, как мужчины связывали себя друг с другом, имело решающее значение для гендерных отношений[45], и то, как женщины относились друг к другу, не только вытекало из моделей гендерных отношений, но и способствовало их формированию. Можно рассмотреть четыре типа отношений в соответствии с полом вовлеченных в эти отношения людей и сексуальным или несексуальным характером их отношений: гомосоциальные, гомосексуальные, гетеросоциальные и гетеросексуальные. Более того, поскольку роль, предписанная женщинам, отводилась в семье, а дом должен был определять права и обязанности женщины, социальные отношения естественным образом делятся на две большие категории: внутри семьи и вне семьи. В таблице 1.2 представлены восемь комбинаций межличностных отношений.

Семейные отношения в таблице 1.2 просты и не требуют особых объяснений. Внесемейная гетеросоциальная категория практически не существовала в двух обществах, где регулярные связи между неродственными мужчинами и женщинами были запрещены, а любые такие отношения автоматически предполагали сексуальную сделку (через прелюбодеяние или проституцию).

---

[45] Видя иронию в том, что «поворот к "женским исследованиям" в области китаеведения, кажется, способствовал повороту от исследований мужчин», Манн [Mann 2000: 1600–1603] выступает за то, чтобы рассматривать отношения между мужчинами как законный предмет гендерного анализа.

Таблица 1.2. Категории межличностных отношений

	Гомосоциальные	Гомосексуальные	Гетеросоциальные	Гетеросексуальные
Семейные	Отец — сын, мать — дочь, братья, сестры, дядя — племянник, свекровь и невестка, золовки и т. д.	Нет	Мать — сын, отец — дочь, брат — сестра и т. д.	Муж — жена
Внесемейные	Друзья, коллеги/соратники, соседи, сограждане и т. д.	Мужчины — любовники, женщины — любовницы	Нет	Куртизанки и покровители

Однако категории внесемейных гомосоциальных и внесемейных гомосексуальных отношений и связь между ними требуют уточнения. Если в современном обществе решающее значение для разграничения понятий «гомосексуальные» и «гомосоциальные» отношения имеет именно сексуальная ориентация, то в обществах других исторических эпох разграничений по данному компоненту быть не могло. Древние греки считали, что такие связи, как гражданское товарищество (узы между гражданами) и мужской гомоэротизм (проявляющийся в основном в гомосексуализме, когда взрослый мужчина выступал в роли любовника и наставника подростка мужского пола в процессе социализации последнего), находятся на одном уровне[46]. Подобная Греции со-

---

[46] Мы подробнее остановимся на этом моменте в главе 1. Хартсок [Hartsock 1983, ch. 8] характеризует полис как сообщество, образованное мужским Эросом. Мы следуем современной практике классических исследований, используем термин «гомосексуализм» для обозначения институционализированных отношений между взрослыми мужчинами и мальчиками-подростками в Древней Греции, которые имели как педагогическую функцию, так и эротическое измерение. Дэвидсон [Davidson 2007, ch. 3] обстоятельно доказывает, что греческая «гомосексуальность» необязательно была «межпоколенческой», посколь-

циализация и политизация гомоэротических отношений не была засвидетельствована в Китае, но и концептуальной или моральной оппозиции между гомосоциальным и гомосексуальным не существовало. В Китае сексуальная связь между двумя лицами одного пола не была социальной позицией, поэтому и не становилась предметом горячих споров (как на современном Западе) или активной апроприации (как в Древней Греции)[47]. Поэтому, по разным причинам, нет необходимости настаивать на объяснении наличия или отсутствия сексуального аспекта во внесемейных связях между людьми одного пола в Древнем Китае или Древней Греции[48]. В данном исследовании термин «внесемей-

---

ку в ней часто участвовали партнеры с разницей в возрасте всего в несколько лет, а близкие отношения, установленные в процессе гомосексуального ухаживания, могли продолжаться в течение многих лет. Следует провести различие между практикой и пониманием гомосексуальности греками и негативным восприятием этого же вида связи в постклассические времена и в современный период (генеалогический анализ см. в [Foucault 1985, 1986]).

[47] О мужском гомоэротизме в истории Китая см. [Hinsch 1990; Wu C. 2004].

[48] В своей работе о мужском гомосоциальном желании в английской литературе Седжвик [Sedgwick 1985, ch. 1] предостерегает от анахроничного концептуального различия между гомосоциальным и гомосексуальным, ссылаясь на пример древних греков. Дэвидсон [Davidson 2007] критикует инфлюенциальную парадигму Довера за приравнивание греческой гомосексуальности к мужским сексуальным отношениям (подход, который он называет «поэтикой содомии» [Davidson 2007: 104]) и, таким образом, тривиализацию и отрыв от сложного социально-политического фона, в котором это явление должно быть понято. Наши отправные точки и цели различны, и мы не разделяем всех взглядов Дэвидсона (он пытается преуменьшить значение гомосексуализма как институционализированной и идеализированной формы мужской однополой связи в греческом обществе. Вместо этого он утверждает, что взрослые гомосексуальные пары, которым, по мнению большинства классицистов, не хватало социального признания, не говоря уже об идеализации, являются наиболее вдохновляющим и долговечным наследием греческого гомосексуализма). Однако акцент Дэвидсона на общественном контексте и эмоциональном измерении мужского гомоэротизма в Греции является хорошей поправкой к тому, что некоторые ученые зациклены на сексуальном элементе. Как будет объяснено далее, в настоящем исследовании категория внесемейных гомосоциальных связей (как для мужчин, так и для женщин) включает в себя как гомоэротические связи, так и другие типы однополых отношений, и эти два понятия могут переплетаться.

ные гомосоциальные связи» будет использоваться для обозначения спектра связей, который охватывает социальные отношения от близких друзей, сограждан и товарищей по формальным и неформальным организациям до гомосексуальных партнеров и других лиц одного пола, вовлеченных в эротические или квазиэротические связи (язык гомосексуализма и гомоэротизма, однако, будет применяться к этой последней категории, когда эротический элемент явно выражен в обсуждаемых источниках). С сексуальным компонентом или без него, между взрослыми или между взрослыми и подростками, внесемейные гомосоциальные связи представляют основную альтернативную категорию социальных отношений по сравнению с семейными и родственными отношениями.

Категория внесемейных гетеросексуальных отношений в таблице 1.2 в основном относится к связям между профессиональными работницами в сфере утех и их покровителями-мужчинами. Несмотря на очевидный интерес, который эта категория отношений должна представлять для исследования гендера и социабельности, мы приняли нелегкое решение оставить ее за рамками данного исследования, руководствуясь принципами, которые определяли наш выбор типов межличностных отношений, на которых следует сосредоточиться. Иными словами, мы отдали предпочтение тем отношениям, которые позволяют сделать кросс-культурные обобщения и которые подкреплены доказательствами, позволяющими понять мысли участников или наблюдателей древних событий, а также сопоставимыми по количеству и качеству для двух цивилизаций. Куртизанки и их покровители исключены из данного исследования, поскольку состояние доказательной базы не соответствует вышеупомянутым критериям. Необходимо сказать еще несколько слов, чтобы обосновать столь непростое решение.

Присутствие куртизанок (гетер, высококлассных проституток, нанимаемых для развлечения и оказания сексуальных услуг) на греческом симпозиуме (мужском пиру) широко засвидетельствовано в литературных и художественных произведениях начиная с VI века до н. э. и далее [Davidson 1997; Faraone, McLure 2006;

Keuls 1985: 160–168; Kurke 1997; Stewart 1997]. Обожали ли греческие мужчины талантливых и очаровательных куртизанок за то, что они давали им такое эмоциональное и интеллектуальное удовлетворение, которое они не могли получить от своих жен, которым, как правило, не хватало не только образования, но и умения нравиться мужчинам? Или же настоящими соперниками жен были не куртизанки, которые служили лишь для чувственного удовлетворения, а юноши, которыми греческие мужчины восхищались и ухаживали за ними в гомосексуальных отношениях? Социально допустимые отношения между куртизанками и их гостями имели значительные последствия для семейной жизни и супружеских отношений в Древней Греции. Наше решение не рассматривать эту категорию отношений обусловлено тем, что в китайских источниках необходимых для исследования периодов нет сопоставимых свидетельств об оказании подобных или иных интимных услуг.

«Древнейшая профессия», безусловно, существовала в Китае с ранних времен. Однако все имеющиеся свидетельства говорят о том, что династия Тан (618–907 годы) стала первым периодом, когда профессиональные куртизанки через коммерческую проституцию начали играть незаменимую роль в китайской социабельности и литературном творчестве. До этого времени, и, конечно, в период, рассматриваемый в настоящем исследовании, упоминания о женщинах, которые пели, танцевали и оказывали сексуальные услуги на мужских собраниях, показывают, что эти женщины для утех содержались либо властями для выполнения официальных функций, либо в отдельных домах для оказания гостеприимства или для проведения развлечений [Wang Shunu 1935; Zheng Zhimin 1997; Zhou Jiren 1993: 44–46]. В первом случае только очень ограниченный круг мужчин (например, чиновники и солдаты) имел доступ к регламентированным услугам таких женщин; во втором случае эти женщины занимали двусмысленный статус между служанкой и наложницей. В любом случае отношения между женщиной и ее покровителем сильно отличались от тех, что были в Древней Греции или имели место в более поздней истории Китая (хотя правительства и домашние хозяйства оставались основными спонсорами таких женщин даже после роста коммерческой проституции в эпоху Тан). Различия между основными каналами внесемейных гетеросексуальных отношений, открытых для мужчин в Древнем Китае и Греции, могли быть обусловлены целым рядом факторов. С одной стороны, древнекитайское общество характеризовалось наличием государства и семьи как основными управляющими человеческими и материальными ресурсами и значительной слабостью всех остальных социальных структур и организаций (что частично проявилось в относительно низкой степени коммерциализации и урбанизации)[49]. С другой стороны, в Греции, где существовала более сложная система взаимодействия социальных структур, а эгалитаризм лежал в основе гражданской идеологии, укоренилось чувство общего, открытого для всех пространства, включая женщин, предоставляющих сексуальные услуги на коммерческой основе [Halperin 1990, ch. 5].

Хотя мы считаем, что наше гипотетическое обоснование различий в развитии коммерческой проституции в Древней Греции и Китае выявляет фундаментальные различия между двумя обществами и заслуживает дальнейшего изучения, на данном

---

[49] Ван Дацин [Wang Daqing 2006: 39–40] противопоставляет доминирование торговли над политической властью в древнекитайском городе независимому статусу коммерческих интересов в древнегреческом городе. М. Э. Льюис [Lewis M. E. 2006a: 149] ссылается на относительную слабость торговцев и их богатства, чтобы объяснить, почему в раннем Китае город не развился как отдельная и автономная форма социальной организации. Пытаясь объяснить, почему физическое воспитание в Древней Греции пропагандировалось гораздо активнее, чем в Древнем Китае, Вуаял и Белл [Wooyeal, Bell 2004] в качестве одной из важных причин называют то, что материальные излишки преимущественно торгового общества и бо́льшая свобода от семейных обязательств в Греции обеспечивали достаточное количество свободного времени для того, чтобы класс граждан мужского пола мог посвятить себя спортивным тренировкам для достижения физического совершенства и участию в атлетических соревнованиях, в то время как преимущественно сельскохозяйственная политическая экономика и главенство семейных обязательств в Китае не способствовали развитию таких занятий. О быстром развитии чисто коммерческих сделок, не связанных личными и квазисемейными узами во второй половине правления династии Тан, см. [Gernet J. 1995: 276].

этапе мы не можем установить систематические и удовлетворительные корреляции между различиями и самими моделями гендерных отношений, которые мы вывели для двух обществ. Требуется тщательное исследование, в котором сопоставлялись бы история проституции и история семьи в Китае и полученные данные сравнивались бы с информацией по Древней Греции и, возможно, по другим древним обществам, имеющим схожую гендерную структуру, чтобы создать гипотезу о взаимосвязи между коммерческой проституцией и супружескими отношениями в этих обществах. Однако описываемая задача выходит далеко за рамки настоящего исследования.

Как уже отмечалось, еще одна причина, побудившая нас оставить женщин для (профессиональных или иных) утех вне поля зрения, заключается в том, что в ранних китайских источниках мало свидетельств об их присутствии, не говоря уже об их контактах и эмоциональной близости с покровителями. Таким образом, трудно сделать вывод о роли профессиональных проституток в жизни мужчин (кроме как в качестве объектов обмена и декорации для мужских развлечений)[50] или о их важности для понимания гендерных отношений в древнем Китае. Женщины, с которыми мы столкнемся в следующих главах, — это так называемые респектабельные женщины: матери, жены и дочери. Безусловно, живое присутствие этих женщин, ведущих и поддерживающих умные беседы, заслуживает всестороннего изучения и является достаточным для проведения систематического сравнения между двумя традициями. Более того, мы считаем, что выводы, основанные на этих «респектабельных женщинах», которых было в разы больше и которые имели особое значение для существования общества, чем женщины для увеселений, позволят получить модели гендерных отношений, в которые позднее можно будет вписать «непорядочных» женщин, чьи роли в древнем Китае станут для нас более понятны.

---

[50] В таких текстах, как «Комментарий Цзо» и «Стратегия Воюющих царств», содержатся многочисленные записи, в которых женщины для утех предлагаются в качестве подарков правящей элите, часто наряду с музыкальными инструментами и иными предметами роскоши.

Те же принципы, которые определяли наш выбор категорий межличностных отношений, заставили сосредоточиться на определенных типах коммуникации, как домашних, так и внедомашних, в плане взаимодействия между мужчинами и женщинами, между мужчинами и между женщинами. Различия между Древним Китаем и Грецией можно выявить, анализируя не только уникальные формы общения в этих двух традициях, но и обстановку, которая была для них общей. Яркими примерами первых являются жертвоприношения предков в Китае и атлетические состязания и праздничные хоры в Греции, в то время как общие мероприятия включают семейные пиры, мужские застолья и празднества в честь божеств. Изучение гендерных отношений на фоне широкого спектра общинных контекстов прольет свет на некоторые важные аспекты древнегреческого и древнекитайского обществ, включая религию, политику и этику.

Религия. Ученые неоднократно делали решительные заявления о всестороннем присутствии религии в греческой социальности. Например, Полин Шмитт-Пантел отмечает, что «религия присутствует на различных уровнях [греческой] социальной жизни, и все коллективные практики имеют религиозное измерение», а в актуальном эссе Андре Воше говорится, что классические исследования начиная с XIX века ясно показали, что в Греции «ни одна форма коммуникации не избежала влияния религии» [Schmitt-Pantel 1990b: 200; Vauchez 1987: 9–10, 11, 13][51]. Будь то празднество, хор или симпозиум, мероприятие проходило под пристальным вниманием богов, и даже смертные участники празднеств в Элладе устанавливали связи друг с другом, будучи одновременно в контакте с божественным. Религия имела центральное значение и в китайской социабельности, хотя и сильно отличалась от греческих религиозных или основанных на религии праздников и их этико-политических последствий. В то время как в Древней Греции преобладали общественные празд-

---

[51] Это направление мысли восходит к классической работе Фюстеля де Куланжа [Fustel de Coulanges 1980] «Античный город», впервые опубликованной в 1864 году.

ники гражданского характера, в Древнем Китае культ предков, преимущественно домашняя религия, был самой важной формой религиозной деятельности. Осмелимся утверждать, что поскольку религия была важнейшей областью, в которой женщины могли получить официальное общественное признание за вклад в жизнь общества, значительные различия между китайской и греческой религиозной социабельностью дают нам ключ к пониманию различных моделей гендерных отношений в этих двух цивилизациях[52].

Политика. В Древней Греции симпозиумы и групповые мероприятия, организованные для юношей, служили средством «социализации и обучения политической жизни» и «обучения гражданским ценностям», передавая не только знания, ценности и навыки, но и модели политических институтов города-государства в моделях проведения самих мероприятий [Schmitt-Pantel 1990b: 206; Murray O. 1983a, 1983b]. Будущих граждан, которые будут дискутировать и голосовать на собрании и сражаться на поле боя, готовили с помощью различных общественных мероприятий, и участие в этих мероприятиях после достижения совершеннолетия означало полное членство новых граждан в обществе. В отличие от важности нахождения среди сверстников для формирования греческого гражданина, в Древнем Китае семья служила важнейшим местом для привития социальных и политических взглядов. Общества и Древнего Китая, и Древней Греции поддерживались различными средствами социализации и политического воспитания, женщины в этих двух социально-политических структурах участвовали преимущественно в качестве матерей, жен и дочерей, однако занимали при этом разное место.

Этика. Общественные события часто выявляют ценности и правила, которые определяют межличностные отношения и направляют действия людей в обычных обстоятельствах. Од-

---

[52] Фундаментальная идея Эмиля Дюркгейма (1858–1917) [Durkheim 1976] о том, что религиозные верования и практики воспроизводят и усиливают социальный опыт.

нако, несмотря на свои предполагаемые цели, они также могут стать сценой для возникновения напряженности и конфликтов, а также симпатий. Какую форму принимают напряженность и конфликты, кто их переживает и почему они возникают — вопросы не менее, если не более интересные, чем определение идеалов и этических норм общества. Концепция социабельности может проявиться во всем своем великолепии, если понимать социабельность как стремление — усилие по преодолению препятствий — к сплоченности и гармонии. Трапезы и празднества имеют особое значение, поскольку в них часто демонстрируется не только стремление к солидарности, но и, неизбежно, столкновение интересов, стремлений и личностей. Учитывая значение разделения полов в Китае и Греции, нас особенно интересует, как практики социабельности предоставляли уникальные возможности для раскрытия всех аспектов — доверительных отношений и конфликта, привязанности и отчуждения, симпатии и обиды — гендерных отношений. Мы стремимся придать глубину и сложность известному, несомненно правильному, но часто неверно истолковываемому противопоставлению греческой склонности к соперничеству и китайской любви к гармонии[53]. Как идеал социального порядка и межличностных отношений гармония привлекала и китайцев, и греков, но они совершенно по-разному понимали природу гармонии, по-разному справлялись с недовольством и разногласиями, заключали союзы или вступали в конфликты, в целом в общении с людьми использовали разные методы. Межличностные симпатии и конфликты, проанализированные в данном исследовании, помогут нам по-новому понять

---

[53] Греки и китайцы издавна отождествляются с двумя различными наборами ценностей: тогда как греки славятся своим динамизмом и любовью к соперничеству, китайцы известны своей ориентацией на авторитет и гармонию. В работах, посвященных сравнению греческой и китайской науки, медицины и историографии, а также в книге, написанной в соавторстве с Натаном Сивином, Джеффри Ллойд попытался объяснить знакомый контраст, отказавшись от ссылок на «культурные менталитеты» в старых сравнениях между Востоком и Западом и обратившись к различным отношениям между политическими и социальными силами в Греции и Китае [Lloyd G. 1996, 2002, 2004; Lloyd G., Sivin 2002].

Таблица 1.3. Межличностные отношения в Древнем Китае (связь между предками и потомками как основная модель человеческой солидарности)*

Близость	Кофликт
Семейные межпоколенческие гетеросоциальные отношения (мать — сын)	**Семейные гомосоциальные отношения (II) (свекровь — невестка, между супругами одного поколения)**
Семейные гомосоциальные отношения (I) (мать — дочь)	
Внесемейные гомосоциальные отношения	Семейные гетеросексуальные отношения (муж — жена)

* Жирный шрифт — «относительно сильно»; обычный шрифт — «относительно слабо».

общепринятые представления синологов, классиков, а теперь и компаративистов Китая и Греции о наиболее характерных чертах этих двух цивилизаций.

В настоящем исследовании будет показано, что как между полами, так и между лицами одного пола, как внутри семьи, так и вне ее, в древнегреческих и китайских источниках можно выделить две различные модели социабельности. Тогда как интенсивное сексуальное соперничество (как позитивно, так и негативно изображенное), сильные внесемейные гомосоциальные связи и тесные связи между матерью и дочерью характерны для греческих материалов, свидетельства из Китая демонстрируют более низкий уровень гендерного конфликта, бо́льшую озабоченность отношениями между женами в семье и гораздо более слабые внесемейные гомосоциальные связи. В таблицах 1.3 и 1.4 обобщены наборы близости и конфликтов в межличностных отношениях, ориентированных на женщин, зафиксированных в древнекитайских и древнегреческих источниках.

Хотя другие отношения также были неотъемлемой частью комплекса межличностных связей и соперничества, в которые

Таблица 1.4. Межличностные отношения в Древней Греции (равенство и соперничество сверстников как основная модель человеческой солидарности)*

Близость	Конфликт
Семейные межпоколенческие гетеросоциальные отношения (мать — сын)	Семейные гомосоциальные отношения (II) (свекровь — невестка)
Семейные гомосоциальные отношения (I) (мать — дочь)	
Внесемейные гомосоциальные отношения	Семейные гетеросексуальные отношения (муж — жена)

* Жирный шрифт — «относительно сильно»; обычный шрифт — «относительно слабо».

вступали женщины в Древнем Китае и Греции, категории, описанные в таблицах 1.3 и 1.4, были наиболее важными для формирования гендерной динамики в этих двух обществах, а также лучше всего подтверждаются имеющимися данными. Более того, описание определенных отношений как родства или соперничества в Китае или Греции должно пониматься как относительное, а не как абсолютное или эссенциалистское суждение. К примеру, мы утверждаем, что при сопоставлении источников информации о Древнем Китае и Древней Греции нас не могут не поразить изображения греческого супружеского соперничества и крепкой женской дружбы, с одной стороны, и китайской привязанности матери к сыну и попыток регулировать отношения между женами в семье (как внутри, так и между поколениями), с другой. Это ни в коем случае не означает, что греческие матери и сыновья не любили друг друга, или у китайских женщин не было друзей вне дома, или греческие мужья и жены любили ссориться, или жены и матери китайской семьи всегда были врагами, или греческие свекрови не имели проблем с невестками, и так далее. Что мы действительно знаем из сравнения, так это то, что в Древнем Китае и Древней Греции отношения воспринимались по-разному, ассоциировались с различными ценностями и носили разные степени важности, а отличия в склонности к близости и конфликтам были обусловлены различными институциональными и структурными факторами.

Репрезентация и реальность

Полин Шмитт-Пантел, сторонница применимости социабельности в качестве перспективного средства для изучения греческого общества и автор крупной работы о публичных празднествах в древнегреческом городе, однажды заметила, что «не существует контекста или формы греческой социабельности, которая не была бы также объектом репрезентации в гражданском воображении» [Schmitt-Pantel 1987: 73]. Репрезентация и идеология, а также институциональные рамки, в которых создавались образы и дискурсы, находятся в центре внимания данного исследования. Нас интересуют идеи и чувства, которые древние китайцы и греки вкладывали в человеческие отношения и социальные ценности, а также модели близости и конфликтов, с концентрацией на гендерной проблематике, которые появляются в их репрезентациях общественной деятельности. Литературные тексты будут нашими основными источниками. Жанр, на который мы будем больше всего полагаться, — это лирическая поэзия. В китайском случае стихи взяты из «Книги од» («Ши», «Шицзин»), датируемой ок. 1000 — ок. 600 года до н. э. «Книга од» была источником китайской литературы и центральным элементом образования и социальной жизни элиты в период Весен и Осеней. С греческой стороны, «лирика» — универсальный общий термин для нескольких поэтических жанров, отличавшихся друг от друга в Древней Греции своими формами, наличием или отсутствием музыкального сопровождения, и выбором конкретного музыкального инструмента для сопровождения. Как и произведения из китайской «Книги од», греческие лирические поэмы, с которыми мы ознакомимся в следующих главах, связаны с обстановкой празднеств и представляют собой прекрасное средство для наблюдения за этикой общения. Мы уделяем особое внимание лирической поэзии в данном исследовании, так как и в Древней Греции, и в Древнем Китае этот жанр был наиболее предпочтительным для общения.

Мы будем опираться на другие типы источников в той мере, в какой они позволяют понять характер социальных ценностей, эмоций и восприятия в различных контекстах взаимодействия людей в двух древних обществах. К ним относятся исторические и философские труды двух цивилизаций, греческий эпос и драма, китайские ритуальные тексты и надписи на бронзе. Китайские надписи отливались на ритуальных бронзовых изделиях, многие из которых были сосудами для еды и питья, выставленными в храмах предков, захороненными в гробницах или запрятанными в тайниках. Они фиксируют государственные назначения, военные действия, юридические сделки, ритуальные мероприятия и другие события (включая пиршества), важные для владельцев бронзовых изделий. Мы используем эти надписи для того, чтобы с их помощью объяснить нашу точку зрения касательно чжоуской практики и идеологии общения, а также для того, чтобы восполнить относительную нехватку китайских текстов, которые можно использовать для настоящего исследования[54].

Поэзия, драма, история, философия, надписи и ритуальные писания — все это используется для реконструкции китайских и греческих моделей социабельности и гендерных отношений, а также социальных институтов, которые определяют проблематику и ценность в этих моделях. В связи с этим возникает вопрос: каковы отношения между репрезентацией и реальностью в ис-

---

[54] Фалькенхаузен [Falkenhausen 2006: 54–55] утверждает, что надписи на бронзе являются ритуальными текстами, предназначенными в первую очередь для предков, и имеют ограниченную ценность как исторические источники. Однако для владельцев бронзовых изделий информация об изготовлении сосуда и его посвящении (например, царь наградил человека за услугу, оказанную в определенный день, и этот человек использовал награду для того, чтобы в определенный день в честь конкретного предка был отлит сосуд определенного типа) явно предназначалась для записи исторических фактов. Для исследователя такие записи также передают ценности и факты, которые можно изучать в зависимости от его интересов.

следовании, которое опирается на тексты (литературные или иные), и как данное исследование распутает клубок межличностных отношений между мужчинами и женщинами в китайском и греческом социуме?

Ответ на этот вопрос может быть дан на двух уровнях. Во-первых, даже если стихи, рассказы, предписания, молитвы и записи, претендующие на описание реальных событий, не всегда позволяют узнать, как на самом деле вели себя мужчины и женщины в Греции и Китае, они рассказывают нам о том, как люди должны были вести себя, как они хотели бы, чтобы о них думали, как они себя вели на самом деле, какие ценности они связывали с коллективной деятельностью, и что они думали о конфликтах, которые периодически возникали в обществе. Важно, что китайские и греческие участники празднеств проявляли разную степень озабоченности и высказывали различные суждения по этим вопросам, так закономерности в их различиях дают нам представление о том, какие ценности были наиболее важными, какие стратегии применялись для привития этих ценностей и какие установки и практики люди стремились привнести в напряженные ситуации и конфликты, связанные с социабельной деятельностью в двух этих обществах.

Во-вторых, основные тексты, используемые в данном исследовании, не только прочно укоренились в физическом и социально-политическом контексте их создания и восприятия, но и обладали огромной силой воздействия на культуру. В исследуемые века и Китай, и Греция все еще были преимущественно устными культурами, и различные исполнительские жанры (включая лирику, эпос и драму), помимо развлечения, служили средствами распространения знаний и ценностей (см. [Beecroft 2010; Collins 2004; Gentili 1988; Havelock 1963; Kern 2000, 2005; Kurke 2000; Nagy 1990, 1996; Nylan 2001, ch. 2; Schaberg 1999b; Stehle 1997; Wang C. H. 1974]). Общественные мероприятия, от застолий и празднеств до жертвенных пиров, были самыми важными площадками для выступлений, и многие литературные произведения, созданные таким образом, являются «саморефлексивными» в их отношении к деятельности, мыслям и эмоциям, возникшим в момент акта социабельности. Когда любители кутежа пели о себе или слушали песни и рассказы о других, они участвовали в форме социализации, в которой главным компонентом было изучение ценностей и норм. Образованным человеком считался тот, кто мог полноценно и продуктивно участвовать в этих обучающе-социализирующих процессах, как в качестве транслятора ценностей, сформулированных в песнях и историях, так и в качестве участника их передачи путем переосмысления материала в новых исполнениях. Конечно, то, что человек слышал на пиру или празднестве, было всего лишь «репрезентацией» в том смысле, что являлось плодом воображения, а не точным отражением идей и практик, связанных с реальным человеком или группой, но все же на протяжении многих веков такие «произведения искусства» формировали системы ценностей и эстетические чувства древних китайцев и греков. Репрезентация и реальность должны были пересекаться на территории друг друга в мире, где то, что мы называем «литературой», предназначалось преимущественно для общественного потребления и было призвано формировать достойных мужчин и женщин[55].

Таким образом, наше исследование посвящено тому, как социальные институты формируются контактами и производят их. Оно также предполагает, что контакт не является вторичным по отношению к «реальности», которая находится за пределами процесса репрезентации; напротив, оно предполагает, что контакт участвует в формировании реальности и в ее восприятии. Наш подход заключается в том, чтобы поместить репрезентации в институциональные контексты, из которых они проистекали и которые, в свою очередь, формировали их, и сравнить различия в институциональных контекстах с различиями в репрезентациях в Китае и Греции. При всей своей неполноте и необъективности, если рассматривать древнекитайские и древнегреческие тексты и дискурсы о межличностных и гендерных отношениях не как

---

[55] Этот момент часто отмечается в исследованиях образования, литературы и литературной теории в Древней Греции (см., например, [Anderson 1966; Taplin 2000; Too 2001]).

автономные системы знаков, а как акты, производимые, циркулирующие и потребляемые в важных социальных и общественных контекстах, они могут многое рассказать нам о различиях между заботами, ценностями и институциональной средой мужчин и женщин, которые были их создателями и потребителями.

При этом по-прежнему верно, что источники дают доступ лишь к опосредованной реальности (или реальностям) и что между репрезентацией и реальностью всегда будет существовать разрыв. Песни, пьесы, предписания и даже исторические записи содержат всевозможные предрассудки и искажения, с которыми нужно обращаться осторожно, пытаясь проникнуть через фильтр репрезентации. Обычно предостережения касаются хронологических, географических и классовых предрассудков. Первые из них были рассмотрены подробно, и здесь мы лишь частично повторим сказанное ранее. Во-первых, доступность свидетельств и принцип экономии в работе неизбежно ограничат то, как мы представим определенный период или место в следующих главах. Однако даже если часть последующего исследования будет в большей степени опираться на источники, относящиеся к определенному времени и месту, совокупность фактов покажет, что две широко различающиеся и в значительной степени последовательные модели, наблюдаемые для Китая и Греции, могут быть выявлены из источников различного хронологического и географического происхождения. Во-вторых, забота о межкультурных обобщениях может привести к относительному пренебрежению внутренними вариациями, что является неотъемлемым ограничением компаративного проекта такого масштаба. Мы надеемся, что сможем в некоторой степени компенсировать утрату исторической и географической сложности комплексностью представленных моделей отношений. Мы также считаем, что наш компаративный подход может породить новые идеи и вопросы, которые послужат стимулом к работе специалистов по углубленному изучению двух древних обществ.

Очевидно, что герои данного исследования принадлежали в основном к элите и были относительно обеспеченными людьми, поскольку для накопления, сохранения и передачи для потомков своего социального опыта требуется как экономическое благополучие, так и социальный и культурный капитал. С другой стороны, на празднествах и других общественных мероприятиях мы также познакомимся и с менее привилегированными представителями обществ. Конечно, мы узнаем об их переживаниях и мыслях не из их собственных уст, а только из уст поэтов, философов и государственных деятелей, которые привносили свои собственные социальные представления в изображение общественных событий. В конечном счете нам не дано напрямую проникнуть в эмоции и мысли простых граждан Греции и Китая, но мы тем не менее обнаруживаем поразительные контрасты между китайской и греческой идеологиями относительно роли, которую общественные празднества играли в структуре и функционировании социально-политического порядка. Эти контрасты также лежат в основе разительных различий между представлениями о гендерных отношениях в двух цивилизациях.

Если предрассудков, связанных с хронологическими, географическими и классовыми различиями, не избежать никому при изучении Древней Греции и Древнего Китая, то практически полное преобладание мужчин в авторстве источников создает новую серьезную для исследователя гендерных отношений проблему. Как женщины переживали отношения, которые мы сейчас рассматриваем в основном через призму мужского восприятия? Если мы допустим, что описания искажены мужскими предрассудками, какое значение имеют для нас эти описания, если они есть не что иное, как продукты мужского воображения двух древних обществ?

Эти вопросы будут рассмотрены в последней главе данного исследования, где также будет представлена женская точка зрения. Изучая поэзию китайских и греческих женщин, мы попытаемся выяснить, где мужские и женские взгляды на межличностные отношения сходятся или противостоят друг другу, а также что именно степень согласия или несогласия мужских и женских точек зрения говорит нам о структурах и ценностях этих обществ, где доминировали мужчины. Понимание того, как мужское и женское мнения соотносятся друг с другом в двух цивилизациях, поможет пролить свет на разного рода последствия мужского доминирования. Это же поможет прояснить вопрос, который часто вызывает разногласия в женских исследованиях: в какой степени женщины из разных веков и стран имеют общие характеристики и интересы только в силу своего пола, и в какой степени их менталитет и поведение формируются под влиянием различных идей и институтов общества, в котором они живут?

Наконец, необходимо сказать несколько слов о некоторых проблемах, характерных для компаративного исследования, подобного настоящему. Во-первых, несходство жанров сравниваемых источников может привести к искаженной картине двух обществ, а тот факт, что некоторые жанры засвидетельствованы только в одной из двух цивилизаций (в частности, эпос и драма в Греции и ритуальные книги в Китае), создает проблемы при попытках эти жанры сравнить. Во-вторых, существует опасность придать слишком большое значение определенному автору, определенному тексту или определенным частям текста (многие источники являются фрагментами) без адекватного рассмотрения того, насколько они репрезентативны для своей собственной традиции и, следовательно, какое значение следует придавать им при сравнении.

Сталкиваясь с этими проблемами, мы прежде всего хотели бы сказать, что, на наш взгляд, факт наличия или отсутствия какого-либо жанра в той или иной цивилизации может быть очень показательным сам по себе. Например, богатая коллекция ритуальных наставлений в Китае может указывать на исключительную важность поддержания иерархического порядка в этом обществе, в то время как в Греции делают акцент на состязательных общественных празднествах, для них важно достижение единства и гармонии. Если отбросить этот момент, то в выборе и интерпретации источников мы руководствовались тремя взаимосвязанными принципами.

Во-первых, источники разных жанров можно сравнивать, если они имеют схожие контексты создания и восприятия, выполняют аналогичные функции или имеют сопоставимый статус в социальной жизни и литературной истории двух цивилизаций.

Во-вторых, сравнение не должно приводить к легкомысленным ценностным суждениям о том, были ли китайцы или греки «лучше» в том, как они выстраивали межличностные и гендерные отношения. Например, исходя из этого, мы в основном избегаем греческой трагедии, потому что зачастую мрачный взгляд на человечество в этих пьесах легко может быть неправильно понят в отсутствие полностью контекстуализированного анализа (что невозможно сделать в рамках данного исследования). Ограниченные ссылки на греческие трагедии в данном исследовании в целом касаются греческой социальной практики и ценностей, которые в большом количестве подтверждаются другими источниками. Хотя невозможно достичь полного гендерного равенства в исследовании, мы надеемся, что в целом представим сбалансированную картину Древнего Китая и Древней Греции, с их нормами и идеалами, а также их проблемами и заботами. Наконец, значение определенного текста или его фрагментов должно определяться путем рассмотрения материала в рамках более широкой традиции и поиска общего знаменателя с другими источниками в той же традиции. Это делается для того, чтобы исключить подозрения, что источник используют потому только, что он отражает характерные взгляды автора (или авторов) или содержит определенную социально-политическую повестку. Поэтому когда мы используем, например, китайские ритуальные тексты, то не обращаем внимания на их мельчайшие детали, а подтверждаем их содержание ссылками на исторические записи, надписи на бронзе и стихи, свидетельствующие о сути этих правил. Таким же образом, когда мы обращаемся к греческой лирической поэзии, которая в большинстве своем сохранилась только во фрагментах, мы рассматриваем эти фрагменты в связке с другими текстами, полными и частичными, чтобы увидеть, какие выводы из этого можно сделать.

В ходе выполнения непростой задачи по отбору источников для сравнения необходимо собрать из материалов, представляющих разные жанры, авторов, локации и периоды, правдоподобную картину сложного процесса построения межличностных отношений через социальные сферы и гендерные границы в двух изучаемых классических цивилизациях. Наш путь к этой картине не исключает использования альтернативных подходов к пониманию моделей гендера и социабельности в двух древних традициях. Он также не предполагает, что в итоге может возникнуть цельная картина. Перед лицом сложной взаимосвязи между репрезентацией и реальностью нам остается надеяться, что с учетом многочисленных пояснений и предосторожностей мы сможем представить социабельных мужчин и женщин в Древней Греции и Древнем Китае таким образом, чтобы это было корректно по отношению к многочисленным источникам каждой традиции, освещая по ходу, что общего в этих источниках и почему это важно как для людей древних времен, так и для компаративистов, живущих много веков спустя.

Описание глав

Эта книга состоит из трех частей: первая часть посвящена изучению коммуникации в отношениях между мужчинами, вторая — взаимодействию между женщинами, а также между мужчинами и женщинами в различных контекстах социабельности, третья — поиску женской точки зрения и анализу связи между реалиями женщин и воображением мужчин.

В двух главах первой части («Среди мужчин»), озаглавленных «Греция: товарищи, граждане, юноши» и «Китай: предки, братья, сыновья», рассматриваются греческие и китайские примеры мужской коммуникации и создается основа для анализа гендерных отношений, представленного в последующих частях. Первая глава полностью посвящена изучению социабельности греков, во второй главе представлено описание китайских участников празднеств, проведена аналогия с греками. В каждой главе представлены три категории протагонистов: «товарищи, граждане и юноши» для Греции и «предки, братья и сыновья» для Китая. Первая категория в каждом наборе, «товарищи» и «предки», закрепляет фундаментальную концепцию идеальной мужской социабельности в каждой традиции. Граждане и возлюбленные юноши в гомосексуальных отношениях являются по сути товарищами и соратниками, в то время как братья и сыновья объединяются в иерархически организованную корпоративную группу под покровительством предков. В отличие от выдвижения на первый план общественных контекстов и конкурентных внесемейных гомосоциальных отношений в греческой традиции, китайцы поддерживают патрилинейную семью как центральное место для культурного воспроизводства и чествования человеческого родства.

В части 2 («Между мужчинами и женщинами. Среди женщин») две главы. В главе «Общественные праздники и семейно-бытовые обряды» рассматриваются китайские и греческие представления о гендерных отношениях в свете двух различных религиозных структур, которые, как было показано в части 1, лежат в основе различных форм и идеалов мужской социабельности в Китае и Греции. В многочисленных источниках греческие женщины изображаются преуспевающими в музыкальных состязаниях и активными в общении на общественных и религиозных мероприятиях. Напротив, поклонение в родовом храме предкам лишь по отцовской линии определяло роль китайских женщин в семье и в обществе. Греческие примеры внесемейных женских гомосоциальных связей в публичных праздничных контекстах полностью отсутствуют в китайских источниках.

Глава 4, озаглавленная «За столом и за кулисами», посвящена внутренней динамике гендерных отношений и анализирует участие женщин в двух видах совместных мероприятий: когда женщины присутствовали на пирах для членов семьи как гости, а также когда они сами планировали праздники и наблюдали из-за кулис, как их родственники развлекали гостей дома. В этой главе рассматривается, как в источниках представлено взаимодействие мужчин и женщин за столом и как мужчины воспринимали закулисные роли своих родственниц. Если в греческих источниках ключевой темой является гендерное соперничество, то в китайских изображениях домашних праздников основное внимание уделяется иерархии поколений, проходящей через определенную гендерную линию.

Часть 3 («Женская действительность и мужское воображение»), состоящая из одной главы «О чем пели женщины», представляет собой попытку ответить на вопрос о том, как женщины воспринимали и переживали гендерные отношения, которые до сих пор доходили до нас только посредством мужских представлений. Для этого мы исследуем поэзию, написанную китайскими и греческими женщинами или считающуюся таковой. Чувства, вращающиеся вокруг семьи и родственных связей, ориентированных на мужчин, определяли голоса женщин в китайской поэзии. В отличие от них, греческие женщины хранили молчание о мужьях и свекровях, но с теплотой воспевали женскую дружбу и связь между матерью и дочерью (семейные отношения, значение которых в китайской традиции было преуменьшено). Хотя эти результаты подтверждают то, что мы знаем о гендерных отношениях в Греции и Китае из мужских источников, они также демонстрируют различную степень расхождения между ценностями, выражаемыми женщинами — авторами и ораторами, и ожиданиями мужчин в отношении своих женщин в греческой и китайской литературных традициях.

В «Заключении» мы предлагаем аналитическое резюме двух моделей гендера и социабельности, которые нами интерпретируются в терминах двух различных диалектик близости и конфликта. Мы также указываем, каким образом данное исследование ставит под сомнение и обогащает выводы предыдущих антропологических и сравнительных исследований.

Часть I

СРЕДИ МУЖЧИН

Глава 1
Греция
Товарищи, граждане, юноши

По мнению Ивон Гарлан, центральная роль воина утверждалась на всех уровнях и во всех сферах греческого общества, от художественных изображений повседневной жизни до атрибутов олимпийских божеств и моральных предписаний о человеческом благе [Garlan 1995: 54]. На протяжении всей истории Греции образ мужественного воина и верного товарища был идеалом, к которому должен был стремиться каждый грек.

В этой главе мы рассмотрим различные аспекты этого образа и того, как он представлен в литературных описаниях различных празднеств. Пиршества воинов были далеко не единственным (и даже не главным) местом, где среди чемпионов и граждан-воинов возникала как конкуренция, так и крепкие внесемейные гомосоциальные связи. Такие связи не ограничивались только взрослыми людьми. Существовала прямая преемственность между военным *агоном* (состязанием) и агоном в атлетических и музыкальных состязаниях на многочисленных общественных празднaках[1], а известная греческая гомосексуальная любовь в своей нормативно-воспитательной функции управлялась той же риторикой товарищества и агона. На собраниях и в гимнасиях старший любовник стремился показать себя самым достойным наставником и товарищем, передавая свою доблесть, соревнова-

---

[1] Картледж [Cartledge 1985: 112] отмечает, что олимпийские состязания были «военизированными упражнениями».

тельный дух, социальную и политическую мудрость младшему возлюбленному и помогая юноше вырасти в достойного гражданина-воина. Воинский этос с его двойственной оценкой товарищества и соперничества полностью определял греческую социабельность, что объясняет, почему в греческих литературных источниках, посвященных совместной жизни мужчин, значимое место занимают товарищи, граждане и юноши.

Мы начнем анализ с Гомера и продолжим поэзией Алкея (р. ок. 620 до н. э.), аристократа, уроженца Лесбоса, который прославился в древности своими застольными песнями. Симпозиум — основной контекст для следующего произведения, которое мы рассмотрим, а именно сборника Феогнида, в сборник входит 1400 стихов, собранных под именем Феогнида из Мегары (ок. середины VI века до н. э.) и наполненных поучениями о мудрости, которыми дорожили греки того и более позднего времени. Затем последует анализ «Аттической сколии», свода популярных застольных песен, большинство из которых, как считается, было написано в Афинах в конце VI — начале IV века до н. э. Затем будет проведен анализ двух диалогов, один из которых принадлежит Платону (ок. 427–347 до н. э.), а другой — Ксенофонту (ок. 444–357 до н. э.), оба под названием «Пир» (также «Симпозиум»), которые якобы являются воспоминаниями о пире, на котором присутствовал учитель обоих авторов, Сократ (ок. 469–399 до н. э.). Наконец, будет рассмотрена роль религии в греческой социабельности. Помимо большинства ранее упомянутых текстов, анализу подлежат также праздничные оды Пиндара (ок. 518–438 до н. э.) и Вакхилида (ок. IV века до н. э.), которые были написаны для победителей на атлетических праздниках. Выходя за рамки аристократических застолий, последний раздел представляет религию как всепроникающий элемент греческих общественных практик и расширяет контекст сравнительного исследования. Позднее, в главах 2 и 3, мы аргументируем нашу теорию о том, что различные мотивы, формы и площадки греческих и китайских религиозных празднеств дают прекрасную возможность понять существенные различия между институтами и дискурсами социабельности в этих двух обществах.

Гомер

Начнем с погребальных игр в 23-й книге «Илиады», поэмы, в которой Гомер повествует о последнем, десятом годе Троянской войны. Ахилл, греческий герой, устраивает игры в честь Патрокла, своего самого дорогого соратника, который пал в битве против Гектора, главного защитника Трои[2]. В пяти книгах, предшествующих этому эпизоду (книги 18–22), автор предлагает захватывающие описания всепоглощающей скорби Ахилла по умершему соратнику. Отказавшись от еды и питья, Ахилл вспоминает пророчество о том, что сам умрет тотчас, как отомстит за смерть Патрокла, и разражается душераздирающим плачем по своему дорогому другу:

> Ныне лежишь ты пронзенный, и сердце мое отвергает
> Здесь изобильную снедь и питье, по тебе лишь тоскуя!
> Нет, не могло бы меня поразить жесточайшее горе,
> Если б печальную весть и о смерти отца я услышал,
> Старца, который, быть может, льет горькие слезы во Фтии,
> Помощи сына лишенный, тогда как в земле чужелюдной[3].
> (Гомер, «Илиада» 19.321–324, пер. Н. И. Гнедича[4])

Погребальные игры, которые следуют за убийством Ахиллом Гектора, подчеркивают атлетический дух и то, что в мире гомеровских воинов огромное значение придается товариществу. После поминального пира и возжигания погребального костра Ахилл продолжает чествовать своего погибшего друга, устроив

---

[2] Патрокл упоминается как «дорогой соратник» Ахилла (Гомер, «Илиада» 17.411, 17.655, 18.80–82). Ахилл вспоминает Патрокла как своего «дорогого друга» (φίλος ἀγαπητός), «человека, которого я любил больше всех других товарищей, / любил как собственную жизнь».

[3] «ἄκμηνον πόσιος καὶ ἐδητύος ἔνδον ἐόντων σῇ ποθῇ: οὐ μὲν γάρ τι κακώτερον ἄλλο πάθοιμι, οὐδ᾽ εἴ κεν τοῦ πατρὸς ἀποφθιμένοιο πυθοίμην, ὅς που νῦν Φθίηφι τέρεν κατὰ δάκρυον εἴβει χήτεϊ τοιοῦδ᾽ υἷος: ὃ δ᾽ ἀλλοδαπῷ ἐνὶ δήμῳ». (Греческий текст приводится по: Homer. The Odyssey with an English translation by A. T Murray. London: Heinemann, 1919. — *Прим. перев.*)

[4] Цит. по: [Гнедич 1990]. — *Прим. перев.*

игры для всего войска. Две трети 23-й книги посвящены детальному описанию состязаний в гонках на колесницах, боксе, борьбе, пешей ходьбе, кулачных боях, стрельбе из лука, метании диска и копья. Соревнующиеся воины, все до одного лучшие среди греков, выкладываются до предела и насмехаются друг над другом, участвуя в этой напряженной борьбе за признание соперников. Эти игры одновременно отдают дань уважения доблести, благородству и верности ближайшего товарища Ахилла и тем институционализированным занятиям, которые развивают в мужчинах эти качества настоящих воинов[5].

Одиссей, царь Итаки и главный военачальник в греческом сражении с Троей, на поминальных играх Патрокла становится победителем в двух состязаниях — борьбе и ходьбе (развернутое описание этих двух соревнований см.: Гомер, «Илиада» 23.700–797). Злоключения, связанные с его возвращением домой по окончании войны, стали темой другой поэмы Гомера, «Одиссеи». В то время как действие «Илиады» разворачивается вокруг битвы и отношений между воинами, «Одиссея» представляет собой гимн семейным узам и домашним ценностям. Странствуя по землям и морям в течение десяти лет после Троянской войны, Одиссей наконец достигает Итаки, но сталкивается там со 108 знатными мужами, каждый из которых претендует на руку его супруги Пенелопы. Женихи ежедневно собираются на пиршества в его дворце. В конце поэмы Одиссей с помощью сына Телемаха и пары верных слуг убивает женихов и возвращает себе царство, жену и все, что принадлежало ему ранее[6]. Дэвид Констан не зря говорит, что в «Одиссее» «подчеркивается целостность и автономность родного дома», а «дружба занимает в по-

---

[5] Бен Браун [Brown B. 2003: 123] анализирует посвященные Патроклу погребальные игры с точки зрения того, как «в обществе равных распространяется честь и сохраняется принцип равенства». И Браун [Brown B. 2003], и Голден [Golden 1998: 93–94] отмечают, что игры, описываемые ближе к концу эпоса, знаменуют собой разрешение кровавого противостояния и переход к миру.

[6] Винклер [Winkler 1990a: 129–161] утверждает, что Гомер склоняет своих читателей к мысли о том, что Пенелопа также играет определенную роль в успешном возвращении Одиссея на родину.

вествовании второстепенное место» [Konstan 1997: 26–27]. Однако сомнительно, что Одиссея можно считать, как называет его Чарльз Бур, «героем семьи»[7]. Изображая в «Одиссее» многочисленные сцены пиршеств, Гомер постоянно напоминает нам, что Одиссей — герой войны, и не раз намекает на то, что истинная сущность его героя принадлежит миру товарищей, связанных дружбой и участвующих в бесконечных приключениях.

В книге 8 Одиссей в своих странствиях прибывает на остров гостеприимных фиакийцев, где царь Алкиной устраивает богатый пир. Решив, что гости насытились едой, вином и музыкой, Алкиной приказывает устроить игры. Молодые знатные фиакийцы состязаются в беге, борьбе, прыжках и метании диска. Одно только изображение Гомером забега передает ожесточенность и азарт соперничества:

> Было объявлено первым из всех состязание в беге.
> Бег с черты начался. И бросились все они разом
> И по равнине помчались стремительно, пыль поднимая.
> На ноги был быстроходнее всех Клитоней безупречный:
> Сколько без отдыха мулы проходят под плугом по пашне
> Ровно настолько других обогнал он и сзади оставил.
> (Гомер, «Одиссея» 8.121–125, пер. В. В. Вересаева[8])

Одиссей оказывается втянутым в состязание, когда один из фиакийцев, которые все к этому времени уже сильно возбуждены и взволнованы играми, бросает вызов гостю:

---

[7] Говоря о контрастной тематике двух гомеровских эпосов, Чарльз Бур комментирует: «Ахилл — герой дружбы, дружба для него — несмотря ни на что, высшая ценность в жизни. Одиссей — герой семьи, это его высшая ценность. Соответственно, у Одиссея нет друзей. Ахилл задумывается (недолго, в 9-й книге "Илиады") о семье, но отказывается от нее ради гораздо более благородного дела» (см. предисловие к изданию 1992 года «Темы Улисса» («The Ulysses Theme» У. Б. Стэнфорда [Stanford 1992: vii]). Пуччи [Pucci 1987: 214–227; Pucci 1998: 1–9] исследует «полемические» соотношения «Одиссеи» и «Илиады». О явной или скрытой тенденции в критике соотносить «Одиссею» с «феминными» качествами в противоположность мужественному и героическому характеру «Илиады» см. [Clayton 2004, ch. 1].

[8] Цит. по: [Вересаев 1953]. — *Прим. перев.*

> «Ну-ка, отец чужеземец, вступи-ка и ты в состязанье,
> Если искусен в каком. А должен бы быть ты искусен.
> Ведь на земле человеку дает наибольшую славу
> То, что ногами своими свершает он или руками».
> (Гомер, «Одиссея» 8.145–148, пер. В. В. Вересаева)

Когда Одиссей отказывается, утверждая, что слишком погружен в тоску по дому, чтобы участвовать в состязаниях, он в ответ слышит насмешку, слишком оскорбительную для героя Троянской войны (Гомер, «Одиссея» 8.161–164)[9]. Дав резкий ответ на пренебрежительные замечания своего молодого соперника, Одиссей заявляет, что будет состязаться, несмотря на все тяготы, выпавшие на его долю за годы войны и скитаний (Гомер, «Одиссея» 8.182–185). Одержав быструю и легкую победу в метании диска и получив признание, он в свою очередь бросает вызов юношам, чтобы те попробовали побороться с ним, и объявляет о своей готовности участвовать в любом другом состязании, поскольку он уверен в своей победе:

> Сколько ни есть средь мужей состязаний, не плох ни в одном я.
> Руки недурно мои полированным луком владеют:
> Прежде других поражу я противника острой стрелою
> В гуще врагов, хоть кругом бы и очень товарищей много
> Было и меткую каждый стрелу на врага бы нацелил.
> Луком один Филоктет меня побеждал неизменно
> Под Илионом, когда мы, ахейцы, в стрельбе состязались;
> Что же до прочих, то лучше меня никого, полагаю,
> Нет теперь между смертных людей, кто питается хлебом.
> (Гомер, «Одиссея» 8.214–222, пер. В. В. Вересаева)

Используя опыт физической подготовки к Троянской войне для демонстрации своего спортивного превосходства, Одиссей в своей речи дает понять, что рассматривает состязания как продолжение военных действий. Здесь он, вполне возможно, дает ответ

---

[9] Следуя типичному менталитету греческих аристократов, юноша сравнивает Одиссея с купцом, не имеющим навыков в спорте. См. комментарий Стэнфорда к песни 8.161–164 «Одиссеи» [Stanford 1959: 336].

и на утверждение своего молодого соперника о том, что наибольшую славу мужчинам приносит демонстрация силы и скорости. Подтверждая это и говоря о своих атлетических способностях в контексте военных подвигов, Одиссей утверждает, что воинская доблесть является достижением более престижным[10]. Более того, он демонстрирует, что, хотя появился на острове как одинокий и тоскующий по дому странник, высокий уровень его воинского искусства не подлежит сомнению. Именно бой в компании товарищей в конечном итоге доказывает его ценность.

Читая это произведение, следует вспомнить погребальные игры Патрокла в «Илиаде», которые служат примером того, из какой среды происходит герой Одиссея. Вежливый гость на пиру у царя Алкиноя и провоцирующий соперник на играх с фиакийскими вельможами — это тот же великий воин, который участвовал в погребальном пире Патрокла, выиграл два чемпионата и заслужил восхищение своего гораздо более молодого соперника[11].

Благодаря сопровождению фиакийцев, которые могут похвастаться несравненными мореходными навыками, Одиссей прибывает в Итаку на быстроходном корабле. В следующих 11 песнях «Одиссеи» (14–24) рассказывается о появлении Одиссея в собственном дворце под видом нищего. Он смешивается с веселящимися женихами, а затем убивает их и возвращает себе все, что было у него отнято. Расправа над женихами происходит во время их очередного застолья в пиршественном зале дворца Одиссея, и этот момент можно назвать кульминацией праздничной сцены в поэме, она подтверждает тесную связь между праздным весельем и физическим соперничеством в «Одиссее».

---

[10] Как отмечает Стэнфорд [Stanford 1959: 335], утверждение молодого человека скорее приличествует «мирному времени».

[11] После победы Одиссея в ходьбе Антилох, пришедший последним, восхищается Одиссеем как «человеком старшего поколения», которого тем не менее трудно победить (Гомер, «Илиада» 23.790). Очевидно, что Одиссей, хоть и постарел, надолго полон энергии и остается непобедимым даже десять лет спустя.

Гибельный для женихов конец предвещает состязание по стрельбе из лука, которое устраивает Пенелопа, чтобы определить, кто станет ее новым мужем. Никто из женихов не может натянуть тетиву тугого лука, принадлежавшего Одиссею. Тогда сам царь, все еще в облике нищего, получившего место за пиршественным столом только благодаря великодушию Телемаха, просит разрешения попробовать свои силы. После того как Одиссей получает разрешение, он натягивает тетиву своего лука и легко превращается в самого могучего из собравшихся мужчин. Он объявляет себя победителем и благословенным богом Аполлоном мстителем. Образ Одиссея, стоящего на пороге зала и нацеливающего свои стрелы на пирующих, вызывает в памяти самого бога-лучника: среди эпитетов Аполлона мы находим «тот, кто бьет издалека», «тот, кто действует издалека»[12]. Когда бойня заканчивается, Одиссей стоит среди груды тел, разбросанных по пиршественному залу, его ноги и руки залиты кровью. Именно как непобедимый воин Одиссей, наконец, предстает перед нами в своем собственном доме. Тот факт, что Афина, богиня войны, вступает с ним в союз в битве, лишний раз указывает на образ Одиссея — героя Троянской войны, который вернулся домой[13]. В отличие от «Илиады»,

---

[12] Позже, в ярком изображении преследования, Гомер описывает превосходство Одиссея с помощниками (это Телемах, несколько верных слуг и Афина в образе старой подруги семьи) над женихами, которые тщетно пытаются обороняться: «Те ж [люди Одиссея], соколам кривокогтым с изогнутым клювом подобясь, / С гор налетевшим внезапно на птичью огромную стаю, — / Тучами падают птицы, спасаясь от них, на равнину, / Соколы бьют на лету их, и нет им спасенья ни в бегстве, / Нет и в защите. Любуются люди, довольные ловом. / Так же они женихов гоняли по залу, разили / Копьями вправо и влево и головы им разбивали. / Стонами полон был зал, и кровью весь пол задымился» (Гомер, «Одиссея» 22.302–309, пер. В. В. Вересаева). В греческой литературе и искусстве охоту часто уподобляли битве; и то, и другое было местом для демонстрации героических качеств [Barringer 2001]. Примечательно, что первый подвиг Одиссея, о котором повествует эпос, имеет место во время охоты, когда, будучи еще подростком, он проявил удивительную силу и самообладание, убив дикого кабана (Гомер, «Одиссея» 19.428–466).

[13] Афина также является богиней мудрости (особенно, так сказать, хитроумности) [Detienne, Vernant 1978]. Она предпочитает Одиссея всем смертным мужчинам, потому что он разделяет с ней это свойство [Stanford 1992, ch. 3].

«Одиссея» — это поэма о возвращении к мирной домашней жизни, но это возвращение происходит посредством кровавой битвы, разворачивающейся в месте, которое призвано символизировать радость и гармонию семейной жизни[14]. Поскольку расправа с женихами происходит ближе к концу истории, мы чувствуем, что автор и его публика с нетерпением ждали, когда их герой совершит еще один боевой подвиг, прежде чем вернется к семейной жизни, которая, в отсутствие тревог войны, более не будет интересна в качестве литературной темы.

Напротив, в 14-й книге сам Одиссей намекает на значение домашнего очага и дружеских пиршеств в его жизни как царя и воина. Это происходит сразу после того, как Одиссей, никем не узнанный, приплывает в Итаку. Там его принимает Евмей, его бывший свинопас, и Одиссей вынужден рассказать о себе выдуманную историю. В этом вымышленном рассказе Одиссей представляется вельможей с Крита и достойным воином, который не любит трудиться в поле и не обременен заботами о доме: «Полевых же работ не любил я, / Как и домашних забот, процветание детям несущих». Вместо этого он всегда дорожил иным: «Многовесельные были всегда корабли мне желанны, / Битвы, и гладкие копья, и острые медные стрелы. / Грозные ужасы эти, других приводящие в трепет» (Гомер, «Одиссея» 14.222–226, пер. В. В. Вересаева). После того как он повел своих товарищей сражаться в Троянской войне, только месяц проводит он «с детьми и с законной женою». «...чрез месяц / Вдруг потянуло меня в Египет поехать, хороших / В путь заготовив судов и товарищей

Появляясь на стороне Одиссея в многочисленных ситуациях в обоих гомеровских эпосах, Афина помогает воину, обладающему большим умом, то есть такому же, как она сама.

[14] Находясь в гостях у фиакийцев, Одиссей замечает, что на земле нет ничего прекраснее хорошего пира: «В жизни, я думаю, нет свершений приятней, чем если / Радостью светлой сердца исполнены в целом народе, / Если, рассевшись один близ другого в чертогах прекрасных, / Слушают гости певца, столы же полны перед ними / Хлеба и жирного мяса; и, черпая смесь из кратера, / В кубки ее разливает, гостей обходя, виночерпий. / Это мне из всего представляется самым прекрасным» (Гомер, «Одиссея» 9.5–11, пер. В. В. Вересаева).

взяв богоравных», — говорит он (Гомер, «Одиссея» 14.244–247)[15]. На этот раз он оставляет дом ради своего прежнего промысла, который, по-видимому, был не чем иным, как пиратством, но который он представляет как военное дело, столь же достойное, как участие в Троянской войне[16].

Вымышленный критский вельможа гордится тем, что ему нравится воевать и что он разбирается в военном деле. Семейная жизнь явно не может его заинтересовать, потому что лишена волнений; кажется, он оживает только в компании своих товарищей и в моменты захватывающих приключений. Не верится, что Одиссей создает свое критское альтер эго исключительно для того, чтобы скрыть свою личность от бывшего слуги. Возможно, в подтверждение мнения о том, что перед незнакомцами легче раскрыть свою истинную сущность, здесь, перед тем как сделать последние шаги к возвращению царской власти и дома, Одиссей легкомысленно — за винопитием[17] — рассказывает о своих взглядах и стремлениях. В придуманной истории, которую он рассказывает своему слуге, Одиссей говорит о пире, который устроил для своих людей перед отплытием в Египет:

> Девять судов снарядил я. Народ собирался недолго.
> Шесть после этого дней они у меня непрерывно
> Пир пировали. И жертвенный скот доставлял в изобильи
> Я и для жертвы богам и на пищу товарищам милым.
> В день же седьмой, взойдя на суда, от пространного Крита
> Мы при попутном поплыли стремительном северном ветре.
> (Гомер, «Одиссея» 14.248–253, пер. В. В. Вересаева)

Во время царствования Одиссея в Итаке до Троянской войны в больших залах его дворца проходило множество обильных

---

[15] «Товарищи богоравные»: ἀντιθέοις ἑτάροισιν.

[16] До Троянской войны Одиссей девять раз водил своих людей в походы в чужие земли (Гомер. «Одиссея» 14.230 и далее). О пиратстве в гомеровском мире см. [Tandy 1997: 74].

[17] Этот разговор с Евмеем происходит после того, как они закончили ужин и только начали пить (Гомер, «Одиссея» 14.109 и далее).

пиршеств, подобных тому, которое устраивает своим товарищам вымышленный критский вельможа[18]. Предположительно, эти празднества вернутся в Итаку вместе с Одиссеем, восстановленным во всех своих правах после мести женихам. Расправа в пиршественном зале, сопровождающая триумфальное возвращение Одиссея домой, провозглашает восстановление его лидерства как военачальника и начало сплочения группы воинов, которое будет поддерживаться в том числе совместными застольями[19]. Благородный правитель и гостеприимный хозяин — это описания все того же человека, прославленного воина Одиссея. Последнее, однако, является сущностью его личности, и он доказывает это, демонстрируя свою доблесть и умение обращаться со стрелами и копьями там, где «темные деяния» критского вельможи не должны и не могут найти применения. Гомеровская история возвращения Одиссея вряд ли говорит о мире и стабильности в доме, как выразился Майкл Наглер, «Одиссей возвращается домой с войны, но он приносит войну с собой» [Nagler 1993: 257]. Как и для критского вельможи, дом — это место, где воин, подобный Одиссею, пополняет свои силы перед новым походом. Он должен посетить много городов, как позже рассказывает Одиссей Пенелопе во исполнение пророчества, и только после этих путешествий он сможет состариться среди своего народа (Гомер, «Одиссея» 23.267–284)[20].

---

[18] В (Гомер, «Одиссея» 19.314–316) Пенелопа вспоминает своего пропавшего мужа как самого гостеприимного из хозяев.

[19] «Женихи виновны», по словам Мюррея [Murray O. 1995: 222], «на самом деле в том, что они узурпировали прерогативы класса воинов в отсутствие военачальника».

[20] В несохранившейся «Телегонии», датируемой VI веком до н. э. и являющейся самой поздней из послегомеровских поэм так называемого эпического цикла, Одиссей после убийства женихов снова покидает Итаку и пускается в дальнейшие похождения [Davies 1989: 84–91]. Стэнфорд [Stanford 1992: 86–89], отмечая, что сюжет «Телегонии» открывает дверь для более поздних традиций Одиссея-странника вплоть до Данте и Теннисона, утверждает, что более поздние события представляют собой принципиально иное мировоззрение, чем «Одиссея» Гомера, «сердце и разум» героя которой «по сути связаны с родиной». Однако, как признает Стэнфорд [Stanford 1992: 87–88],

Несмотря на то что действие «Одиссеи» происходит вдали от мест сражений, она не столько отличается от «Илиады», сколько дополняет ее, описывая другую сторону жизни царя-воина. Герой «Одиссеи» — человек из мира, где желание победы и славы мотивирует воинов, а дружба и соперничество между товарищами доминируют над остальными отношениями. Погребальные игры, которые Ахилл устраивает в честь Патрокла, свидетельствуют не только о солидарности воинов и соперничестве сверстников в обстановке ужасов войны, но и о триумфальном участии Одиссея в пирах в Фиакии и Итаке. Показательно, что, несмотря на многочисленные пиры, на которых Одиссей не раз выражал тоску по тихой семейной жизни, ни на одном из праздничных торжеств за все время странствий не поднималась тема его возвращения домой, которое является ключевой темой всей поэмы[21]. Только два героя Троянской войны участвуют в домашних празднествах в «Одиссее». Один из них — Нестор, старейший из греческих воинов, вступивших в Троянскую войну, другой — Менелай, муж Елены, чье похищение троянским царевичем Парисом привело к Троянской войне[22]. Для Одиссея, который, пережив войну,

Гомер делает намеки (включая пророчество, на которое мы здесь ссылаемся), которые дают плодородную почву для более поздних образных описаний последующих путешествий Одиссея. В этом смысле более поздние события, вероятно, представляют собой естественное воплощение характера гомеровского героя. По Стэнфорду [Stanford 1992: 88], вместо того, чтобы быть выдумкой поэта VI века до н. э., «Телегония» могла быть основана на догомеровской традиции.

[21] После убийства женихов Одиссей приказывает устроить следующие приготовления: «Также и всем прикажите домашним рабыням одеться. / Пусть тогда песнопевец божественный с звонкой формингой / Всех нас здесь поведет за собой в многорадостной пляске, / Так, чтобы всякий, услышав снаружи, подумал о свадьбе, / Будь то идущий дорогой иль кто из живущих в соседстве» (Гомер, «Одиссея» 23.132–136, пер. В. В. Вересаева). Намереваясь скрыть от родственников весть о гибели женихов и тем самым дать Одиссею больше времени для подготовки к будущим сражениям (которые происходят в 24-й книге), этот выдуманный пир нельзя воспринимать как настоящий праздник семейной жизни.

[22] Нестор (Гомер, «Одиссея» 3), Менелай (Гомер, «Одиссея» 4). Мы коснемся празднеств во дворце Нестора позже в этой главе и еще раз в главе 3, а о Менелае и Елене речь пойдет в главе 4.

остается героем действия, рассказы о пирах по-прежнему свидетельствуют о силе и лидерстве и пробуждают воспоминания о боевой дружбе. Как отмечает Джеймс Редфилд, «начиная с Гомера и далее, греческое политическое сообщество изображается как самоуправляемая группа воинов» [Redfield 1995: 165]. Напряженное соперничество и высокая ценность внесемейных гомосоциальных связей, которые мы видели в гомеровских пирах, продолжают быть отличительными чертами более поздних греческих примеров социабельности.

Алкей

Поэзия Алкея дает представление о деятельности и настроениях воина из высшего сословия VII века до н. э., в мире которого, по-видимому, доминировала партийная политика. Характерным для Алкея «нанизывающим стилем» он только поносит и обвиняет своих соперников и бывших союзников, а подвиги свои и товарищей, как военные, так и политические, он превозносит. В любом случае совместные застолья являются наиболее частым контекстом его поэтических произведений. Афиней (ок. 170 — ок. 230), сохранивший для нас античные древности, удивлялся способности Алкея находить предлог для винопития при любых обстоятельствах (Deipnosophists 10.430b). Так ли это было на самом деле, не имеет значения, поскольку нас интересует только поэтическая личность аристократа, появившаяся в поэзии Алкея, которая красноречиво отражает греческий опыт общения на пиршествах[23]. Во фрагменте 140 Алкея говорится:

---

[23] Афиней, как и большинство читателей, как древних, так и современных, отождествляет говорящего в стихах Алкея с реальным аристократом и самим поэтом. Такая идентификация связана с известной проблемой циркулярности, когда мы извлекаем образ реального человека из приписываемой ему поэзии, а затем читаем сами эти произведения с целью подтвердить таким способом созданный образ [Lefkowitz 1981]. Для наших целей эта проблема не столь актуальна, нас интересуют примечательно когерентные темы, образы и настроения в корпусе поэзии Алкея. Независимо от того, принадле-

Медью воинской весь блестит,
Весь оружием убран дом —
Арею в честь!
Тут шеломы как жар горят,
И колышутся белые
На них хвосты.
Там медяные поножи
На гвоздях поразвешаны;
Кольчуги там.
Вот и панцири из холста;
Вот и полные, круглые
Лежат щиты.
Есть булаты халкидские,
Есть и пояс и перевязь;
Готово все!
Ничего не забыто здесь;
Не забудем и мы, друзья,
За что взялись!
(пер. В. И. Иванова)

Афиней использовал фрагмент 140 для иллюстрации сверхвоинственного духа Алкея[24]. Детальное описание оружия на стене напоминает нам о военной атрибутике в пиршественном зале Одиссея[25]. Однако существует важное различие в более

жали ли они реальному поэту или более широкому сообществу подобных ему аристократических воинов, для удобства назовем данного поэтического оратора Алкеем. Надь [Nagy 1996: 217], который принимает симпозиум в качестве контекста для перформанса и реперформанса поэзии Алкея, подчеркивает адаптивность личности Алкея ко времени и самым разным ситуациям. Он говорит: «Да, возможно, существовал реальный Алкей, и его реальные жизненные обстоятельства действительно могут быть отправной точкой, порождающей своеобразную алкейскую традицию. Но с каждым разом, когда Алкей воспроизводится в представлении для своей гетерии [группы товарищей, ассоциации, клуба] на симпозиуме, он отодвигается на шаг дальше от якобы прототипического случая» [Nagy 2004: 31–32].

[24] От строк 1–10 сохранилось лишь несколько слов. Комментарий Афинея появляется в (Афиней. «Пир мудрецов» 14.627a).

[25] В первой песни «Одиссеи», когда женихи впервые пируют во дворце Одиссея, Гомер обращает внимание на оружие в пиршественном зале, поскольку Телемах приглашает на пир странствующую незнакомку (переодетую Афину)

широком историческом контексте двух праздничных практик. Если в гомеровском мире поддержание и проявление соперничества аристократической военной элиты прославлялись через практики сотрапезничества, то принятие тактики гоплитов (тяжеловооруженных пеших солдат) и вызванное этим резкое увеличение численности воинов среди населения в VII веке до н. э. сделало лояльность к сообществу граждан-воинов новой добродетелью, которая легла в основу архаического праздничного дискурса[26].

Особое внимание Алкея к междоусобицам и замкнутости кланов вполне может противоречить этике военных элегий таких авторов, как Тиртей, Каллин и Мимнерм, если рассматривать это с той точки зрения, что все произведения воинской тематики в архаическую эпоху были предназначены для исполнения на симпозиумах[27]. Что, однако, не изменилось со времен Гомера до VII века до н. э. и что является общим для всех участников празднеств в эпоху гоплитов, так это центральные элементы состязательного героизма и уважения к равным. Это остается верным даже тогда, когда группа сверстников, попадающая

и прислоняет ее копье «к высокой колонне... / В копьехранилище гладкое, где еще много стояло / Копий других Одиссея, могучего духом в несчастях» (Гомер, «Одиссея» 1.127–129, пер. В. В. Вересаева).

[26] Адкинс [Adkins 1960] отстаивает широко распространенную сейчас точку зрения, что в гомеровском обществе доминировали конкурентные добродетели и что история греческой моральной мысли характеризовалась постепенным переходом от конкурентного к кооперативному их типу. Теория, предполагающая причинно-следственную связь между военными событиями и этическими и политическими преобразованиями в архаический период, получила широкое распространение (см., например, [Adkins 1960; Murray O. 1980, ch. 8; Vernant 1980, ch. 2]), но есть и сомнения в этом, например, у Крентца [Krentz 2007] и Морриса [Morris 1987: 196–205]. Мюррей [Murray O. 1991: 94–98] утверждает, что идеологические изменения отражены в различиях в симпотической этике от Гомера до авторов элегий VII века до н. э.

[27] Боуи [Bowie 1986, 1990] неоднократно приводил тот аргумент, которому следует Мюррей [Murray O. 1991: 94–98], когда отмечает разницу между взглядами Алкея и авторами военных элегий VII века до н. э.

в категорию «сообщество», стала включать в себя не только аристократию, но и всех граждан вообще[28]. Другими словами, переход от соревновательных к коллективным добродетелям в греческой системе ценностей, который столь живописно описал Артур Адкинс, заключается не в отказе от соревновательного, конкурентного превосходства, но в поддержке коллективного соперничества и его применения к большему числу сфер деятельности, распространяющихся на значительно большее количество граждан [Adkins 1960][29].

Мирсил и Питтак (ок. 650–570 до н. э.), которые, по-видимому, разделяли власть в Митилене, крупнейшем городе на родном для Алкея Лесбосе, были одними из главных врагов, против которых Алкей и его сторонники вели совместную борьбу. Борьба с ними может быть той задачей («то, за что взялись»), о которой говорится в последней строке фрагмента 140, и поэма, возможно, была исполнена на собрании, где участники дали свою клятву продолжить борьбу.

---

[28] Рёслер [Rösler 1990: 234], например, считает группу, которой Алкей адресовал свои стихи, «сообществом» поэта. Хотя недифференцированное использование таких терминов, как «публика» и «сообщество», для описания контекста создания и восприятия архаической греческой поэзии (что является обычной практикой в современной классической науке) маскирует некоторые важные различия в исторических обстоятельствах, должным образом сделанные различия (какая публика, какое сообщество и так далее) не влияют на общую аргументацию настоящего исследования относительно Древней Греции либо на ее сравнение с Древним Китаем.

[29] Тема кооперативного соперничества будет повторяться в этой главе, особенно в анализе победных од. Диалектика сотрудничества и соперничества, гармонии и конфликта в греческом мифологическом, политическом и философском мышлении иллюстрируется метким выражением Лоро [Loraux 2002, ch. 4]: «узы разделения». В области политической науки (то есть знания об управлении полисом) мы находим у Аристотеля четкое признание необходимости разнообразия и конкуренции между составляющими полиса [Saxonhouse 1992]. Если раскол и вечная вражда — это необходимая цена, которую нужно заплатить за достижение гражданской гармонии, которую Аристотель представляет необходимой для жизнеспособности города, то они являются следствием, которое он считает более предпочтительным, чем порядок единообразия, неподобающий сообществу свободных равных.

Сверкающее оружие висит на стене, оно «не забыто» и свидетельствует о решимости и доблести мужчин, а песня рассказывает о том, как они прославляют и чествуют крепкие узы дружбы. Хотя «дом» во фрагменте 140 может относиться (или не относиться) к месту пиршества, многие фрагменты Алкея, как мы увидим далее, представляют собой песни, которые появляются, когда участники застолья выражают ненависть к своим врагам, делятся своими горестями и утешают друг друга[30].

Фрагмент 335 подтверждает частое употребление Алкеем вина как лучшего средства для забвения неудач и поднятия духа. В этом фрагменте поэт обращается к человеку по имени Быкхис, который, возможно, является его особенно близким товарищем:

> «Нам без жалоб терпеть
> Подобает утрату. Пусть
> Свирепеет буран
> И безумствует север. Мы
> Будем пить и хмелеть:
> Нам лекарство от зол — вино».
> (пер. Я. Голосовкера)

Быкхис снова присутствует во фрагменте 73, когда Алкей призывает своих товарищей отбросить мысли о своем плачевном положении и на время насладиться обществом друг друга. Персонифицированный образ корабля (на котором, вероятно, плывет Алкей со своими компаньонами) занимает центральное место во фрагменте Джентили [Gentili 1988, ch. 11][31].

---

[30] То, что Алкей и его товарищи выступали вместе и друг для друга, утверждает Надь [Nagy 1996: 83; Nagy 2004: 32–33], который проводит следующее различие между «исполнителем» и «группой»: «В то время как исполнитель выступает для аудитории, члены группы могут выступать совместно друг для друга. Групповое выступление возможно, даже если некоторые члены группы берут на себя гораздо более важные роли, чем другие, до такой степени, что посторонний человек может даже не отличить группу от аудитории».

[31] Подобные олицетворения в поэзии Алкея см. во фрагментах 6 и 208.

Но, уступая тяжким ударам волн,
Не хочет больше с бурей бороться струг:
Он рад бы наскочить на камень
И погрузиться на дно пучины.
Такой довлеет жребий ему, друзья,
И я всем сердцем рад позабыть беду,
И с вами разделить веселье,
И насладиться за чашей Вакха.
Тогда нас гибель ждет неминуемо.
Безумец жалкий сам ослепит себя —
Но мы...
(пер. Я. Голосовкера)

Опасность, в которой находится корабль, может быть аллегорией политической ситуации, в которой оказались Алкей и его соратники. Молодые они вместе в битвах и опасностях, вместе в победах и проигрышах (строка 9), вместе они снимают напряжение и восстанавливают силы для новой борьбы: такова тесная связь между Алкеем и его товарищами, воспеваемая им в лирике. Незавершенность строки 10, в которой упоминается Быкхис, не позволяет нам понять, что поэт хочет сделать с Быкхисом помимо того, что он надеется сделать со всей группой («с вами разделить веселье», строка 9), но можно не сомневаться, что Быкхис выделяется на фоне остальных товарищей[32].

Еще один товарищ, к которому обращается в стихах Алкей, — Меланипп. Согласно Геродоту (Геродот, «История» 5.94–95), Алкей однажды послал Меланиппу, своему товарищу, стихотворение (фрагмент 428), в котором рассказал о своем побеге из битвы, проигранной афинянам. Меланипп также является адресатом фрагмента 38A. В стихотворении не указано, какая именно военная неудача послужила его основой, но Алкей и его товарищи, очевидно, нуждаются в утешении после очередного поражения. Обращаясь к мифу, поэт пытается убедить своего друга смириться с судьбой и присоединиться к нему в веселье, пока есть возможность:

---

[32] См. также комментарий к фрагменту 60(a).

Пей же, пей, Меланипп,
До забвения пей со мной.
Если рок в Ахеронт,
В эту грустную мглу, меня
Окунул, — что мечтать,
Будто к солнцу вернемся вновь!
Полно, так высоко
Заноситься умом не нам.
И Сизиф возомнил
Превзойти здравый толк людской:
Смерть надменно смирить.
Но принудил бахвала рок.
Хоть и был царь хитер,
Безвозвратно, покорно вновь
Переплыть Ахеронт.
И придумал ему Кронид
Небывалую казнь,
Неизбывный Сизифов труд,
Там, под черной землей.
Не горюй же о смерти, друг.
Ты же ропщешь, — к чему?
Плачь не плачь — неминуем путь.
Нам без жалоб терпеть
Подобает утрату. Пусть
Свирепеет буран
И безумствует север. Мы
Будем пить и хмелеть:
Нам лекарство от зол — вино.
(пер. Я. Голосовкера)[33]

Здесь Алкей дает своему товарищу тот же совет, что мы видели раньше: терпеть, смириться и готовиться к новой борьбе, что ждет впереди. Стойкость товарищей, судя по тем же стихам, является результатом их преданности общему делу и времени, которое они провели вместе на поле боя и вне его. На пирах товарищи разрабатывают планы, обмениваются мыслями, укреп-

---

[33] Фрагмент 38B с незаконченными строками, очевидно, может быть частью того же стиха. Если это так, то, похоже, Алкей продолжает описывать празднества, к которым он только что призывал своих спутников.

ляют отношения и доверие друг к другу. Если до сих пор мы встречали примеры дружеских застолий, которые в основном позволяли мужчинам унять уязвленную гордость и набраться сил для новых свершений, то стоит отметить, что есть и другие. Есть также примеры, когда дружеские празднования сопровождаются хорошими новостями и радостными событиями, как, например, во фрагменте 332: «Пить, пить давайте! Каждый напейся пьян, / Хоть и не хочешь, пьянствуй! Издох Мирсил» (пер. В. И. Иванова).

Праздник, к которому призывает поэт, можно лучше понять, если вспомнить такие стихи, как фрагмент 70 и фрагмент 72, в которых Алкей выступает против пьяного веселья своих врагов. Он не только называет Мирсила и Питтака на пиру «пустыми хвастунами», но и поносит отца Питтака за то, что тот якобы устраивал пьяные оргии. Если вино и песни помогают товарищам Алкея сплотиться после многочисленных неудач, то смерть врага также дает им повод веселиться и петь изо всех сил.

Помимо товарищей поэта на симпозиумах присутствовали привлекательные юноши, на подобных мероприятиях гомосексуальные отношения процветали так же, как и в других частях Греции, начиная с VII века до н. э. и далее[34]. Во фрагменте 368 поэт говорит: «Зовите милого Менона, хочу я насладиться».

В другом месте однострочный фрагмент (фрагмент 366) гласит: «Где любимый, вино — знай, там и правда». В нем то же послание, что и во фрагменте 333: «Вино — души людской зерцало». Оба эти фрагмента, как мы увидим, перекликаются с важной темой в сборнике Феогнида и «Аттической сколии». Возможно, что, следуя традициям греческой гомосексуальности, Алкей-поэт играл со своим возлюбленным роль воспитателя, наставляя молодежь в том, как важно учиться наблюдать за

---

[34] О симпозиумах как важных контекстах для гомосексуализма в Греции архаического и классического периодов см. [Bremmer 1990]. О репутации Алкея как любовника-гомосексуалиста см. тест 21 в [Athenaios 1993: 228], а также [Alcman 1988: 28]. Гомосексуализму в Греции посвящена обширная литература; см. среди прочих собрание древних источников в [Hubbard 2003] и исследования [Buffière 1980; Percy 1996; Scanlon 2002].

личностями и поведением, различать друзей и врагов, правду и ложь в контексте общественных празднеств[35]. То, как он изображает Питтака и Мирсила предателями, и то, как часто он восхваляет связи между верными товарищами, — служит постоянными, живыми иллюстрациями любого абстрактного учения о «хорошем» и «плохом», которое он мог время от времени передавать юноше. В трудах Алкея мало других свидетельств, подтверждающих отношения наставничества. Отсутствие их никак не объясняется тем, что Алкей был слишком вовлечен в события партии, чтобы уделять много внимания дружбе с юным любовником и способствовать его росту как воина, политика и гражданина. Для человека, вся карьера которого была завязана на внутригрупповых интригах и вооруженных сражениях, такие отношения были бы ценны. О любви Алкея к юношам было подмечено: «прекрасные юноши тоже были вовлечены в борьбу партий, как будто сам Эрос привлекал новых членов и привязывал их друг к другу» [Davidson 2007: 496]. Напротив, ограниченное присутствие юношей в дошедшей до нас поэзии Алкея (несмотря на репутацию поэта в древности как любителя юношей) может быть связано с избирательным сохранением древних текстов. В то время как Феогнид, поэт, о котором мы поговорим чуть позже, представал в основном как воспитатель и любитель юношей, для Алкея определяющим был образ многоголосого поэта, стойкого борца и верного товарища[36]. Тем не менее два этих образа подразумевают увлечение внесемейными гомосоциальными связями в условиях конкуренции как между равными, так и между добивающимися положения мужчинами.

---

[35] Бреммер [Bremmer 1990: 137] считает однополую любовь предметом, а симпозиум — контекстом фрагмента 366.

[36] Лефковиц [Lefkowitz 1981] исследует, как выборочное сохранение было причиной многих предубеждений в более поздних представлениях о древнегреческих поэтах, и указывает на ошибку умозаключения, которая свойственна современным читателям греческой поэзии, рассуждающим о биографии того или иного поэта, стараясь извлечь личностные характеристики и намерения поэта из фрагментов его стихов.

Сборник Феогнида

Если при чтении поэзии Алкея, как автора, представляющего модель греческой социабельности в условиях застолья, необходимо проводить различие между лирическим героем и исторической личностью, то при чтении сборника Феогнида потребуется большая осторожность. Тот факт, что сборник состоит из стихов схожей формы и содержания, но разного периода происхождения, не позволяет говорить о личности и опыте одного реально существовавшего поэта из Мегары VI века до н. э. по имени Феогнид[37]. Поэтому последующие анализы относятся скорее к собирательному образу под именем Феогнид, чем к реальному автору из Мегары. Однако, поскольку знаменитый сборник объединяет гномические стихи и строки, которые надежно засвидетельствованы у других известных греческих поэтов, он может служить отличным образцом эллинского социального кода в архаический и ранний классический периоды[38]. Значимость контекста пиршеств и гомосексуальных отношений в корпусе сборника Феогнида делает его особенно ценным для нашего исследования. Симпозиум был основным местом для гомосексуальных ухаживаний, и, выполняя эту роль, он мог стать преемником общей трапезы древних воинских сообществ, в которых воспитывали и социализировали молодых людей[39]. По словам Освина Мюррея, старая группа воинов «была преобразована в группу досуга под

---

[37] По внутренним признакам стихи можно отнести к периоду 640–479 годов до н. э. [Cobb-Stevens et al. 1985: 1].

[38] В антологии под редакцией Томаса Дж. Фигейры и Грегори Надя [Figueira, Nagy 1985] в качестве отправной точки рассматривается тот факт, что сборник Феогнида представляет собой кристаллизацию архаических и ранних классических поэтических традиций Мегары, но далеко выходит за провинциальные рамки и может претендовать на общеэллинское значение.

[39] Гомосексуализм не встречается у Гомера. Левин [Levine 1985] и Дж. Льюис [Lewis J. 1985] специально рассматривают контекст пиршеств и тему гомосексуальности в корпусе сборника Феогнида, фокусируясь на связях между симпозиумом и сообществом, между поэзией и этикой, а также между эротикой и политикой.

влиянием изменившегося положения аристократии, в мире, где их военную функцию взяла на себя армия полиса, состоящая из гоплитов»⁴⁰. Мы намерены утверждать, что сущность воинского этоса не только не исчезла с функциональной трансформацией в аристократическую группу досуга, но и определила цель культурной трансмиссии на симпозиуме в сборнике Феогнида.

Многие двустишия в сборнике посвящены удовольствиям на пирах, и поэт часто дает советы по правильному ведению застолья и комментирует поведение гостей [Murray O. 1983a; Bremmer 1990: 136]⁴¹. Однако наибольшее внимание он уделяет дружбе. Так, он говорит о высшем наслаждении в хорошей компании:

«Пусть не явится у меня никакого нового устремления,
кроме доблести и мудрости, но оставаясь при том же,
буду наслаждаться формингой, и пляской, и пеньем,
имея достойный ум добрых мужей» (строки 789–792).
(Пер. А. К. Гаврилова)⁴²

Феогнид озабочен тем, как отличить хорошую компанию от плохой (ἀγαθός и κάκοί, дихотомия, которая несет в себе как социальный, так и моральный контекст). Похоже, что он направляет свои послания двум аудиториям: своим товарищам по застолью, а именно взрослым мужчинам, которые являются полноправными участниками симпозиума, и подросткам мужского

---

⁴⁰ По мнению Мюррея [Murray O. 1991: 99], эта трансформация представляет собой один из двух путей развития гомеровской и дорийской группы воинов в эпоху гоплитской армии. На другом пути ритуалы общения в старой группе воинов были переделаны таким образом, чтобы их можно было распространить на весь класс гоплитов-граждан. Радикальным представителем этого другого пути была Спарта, где все граждане мужского пола посвятили себя военной жизни и ели вместе на ежедневных общих трапезах (сисситах). Шмитт-Пантел [Schmitt-Pantel 1990b: 202–203] проводит аналогичное типологическое различие. Об общем принятии пищи у спартанцев см. [Singor 1999].

⁴¹ Наслаждения, например, строки 531–532, 533–534, 885–886, 983–988, 993–996, 1055–1058; советы и комментарии, например, 295–298, 467–496, 509–510, 627–628, 837–840, 841–844, 873–876, 989–990, 1047–1048.

⁴² Цит. по: [Гаврилов 1989]. — *Прим. перев.*

пола, которые посещают пиры под опекой своих старших родственников или мужчин, вступающих с ними в гомосексуальные отношения. Мы сосредоточимся на последней аудитории, поскольку значительную часть стихов Феогнид адресует юноше по имени Кирн, своему возлюбленному.

Сразу после обращений к богам и богиням в первых восемнадцати стихах Феогнида, Феогнид обращается к Кирну. Именуя себя «у всех людей прослывшим», Феогнид заявляет о своем авторстве сборника и указывает его цель: воспитание Кирна[43]. Он заверяет молодого любовника: «Благомысленный, тебе заповедаю, что сам я, / Кирн, от добрых еще в детстве сведал» (строки 27–28, пер. А. К. Гаврилова). Это воспитание через гомосексуальные отношения происходит в контексте пиршественных практик, и это обучение прежде всего направлено на создание достойных ассоциаций:

> С дурными не знайся
> Мужами, но добрых держись всегда.
> С такими ешь и пей, с такими же и
> Садись и таким будь угоден: велика их сила;
> Достойные и научат достойно, а с дурными
> Объединясь, утратишь и тот, что имеешь, разум.
> Усвой это, с добрыми беседуй, — когда-нибудь скажешь,
> Что я хорошо советую своим друзьям (строки 31–38).
> (Пер. А. К. Гаврилова)

В другом фрагменте Феогнид выражает свою веру в воспитание через правильную социализацию и снова увещевает юношу использовать симпозиум как место, где можно наблюдать, подражать и учиться у достойных:

> Ведь не все же дурные дурными из чрева вышли,
> — нет, с дурными подружились мужами и
> Навыкли скверным делам, гнусным речам, дерзости,
> Чая, будто все то верно, что те говорят (строки 305–308).

---

[43] Обсуждая сборник Феогнида с точки зрения воспитания и социализации Кирна, Левин [Levine 1985] утверждает, что симпозиум фигурирует в стихах как микрокосм и модель более крупного сообщества.

> Званым быть в гости надо и сесть с мужем достойным,
> что всю превзошел мудрость,
> ему внимать, когда мудрое говорит, чтоб научаться,
> и вернуться домой, так поживившись (строки 563–566).
> (Пер. А. К. Гаврилова)

Из этого следует, что первое, чему должен научиться Кирн, — это отличать истинных друзей от ложных[44]. Феогнид отмечает, что мало найдется товарищей, которые разделят с человеком как удачу, так и несчастье, и что друзья обычно исчезают в трудные времена и их «надо испытать, как злато» (строки 79–82, 209–210, 697–698). Демонстрируя пример, Феогнид изображает себя самым верным другом и постоянно обличает ложную дружбу и предательство. Никогда не предававший своих друзей, он — «истинный товарищ, свободный от коварства», который выходит из испытания, как истинное золото из поверки пробирным камнем (строки 415–418, 529–530, 1164E–H). Предаваясь такому самовосхвалению, он также скорбит о том, что, несмотря на свои поиски, он не смог найти никого на себя похожего (строки 415–418, 1164E–H). Застолья — особенно хороший контекст для наблюдения за реалиями притворной и ненадежной дружбы. И Феогнид это неоднократно подчеркивает:

> Много за едой да питьем приятелей бывает[45],
> А в важном деле их поменьше (строки 115–116).
>
> За чашей множество милых бывает приятелей,
> А в важном деле их поменьше (строки 643–644).
>
> Ты мне не будь друг на словах, но и на деле,
> Руками старайся и деньгами вместе,
> И не так, чтобы за чашей словами мой тешить ум,
> А делом являть благо, какое можно (строки 979–982).
> (Пер. А. К. Гаврилова)

---

[44] Донлан [Donlan 1985] анализирует эту значимую тему у Феогнида.
[45] *Polloi toi posios kai brōsios eisin hetairoi.*

Только что раскритикованный Феогнидом «приятель за чашей» называется им «грозным врагом» (*hetairos deinos*). Он утверждает, что лучше иметь открытого врага, чем такого соратника (строки 87–92). Однако поэт снова и снова жалуется на то, что трудно отличить настоящего друга от ложного. Например, в строках 119–128 Феогнид говорит Кирну:

> В золоте и серебре поддельном ошибиться еще можно,
> И доискаться, Кирн, мудрому нетрудно,
> А вот не скрывается ли у друга в груди
> Ложь, и не хитрое ли у него нутро —
> Это волею бога подделать легко смертным,
> А распознать хлопотнее всего,
> Ибо не распознаешь ты ума ни мужа, ни женщины,
> Пока не испытаешь, каковы в упряжке;
> А ведь не угадаешь, хотя бы пришел в пору —
> так часто мысль видимым обманута.
> (Пер. А. К. Гаврилова)

По признанию Феогнида, он сам не мудрее остальных (строки 963–970). Пленившись чьей-то притворной дружбой, он прозрел лишь со временем. Феогнид также выражает зависть к тем, кто «блажен и счастлив и богат, …без борений в черный чертог Аида сошедший, врагов не трепеща, не понужден к злодеянью, друзей не испытавший, каковы их мысли» (строки 1013–1016). К его печали, гораздо легче быть обманутым другом, чем врагом (строки 1219–1220). Таков взгляд Феогнида на коварство дружбы, и он учит Кирна гибкости, поддержанию поверхностного контакта и адаптации к меняющимся условиям общества, чтобы молодой человек мог справиться с опасной реальностью. Симпозиум, где юноши имеют возможность наблюдать и изучать поведение взрослых, предлагает условия, в которых можно совершенствовать свои навыки. В строках 309–312 Феогнид дает советы о том, как вести себя в обществе гостей: «На пиру будь мужем рассудительным — / такой ничего не видит, словно нет его: / развеселить может, а силу за дверью покажет, / зная нрав, каков он у каждого» (пер. А. К. Гаврилова).

Подобно тому, как дружба, особенно когда она завязывается за кубком вина, часто оказывается обманчивой, человек должен скрывать свой ум и открывать собеседникам лишь некоторые его проявления. Человек должен быть приятным и привлекательным внешне, но замкнутым и бдительным внутри. Отказываясь принимать всерьез все то приятное, что он слышит и видит в веселой и интимной атмосфере пиршественного зала, он внимательно изучает всех окружающих и подвергает испытаниям истинную дружбу. Такая способность, по словам Феогнида, является умением (*sophiē*) более ценным, чем непоколебимая добродетель[46].

Предшествующее обсуждение, кажется, позволяет подтвердить парадигму греческой гомосексуальности: взрослый любовник ухаживает за возлюбленным, выражая восхищение и привязанность, и помогает юноше созреть, передавая ему свои знания и мнения, а возлюбленный совершенствует себя, учась отвечать на ухаживания взрослого и моделируя свои собственные действия на основе учений старшего мужчины. Симпозиум был основным местом для этих взаимодействий, и поэзия играла там важную роль. Однако передача мудрости, навыков и ценностей — это не все, к чему стремились, по учениям Феогнида, участник пиршества и его любовник. Помимо благотворного влияния греческой гомосексуальности в ее идеальном понимании, стихи Феогнида раскрывают богатый комплекс эмоций, которые вызывала однополая любовь[47].

---

[46] В строках 213–218, например, Феогнид увещевает вести себя по отношению к друзьям как осьминог или полип: «Поворотлива, многолика будь пред друзьями, душа, / тот уклад принимая, каков у каждого; / полипа многоизвивного имей уклад: к какой скале / прижился, таков он и сам видом. / Нынче сюда подавайся, там другую прими окраску — / выше неподвижности искушенность» (пер. А. К. Гаврилова).

[47] Эти стихи сосредоточены в так называемой «Книге 2» (строки 1231–1388) Феогнида. Нокс [Knox 1989: 101] полагает, что можно утверждать «достаточно уверенно, что содержание "Книги 2" было когда-то распределено по всему сборнику, и было извлечено, чтобы свести в единое целое, в византийский период».

Мы приходим в мир, охваченный постоянной болью, соперничеством, предательством и местью. Преследование и уступки — вот основной язык гомосексуального ухаживания[48], что хорошо видно в строках 1283–1294. Здесь поэт дает отсылку к мифу об Аталанте, быстроногой деве и охотнице, которая клянется никогда не выходить замуж и убивает каждого жениха, проигравшего ей в беге. В конце концов она уступает Гиппомену, который выигрывает в состязании с помощью Афродиты. Поэт считает, что юношу, бегущего от ухаживаний, постигнет та же участь. В соответствии с мотивом охоты и преследования в мифе об Аталанте, поэт утверждает, что, несмотря на временный успех юноши в уклонении и обмане, «я раню тебя, когда ты бежишь от меня» (строка 1287)[49]. В другом фрагменте Феогнид клянется в том же, пытаясь убедить юношу и напоминая ему, что тот больше не будет пользоваться статусом возлюбленного, когда выйдет из подросткового возраста и потеряет благосклонность Афродиты, богини любви («на Кипре рожденной»). Строки 1071–1074, обращенные к Кирну, содержат те же поучения (без метафоры полипа):

> Я теперь вздымаюсь на крыльях, словно птица
> с просторной глади, мужа дурного бежал,
> силки порвав. А ты, моей любви себя лишивший,
> позже оценишь мою сметливость.
>
> Кирн, поворотлив и многолик с друзьями будь,
> тот принимая уклад, каков сродни каждому:
> нынче сюда подавайся, там настройся иначе,
> великой доблести выше искушенность (строки 1299–1304).
> (Пер. А. К. Гаврилова)

---

[48] Эта же идиома используется как для гетеросексуального ухаживания, так и для женского гомоэротизма [Barringer 2001, ch. 2; Rissman 1983], с показательным названием «Любовь как война».

[49] Дж. Льюис [Lewis J. 1985: 214–219] утверждает, что, сравнивая любимого юношу с мифической охотницей, которую нужно было вернуть в цивилизацию, одомашнив в доме мужа, Феогнид понимает гомосексуализм как институт, который приручает и воспитывает юношу, занимающего маргинальное положение в обществе и ожидающего включения в сообщество мужчин-аристократов.

В зависимости от успеха или неудачи погони, влюбленный будет испытывать совершенно разные эмоции, как видно из строк Феогнида (строки 1353–1356), где он говорит, обращаясь к Кирну, о том, что любовь (*эрос*) молодых горька и сладостна, очаровательна и сурова; если мужчина достигает любви, она сладостна, а если он стремится к ней и не достигает, это мучительнее всего.

Во многих местах Феогнид говорит о боли, присущей чувству любви[50], но более всего он страдает, когда юноша бросает его ради соперника. В таких случаях поэт вопиет об «обмане» и «предательстве», используя ту же риторику, что и при наставлении Кирна о превратностях дружбы. Вот два примера. В строках 1243–1244 Феогнид говорит, что был другом Кирна достаточно долго, но теперь тот общается с другими, держась своих лукавых путей, которые так противоречат верности. И в строках 1311–1318: «Заприметил я тебя на избитой тропе, где ты / и прежде рыскал, изменяя дружбе. / Прочь иди, людям неверный, богам противный, / со змеей за пазухой в отливах холодных» (пер. А. К. Гаврилова).

Строки 1311–1318 изобилуют лексикой дружбы и товарищества: *philos* (строки 1312 и 1314), *philotēta* (строка 1313), *hetairon piston* (строки 1315–1316) и *philon* (1316). Тот факт, что поэт говорит о своих отношениях с юношей (слово *paidophilein* появляется в строке 1318), попеременно используя термины дружбы и *erōs* (как в строке 1354, цитированной ранее, с ее коннотацией сильного желания), указывает на то, что два вида чувств — дружеская привязанность и страстная любовь — образуют континуум в феогнидовской концепции однополых отношений[51]. Гомосексуализм — это культивирование и дружбы, и любви, и чувство поэта, что его предали, — это чувство и товарища, и возлюбленного.

---

[50] См., например, строки 1323–1326, 1341–1344, 1359–1360.

[51] О неоднозначности и преемственности между эротической и дружеской привязанностью (*erōs* и *philia*) в греческих источниках см. [Davidson 2007, ch. 1; Konstan 1997: 37–39]. *Philos* и *philia* также часто используются для обозначения членов семьи [Humphreys 1983: 67]. О подобном семантическом наложении в древнекитайских источниках см. главу 2.

По мнению покинутого поэта, мальчик предал его из-за клеветы плохих друзей. В строках 1101–1104 Феогнид предвидит разрушительный эффект, который такие советы окажут на его отношения с юношей, и выражает свой страх перед такой перспективой следующим образом: «Кто бы ни присоветовал и ни велел тебе / удалиться, нашу дружбу бросив, — / ...Мнения — великая беда людей, наилучшее — опыт, / часто добрым слывет, хоть не проверен» (пер. А. К. Гаврилова)[52].

Очевидно, не прислушавшись к этому совету, мальчик покинул Феогнида и выбрал себе в наставники кого-то другого. Феогнид по-разному переживает свое поражение. Это и возмущенные обвинения, которые мы видим каждый раз, когда Феогнид говорит о предательстве. Феогнид даже уничижительно высказывается о юноше в том смысле, что юноша примет любого, кто окажется рядом и сможет ему что-то предложить, подобно тому, как лошадь понесет любого всадника, который ее накормит[53]. Он также прибегает к горьким проклятиям, например выражает пожелание, чтобы из-за предательства, которое совершил по отношению к нему юноша, ни один человек больше никогда не любил его (строка 1318). Феогнид также стремится сохранить свое достоинство, как, например, в следующих словах: «Как бы ни был ты красив, но по-дурному ты общаешься с низкими людьми, и за это, парень, ты терпишь упреки. Хотя мне не удалось, не по своей вине, завоевать твою дружбу, я имею удовольствие делать то, что должен делать такой свободный человек, как я» (строки 1377–1380).

Как самоуверенно утверждает поэт, ему не в чем винить себя в этом разрыве. Он преследовал свою любовь и благородно принял несправедливое отношение к себе. Такая терпимость сочетается с уверенностью Феогнида в своем искусстве, мудрости, страсти и благородстве, которые, по его мнению, делают

---

[52] См. также строки 1151–1152, 1278A–1278B.

[53] См. также строки 1263–1266. Ср. строки 1367–1368, где поэт говорит о благодарности юношей в отличие от куртизанок, которые готовы полюбить любого, кто рядом.

его достойным и самым прекрасным любовником. Мы видим это в одном из самых известных и красивых отрывков в сборнике, который также дает понять, что симпозиум является основным контекстом для поэзии Феогнида о гомосексуальной любви:

> Я дал тебе крылья — на них над бескрайним морем
> Ты полетишь, над всею землей поднявшись,
> Легкий; ты на пирах и в застолье будешь
> У всех и у каждого на устах;
> На флейтах коротких, звонких юные мужи тебя
> Пристойно и мило, красно и звонко
> Воспоют, а уйдешь во мрачную земли пропасть,
> Во многовлажные Аида чертоги,
> Так и по смерти никогда не утратишь славы,
> Нетленного не забудут имени люди,
> Будешь, Кирн, в Элладе, будешь на островах,
> Море пересекши рыбное неплодное;
> Не верхом на конях — понесут тебя светлые
> Дары фиалками увенчанных Муз.
> У всех, кто неравнодушен, ты и в грядущем песней
> Пребудешь, доколе земля и солнце.
> А я и скудного от тебя не вижу привета (строки 237–254).
> (Пер. А. К. Гаврилова)

Эти стихи делятся на две основные части. Первая включает в себя все двустишия, кроме последнего, и посвящена восхвалению Феогнидом плодов его собственного творчества. Претендуя на общеэллинскую славу и бессмертие своей поэзии, Феогнид обещает то же самое Кирну, который является привилегированным героем его произведений. Ни моря, разделяющие многочисленные города Греции, ни ненавистная, неизбежная смерть не станут препятствием для распространения песен Феогнида о Кирне, пока существует земля, светит солнце, а люди нуждаются в дружбе, эти песни будут звучать на всех застольях греческого мира. Такова убежденность Феогнида в силе искусства, которое он посвящает выражению своей любви к Кирну и превращению юноши в бессмертную фигуру.

После лирического излияния в этих строках, откровение в последнем двустишии поэмы об обмане юноши является шокирующим, но не настолько, чтобы стереть наше впечатление о человеке, чрезвычайно уверенном в собственной значимости и очаровании. Обвиняя Кирна в предательстве и, несомненно, чувствуя себя уязвленным, Феогнид, похоже, более чем уверен в том, что он превосходный любовник и достойный воспитатель. Любой соперник бледнеет перед ним, а любой юноша жалеет, что не уступил ему. Если поэт добровольно подчиняется пытке любви, то он же в конечном счете является и охотником. Ухаживая за нежным юношей на симпозиумах, этот любовник ведет публичную жизнь среди равных, готовящихся к состязанию, победе и почету. По словам Анри Марру, греческая гомосексуальность была «по сути товарищескими отношениями воинов» [Marrou 1956: 51].

Такая созвучность с этими заветными греческими ценностями, возможно, объясняет, почему, несмотря на пессимизм и гнев, которые Феогнид постоянно выражает по поводу человеческих отношений (почти исключительно по поводу дружбы), поэт был прославлен в Греции как учитель нравственности. Сделав контекст застолья проводником своей мудрости и поместив прекрасного юношу в центр различных собственных переживаний, Феогнид стал самопровозглашенным наставником греков. Общеэллинское значение сборника Феогнида хорошо известно[54]. Как и обещал Кирну Феогнид, его крылатые стихи обрели посмертную славу, как и пиры, которые они проводили, и капризные возлюбленные, которые поочередно ставили его в роли наставника, друга, охотника и жертвы.

«Аттические сколии»

Тема дружбы занимает видное место в сборнике застольных песен, известном под названием «Аттические сколии». Все песни состоят из двух-четырех строк, и большинство из них по своему

---

[54] См. выше прим. 44.

содержанию и проблематике перекликаются с лирикой Феогнида[55]. Как и стихи Феогнида, эти короткие произведения демонстрируют настороженное отношение к дружбе. Например, № 889 и № 903 гласят:

> Если бы только можно было увидеть, каков человек, развергнув грудь его и заглянув в его разум, снова закрыть и считать человека своим другом (*philon*) за его бесхитростное сердце (889).

> Под каждым камнем, друг мой (*hetaire*), скрывается скорпион. Берегись, чтобы он не поразил тебя: всякое коварство сопровождает то, чего не видно (903).

Как и в сборнике Феогнида, осторожность в отношении дружбы в «Аттических сколиях» следует понимать с точки зрения того, насколько большое значение придается дружбе в этих песнях. Несколько самых известных песен в сборнике, посвященных Гармодию и Аристогитону, рассказывают как раз о подлинной дружбе и мужской гомоэротической привязанности.

Гармодий, красивый юноша, был возлюбленным Аристогитона. В 514 году до н. э. они оба были убиты во время покушения на Гиппарха, брата афинского тирана Гиппия[56]. Гиппарх преследовал Гармодия и, будучи отвергнутым им, захотел отомстить. Влюбленные решили использовать процессию на Панафинейском

---

[55] Констан [Konstan 1997: 44–47, 65–66] полагает «Аттические сколии» частью культуры аристократической молодежи в Афинах V века до н. э. Помимо тематических параллелей, Коллинз [Collins 2004, ch. 9] утверждает, что «Аттические сколии» и «Сборник Феогнида» разделяют общее наследие симпотической импровизации и обе они свидетельствуют о том, что это были варианты исполнения.

[56] Греческий термин *tyrannos* следует отличать от современного «тиран». В греко-английском лексиконе Лидделла и Скотта, где tyrannos переводится как «абсолютный властитель», объясняется, что этот термин «относится к нерегулярному способу получения власти, [скорее] чем к способу ее осуществления, и применяется в отношении мягкого Писистрата, но не к деспотичным царям Персии. Однако вскоре это слово стало означать упрек, как у английского *tyrant*».

празднике (чествование Афины, богини — покровительницы Афин), чтобы убить Гиппарха. Поступок Гармодия и Аристогитона быстро стал любимой афинской легендой. Несмотря на исторические неточности, влюбленных постоянно называли освободителями Афин, которые на самом деле стали демократией только в 508/507 годах до н. э. В Афинах на агоре установили статуи Гармодия и Аристогитона. В их честь была построена гробница, их потомки получили государственное содержание, а на симпозиумах их поминали песнями, в которых авторы один за другим говорят, что будут носить свой меч в ветке мирта, как Гармодий и Аристогитон, которые сделали Афины городом равноправных (893), и уверены, что славный Гармодий не может умереть, но находится на островах праведных и блаженных, где быстроногий Ахилл и, верно, сын Тидея Диомед (894); они клянутся носить свои мечи в ветках мирта, подобно Гармодию и Аристогитону, на празднике богини Афины убившим тирана Гиппарха (895); они обещают, что Гармодий и Аристогитон всегда будут славиться на земле, потому что они убили тирана и сделали Афины городом равноправных (896).

По мнению Джона В. А. Файна, прославление Гармодия и Аристогитона и живучесть традиции считать их освободителями Афин, несмотря на опровержения того авторитетными голосами Геродота, Фукидида и Аристотеля, выглядит "совершенно нелогичным" [Fine 1983: 223][57]. Отсылая читателя к Файну для ознакомления с историческим и политическим контекстом[58], мы полагаем, что возвеличивание афинянами поступка влюбленной пары имело смысл в свете сильной мужской гомосоциальной связи, которая зародилась в греческой героической традиции и получила новый импульс в классический период.

---

[57] Файн упоминает публичный документ, датируемый 264/263 годом до н. э., в котором Гармодий и Аристогитон продолжают называться освободителями Афин [Fine 1983: 225].

[58] Файн [Fine 1983: 222–225] предлагает доходчивое освещение исторических обстоятельств возникновения традиции почитания Гармодия и Аристогитона, что, по его мнению, в основном связано с политической борьбой между аристократическими Алкмеонидами и тираническими Писистратидами.

Уже существовали образцы Ахилла и Патрокла (которые впервые были признаны любовниками в классический период), а теперь, в воображении афинян, Гармодий и Аристогитон присоединились к компании легендарной гомеровской пары[59]. Гармодий пал почетной смертью, убив мстительного поклонника, а Аристогитон показал себя достойным любовником, отдав свою жизнь за честь возлюбленного. Благородный сам по себе, поступок этой пары был еще более возвышен тем, что целью их убийства был видный представитель тиранической власти, которая через несколько лет должна была быть свергнута и попрана. Заботясь не столько об исторической достоверности, сколько о том, чтобы иметь двух героев, чей поступок мог служить примером любви к свободе, и об облагораживании мужского гомоэротизма, граждане Афин с готовностью приняли «ложную» и «неуместную» традицию восхваления Гармодия и Аристогитона.

Из всех почестей, возданных двум героическим афинским любовникам, именно застольные песни, напоминающие об их подвиге, увековечили их имена в контексте, который, очевидно, способствовал зарождению, а в дальнейшем и развитию их связи на протяжении всей жизни. Провозглашая этих двоих бессмертными в компании Ахилла, архетипического героя (№ 894), афинские участники симпозиумов выражали свое восхищение и желание подражать идеалам, которые олицетворяли эти герои. Строки о ношении меча в ветке мирта, как это сделали Гармодий и Аристогитон, встречаются в двух песнях, процитированных ранее. Хотя сопоставление орудия убийства и неотъемлемой части греческой праздничной атрибутики может показаться неожиданным, на самом деле это отнюдь не так. Во время

---

[59] В своей обличительной речи против Тимарха — гражданина, обвиненного в мужской проституции, афинский оратор и государственный деятель Эсхин (390/389–314 до н. э.) предвидит, что Тимарх будет защищаться, ссылаясь на любовь таких героических пар, как Патрокл и Ахилл и Гармодий и Аристогитон. То, что эти две пары упомянуты наравне, указывает на высокое уважение, которым пользовалась афинская пара. Об эротизации отношений между Ахиллом и Патроклом в классический период см. [Cantarella 2002: 11]. Обсуждение речи Эсхина см. в [Dover 1978: 19–109].

панафинейских празднеств Гармодий и Аристогитон вполне могли спрятать мечи в праздничных миртовых ветвях, а у участников симпозиумов (симпосиастов) также имелось обыкновение держать миртовую ветвь в руках при пении застольных песен. За всем этим стояла богатая литературная традиция, которая помогает нам по достоинству оценить это удивительно вдохновляющее сочетание воинственности и праздничного веселья. Вспомним героическую месть Одиссея, осуществленную им в пиршественном зале, и то, как увлеченно Алкей любовался оружием на стенах того зала, в котором он и его товарищи дали клятву сражаться. Возможно, отличие заключается в том, что вместо того, чтобы ограничиваться внутренней обстановкой и небольшой аристократической группой, героика двух афинских возлюбленных разыгрывалась публично в самом центре Афин и потому стала ярким и долговечным символом города и для афинян, и для варваров[60]. Когда, занимаясь своими повседневными делами, афиняне бросали взгляд на статуи любовников на агоре, им предлагалось восхититься личной страстью, которая, как считалось, способна породить высшую из политических добродетелей — усилить любовь к своему городу и воспитать чувство гордости за то, что они являются достойными членами гражданского сообщества[61]. Значение мифа о Гармодии и Аристогитоне может заключаться в его беспрецедентной эротизации

---

[60] Когда персы вторглись в Афины в 480 году до н. э., они снесли статуи Гармодия и Аристогитона; афиняне установили новые в 477/476 году до н. э.

[61] На ум сразу приходит то, что Перикл (ок. 495–429 до н. э.) сказал в конце первого года Пелопоннесской войны в своей знаменитой погребальной речи в честь погибших на войне афинян. Перикл увещевал афинян сохранять смелость в борьбе с грозными спартанцами, упорствуя в любви к своему городу: «Должно каждый день обращать свой взор на величие Афин, какова она на самом деле, *и влюбляться в нее (erastas gignomenous autēs)*» (Фукидид, «История Пелопоннесской войны», 2.43). Многочисленные общественные памятники (от храмов до статуй), построенные при демократии, несомненно, были одними из тех объектов, которые Перикл призывал патриотически настроенных афинян созерцать ежедневно. В [Ludwig 2002: 160–161] и [Monoson 2000: 21–50] обсуждается политический характер Эроса в классическом афинском дискурсе в свете легенды о Гармодии и Аристогитоне.

и политизации мужских гомосоциальных связей. Возможно, легенда завладела воображением афинян потому, что ее концепция коллективного соперничества, порожденного мужским гомоэротизмом, идеально воплотила агонистический дух греческой этики солидарности начиная с Гомера и далее[62].

Сократ на пирах

Сократ, как его изображали его ученики Платон и Ксенофонт, соответствует характеристике феогнидского пиршественника, любовника и воспитателя. Как и его современники-афиняне, Сократ высоко ценил Феогнида и охотно ссылался на мудрость мегарского поэта, общаясь с молодыми людьми в различных социальных контекстах: «Общайся с хорошими»[63]. В соответствии со своей приверженностью этому учению Феогнида, Сократ, по воспоминаниям двух его учеников, никогда не отказывался от возможности встречаться, ухаживать за юношами и наставлять их в гимнасиях, палестрах и, конечно же, на симпозиумах. Платон и Ксенофонт написали диалоги под названием «Пир», чтобы представить своего учителя как страстного и проницательного поклонника Эроса в обстановке, которая является одновременно и дружеской, и воспитательной. Если в изображении Ксенофонта подчеркивается учтивость, воспитанность и тактичность Сократа в его поведении и в рассуждениях на симпозиумах, то у Платона Сократ предстает в образе более возвышенном и могущественном.

В «Апологии Сократа», завершающей серию восхвалений мужской любви на «Пире» Платона, Алкивиад (ок. 450–404 до н. э.), красивый молодой аристократ, бывший соратник и протеже

---

[62] Людвиг [Ludwig 2002: 28–39] также считает поощрение кооперативного соперничества ключом к тому, что он называет «политическим гомосексуализмом» в Греции.

[63] В «Воспоминаниях о Сократе» Ксенофонта (1.2.20) и «Пире» Платона (2.4) Сократ цитирует Феогнида (35–36), чтобы показать, как важно для молодежи держаться хорошего общества и сторониться дурной компании.

Сократа, обвиняет Сократа, которого он превозносил, в том, что тот является любовником, который неустанно соблазняет, используя свой интеллект для завоеваний, но пренебрегает и никак не отвечает на чувства своих юных поклонников. Сам Алкивиад был одним из тех молодых людей, которые пытались обменять свою красоту на сексуальную благосклонность Сократа, вместо того чтобы полностью подчиниться его философским чарам и присоединиться к нему в поисках видения высшей, идеальной красоты. Любопытно, что ближе к кульминации этой хвалебной речи и последовавшего за ней упрека в адрес Сократа пьяный и озлобленный Алкивиад рассказывает довольно подробную историю о военных подвигах Сократа. Он изображает философа как выносливого и стойкого солдата, храброго и самоотверженного товарища в бою. По словам Алкивиада, Сократ спас ему жизнь в битве при Потидее в 432 году до н. э., а восемь лет спустя, при Делиоме, Сократ своим примером исключительного самообладания и храбрости помог войскам, находившимся в полном разброде, успешно отступить (Платон, «Пир» 220d–221c).

Нет ничего странного в том, что в речи Алкивиада происходит поворот от дружеско-эротического к воинственно-гражданскому. Согласно Платону, Сократ ссылался на пример Ахилла во время своего суда в 399 году до н. э., когда он был приговорен к смерти за развращение своих молодых сподвижников еретическими идеями (Платон, «Апология Сократа» 28c). Напомнив о том, как Ахилл без колебаний принял смерть, чтобы отомстить за погибшего товарища, Сократ объясняет свой собственный выбор служения философии в своем обращении к товарищам и согражданам:

> Было бы ужасно, о мужи афиняне, если бы, после того как я оставался в строю, как и всякий другой, и подвергался опасности умереть тогда, когда меня ставили начальники, вами выбранные для начальства надо мною, — под Потидеей, Амфиполем и Делием, — если бы теперь, когда меня поставил сам бог, для того, думаю, чтобы мне жить, занимаясь философией, и испытывать самого себя и других, если бы теперь я испугался смерти или еще чего-нибудь и бежал из строя (Платон, «Апология Сократа» 28d–е, пер. М. С. Соловьева).

Сократ, хотя избегал политической карьеры[64], вел активную общественную жизнь. У современников и учеников он вызывал страх или обожание, как гражданин-солдат, который был активен и на поле боя, и на агоре, и как наставник-любовник, который загонял соперников в угол и очаровывал своих слушателей и единомышленников в гимнасиях, палестрах и на симпозиумах[65]. Хотя он расспрашивал и выслушивал каждого встречного, афинянина или чужестранца, он ясно давал понять, что главными объектами своих суждений он считал сограждан, потому что они были более близки ему, чем чужеземцы (Платон, «Апология Сократа» 30a). По мнению Платона и Ксенофонта, та привязанность, которую Сократ демонстрировал к своим согражданам на различных публичных площадках, делала его образцовым гражданином-солдатом и наставником. Как Сократ неоднократно заявляет в «Пире» Ксенофонта, он не может назвать время, когда он не был в кого-то влюблен. Более того, он посвятил свою жизнь обучению юношей добродетелям на благо своего города (Ксенофонт, «Пир» 8.2)[66].

В соответствии с общим мягким нравом, который он приписывает своему учителю, Ксенофонт в своем «Пире» представляет Сократа в основном как галантного хозяина пиршеств (в отличие

---

[64] Сократ неоднократно повторяет эту мысль в «Апологии» Платона. В частности, он говорит, что, если бы он занялся политикой, его бы уже давно предали смерти (31d).

[65] Они служат фоном для большинства сократических диалогов Платона и Ксенофонта. В «Апологии» (17c) Сократ заявляет, что привык выступать на агоре и в других общественных местах. Позже он уверенно заявляет: «Если же кто-нибудь утверждает, что он частным образом научился от меня чему-нибудь или слышал от меня что-нибудь, чего бы не слыхали и все прочие, тот, будьте уверены, говорит неправду» (Платон, «Апология Сократа», 33b, пер. М. С. Соловьева). В «Воспоминаниях о Сократе» (I.10) Ксенофонт защищает Сократа от обвинений в религиозной нечестивости, указывая на то, что философ «всегда жил на виду», то есть на публичных променадах, в гимнасиях и на агоре.

[66] (έγκο τε γαρ ουκ εχώ χρονών ειπείν εν χόι ουκ ερόν τινος διατέλους), 8.24 (ho aei sunoikos emoi erōs), 8.41 (agathōn gar phusei kai tēs aretēs philotimōs ephiemenōn aei pote tēi polei sunerastēs ōn diatelō).

от его часто колкого платоновского соратника). За исключением одной длинной речи о гомосексуальной любви, все остальные учения Сократа тактично держатся в рамках общепринятых норм[67]. Мы можем увидеть стиль ксенофонтовского Сократа в эпизоде начала собрания, описанного в «Пире».

Каллий, видный афинский гражданин, устраивает в своем доме праздник в честь своего возлюбленного, Автоликоса, который одержал победу в состязаниях среди юношей на Панафинеях в 421 году до н. э.[68] В то время как пирующие расположились на скамьях, ужинали и беседовали, юноша сел рядом со своим отцом Ликоном, присоединился к пиру и молча слушал разговоры[69]. В какой-то момент, когда Сократ процитировал Феогнида, чтобы подчеркнуть важность пребывания в хорошей компании и избегания плохой (строки 35–36), Ликон спросил Автоликоса: «Слышишь ли ты это, сын мой?» (Ксенофонт, «Пир» 2.4–5). Вместо мальчика ответил Сократ, добавив, что Автоликос уже применил этот совет на практике, общаясь с атлетами-чемпионами и сам став победителем. Более того, Сократ отмечает, что с помощью Ликона Автоликос может найти себе наставника, сведущего в искусстве добродетельной жизни (Ксенофонт, «Пир» 2.5).

Сократ, конечно, как и все остальные жители города (Ксенофонт, «Пир» 8.7), знает, что один выдающийся человек, который уже предложил себя в качестве воспитателя и любовника Автоликоса, — это хозяин праздника Каллий. Каллий неоднократно

---

[67] См. анализ контрастов между описаниями поведения на пиршестве и речи Сократа в двух диалогах Платона и Ксенофонта в [Zhou Yiqun 2005: 204–209].

[68] Панкратион был жестоким состязанием, включавшим комбинацию бокса и борьбы, в котором разрешались практически любые приемы. В одном из последующих разделов мы остановимся на празднествах как на местах публичной социабельности.

[69] На симпозиумах, в знак различий в возрасте и статусе, взрослые мужчины сидели, откинувшись на подушки, а мальчики сидели прямо, не опираясь [Bremmer 1990: 139]. Обратите внимание на строки 34 и 563 в совете Феогнида Кирну (обе процитированы в предыдущем разделе), «сиди с ними» и «сиди рядом с хорошим человеком».

описывается в диалоге как человек, который глубоко влюблен. Хотя, как и подобает знатному возлюбленному, Автоликос сохраняет скромность и редко говорит во время собрания, его ответные чувства к Каллию раскрываются к концу диалога. В конце длинной речи Сократа гости вступают в горячий спор, во время которого Автоликос не сводит глаз с Каллия, а Каллий, разговаривая с Сократом, смотрит куда-то в сторону и возвращает взгляд Автоликосу (Ксенофонт, «Пир» 8.42). Эта деталь говорит о том, что, хотя Автоликос должен получить пользу от прослушивания всех разговоров в тот вечер, в центре которых находятся философские речи Сократа, он уделяет больше всего внимания Каллию, чьи слова и поступки, предположительно, окажут в дальнейшем наибольшее влияние на развитие юноши. Именно поэтому, одобряя увлечение Каллия и подбадривая его, Сократ не забывает напомнить хозяину о благородстве и серьезности его обязанностей как наставника (Ксенофонт, «Пир» 8.6–11, 8.37–41). Признавая проницательность Сократа, восхищенный гость отмечает, что, льстя Каллию, Сократ воспитывает его в соответствии с идеальным представлением о гомосексуальной любви (Ксенофонт, «Пир» 8.12). Согласный с феогнидовским поучением «общаться с хорошими» и верный своей репутации и образу самого пылкого наставника и любовника, Сократ относится к Каллию как к товарищу, занятому воспитанием будущих защитников и законодателей Афин, и делает все возможное, чтобы застолье поспособствовало этой важной цели[70]. В отличие от восхвалений идеальной *любви* и *красоты*

---

[70] Согласно Сократу, целью Автоликоса должно быть «не просто придать блеск себе и своему отцу [heauton kai ton patera kosmēsein], но и приобрести благодаря своей мужественной добродетели способность служить своим друзьям и возвышать свою страну [philous eu poiein kai tēn patrida auxein], добывая трофеи победы над врагами, и по этим причинам привлекать всеобщие восхищенные взгляды и быть известным как среди греков, так и среди варваров» (Ксенофонт, «Пир» 8.38). Поэтому, как воспитатель столь многообещающего юноши, Каллий должен постараться получить те знания, которые отличали таких великих людей, как Фемистокл (ок. 528–462 до н. э.),

в основной речи, приписываемой Сократу в платоновском «Пире», параллельный дискурс в работе Ксенофонта поражает своей прочной привязкой к моменту «здесь и сейчас», сосредоточенностью на реальной однополой паре Каллия и Автоликоса и проявлением озабоченности прагматическими обязательствами и приемами любовника.

Платон и Ксенофонт, авторы застольных диалогов, могли различаться по темпераменту и устремлениям, но они сходились в главном — в отношении к Сократу. Он — гражданин-воин, охваченный любовью к афинскому обществу, которая заставляет его принимать своих сограждан и подрастающих юношей города, исполняя для них роль соперника, учителя, партнера и любовника. Нельзя сказать, что гимнасии, агора или симпозиумы были важнее чего-то другого в повседневной жизни Сократа. Они просто служили своеобразными площадками для демонстрации единого, целостного идеала воина, который сохранял свое значение на протяжении всей греческой истории. Так случилось, что Сократ стал самым талантливым и увлеченным учителем «школы Эроса» — Афин классического периода[71].

освободитель Греции; Перикл, мудрейший советник своей страны; и Солон (ок. 594 до н. э.), легендарный законодатель. Кроме того, он должен уяснить для себя, что сделало спартанцев такими выдающимися в области военного искусства (Ксенофонт, «Пир» 8.39).

[71] Выражение «Полис как школа Эроса» взято у Людвига [Ludwig 2002: 259]. Исследователи утверждают, что аристократические пиршества при афинской демократии могли служить местом распространения антидемократической идеологии и вынашивания заговоров среди элит. В этом смысле пиршественные застолья формировали пространство, противоположное общественным гражданским пирам и праздникам (см., например, [Burkert 1991: 18; Dentzer 1982: 448–449; Murray O. 1990a]). Констан [Konstan 1997: 45–47, 65–67] не видит особых доказательств в пользу этой точки зрения и утверждает, что пиршества аристократии, по-видимому, играли лишь незначительную роль в афинской демократии. Как уже говорилось здесь, аристократические пиршества, возможно, уже не имели политического значения в демократических Афинах, но они глубоко укоренились в гражданской идеологии и продолжали играть важную роль в культурном производстве и воспроизводстве.

Под знаменем богов

То, что симпозиум занимает видное место в исследованиях греческой социабельности, вполне оправдано, но также может ввести в некоторое заблуждение. С одной стороны, существовали и другие важные контексты общения, которые не ограничивались пиршествами аристократов или зажиточных граждан. Религиозные праздники и общественные жертвоприношения проводились с целью создания и укрепления более инклюзивной социальной структуры. С другой стороны, даже если мы остаемся в рамках контекста праздничных застолий, не следует концентрировать все внимание на материальных и социальных аспектах коллективного стремления к удовольствию и общению, и не стоит забывать о том, что религиозная составляющая была неотъемлемой частью всех подобных мероприятий. Как уже отмечалось, в Древней Греции неправомерно проводить границу между «религиозными» и «светскими» празднествами, поскольку редко какой праздник обходился без жертвоприношения и почти за каждым жертвоприношением следовал праздник [Schmitt-Pantel 1990a].

В этом разделе первоначально будут рассмотрены религиозные истоки празднеств и пиршеств в произведениях, обсуждавшихся на предыдущих страницах, начиная с эпоса Гомера и заканчивая двумя диалогами Сократа. Затем мы обратимся к религиозным празднествам, пышность, частота, агонистический и атлетический характер которых делают их отличительной чертой древнегреческой цивилизации. И празднества, и симпозиумы, поскольку они проходили под знаком богов, восхваляли внесемейные гомосоциальные связи через деятельность, которая требовала как напряженного соперничества, так и тесного сотрудничества. Чтобы объяснить устойчивый акцент на соревновательном товариществе в связке с важностью родственных уз в греческой социальной жизни, рассмотрим этот вопрос подробнее в последней части этого раздела на основе анализа од, которые Пиндар и Бакхилид написали для победителей атлетических праздников. Акцент на семейной традиции и знатном происхождении в праздновании атлетических успехов делает победные оды подходящим объектом для контекстуализации и проверки нашего аргумента о центральном месте состязательного товарищества в контексте греческих празднеств.

Жертвоприношения и застолья

В третьей книге «Одиссеи», когда Телемах отправляется в Пилос и обращается к Нестору, соратнику Одиссея по Троянской войне, в поисках новостей о своем давно пропавшем отце, он застает Нестора на берегу моря, возглавляющим грандиозное жертвоприношение пилосских мужей богу моря Посейдону[72]. Приветствуемый хозяином, Телемах принимает участие в жертвенном пире. После того как они «желанье питья и еды утолили» (обычное гомеровское клише), Нестор начинает расспрашивать своего гостя о причине визита. Они продолжают пировать, расспрашивая друг друга и рассказывая истории, и в конце беседы Телемах присоединяется к хозяевам застолья в возлияниях и распитии вина в честь Посейдона и Афины (Гомер, «Одиссея» 3.5 и далее; 338 и далее)[73].

Тесная связь между пирами и жертвоприношениями, наблюдаемая в этом эпизоде «Одиссеи», прослеживается и в ежедневных пиршествах женихов в доме Одиссея. Как жалуется своему переодетому хозяину верный свинопас Евмей, каждый день женихи приносят не одну и даже не две жертвы (Гомер, «Одиссея» 14.93–94). Грешное и хищническое празднество женихов не исключает просьбы о божественном благословении, неотъемлемой части греческих пиршеств.

---

[72] На празднике присутствуют четыре с половиной тысячи жителей Пилоса, а для жертвоприношения был зарезан 81 бык (Гомер, «Одиссея» 3.7–8). Роберт Паркер [Parker R. 1996: 27], пишущий об аттической религии на рубеже VII века до н. э., предполагает, что общественные обряды того времени могли напоминать жертвоприношения, проводимые Нестором в «Одиссее».

[73] Эта честь оказывается и Афине, когда Нестор обнаруживает, что спутник Телемаха в этом путешествии — сама богиня в человеческом обличье (Гомер, «Одиссея» 3.371–394).

Греки приписывали Гомеру и Гесиоду систематизацию преданий о своих богах (Геродот, «История» 2.53.2). Боги, возглавляющие многочисленные пиры в «Одиссее», включая Аполлона, Афину и Посейдона, принадлежали к одному и тому же общеэллинскому пантеону, который, вероятно, был знаком каждому греку в любом уголке Эллады[74]. Как резюмирует Кристиана Сурвину-Инвуд — британская исследовательница древнегреческой религии, специалист по эллинистической культуре, различия в поклонении общеэллинским богам в разных городах-государствах начиная с VIII века до н. э. заключались в «точной проработке культа, его истории, конкретных форм, вопросов о том, какие стороны божества каждый город решил подчеркнуть, какие божества воспринимались как более тесно связанные с городом и поэтому были более важными для него, и так далее» [Sourvinou-Inwood 2000a: 18][75]. Несколько примеров из сборника Феогнида и «Аттических сколий» дают представление о присутствии общеэллинских богов на симпозиумах в архаический и классический периоды.

Первые пять стихов «Аттических сколий», похоже, были популярными гимнами, исполняемыми на пирах; боги, к которым обращаются, это Афина (дважды, 884 и 888), Деметра (885),

---

[74] В восьмой книге «Одиссеи» на пиру у царя Алкиноя в Схерии Одиссей возносит многократные возлияния «богам», очевидно, в знак признательности за их защиту, которая помогла ему выжить в Троянской войне. О существовании религиозной системы, общей для всех греков, см. работы Картледжа [Cartledge 1985] и Прайса [Price 1999, введение].

[75] В своем предыдущем эссе Сурвину-Инвуд [Sourvinou-Inwood 1978: 101] выдвигает предположение, что «до появления в восьмом веке до нашей эры агентов панэллинской религии, панэллинских святилищ и литературы, такой как гомеровские поэмы, существовали значительные различия в божественных личностях и составе пантеона в разных городах». Микалсон [Mikalson 2004] полагает, что греческая религия в том виде, в каком она представлена у Гомера и Гесиода, уже подверглась «значительному структурированию» в процессе панэллинизации [Mikalson 2004: 210], и отмечает, что географическое разнообразие продолжало существовать в поздней греческой религии в отношении конкретных божеств, которым поклонялись, функций этих божеств и ритуалов поклонения им [Mikalson 2004: 214–215]. Также см. статью Шахтера [Schachter 2000] о сочетании базового единства с региональными вариациями в греческой религии.

Аполлон и Артемида (восхваляются вместе как близнецы) и Пан (887). Боги также появляются в первых 18 стихах сборника Феогнида: Аполлон (дважды, строки 1–4, 5–10; и снова позже в корпусе), Артемида (строки 11–14), музы и грации (строки 15–18). Аллюзии на рождение и атрибуты божеств, выражение благочестия и призывы к благословению составляют основные компоненты песен, обращенных к богам в обоих произведениях. Защита города — обычное явление среди испрашиваемых благословений, как, например, в двух песнях из «Аттических сколий», гимне Афине, гимне Деметре и ее дочери Персефоне:

> Паллада, рожденная из Тритона, царица Афина, храни этот город и его жителей, пусть будут они избавлены от боли, раздоров и безвременных смертей; храни их ты и твой отец (884).

> Я пою о матери Благоденствия, олимпийской Деметре, в сезон ношения гирлянд, и о тебе, Персефона, дитя Зевса! Приветствую вас обеих! Ухаживайте за этим городом с любовью (885)[76].

Согласно Плутарху (46–120), песни, подобные предыдущим, могли быть созданы для коллективного исполнения всеми гостями, обычно в начале и в конце празднества, особо музыкально одаренные гости исполняли более сложные произведения для всех присутствующих и от их имени (Плутарх, «Застольные беседы» 1.1.615b-c)[77]. К последнему может относиться более длинный фрагмент, например, из сборника Феогнида (757–768):

---

[76] Дальнейшие литературные свидетельства существенного формального единства выражения греками благоговения перед общими богами можно найти в многочисленных сходствах образов, эпитетов, структуры и риторики между песнями в «Аттических сколиях», гимнами Феогнида и самыми короткими произведениями в Гомерических гимнах (сборник, который можно датировать в основном VII и VI веками до н. э.).

[77] Ср. строки 943–944 из «Сборника Феогнида»: «Песнь заведу, поближе к флейтисту ставши / справа, да богам помолюсь бессмертным». См. у Коллинза [Collins 2004] обсуждение различных вариантов использования поэзии в греческих конвивиальных играх.

> Да воздвигнет Зевс, в эфире живущий, над этим градом
> Десницу на вечную его непобедимость,
> А с ним и другие блаженные боги, и пусть Аполлон
> Направит язык наш, как и разум.
> Звени ж, форминга, и ты, флейта, святой напев,
> А мы возлиянья богам в угоду
> Сотворим, друг с другом беседуя приятно,
> Пред войной пред мидийской мало робея.
> Так да будет! оно и лучше с веселым духом
> От забот в стороне в веселии жить,
> Себя услаждая и прочь злой отгоняя рок,
> Срок гибельный и предел смертный.
> (Пер. А. К. Гаврилова)

Аполлон в этом фрагменте выступает получателем людской мольбы не только потому, что он был главным божеством и богом музыки, но и потому, что он был богом — покровителем Мегары, города, отождествляемого с Феогнидом (Θέογνις ὁ Μεγᾰρεύς)[78]. Строки 773–782 «Сборника» открываются призывом к Аполлону как божеству — покровителю Мегары и завершаются мольбой к Аполлону, чтобы он, «...кто воздвиг верхнего града твердыню ...милостиво этот наш град храни»[79]. На особое значение присутствия Аполлона на пиршествах в Мегаре указывает благочестивое обращение к богу, которым открывается сборник Феогнида (строки 1–4): «Владыка, Латоны сын, Зевса рождение, тебя никогда / не забуду, начиная ли иль завершая, / напротив, первым тебя, последним и в средине / воспою, ты же внемли и даруй достойное» (пер. А. К. Гаврилова).

Когда участники симпозиума собираются вместе, выражение благоговения перед их общими богами является обязательным

---

[78] Наиболее важным для нашего понимания связи между Аполлоном и праздником является длинный отрывок из гомеровского «Гимна Аполлону», где бог ведет муз, предлагая им петь и танцевать на божественном собрании на горе Олимп.

[79] В сборнике Феогнида, строки 773–774: «Феб владыка, ты, кто воздвиг верхнего града твердыню, / Алкафою, поросли Пелоповой, на утеху, / ты и отринь наглое мидийцев войско» (пер. А. К. Гаврилова). Акафой — великий герой Мегары.

условием, а божественные благословения их товарищеского союза являются одними из самых больших «благ» (*esthla*), которые они надеются получить на мужском гомосоциальном празднестве. Дружба и гражданское общение представляют собой единый процесс, когда государство составляет с коллективом граждан-мужчин одно целое[80]. Расцвет таких связей может произойти только под покровительством богов.

Идея о том, что боги являются высшим источником всего, чем обладают люди, от материального благополучия, межличностных связей до интеллектуального творчества, находит свое выражение в двух пиршественных диалогах Платона и Ксенофонта. По словам обоих рассказчиков, после ужина гости совершают возлияние, поют гимн, а затем переходят к распитию вина в сопровождении бесед и музыки (Платон, «Пир» 176a; Ксенофонт, «Пир» 2.1). Читателю неизвестно, каким именно богам пирующие адресуют свои гимны, но немаловажно, что и Платон, и Ксенофонт изображают последующую философскую программу вечера как продолжение акта восхваления божества. В рассказе Платона Эриксимах, который берет на себя обязанность предложить тему вечерней дискуссии, начинает с того, что отмечает любопытный факт: в то время как в честь других богов сложены гимны и хвалебные пеаны, никто никогда не сочинил хвалебную песнь Эросу, богу древнему и великому. Затем участникам пира предлагается исправить эту несправедливость, для чего каждому из них следует сочинить подходящий гимн забытому богу (Платон, «Пир» 177a–d). После одобрения этого предложения гости по очереди восхваляют Эроса, соревнуясь друг с другом в искусстве красноречия. Эти гимны составляют основную часть пиршественного диалога Платона.

Хотя Ксенофонт использует тот же диалогический прием, что и Платон, он довольствуется лишь одним панегириком Эросу (Ксенофонт, «Пир» 8.1–41) — речью, предназначенной для Сократа. Однако ее продолжительность, момент кульминации и воздей-

---

[80] Как отмечает Аристотель в своей «Никомаховой этике» (1155a23–24), дружба (*philia*) между гражданами функционировала как связь, скрепляющая государство.

ствие, которое она оказывает на аудиторию, не оставляют сомнений в том, что автор считает ее главной интеллектуальной составляющей всего вечера. Сократ у Ксенофонта также начинает свой панегирик с того, что указывает на несправедливое забвение древнего, могущественного и всеохватывающего бога (Ксенофонт, «Пир» 8.1). Именно от лица всех тех, кто поклоняется богу (*tou theou toutou thiasōtai*), Сократ чувствует себя обязанным воздать достойную хвалу Эросу. Здесь, как и в диалоге Платона, философское осмысление и одобрение мужской любви, хотя и переданные в форме пространной речи, обозначены как гимн, а также попытка присвоить произведению авторитетность этого традиционного священного жанра. В обоих случаях город как идеальное сообщество состоит из всех почитателей Эроса, их общение скреплено благословением бога, а сам бог является хранителем созидательной энергии, которая вырастает из напряженной борьбы равных.

Празднества: человек на городском празднике

Религиозные праздники, которые обычно включали в себя спортивные и музыкальные состязания, служили фоном для многих праздничных событий, обсуждавшихся до сих пор в этой главе. Например, месть Одиссея женихам происходит во время праздника Аполлона, который также является событием, отмечаемым в строках 773–782 Феогнидеи. В «Пире» Ксенофонта содержатся воспоминания якобы о пире, который Каллий устраивает в честь спортивной победы своего возлюбленного на Панафинейских играх в 421 году до н. э. Более того, поводом для собрания в «Пире» Платона является первая победа драматурга Агафона в состязаниях писателей в 416 году до н. э. на Ленейском (Λήναια) празднестве.

То, что в выбранных текстах выделяются праздники с высоким уровнем конкуренции на них, отнюдь не является случайностью. Как отмечает Уолтер Буркерт, «существующая религиозная практика греков сосредоточена на празднествах». Тот же ученый, отмечая, что религиозная функция греческих праздников могла затеряться в их соревновательных мероприятиях, объясняет это особой греческой любовью ко всевозможным состязаниям: «Все глубоко убеждены, что боги, как и люди, проявляют повышенный интерес к состязаниям» [Burkert 1985: 225, 103][81].

Индивидуальные достижения в атлетических состязаниях возвеличивались на празднествах. В первой четверти VI века до н. э. четыре великих общеэллинских праздника, Олимпийский (в честь Зевса), Пифийский (в честь Аполлона), Истмийский (в честь Посейдона) и Немейский (в честь Зевса), были организованы во взаимосвязанную непрерывную цепь[82]. Высокий престиж этих празднеств и огромное волнение, которое они вызывали во всем греческом мире, показывают, что неустанное стремление к личному совершенству, представленное гомеровским аристократическим воином, не только не угасло, но и нашло новое выражение в атлетике в позднеархаический и классический периоды. Сами греки считали, что все великие общеэллинские игры берут свое начало в погребальных играх, которые Ахилл проводил в честь Патрокла в «Илиаде» [Scanlon 2002: 28]. Хотя граждане-гоплиты, сражавшиеся в тесной фаланге, и были воинами-героями нового времени, аристократы и их традиции по-прежнему господствовали на атлетических праздниках. Спрос на досуг и наличие богатства привели к доминированию знати и обеспеченных людей, особенно в конных состязаниях (где всадники и погонщики нанимались для фактической езды). Между тем демонстрация богатства и восхваление личного успеха в праздновании спортивных побед серьезно противоречили демократической идеологии[83].

---

[81] Буркерт [Burkert 1985: 105–106] удивляется тому, как греки могли превратить все в состязание, и отмечает центральную роль, которую святилища играли в организации праздничных состязаний. Роберт Паркер [Parker R. 1986: 264] также отмечает отсутствие у греков беспокойства по поводу того, что «мирское веселье» празднеств угрожало вытеснить их религиозное предназначение.

[82] Четыре великих празднества проходили в разное время, чтобы создать непрерывную череду игр. Оценку количества атлетических фестивалей, зафиксированных в греческих источниках, см. в [Scanlon 2002: 29].

[83] Притчард [Pritchard 2003] анализирует социально-экономические и культурные причины, по которым при греческой демократии атлетика оставалась исключительным занятием семей высшего класса. См. у Голдена [Golden 1998: 169–175] об антипатии, которую вызывали конные соревнования в демократических Афинах.

Победные оды (*эпиникии*) — песни, исполняемые в честь победителей соревнований, — лучше всего отражают неустанное стремление к индивидуальному совершенству и энтузиазм в стремлении к отличию в контексте агонистических мероприятий. Например, в «Олимпийских одах» (13) Пиндар чествует Ксенофонта из Коринфа за победу в беге на стадионе и пятиборье на Олимпийских играх в 464 году до н. э., подвиг, который поэт прославляет как то, чего «никто из смертных никогда не делал прежде» (Пиндар, «Олимпийские оды» 13.31–32). Аналогичным образом, Вакхилид (Βακχυλίδης) восхваляет Гиерона за то, что он «единственный... меж земных людей», который был коронован на Пифийских играх в третий раз, помимо двух предыдущих олимпийских побед (4). Кроме того, у Вакхилида написано про атлета, который трижды победил на Истмосе и один раз в Немее: «Ни один из эллинов меж сверстных своих, / Ни мальчик, ни муж / Не венчался столькими победами!» (Вакхилид 8.22–25, пер. М. Л. Гаспарова[84]).

Хотя на такие впечатляющие достижения могли претендовать лишь немногие избранные из числа греческой элиты, каждый победитель, о котором вспоминают авторы эпиникиев, был достаточно выдающимся, чтобы выделяться из общей толпы и неизбежно вызывать зависть и раздражение. Неоднократно сетуя на нежелательные последствия, поэты неустанно превозносят самобытные черты аристократов-чемпионов, чьи спортивные победы дополняют и подчеркивают их выдающиеся достоинства. Вакхилид, говоря о победителе скачек на Истмийских играх, произносит: «Лучше всего — / Жить подобру, / Чтобы люди на тебя взирали с ревностью». В оде, посвященной победе Гиерона Сиракузского в олимпийской гонке на колесницах, Вакхилид заявляет, что каждый, «кто не кормится завистью», должен восхвалять этого «любителя коней» и петь дифирамбы этому «Воину — мужу, / Носителю Зевсова [праведного] скиптра, / Причастнику синекудрых Муз» (Вакхилид 3.67–71). Гиерон воспевается и в «Олимпийских одах» Пиндара, написанных

---

[84] Цит. по: [Гаспаров 1980]. — *Прим. перев.*

в честь победы правителя Сиракуз на скачках в 476 году до н. э. Поэт щедро использует превосходную степень в хвалебной песне Гиерону, «который блещет / Славословием песнопений / Среди нашего веселья на его гостеприимном пиру» (Пиндар, «Олимпийские оды» 1.13–15, пер. М. Л. Гаспарова)[85].

Стремление музыкантов, атлетов и поэтов на греческих празднествах к успеху и превосходству над другими, хотя и является яркой особенностью этих увлекательных событий, конечно, не было всем тем, ради чего они проводились. Напротив, праздничные застолья были общинными мероприятиями, выполнявшими важные гражданские функции на различных уровнях: от городского района до целого города, от конфедерации городов до всей Греции. Например, Панафинейские игры («Всеафинский праздник»), самый важный праздник Афин, прославлял Афину как богиню — покровительницу великого города. Хотя в панафинейском шествии чужеземцы, представители других городов и даже освобожденные рабы тоже играли свои, ограниченные, роли[86], праздник прежде всего подчеркивал единство афинян как части политического института. Возможно, именно поэтому Гармодий и Аристогитон совершили убийство, за которое получили титул спасителей города, именно на Панафинеях. В контексте этого важнейшего мероприятия действие, мотивированное мужской любовью, приобрело политическое значение, а также продемонстрировало тесные связи в гражданском обществе[87]. Хороший

---

[85] Гиерона судьба не обделила ни спортивными победами, ни прославлением со стороны двух великих авторов эпиникий. Помимо третьей Олимпийской песни Вакхилида, первой, второй и третьей Пифийских од Пиндара, четвертая Пифийская и пятая Олимпийская песни Вакхилида также были посвящены Гиерону. Лефковиц [Lefkowitz 1976] проводит подробное исследование этих од, за исключением четвертой песни Вакхилида, короткого произведения.

[86] О политическом, гражданском и религиозном характере инклюзивности Панафинейских игр см. [Maurizio 1998; Parker R. 1996: 91; Philips 2003; Stevenson 2003].

[87] Филипс [Philips 2003: 206–208] комментирует символизм Панафинейских игр как основание для поступка Гармодия и Аристогитона.

пример гражданского и политического значения празднеств на общегреческом уровне можно обнаружить на Пифийских играх в Дельфах. Там варвары (то есть не греки) не допускались к участию в соревнованиях, а среди греков дельфийцы и члены Дельфийской лиги пользовались символическими привилегиями в управлении играми [Sourvinou-Inwood 2000a: 16–17]. Гражданство было ключевым фактором в этих играх, в Панафинейских играх и на многих других празднествах, именно оно определяло право соперников на участие, степень и порядок их участия, гражданство предполагало не только наличие гражданских привилегий, но и признание истинной «греческости»[88]. Таким образом, чтобы понять стремление к личным достижениям на греческих празднествах, мы должны рассматривать его с учетом гражданского статуса этих мероприятий.

Один из способов провести такое исследование — изучить хоры, участвовавшие в празднествах. Хорошо известно, что хоры, то есть группы избранных членов общины (организованные по возрасту и полу), которые пели и танцевали, играли заметную и решающую роль на праздниках. По словам одного ученого, «отмечать праздник — значит создавать хоры», а другой выделяет хоровое исполнение и атлетические состязания как две основные формы поклонения на греческих праздниках [Burkert 1985: 102; Parker R. 1986: 264]. Два факта делают хоры особенно полезными в плане иллюстрации отношений между индивидуальным и общинным в греческой религии.

Во-первых, поскольку хор состоял из достойных членов общины и требовал значительных общинных ресурсов на обучение, он представлял собой «символ общинной религии» и «офи-

---

[88] Потеря прав гражданина в качестве наказания за определенные преступления или проступки могла означать отстранение от участия в празднествах [Sourvinou-Inwood 2000a: 14–15]. В отличие от варваров, греки гордились своей чрезвычайной любовью к состязательным видам спорта. Гимнасии и атлетические состязания были символом эллинского образа жизни, который распространился благодаря завоеваниям и культурным обменам эллинистической и римской эпох [Hornblower 1991: 275–276; Scanlon 2002, ch. 2; Shipley 2000: 86–87].

циальное лицо ритуальных практик, действующее от лица и в интересах общины»; таким образом, его успех напрямую влиял на честь и благополучие общины[89]. Критическое слово в этих характеристиках хора, «община», приобрело иной смысл с появлением демократии в конце VI — начале V века до н. э., значительно расширившей список тех, кто смог участвовать в общественных празднествах. «Те, кто танцевал [в хорах], были также и власть имущими»: в отличие от аристократического характера архаического хора, в демократическую эпоху круг участников хора значительно расширился, и в некоторых случаях можно даже говорить о равенстве между составом участников на празднествах и составом гражданского общества[90]. Если демократия действительно расширила список тех, кто мог участвовать в хоре, сделав акцент на общинном, а не на индивидуальном мастерстве, и выделила хоровые состязания на празднествах[91], то на общинный идеал, представленный

---

[89] Цит. по: [Kowalzig 2004: 55; Nagy 1990: 142]. Подробное исследование афинского института хорегии, который спонсировал хоры, участвовавшие в драматических праздниках, см. в [Wilson P. 2003].

[90] Джеймисон [Jameson 1998] пишет о расширении участия в общественной религиозной жизни в демократических Афинах. Ковальциг [Kowalzig 2004], автор приведенной здесь цитаты [Kowalzig 2004: 64], утверждает, что переход от хора элиты к хору граждан в Афинах следует понимать с точки зрения политических изменений в V веке до н. э.

[91] Музыкальные соревнования для отдельных индивидов существовали по крайней мере с VII века до н. э. В данном случае наиболее известен как источник Гесиод (Гесиод, «Труды и дни» 654–659; «Теогония» 22–34), который восхваляет свою победу в музыкальном конкурсе в Халкиде. Он посвящает свой приз (ушатый треножник) музам, которые, как он утверждает, научили его мастерству песни. «Гимн Афродите» завершается мольбой к богине: «Даруй мне победу в этом состязании, приготовь мою песню». Питер Уилсон [Wilson P. 2003: 167, 182] предварительно предполагает, что в Афинах официальные конкурсы с призами, присуждаемыми хорам-победителям, впервые появились после реорганизации празднеств в рамках проекта по созданию демократического общественного строя и новой гражданской идеологии в VI–V веках до н. э. Однако ясно, что с формальными призами или без них хоровые мероприятия всегда были высококонкурентными коллективными мероприятиями во всем греческом мире.

хоровым исполнением, и его значение для социальной сплоченности демократия никак не повлияла. Хотя в разное время хор состоял из разных слоев населения, его участники всегда пели и танцевали для богов в качестве представителей своей общины [Kowalzig 2004: 41–43][92].

Во-вторых, организация членов хора по полу и возрасту и количество времени, которое члены хора должны были проводить вместе на репетициях, способствовали формированию прочных внесемейных гомосоциальных связей. Например, в классических Афинах дифирамбические хоры на городских Дионисиях, афинских праздниках в честь Диониса, были двух категорий, мужские и юношеские, в каждом из них было десять команд (по 50 человек в команде), члены которых представляли различные районы города. Как уже отмечалось, обучение, занимавшее длительный период, представляло собой «жизненно важный акт раннего политического или до-политического участия», а мужские хоры, от их состава до содержания их песен и танцев, напоминали о гражданских обязанностях взрослых граждан-мужчин в армии и в демократическом совете [Wilson P. 2003: 168–169][93]. Соревновательный характер хоровой деятельности и необходимость кооперации членов хора сделали его ключевым греческим инсти-

---

[92] Фольк [Folch 2006: 277], анализируя роль хоров в «Законах, или О законодательстве» Платона, утверждает, что для Платона обучение песням и танцам «становится репетицией гражданственности».

[93] См. также [Golden 1990: 67; Strauss 1993: 91]. Фольк [Folch 2006: 243], комментируя музыкальную программу, которую Платон предписывает для воспитания детей в своих философских трудах, указывает, что возрастная специфика хоров «указывает на то, что обучение и исполнение танцев и участие в шествиях служили не только для военной подготовки или выражения религиозных чувств, но и представляли собой некую форму социальной инициации». В своем всестороннем исследовании морфологии греческого хора Калам [Calame 2001: особенно 26–30] выделяет одинаковый возраст его участников как одну из важнейших особенностей хора и рассматривает социальные и психологические последствия возрастной специфики хоровой деятельности. В главе 3 рассмотрим хоры для молодых женщин, особенно те, что увековечены в хоровой лирике спартанского поэта Алкмана (VII век до н. э.).

тутом, помимо военного, для поощрения одновременно соперничества и товарищества. По словам Питера Уилсона, который писал о дифирамбическом хоре, участие в хоре «стоит рядом с участием в рядах городской армии как средство активного проявления гражданственности и выражения солидарности граждан» [Wilson P. 2003: 169, 183–184].

Широко распространенные и всеми любимые праздничные хоры воплощали в себе сочетание агонистического и коллективного духа, укорененного идеей гражданственности. Как таковые, они служат хорошей отправной точкой для понимания стремления к личному превосходству на греческих празднествах, воплощенного в победных одах. С одной стороны, как отмечает Марк Голден, спортивные состязания возвеличивали качества, которые «по существу не отличались от качеств, приписанных войнам в героических поэмах», а также «напоминали и укрепляли аристократическую среду, далекую от сотрудничества и общей сплоченности, необходимых для сражения и боев гоплитов, гребли на триремах или работы в демократическом совете и правлении» [Golden 1998: 161–162]. С другой стороны, победные песни демонстрируют сознательную попытку дать ответ на так называемую гражданскую критику атлетов и их почитания [Golden 1998: 162–163]. Как мы увидим, победы атлетов считались почестями не только для городов победителей, но и для самих чемпионов и их семей, и авторы эпиникиев аккуратно подчеркивали это в своих восхвалениях. Различными способами это приводит к тому, что город разделяет внимание от успеха с победителем и получает благодарность за достижения своих родных сыновей.

Отрывок из девятой Олимпийской песни, которую Пиндар сочинил в честь Эфармоста Опунтского, чья победа в олимпийских состязаниях по борьбе в 468 году до н. э. сделала его победителем во всех четырех главных соревнованиях, иллюстрирует прямоту и простоту, с которой поэт может выполнить свою задачу — вписать в определенный контекст достижения своего покровителя:

> Прославь же и землю и сына ее [Эфармоста]
> В уделе она
> Матери Правды и дочери Благозаконности,
> Спасительницы, хвалимой многою хвалой;
> Процвела она
> Подвигами при Касталии, подвигами при Алфее
> Чьи цветы величают, венчая,
> Славную матерь локров,
> Землю в блеске лесов[94].
> (Пер. М. Л. Гаспарова)

Подобная похвала является обязательной. В следующих строках девятой Олимпийской песни (14–20) Пиндар ясно выражает свое желание, чтобы «милый их город... осияю огненной моей песнью», провозглашая победу повсюду (21–25). Город Опунт, благословленный богами из сотен городов-государств в Элладе (обратите внимание на упоминание богини Фемиды-Справедливости в девятой Олимпийской песне), обеспечивает более подходящие условия для празднования спортивных побед Эфармоста.

Выдающееся положение города в риторике эпиникий также отражается в главной особенности жанра — вставке мифических повествований, обычно в средней части оды, об исторических и легендарных героях, связанных с городом победителя. Значительная часть произведения, отведенная для рассказа о подвигах героев города (иногда миф такого рода начинается в середине стиха и сохраняется до конца, как в первой и десятой Немейских песнях), является ярким показателем того, что поэт стремится примирить индивидуальные достижения с идей гражданственности[95]. В четвертой Немейской оде, посвященной Тимасарху Эгинскому, Пиндар старается соблюсти эпиникийский императив, то есть сделать так, чтобы город оставался в центре внимания

---

[94] Фемида — богиня закона и правосудия. Касталия — источник в Дельфах, Алфиос — река, протекающая мимо Олимпии. Опунт был городом восточных локров (Λοκρὶς). Олимпийская победа считалась самой престижной из всех спортивных побед, отсюда и упоминание о «лучшем из венцов».

[95] Курк [Kurke 1991: 197–203] обсуждает в том же ключе функцию мифов и восхвалений родины победителя.

при восхвалении в оде личных успехов. В 35 строках оды, после обычных строк, где изложены основные факты о победе и краткое мифическое повествование, поэт, кажется, готов наконец восхвалить победителя, но резко отступает, говоря, что должен противостоять искушению сделать это, пока не воздаст справедливую хвалу местным героям, называемым Аякиды (Αἰακίδας). Эти потомки Аяка (Αἰακός), сына Зевса и Эгины (Αἴγῑνα), одноименной прародительницы острова, с которого прибыл победитель (к аякидам относится Ахилл), они появляются в каждой из 11 од, которые Пиндар сочинил для победителей-Аякидов. В четвертой Немейской оде Пиндар изменяет стандартное представление о них, указывая на то, что только тот, кто преуспел в искусстве эпиникий (как он сам), знает, как чтить героев-основателей в мифах местных народов. Дилетанты же в своих панегириках, напротив, чрезмерно стремятся восхвалять победителя как личность и тем самым ущемляют героев города. В руках умелого и прилежного панегириста — Пиндара — общее наследие гражданской общины, представленное ее богами и героями, не будет затмеваться отдельными личностями, какими бы выдающимися они ни были.

Попытку примирить утверждение личных достижений индивида с торжеством города легче понять в свете традиционного мнения, что эпиникии исполнялись хором горожан (по заказу победителя или его семьи в случае несовершеннолетнего возраста) на празднике возвращения домой в родном городе победителя[96]. Финал второй Немейской оды Пиндара (23–25) вполне может относиться именно к такому сценарию: «Прославьте же Зевса [бога — покровителя Немейских игр], / Вы, сопутники Тимодема / В славном его возвратном пути, — / И да будут ему сладостны громкие ваши голоса!» (пер. М. Л. Гаспарова).

Эпиникий Вакхилида также может указывать на общественный контекст приема гостей в 11-й песне (9–14), посвященной побе-

---

[96] Хит и Лефковиц [Heath, Lefkowitz 1991] оспаривают эту традиционную точку зрения. См., однако, гипотезу хора, представленную Бернеттом [Burnett 1989] и Кэри [Carey 1991]. Мы согласны с Бернеттом, Кери и другими исследователями Пиндара, такими как Курк [Kurke 1991: 5] и Надь [Nagy 1990: 142–143].

дителю в борьбе среди мальчиков на Пифийских играх: «Ныне по воле твоей [богини Победы] / Любимый богами Метапонт / Празднествами полон и шествиями / Крепких юношей, / А поют они пифийского победителя, / Красавца — сына Фаиска» (пер. М. Л. Гаспарова).

Если подобные отрывки действительно саморефлексивны (то есть ссылаются на реальный контекст исполнения самих од), то они выполняют двойную задачу — возвеличивают индивидуальные достижения и превосходство и сдерживают его с помощью гражданского института, который служит примером сочетания агонистического и коллективного духа. Представляя город, приветствующий вернувшегося домой победителя, хор стремится передать два сообщения: что атлет — лучший и что атлет является достойным членом общества, раз он проявил себя одним из лучших. Последний тезис находит интересную иллюстрацию в третьей Немейской оде Пиндара Аристоклиду Эгинскому, победителю игр в Немее в изнурительном состязании, известном как панкратион. Поэт обращается к Музе: «Любезный труд / Ожидает красу того края, / Где некогда обитали мирмидоняне, / Чью древнюю славу / По милости твоей / Не запятнал позором Аристоклид, / Обессилев в многоборье состязания» (пер. М. Л. Гаспарова).

Если сформулировать тезис в негативном ключе, то «не победа» равна позору, который атлет навлек на свою славную общину, однако победа становится гражданским триумфом, который атлет привозит домой и посвящает родному городу[97]. Смягчая зависть сограждан победителя к нему и заставляя их разделить его успех, победная ода выполняет свою функцию по реинтеграции атлетического героя в гражданское сообщество. Эта же цель побуждает поэта постараться развеять любые подозрения в том, что победитель, человек благородного происхождения и выдающихся способностей, может питать противоречивые намерения против гражданского сообщества (среди постоянных опасений —

---

[97] В истории бывали случаи, когда атлет по возвращении посвящал свой венец победителя своему городу [Kurke 1991: 206].

установление тирании)⁹⁸. Широко признано, что институционализация и реорганизация местных, а также общегреческих праздников в VI и V веках до н. э. была направлена на поощрение товарищеского соперничества и коллективной гражданской идентичности при одновременном контроле индивидуальных амбиций [Osborne 1993: 34–37; Philips 2003]. Если хоры выполняли эту функцию более прямолинейно, то авторы эпиникиев, пытаясь жонглировать восхвалением достижений атлета-победителя и возвеличиванием заслуг города, искали точки напряженности внутри гражданского сообщества.

Празднества: человек и семья на городском празднике

В аристократической культуре, лежащей в основе греческих атлетических состязаний, стремление к индивидуальному совершенству сочетается с верой во врожденный талант и стремлением увековечить семейные традиции. В победных одах, помимо самого героя, семья атлета также получает изрядную долю похвалы, причем это относится не только к тем песням, которые заказывали родители мальчиков и юношей-атлетов (взрослые атлеты обычно сами делали такие заказы). Таким образом, атлетические праздники становились местом посредничества в отношениях между личностью, семьей и городом.

Помимо приветствия родного города, победоносного атлета ожидало и семейное торжество. В восьмой Истмийской песне, одной из 11 песен Пиндара, сочиненных для мальчиков-чемпионов из Эгины, речь идет о предстоящем семейном празднике. Поэт обращается к местным юношам на приветственном приеме в городе (1–5): «Для Клеандра в его цвету / Славную мзду трудам / Всколыхните, юные, / Перед блещущим косяком Телесарха, его отца: / Торжество об истмийской победе» (пер. М. Л. Гаспарова).

---

⁹⁸ Примеры см. в [Kurke 1991: 209 и далее]. В [Kurke 1991: 214–218] она проводит обширное обсуждение 11-й Пифской оды как выразительного заявления против тирании.

Большинство, если не все, семьи, выходцами из которых были победители игр, имели аристократическое происхождение, и только такие семьи могли позволить себе расходы на заказ победной оды и организацию праздничного пиршества, как это представлено в предыдущем стихе. Эти расходы только малая частью того, что было необходимо для подготовки атлета к участию в состязаниях [Nicholson 2005; Pritchard 2003]. В результате такие успехи часто концентрировались в определенных семьях, и авторы эпиникий, восторженно одобряя унаследованные таланты, с восхищением вписывали каждую победу в контекст предыдущих спортивных достижений семьи.

Часто поэты использовали список побед, который состоял из перечисления заслуг других членов семьи, помимо чествуемого победителя. Например, 13-я Олимпийская песня Пиндара содержит два перечня наиболее впечатляющих спортивных достижений семьи Ксенофонта (Корнифского, не Афинского). Ксенофонт одержал в Олимпии в один и тот же день победу и в беге, и пятиборье, а его отец также был олимпийским чемпионом, победив в ходьбе; пять членов семьи (Ксенофонт, его отец, дед, внучатый дядя и дядя или двоюродный брат) получили 60 победных венцов только на Немейских и Истмийских играх. Все это — свидетельство славы семьи, говорит поэт, но полностью перечислить победы невозможно: «...сколько было побед / ...О том мне спорить со многими, / Ибо и песка морского никому не перечесть» (45–46). Другой пример находим в шестой Немейской оде, где чествуется Алкимид Эгинский за победу в борьбе среди мальчиков, но также определенное место отводит автор выдающимся спортивным успехам пяти поколений семьи Алкимида: 25 венцов с четырех главных игр. Как отмечает Энн Бернетт, бремя прославления прошлого в данном случае таково, что «только что увенчанный отрок, Алкимид, сводится до уровня статиста, когда певцы провозглашают поразительный перечень прошлых побед» [Burnett 2005: 157][99].

---

[99] Другой пример перечисления побед см. [Kurke 1991: 20, note 14]. Курк насчитала у Пиндара 37 отрывков, в которых вместе с победителем названы другие члены семьи победителя, и 28 — где победитель выступает один.

Вместе с Лесли Курк, которая приводит убедительные аргументы против концентрации всего внимания на героической личности в своей критике Пиндара, мы считаем, что акцент в эпиникиях на семейных атлетических традициях показывает, что победители не являются «полностью свободными акторами», а «скорее представителями группы, которая требует от них достижений» [Kurke 1991: 23][100]. Какое значение придается категории личности, семьи и города в победной оде и какова их связь? Как важность семьи в эпиникийской идеологии сочетается с принятием внесемейных гомосоциальных связей и их составляющих (эгалитаризма, соревновательности и солидарности) в архаических и классических греческих дискурсах социабельности? Должны ли мы интерпретировать возвеличивание индивида и семьи в эпиникийском жанре как «своего рода контрреволюцию со стороны аристократии» в позднеархаический и раннеклассический периоды [Kurke 1991: 258–259]? На этот счет у нас есть два замечания.

Во-первых, значение, придаваемое семье победителя в эпиникии, не подразумевает подчинения индивида семье, а подчеркивает «преемственность борьбы и труда», которую лучше всего демонстрирует семейное стремление к атлетическим успехам[101]. В своем анализе мотива возвращения победителя домой у Пиндара Кевин Кротти использует эту фразу для характеристики значения «дома» для тех спортсменов, которые вынуждены покидать свои дома для участия в соревнованиях. По словам Кротти, дом — это место, откуда спортсмен должен уехать

---

[100] Синтия Паттерсон [Patterson C. B. 1998: 242, note 18], которая утверждает, что в архаической и классической Греции не существовало корпоративных родственных групп (см. введение), критикует Курк за предположение о патрилинейной социальной структуре на основе родственных групп в ее обсуждении семьи и родства в поэзии Пиндара. Мы полагаем, что утверждение Курк справедливо, если понимать «корпорацию» не как структурную организацию родства, связанную общей собственностью и религиозными обрядами, а как чувство принадлежности к семейной традиции.

[101] Процитирована фраза из [Crotty 1982: 137]. Контекст его анализа будет рассмотрен ниже.

и куда он должен вернуться, а стремление отдельного спортсмена или целой семьи ко все большим атлетическим успехам означает, что каждое возвращение победителя «не последнее, это просто этап в непрерывной истории испытаний, побед и поражений» [Crotty 1982: 137].

Беспокойство Пиндара по поводу того, не таит ли в себе опасности дом, нашло сильное выражение в четвертой Пифийской оде, которая празднует победу Аркесилая Киренского в гонках на колесницах в 462 году до н. э. Самая длинная из од Пиндара, четвертая Пифийская ода включает в себя расширенное мифическое повествование об аргонавтах (молодых воинах, отправившихся вместе с Ясоном на поиски золотого руна), поскольку семья Аркесилая Киренского, правителя Кирена, объявила одного из аргонавтов своим предком. Рассказывая о том, как Гера вдохновила многих героев присоединиться к походу Ясона, поэт утверждает, что намерение богини было таково: «Чтоб никто при матери не варил себе бестревожную жизнь, / Чтоб и в смерти всякий меж сверстных своих искал / Крепчайшее зелье — / Доблесть» (185–188, пер. М. Л. Гаспарова). В этих строках дом предстает как препятствие на пути становления молодого воина и его шанса на завоевание славы, ослабляющее влияние родного дома олицетворяет стереотип заботливой матери. Только оставив мать и присоединившись к компании ровесников («сверстных») в поисках приключений, молодой человек может стать мужчиной и принести славу себе, своей семье и своим предкам. Оставаясь дома, он лишается вызова, стимула и поддержки, предлагаемых сверстниками, а значит, и возможности самоутвердиться и доказать, что он достойный потомок своих славных предков [Crotty 1982: 119–120].

Невозможно не заметить, какое значение в греческой традиции придается социализации в компании «сверстных». «Одиссея», в которую помимо основного сюжета входит история воспитания Телемаха, предлагает, возможно, самый первый и самый показательный пример описания взросления сына-подростка Одиссея. В первых нескольких книгах поэмы Телемах — разочарованный и растерянный юноша, обиженный на присутствие назойливых ухажеров в доме и на свою нерешительную и кокетливую мать, не уверенный в своих отношениях с героическим отцом-царем, которого он никогда не видел, но о котором люди говорят, и злой на себя за свою неспособность навести порядок в доме. Под руководством Афины Телемах начинает поиски своей личности, которые начинаются с буквального путешествия через моря в компании сверстников (*homēlikiē*), которые следуют за ним по дружбе (*philotēti*), в поисках вестей о своем отце (Гомер, «Одиссея» 3.363–364).

Отправляясь в это путешествие, Телемах делает то, что, согласно четвертой Пифийской оде Пиндара, должен делать честолюбивый благородный юноша, а именно отправляется на поиски славы, покинув мать и подвергаясь всем опасностям внешнего мира вместе со своими сверстниками. В конце своего путешествия Телемах становится независим от матери и готов войти в мир взрослых мужчин, представителем которого является его отец. Только теперь он может вернуться домой, готовый взяться за оружие против женихов и сражаться на стороне своего возвратившегося домой отца[102]. Опыт общения со сверстниками во внесемейной сфере и отказ от влияния матери (фигуры, наиболее часто ассоциирующейся с домом) — вот ключ к формированию успешного гражданина, который также является главой своей семьи[103].

О том, насколько высоко ценился в греческом обществе опыт общения со сверстниками, можно судить по описаниям празднеств. Как уже отмечалось, хоры формировались из представителей одного возраста и класса[104]. Кроме того, различные обряды

---

[102] Анализируя процесс взросления Телемаха, Фелсон [Felson 1994, ch. 4] выделяет в качестве первой стадии его радикальное отстранение от матери.

[103] Динамика отношений матери и сына в Греции будет более подробно рассмотрена в главе 4 в сравнении с китайским вариантом.

[104] Дэвидсон [Davidson 2007: 75], который приводит содержательное обсуждение греческой системы возрастных классов, сравнивает греческий возрастной класс с понятием «школьного класса/выпуска», например, выпуск 1968 года, выпуск 2000 года и так далее. Предполагается, что все, кто находится в одном классе и относится к одной возрастной категории, имеют примерно один и тот же возраст.

инициации и мероприятия соревновательного характера, как и сами атлетические состязания, проводились внутри соответствующих возрастных групп. В Немее и на Истмосе существовало разделение на состязания для мальчиков-подростков (примерно 12–15 лет), юношей (15–18 лет) и взрослых, тогда как на Олимпийских и Пифийских играх средняя группа в некоторых состязаниях не участвовала [Golden 1998: 104–105][105]. Вероятно, хоры, исполнявшие победные оды, состояли из мужчин и юношей того же возраста, что и чествуемый победитель, включая тех, кто регулярно упражнялся вместе с ним или состязался по другим направлениям. Пиндар называет участников торжественного приема по случаю возвращения домой по-разному: мужчинами (*andres*), юношами (*neoi*) или мальчиками (*paides*). Такой демографический состав участников торжества обогащает наше понимание эпиникийской миссии по реинтеграции победителя в общество: его приветствуют, признают и возвеличивают не только как выдающегося гражданина и члена семьи, но и как выдающегося представителя своих сверстников. Возвращаясь прославленным в коллектив, члены которого одновременно являются его соперниками и товарищами, победитель отдает дань уважения, но в то же время сам начинает выступать объектом для подражания, который вызывает у сверстников желание добиться еще большего успеха, что ведет к усилению конкуренции между ними.

Третья Немейская ода Пиндара, которая посвящена Аристоклиду Эгинскому, содержит эпиникий и описывает обстановку праздника для победителя и его сверстников. В начальной строфе поэт переносит нас в Эгину, на берег реки Асоп, где «Ждут тебя юноши, / Строители песен, сладких, как мед, / В жажде твоего [Музы] голоса» (Пиндар, «Немейские оды» 3.4–5, пер. М. Л. Гаспарова). Такой пыл уместен для юношей, которые могут

---

[105] Класс мальчиков иногда разбивался на несколько групп. Скэнлон [Scanlon 2002: 68] считает, что возрастные классы могли быть частью греческой социальной организации до VIII века до н. э. и что позже они нашли выражение в гомосексуальных отношениях и атлетических состязаниях.

назвать вернувшегося героя своим товарищем и другом. Рассыпаясь в похвалах Аристоклиду и в свете ожидаемого мифического повествования о доблести Аякидов, в последней четверти оды Пиндар восхваляет Аристоклида как победителя, чье достижение добавляет славы его городу; это восхваление сопровождается «кликами» «юных голосов» на празднике. «Клики», очевидно, относятся к последующим строкам, которые произносят празднующие победу Аристоклида друзья: «В испытании проясняется предел, / Которого достигает предо всеми / Отрок среди отроков, / Муж среди мужей, / Старец среди старцев» [Burnett 2005: 140]. Эти утверждения предполагают, что достичь высшего совершенства можно только во время соревнования — состязания между сверстниками в проявлении способностей и добродетелей, присущих каждой возрастной группе [Burnett 2005: 150]. Уместно, что эти строки произносят юные друзья победителя, потому что они не только его товарищи и соратники, но и соперники. И соперничество это укрепляет и обогащает их дружбу, а дружба, в свою очередь, придает цель и изящество их соперничеству. Соперничество носит длительный характер, по мере того как человек проходит стадии ребенка, взрослого и пожилого человека, общество, состоящее из постоянно соревнующихся людей, крепнет и развивается, и, если наступит тот день, когда в соревновании будет участвовать каждый и проводить его будут не только по правилам людей, но и по незыблемой и непостижимой воле богов, борьба за первенство будет долгой.

Это подводит нас ко второму моменту, который бы мы хотели отметить. Общеэллинские боги считались сверхъестественными существами, которые управляли благосостоянием всех, от отдельных людей до их сообществ[106], и отношения между личностью, семьей и городом в эпиникийской поэзии могут быть поняты с точки зрения того, какую роль каждая из этих кате-

---

[106] Как утверждает Лефковиц [Lefkowitz 2003], это не означает, что боги заботятся о благополучии людей каким-либо постоянным или последовательным образом (в отличие от христианской концепции божественности). Контраст между человеческой от них зависимостью, полаганием на них и капризами богов усиливает дистанцию между двумя сферами существования.

горий играла в греческой интерпретации религиозного благочестия. В то время как индивид был главной единицей в такой интерпретации[107], город служил основной единицей для коллективного религиозного выражения, а семья, как религиозная ячейка, представляла собой один из множества возможных примеров объединения индивидов (например, в соответствии с возрастом, полом и родом занятий) для выражения благочестия[108]. Мужчины, женщины, мальчики и девочки составляли различные подкатегории на большинстве гражданских празднеств, некоторые из этих праздников были только для мужчин, некоторые — только для женщин, некоторые — только для юношей, а некоторые — только для девушек [Dillon 2002; Humphreys 1983: 16][109]. Контраст между великолепием и энергией, исходящими от изображений празднеств, и неизвестностью, окутывающей наши знания о локальных греческих культах, может быть показателем привилегированности, которой греки отмечали гражданское выражение религиозного благочестия.

Возможно, именно с появлением полиса в VIII веке до н. э. общественные храмы и святилища заменили дворцы в качестве центров религиозной деятельности [Ainian 1997; Burkert 1995: 205–207; De Polignac 1995; Morris 1992: 149–154][110]. Можно также

---

[107] Это объясняется тем, что каждый человек мог установить отношения с божеством, участвуя либо в индивидуальной, либо в коллективной культовой деятельности, поскольку индивидуальные и коллективные практики не различались по своей природе, а также тем, что при участии в коллективных культах люди группировались различными способами и в соответствии с различными классификациями.

[108] Сурвину-Инвуд [Sourvinou-Inwood 2000a, 2000b: 44] особо отмечает, что индивид, а не домохозяйство, составлял первичную единицу религии греческого полиса.

[109] Это подтверждает и рассуждение ван Бремена [Van Bremen 2003: 322], упомянутое во введении, о публичном представлении отдельных индивидов в эллинистической гражданской деятельности, в которой важную роль играли празднества. Женские празднества будут обсуждаться в главе 3.

[110] Моррис [Morris 1992: 127, 150], который признает святилище «более общинным контекстом», отмечает взрыв активности в святилищах около 700 года до н. э. То, что царские дворцы могли быть религиозными центрами в более

утверждать, что греческая гражданская религия присвоила себе религиозный авторитет семьи и попыталась представить город как над-семью с одним религиозным центром, куда могли прийти все граждане, чтобы продемонстрировать свою набожность. В качестве подтверждения этой мысли сошлемся на функции пританея (своего рода городской ратуши), здания, занимавшего центральное место в гражданской жизни греческого города-государства[111].

В пританее располагался общественный очаг (*koinē hestia*), на котором горел вечный огонь, символизировавший жизнь города [Miller 1978: 13–14]. С общественным очагом пританея были связаны два вида деятельности, соответствующие функциям и символическому значению очага (hestia), который находился в каждом греческом доме. Так же, как домашний очаг представлял домашнюю жизнь и домашнее гостеприимство, пританей с его общественным очагом был местом, где город мог развлекать иностранных послов и своих собственных выдающихся граждан[112]. Кроме того, если семейный очаг был центром домашних ритуалов, которыми руководил отец, то общественный очаг был центром гражданской религии, участниками которой были граждане. В пританее совершались официальные жертвоприношения, отсюда начинались многочисленные религиозные процессии, здесь проводились собрания жрецов, руководивших празднествами или судивших на них, у очага давались религиозные

ранний период, не означает, что религия ограничивалась аристократией и только позже стала охватывать другие классы. Напротив, аристократы просто пользовались привилегией проводить религиозные обряды, которые были открыты для всех [Parker R. 1996: 23–24].

[111] Миллер [Miller 1978] предлагает наиболее полное исследование пританея, привлекая литературные и археологические данные, охватывающие несколько веков (от архаического до эллинистического периода) и различные места (включая Афины, Делос, Лато и Олимпию). Как отмечает Миллер [Miller 1978: 66], пританей существовал до появления демократии и мог возникнуть в любом греческом городе, независимо от формы правления.

[112] Миллер [Miller 1978: 4–13] и Шмитт-Пантель [Schmitt-Pantel 1992: 148–149] обсуждают, кто столовался в пританее и какие блюда там подавались.

клятвы [Miller 1978: 14]. Возможно, устанавливая общественный очаг, который имитировал домашний и присваивал себе его функции, греческая гражданская религия стремилась превзойти авторитет семьи и определить город как центральное место для привития религиозных ценностей, политической верности и социальной сплочённости. Общественный очаг, возможно, сыграл решающую роль в укреплении чувства, что город — это большая семья [Gernet L. 1981: 322–337; Humphreys 1983: 15; Mikalson 2005: 160–161; Parker R. 1996: 26–27; Vernant 1983].

Другим примером является культ Зевса Геркея (Зевса Ограды). Поскольку Зевс Геркей был хранителем физического пространства домохозяйства и семьи как социальной ячейки, его культ в греческих семьях, казалось бы, должен был быть главным домашним культом. Однако Зевс Геркей также имел культ дема (поселка) и культ центрального полиса, и его домашний культ был символически зависим от этих культов более высокого ранга и в итоге оттеснён ими [Sourvinou-Inwood 2000b: 52–53][113]. То же самое можно сказать и о многослойном культе Зевса Ктесия (Зевса Домохозяйства), благословлявшем семьи материальным процветанием[114].

Однако имелся один важный аспект семейной культовой деятельности, который не вписывался в гражданскую религиозную систему: уход за могилами предков. Благочестивые действия, связанные с уходом за гробницами, включали возлияние, омовение стелы и возложение венков [Burkert 1985: 193–194; Mikalson 2005: 136–137][115]. Хотя такие поминальные ритуалы, как правило, были нерегулярными и постепенно сходили на нет [Antonaccio 1995: 48], они демонстрируют автономию, которой пользовалось каждое домохозяйство по отношению к городу и другим домохозяйствам в сохранении своей собственной па-

---

[113] О многослойном культе Зевса Геркея см. также [Lambert 1993: 215–216].

[114] Более подробно о домашних культах Зевса Геркея и Зевса Ктесия см. [Mikalson 2005: 134–135; Rose 1957].

[115] Принципиальные различия между греческим и китайским способами поминовения предков будут рассмотрены в главе 2.

мяти и создании своего собственного наследия. Как бы ни было важно для отдельного гражданина чувствовать свою принадлежность к «гражданской семье» и как бы глубоко гражданская идеология ни проникла на все уровни греческой религиозной сферы, родная семья всегда оставалась первичной социальной ячейкой, к которой человек мог и должен был испытывать сильную привязанность. Усилия государства по присвоению религиозного авторитета семьи и регулированию проведения семейных ритуалов свидетельствовали о неизменной силе семейных и родственных связей[116], и проявление такой силы обычно сопровождалось применением санкций государством, а после принимало форму переговоров и примирения в рамках гражданского общества.

Как видно из од Пиндара, между семьей победителя и его родным городом существовало определенное напряжение, и поэт, обязанный восхвалять славную родословную своих покровителей, тщательно следил за тем, чтобы похвала семье не уступала почестям, причитающимся городу. Примером может служить вторая Немейская ода, в которой Пиндар честует Тимодема Ахарнского как чемпиона в панкратионе. Называя семью победителя первенствующей в атлетических играх в родном городе из тех, кто был «всегда в хвалах победителям», Пиндар посвящает 6 из 25 строк этой короткой оды перечислению предыдущих побед семьи: «четыре победы от коринфских мужей», «восемь венков» истмийских, семь немейских, а «на родине их победы превосходят число и счет» (19–24). То, что здесь Пиндар вынужден продемонстрировать достижения семьи, имеет, однако, контекст, который поэт аккуратно приводит

---

[116] Один из примеров касается трансформации погребальных игр от архаического до классического периода. В архаический период было популярно поминать своих умерших родственников, устраивая в их честь погребальные игры [Roller 1981]. В V веке до н. э. атлетические состязания в честь ближайших предков уступили место погребальным играм в честь погибших гражданских героев с особой нуминозной силой [Roller 1981: 5–6; Seaford 1994, ch. 3]. По мнению Надя [Nagy 1990: 143], «культ героев — это, с точки зрения истории, трансформация поклонения предкам на уровне полиса».

в начале оды: «Ему еще суждено, / Если век поведет его [Тимодея] прямою тропой отцов ко славе великих Афин» (*tais megalais ded ōke kosmon Athanais*, 6–8). В этом высказывании наследственное превосходство победителя подводится под рубрику гражданской идентичности, которая определяет и его самого, и его семью. Идти по стопам предков, побеждать и прославлять отчий дом атлетическим триумфом — значит завоевывать славу и почет и для родного города. Именно с таким пониманием взаимоотношений между личностью, семьей и городом поэт завершает свою оду обращением к горожанам: «Прославьте же Зевса, / Вы, сопутники Тимодема / В славном его возвратном пути, — / И да будут ему сладостны громкие ваши голоса!» (23–25, пер. М. Л. Гаспарова). Одобрение и участие гражданского общества в чествовании, в дополнение к благословению богов, наблюдающих за состязаниями и праздниками (в данном случае Зевса), необходимы для того, чтобы возвеличивание индивидуального и семейного превосходства было обоснованным и безопасным.

Связь между успехом семьи и престижем города также прослеживается в шестой Истмийской оде Пиндара, одной из трех од, которые Лампон Эгинский заказал в честь своих сыновей-победителей, в том числе Филакида Эгинского. Похвалив двух великолепных мальчиков за то, что они пополнили список атлетических достижений своей семьи, Пиндар переходит к похвале Лампону за хорошее воспитание, которое он дал своим сыновьям. Поэт вставляет свою похвалу в хвалебную речь о гостеприимстве, умеренности и гражданственности отца — добродетелях, ожидаемых от достойного гражданина, который понимает, что не должен вызывать зависти. Поэту нет необходимости раскрывать подробности общественных благодеяний Лампона — той добродетели, к которой постоянно призывают знатных граждан[117], потому что,

---

[117] «Переход от демонстрации богатства у себя дома и привлечения личных сторонников к демонстрации щедрости в центре города и борьбе за политические должности и политическую поддержку независимо от личных связей», по-видимому, начался примерно с VII века до н. э. [Humphreys 1978: 69]. Курк [Kurke 1991, ch. 7] обсуждает добродетель *megaloprepeia* (велико-

воспитывая двух атлетов-чемпионов, отец Лампон «общую красу готовит сынам и городу» (*xunon astei kosmon heōi prosagōn*, 69–70). Этот оборот речи схож с тем, который использовался в отношении Тимодея во второй Немейской песне (процитированной выше). Здесь, как и там, важно, чтобы индивидуальные достижения и семейный успех располагались в гражданских рамках и рассматривались как вклад, который граждане вносят в общее дело[118].

Мы должны понимать эпиникийскую «контрреволюцию» как напряженные отношения, переговоры и примирения между стороной, возвеличивающей выдающиеся личности и их семьи, и стороной, отстаивающей гражданскую идеологию. Это понимание было применимо как к поэзии Пиндара, так и к спартанскому способу празднования спортивных побед в позднеархаический и классический периоды. Спартанцы вели обязательный публичный образ жизни (до 30 лет они жили в основном в военных лагерях вместе с другими сверстниками), и вся их деятельность, включая участие в атлетических состязаниях, подвергалась строгому контролю со стороны государства [Cartledge 2001]. В Спарте идея «семьи граждан» нашла свое наиболее точное воплощение в обязательной коллективной жизни в тренировочных лагерях. Тем не менее спартанцы были похожи на других греков (включая афинян, которые наслаждались своими «свободами», выставляя их напоказ пелопоннесским соседям) в том, что они придавали большое значение спортивным победам, и в том, как они предпочитали отмечать свои достижения[119]. Между

душие), которая подразумевает обязательство тратить огромное богатство на почетные общественные цели, такие как жертвоприношения богам, постановка хора или пьесы или оснащение трирем. Питер Уилсон [Wilson P. 2000] демонстрирует идеологию общественного благодеяния и то, как она работала, в своем исследовании спонсорства драматических хоров в Афинах.

[118] Другой пример — 13-я Олимпийская ода, которая открывается восхвалением семьи Ксенофонта: «Прославляя дом, / Любимый среди граждан, помощник среди странников» (1–3).

[119] Рассуждениями в этом абзаце мы обязаны Ходкинсону [Hodkinson 1999], который убедительно опровергает общепринятое мнение о том, что после середины VI века до н. э. Спарта отличалась от других греческих государств в своем отношении к атлетическим состязаниям. Несмотря на некоторые

Спартой и другими греческими городами существует удивительное сходство в общественном почитании атлетических побед, в видах вотивных подношений, которые атлеты-победители посвящали богам, и в содержании посвятительных надписей. Среди сохранившихся надписей есть и такие, в которых отмечаются спортивные успехи нескольких поколений семьи [Hodkinson 1999: 152–153, 173–175]. Мы имеем основания подозревать существование конкуренции и конфликта между семьей и государством в таких случаях, но следует отметить, что одно из объявлений об атлетических победах отца с сыном было начертано на стеле, посвященной Афине Халкиойкос (Ἀθάνα Χαλκίοικος, Меднодомной, божеству — покровителю полиса) на акрополе Спарты [Hodkinson 1999: 152–153][120]. Этот уникальный памятник древности позволяет предположить, что любое недовольство, вызванное публичной демонстрацией индивидуального и семейного успеха, не выходило за границы дозволенного и выражалось преимущественно в рамках гражданских законов спартанского государства.

Пример спартанцев проливает свет на то, как мы должны понимать возвышение семьи и наследия в победных одах Пиндара. Пиндар иногда представляет эпиникий или оду атлетической победе как поминальное возлияние, посвященное предкам победителя [Kurke 1991: 64, ch. 3 и др.] Однако это не делает его скептиком в отношении господствующей гражданской идеологии или ностальгирующим сторонником аристократической поли-

---

местные особенности (например, значительную роль командных соревнований и очевидные ограничения на публичное чествование живых олимпийских победителей), Ходкинсон [Hodkinson 1999: 177] заключает: «Можно сказать, что спартанское общество действительно разделяло агонистическую культуру, которая была общим местом для архаического и классического греческого мира».

[120] В надписи, о которой идет речь (датируемой примерно 440–435 годами до н. э.), перечислены 56 побед, одержанных на многих праздниках отцом, Дамононом, и сыном Энимакратидом, в различных состязаниях: гонке колесниц, скачках на лошадях, стадии (круге по стадиону), диаулосе (гонке на два этапа), долихосе (забеге на длинную дистанцию) и стадии для мальчиков. Перевод надписи см. в [Sweet 1987: 145–146].

тики в большей степени, чем надпись, посвященная победе, на спартанском акрополе делает ими отца и сына, которым она адресована. В ходе исследования было замечено, что Пиндар, насколько мы можем судить, неизменно уделяет внимание тому, чтобы город получал свою долю одобрения и похвалы, это те условия, в которых стремление к успеху отдельных людей и целых семей приобретает смысл. В то время как спортивная победа, в ее способности вдохновлять и возраждать, несет с собой славу предкам атлета, она также является и преподношением городу и богам от имени всех горожан.

Яркая демонстрация спортивных успехов семьи на спартанском акрополе и подобные посвящения в других спартанских святилищах, хотя и несколько удивительные, напоминают нам о том, что должно быть очевидным фактом: семейные и родственные связи и чувства «естественны», и они находят сильное выражение во всех обществах, древних и современных. Разница, возможно, заключается только в способе выражения и их относительной роли в социальных отношениях в конкретной культуре. Семейное наследие, отмеченное в греческих победных одах и посвятительных надписях, является показателем неоспоримой важности семьи в общественной жизни Греции. Однако значимость семейных уз следует рассматривать в свете постоянного чествования внесемейных гомосоциальных связей, которые доминируют в греческой литературной традиции, а именно связей между товарищами, согражданами, партнерами по гомосексуальным отношениям[121] и между ровесниками. Для архаических

---

[121] Пиндар также был известен в Античности как любитель юношей. Среди его сохранившихся произведений фрагмент 128 описывает игру на пире, в которой игрок признается в любви к юноше. Фрагмент 123, застольная песня, восхваляет красоту юноши Феоксена в традициях гомосексуального ухаживания: «В должное время, / В юные годы / Надобно пожинать любовные утехи; / Но лучащийся блеск из глаз Феоксена — / Кто, увидев его, не вспенится страстью, / Сердце у того / Черное, / Из железа или стали / На холодном выкованное огне, / И Афродита с кружащимися очами / Гнушается им; / Или, верно, надрывается он о наживе, / Или женским бесстыдством / Сбит он, служа ему душою на всех путях. / Но я, по воле

и классических атлетов-чемпионов, как и для гомеровских воинов, при всей ценности, которую они придают семейному наследию, слава должна быть завоевана вдали от дома и в соперничестве с равными [Donlan 2007: 37–39; Kurke 1991: 16, 27].

Выводы

Общение со сверстниками в качестве товарищей и сограждан находится в постоянном фокусе архаических и классических греческих представлений о мужской социабельности. От эпосов до аттических застольных песен, от Алкея до Пиндара, от сборника Феогнида до философских диалогов Платона и Ксенофонта — во всем поэты и философы прославляли общение в духе соперничества и равенства. Появление демократии максимально расширило демографическую базу для участия в состязательном и эгалитарном общении и тем самым еще больше повысило значимость коллективной деятельности в обществе. Конфликты, переговоры и примирения между индивидом и семьей, между семьей и гражданским сообществом, возможно, были наиболее ярко выражены в классический период, но начиная с Гомера внесемейные мужские гомосоциальные связи стали важнее уз семейных, так как были необходимы для становления и испытания великих героев и в конечном счете для обретения заветной

богини [Афродиты], / Таю, / Как тает под вгрызающимся пламенем / Воск священных пчел, / Едва я увижу / Юную свежесть отроческих тел. / Недаром, явясь на Тенедосе, / Харита и богиня Эова... / ...сына Агесилая...» (пер. М. Л. Гаспарова). Представляет ли стихотворение личное признание поэта в любви (как считает Афиней, который цитирует стихотворение в своем «Пире мудрецов», 13.601) или же это произведение, написанное по заказу возлюбленного юноши, его существование в пиндаровском корпусе с преобладанием эпиникий напоминает нам о том, что архаические и классические поэты, как и их менее поэтически одаренные современники, принимали комплекс внесемейных гомосоциальных отношений как должное и соревновались в нем, хотя они могут быть наиболее известны своими произведениями, посвященными только определенному его аспекту. Исследование симпотической поэзии Пиндара см. в [Groningen 1960].

славы. Как утверждает Джеймс Редфилд, «греки в целом придерживались мнения, что только участвуя в таком сообществе соревнующихся сверстников, можно стать человеком в полном смысле этого слова» [Redfield 1995: 164]. Именно на общественных празднествах и в качестве членов гражданской общины, стоящих перед своими общими богами, греки в полной мере расцвели как равные и конкурирующие личности, которыми они стремились быть во всех общественных контекстах, начиная с Гомера. Особая польза религиозной составляющей для понимания принципов организации греческой социабельности станет более очевидной, когда мы перейдем к рассмотрению социабельности в Китае.

Глава 2
Китай
Предки, братья, сыновья

Типичный греческий портрет «воин — завсегдатай пиров — любовник» отличается от китайского портрета объекта социабельности. Несмотря на то что борьба была ключевой функцией аристократии Чжоу, а празднества были важным средством выражения социальных ценностей и укрепления чувства сплоченности группы[1], основными источниками материалов для описания китайской социабельности послужили собрания родственников и родственные связи. Мы наблюдаем разительный контраст между агонистическим духом и сильными внесемейными мужскими гомосоциальными связями, преобладающими в греческих источниках, и озабоченностью домашними делами и порядком в изложенных на бумагу мыслях и эмоциях китайских мужчин.

Анализ в этой главе делится на три основные части. Мы начнем с китайских религиозных праздников, включая торжества в честь божеств и пиршества, связанные с жертвоприношениями предкам. Затем перейдем к пирам в честь военных побед. И наконец, мы рассмотрим, почему отношения между родством и дружбой были серьезной проблемой в умах китайских пирующих, как они рассуждали об этом и как формировали свои взгляды. На протяжении всей главы мы будем проводить сравнения Китая с Грецией.

---

[1] О важности военной функции среди элиты Западного Чжоу см. [Du Zhengsheng 1979, ch. 2; Lewis M. E. 1990; Yang Kuan 1999: 711–715; Zhu Fenghan 2004: 239–240, 396–401].

Помимо использования бронзовых надписей, предписаний для питейных ритуалов, найденных в «Книге этикета и церемониала» («*Или*»)[2], и нескольких других источников в качестве подтверждающих свидетельств, бо́льшая часть основного материала, анализируемого в этой главе, взята из «Книги од» («*Шицзин*»)[3]. Эта антология состоит из 305 стихотворений, объединенных в четыре раздела. По общему мнению, стихи датируются XI–VII веками до н. э., причем «Гимны» («Песни») («*Сун*») являются самым ранним разделом, за которым следуют в порядке очередности «Большие оды» («*Да я*»), «Малые оды» («*Сяо я*») и «Нравы царств» («*Го фэн*»). Тематика гимнов и «Нравов царств» заметно отличается друг от друга: первые хранят почитаемые династические воспоминания и относятся к торжественным литургическим событиям, а вторые посвящены ухаживанию, браку и другим повседневным переживаниям и заботам. Большие и малые оды, по-видимому, знаменуют собой переход от гимнов к «Нравам царств», затрагивая как темы, представляющие исторический и религиозный интерес, так и вопросы повседневной жизни, и в целом имеют характер придворной литературы[4].

---

[2] Обоснование использования бронзовых надписей см. во введении. На основе тщательного изучения доказательств Шэнь Вэньчжуо [Shen Wenzhuo 2006] убедительно предполагает, что «Книга этикета и церемониала» могла приобрести письменную форму приблизительно между 450 и 350 годами до н. э.

[3] Название этого сборника стихов также обычно переводится как «Книга поэзии» и «Книга песен». Мы решили использовать название «Книга од», чтобы подчеркнуть оригинальный исполнительский аспект произведений в антологии, и будем называть их по-разному: одами, стихами, поэмами или песнями. Для удобства будем «*Одами*» (курсивом) обозначать полученную антологию, а «Оды» (обычным шрифтом) использовать для обозначения развивающегося корпуса песен, которые циркулировали в устной форме до самой ранней из сохранившихся редакций полученного текста. Стихи в полученной антологии будут упоминаться по номеру переложения Мао (то есть от оды 1 до оды 305).

[4] Найлан [Nylan 2001, ch. 2] называет эти два раздела оды «придворными песнями». Факторы, на которые ссылаются для объяснения четырехчастного деления «Од», включают следующие: моральные взгляды (чистые или вырождающиеся), социальный класс авторов (простолюдины, аристократия или придворные музыканты), функция (хвала или порицание), тип и стиль исполнения (музыкальное сопровождение, способ исполнения) [Lu Kanru, Feng Yuanjun 1999: 9–18; Nylan 2001: 87–91; Zhu Mengting 2005].

Несмотря на значительный временной разрыв, разделяющий самые ранние и самые поздние фрагменты «Од», несмотря на различное географическое происхождение песен и разнообразие их тематик, эта антология, в основном анонимных стихов, отмечена удивительной языковой однородностью и «вполне схожим стилем»[5]. Неясно, занимался ли, согласно традиции, двор Чжоу сбором и редактированием песен, чтобы понять настроения своего народа и оценить успехи и неудачи своего правления[6]. Однако наиболее вероятно, что именно двор Чжоу из века в век отвечал за сбор песен и их объединение в более или менее единый по стилю свод. Если трудно определить роль, которую сыграл царский двор Чжоу в создании «Од», то несомненно, что общественные мероприятия при царском и местных дворах в период Весен и Осеней обеспечивали основные места для исполнения «Од» и увековечивания их в истории культурного наследия[7]. За много веков до того, как «Оды» приобрели устойчивую письменную форму и стали одним из пяти классических произведений в единой империи династии Хань, они уже считались, в форме песен, танцев и декламации, «общепринятой чертой повседнев-

---

[5] На основе лингвистического анализа Добсон [Dobson 1968] делает вывод, что язык стихов всех четырех разделов не обнаруживает диалектных различий или социальной стратификации и что языковые различия между разделами отражают лишь историческую эволюцию китайского языка. Он считает, что стихи в «Нравах царств», которые, как предполагается, возникли в различных государствах Китая эпохи Чжоу, лингвистически однородны; как самая последняя группа стихов, вошедшая в антологию, язык «Нравов царств» контрастирует в целом с языком трех других разделов. Найлан [Nylan 2001: 78] отмечает последовательность в характере антологии.

[6] Об этой традиции см. [Allen J. R. 1996: 341–342; Lu Kanru, Feng Yuanjun 1999: 6–7; Zhang Xitang 1957, ch. 4; Zhou Yanliang 2005, ch. 6; Zhu Mengting 2005: 57–73].

[7] Исполнение «Од» принимало различные формы: декламация, пение, танцы и разговорное цитирование [Lewis M. E. 1999: 155–163; Nylan 2001: 93–97; Schaberg 2001: 234–243; Tam 1975; Van Zoeren 1991: 39–45, 64–67]. Такие представления, похоже, постепенно вышли из моды к концу периода Весен и Осеней, но «Оды» продолжали выполнять важную образовательную функцию на протяжении всего периода Воюющих царств.

ного общения и наивысшей точкой самых высоких проявлений культуры»[8].

Лишь немногие песни в «Одах» можно отнести к какому-либо автору или дате на основании внутренних или внешних свидетельств. Упорные попытки, примером которых может служить комментаторская традиция Мао (II век до н. э.), установить для анонимной оды автора и конкретные условия создания часто приводили к надуманным и запутанным прочтениям. Сталкиваясь с трудностями интерпретации в основном анонимной части антологии, важно помнить, что «Оды» представляли собой репертуар песен, которые постоянно исполнялись на светских приемах в период Весен и Осеней, и что именно в таком виде они передавались и обогащали жизнь элиты Чжоу на протяжении веков. Более поздние, новые исполнения той или иной песни вносили не меньший вклад в определение ее «смысла», чем обычно неуловимый контекст ее создания[9].

Возьмем, к примеру, оду 164 («*Тан ди*», «Вишневое дерево»). Это стихотворение имеет, казалось бы, прозрачное послание: в нем выражаются сожаления о раздоре между братьями и призыв к их сплочению. Две ранние традиции относят это стихотворение к разным историческим ситуациям. Согласно одной, правитель Чжоу сочинил оду 164 после подавления восстания двух своих братьев, когда он исполнял обязанности регента при молодом царе Чэне (1042/35–1006 до н. э.). Согласно другой традиции, автором песни был князь Шао, который созвал собрание клана Цзи (правящего клана Чжоу) во время правления царя Ли (857/53–842/28 до н. э.) и сочинил песню, чтобы оплакать

---

[8] В этой цитате Найлан [Nylan 2001: 74] характеризует статус «Од» среди культурной элиты Чжоу. Она также подчеркивает, что праздничное использование «Од» «помогло обеспечить выживание этого собрания на протяжении веков» [Nylan 2001: 77].

[9] Мысль автора в этом абзаце согласуется с замечанием Найлан [Nylan 2001: 83] о том, что «понятие оригинального текста, привязанного один к одному к определенной ситуации, месту или одному автору, будь то народному или элитному, кажется совершенно неверным в ритуальной обстановке древности, где сознательное повторение и вариации явно наделяли тексты устного исполнения большей нормативной и эстетической силой».

моральный упадок среди членов клана. В данном случае «моральный упадок», очевидно, был связан с предполагаемым отходом от идеального социально-политического порядка ранней эпохи Чжоу, когда в центре стояли благочестие и братская любовь[10]. Как можно видеть, две авторские атрибуции относят первоначальное создание оды 164 к совершенно разным временам и местам, но они согласны с ее основным посланием о братской сплоченности. Возможно, как предположили более поздние комментаторы, пытавшиеся примирить две авторские теории, первоначально ода была написана герцогом Чжоу, а герцог Шао просто переделал ее в надежде, что ода затронет какую-то струну в заблудших членах его клана и побудит их вернуться к идеалу братства[11]. Если это так, то исполнение герцогом Шао ознаменовало лишь один, по-видимому, самый известный случай из множества, когда ода 164 была представлена в различных формах за прошедшие более чем 200 лет. Более того, из двух записей мы знаем, что поэма продолжала исполняться на торжественных приемах в период Весен и Осеней.

В записи (датируемой 541 годом до н. э.) говорится, что представители четырех государств, все принадлежавшие к клану Цзи, решили встретиться, чтобы возобновить свои отношения, для этого один из них организовал пир, на котором они начали декламировать «Оды», чтобы таким образом передать свои намерения сотрапезникам[12]. Один из правителей в ответ на произне-

---

[10] Эти две несопоставимые атрибуции встречаются в «Речи царств» (Чжоу 2, 46) и «Комментарии Цзо» (Си 24, [Yang 423–424]).

[11] Среди прочих сторонников такого понимания — Вэй Чжао (204–273) («Речи царств», Чжоу 2, 46), Кун Инда (574–648) [MSZ 408] и Фан Южунь (1811–1883) [SY 9.333].

[12] В период Весен и Осеней было популярно декламировать «Оды» на светских раутах. Самое раннее упоминание о такой практике относится к 637 году до н. э. По традиции произнесение человеком одной из од (или строфы из нее) выступало как элегантное и убедительное средство передачи чувств, намерений и просьб. Было принято вырывать произнесенное произведение из его первоначального контекста в соответствии с целями исполнителя. Об условностях в декламации «Од» см. [Lewis M. E. 1999: 155–163; Nylan 2001: 93–97; Schaberg 2001: 234–243; Tam 1975; Van Zoeren 1991: 39–45, 64–67].

сенную предыдущим гостем оду, выражающую пожелание мира, прочитал оду 164 и добавил после этого, что не будет никаких беспорядков, если четыре государства будут близки и миролюбивы, как и положено братьям. В другой записи (датируемой 553 годом до н. э.) министр из Лу нанес дипломатический визит в Сун и прочел две последние строфы оды 164 на обеде, который устроил для него хозяин застолья. Прочтение этих двух строф (вместо всего стиха или других строф) по этому случаю может иметь важное значение. Правящий дом Лу принадлежал к клану Цзи, в то время как правящий дом Сун был членом клана Цзы. Матримониальные, а не братские узы связывали эти два государства, и, видимо, поэтому, чтобы выразить свою добрую волю к хозяину застолья, министр Лу прочел строфы из оды 164, в которой супружеская гармония изображается как один из аспектов гармоничного порядка в семье, который возникает благодаря совместным усилиям братьев («Комментарии Цзо», Чжао 1, [Yang 1210]; Сян 20, [Yang 1054]).

Как показано в предыдущем примере, одна ода могла быть отнесена к разным периодам и обстоятельствам, так как исполняли и ее оригинальную версию, и так или иначе измененные отрывки, при этом она не потеряла ни своей социальной функции и морального значения в понимании элиты Чжоу, ни своей сути. Высказывалось даже предположение, что некоторые из гимнов, широко известных как произведения ранней Западной Чжоу, были частично обновлены или полностью созданы в поздней Западной или ранней Восточной Чжоу, чтобы вернуть память об идеализированном, утраченном прошлом [Kern 2009a]. Хотя трудно определить дату и происхождение большинства песен в «Одах», периодическое повторное исполнение (и переработка) песен позволяло им существовать на уровне, который выходил за рамки любого конкретного исторического контекста. Именно по этой причине «Оды» на протяжении веков оставались глубоко значимыми произведениями для элитарной культуры Чжоу, поэтому именно анализ кумулятивной и постоянно растущей нормативной, эмоциональной и эстетической силы «Од» является основным мотивом нашего использования данной антологии.

По мнению Конфуция (551–479 до н. э.), который, согласно одной из традиций, правил «Оды» из более чем трех тысяч песен, одна из многочисленных воспитательных и социальных функций «Од» заключается в их способности «способствовать объединению людей» (*Ши кэ и цюнь*, 詩可以群)¹³. Их актуальность для ранней китайской общественной жизни и общекитайская культурная значимость делают «Оды» прекрасным источником для сравнительного исследования. В целом «Оды» служили хранилищем чувств и ценностей, которые должны были находить отклик и служить наставлением, оды должны были радовать исполнителей и слушателей древнего Китая на протяжении веков. В ходе сравнительного анализа по теме исследования будет установлено, что в «Одах» выражены чувства и проблемы, которые отличают их от греческих аналогов.

Почитание богов и предков

Чаши для предков

Для иллюстрации статуса предков в ритуальном и социально-политическом устройстве Чжоу достаточно привести здесь замечание Джессики Роусон: «Во-первых, ...предки были центральными компонентами общества, которым нужно было регулярно делать подношения. Во-вторых, в этих жертвоприношениях, погребениях и других ритуалах показано, что общество имело видимую семейную структуру, организованную в основном по поколениям, и политический порядок, организованный в основном по рангам, присваиваемым правителем» [Rawson 1999b: 22]. Почти одна шестая часть «Од» посвящена

---

¹³ Интерпретацию этого конфуцианского изречения см. в [Jia Jinhua 2001]. Найлан [Nylan 2001: 76] организует свое обсуждение функций «Од» вокруг тем «познания, удовольствия и человеческой интеграции». О важном статусе «Од» в воспитательной программе Конфуция и о предполагаемой роли Конфуция в редактировании «Од» см. [Dai Wei 2001, ch. 2; Zhang Xitang 1957, ch. 4; Zhu Mengting 2005: 67–70].

жертвоприношениям предкам, включая и саму церемонию, и последующий пир [Qin Zhaofen 2003: 16][14]. Чтобы лучше понимать дискурс чжоуской социабельности, мы рассмотрим эти произведения и выясним, насколько важное значение имели пиры и застолья, посвященные предкам.

Начнем с обзора оды 209 («*Чу цы*», «Густой звездчатый чертополох»). В 6 строфах и 72 стихах здесь дается подробное описание жертвоприношения предкам. Ученые всегда опираются на это стихотворение в своих реконструкциях родовых обрядов Чжоу, и высказывалось предположение, что стихотворение, вероятно, послужило образцом для описания и предписаний по проведению родовых обрядов в трех ритуальных канонах («Книга этикета и церемониала» — один из них) [ST 11.335–336; SY 11.431; Maspero 1978: 150–154; Falkenhausen 1993: 25–32; Falkenhausen 1995: 297][15]. Из первой строфы оды 209 мы узнаем, что собранный урожай наполнил житницы и что жертвоприношение будет совершено, чтобы поблагодарить предков за их защиту и заручиться их благословением на будущее. В строфе 2 описываются приготовления к жертвоприношению: волы и овцы очищаются, убиваются, готовятся и преподносятся к употреблению предками, которые скоро спустятся на землю и присоединятся к пиру. Описание приготовлений продолжается и в строфе 3. Мясо разных видов жарится и варится на жаровнях, раскладываются пищевые подношения. Начинается само жертвоприношение, проходящее в сердечной атмосфере обмена речами и исполнения ритуалов. В строфе 4 мы слышим речь благословения, с которой священнослужитель обращается к приносящим жертву от имени их предков:

---

[14] Раздел «Гимны» (оды 266–305) содержит множество произведений, которые, возможно, предназначались для прямого обращения к предкам во время жертвоприношений. Пиршества более подробно описаны в соответствующих песнях в «Больших» и «Малых одах».

[15] Керн [Kern 2000], предлагая подробное исследование оды 209 как произведения, исполняемого во время жертвоприношения, ставит под сомнение традиционное утверждение, что поэма описывает царское жертвоприношение [Kern 2000: 87, note 130].

> Благоухали твои благочестивые подношения,
> Духи наслаждались питьем и едой.
> Они даруют вам сто благословений.
> Согласно их надеждам, согласно их правилам,
> Все было стройно и быстро,
> Все было прямо и верно.
> Навеки одарят они тебя добром;
> Мириады и десятки мириад.
> [Cheng, Jiang 660; Waley 195]

Сказав: «Все обряды завершены» (начало строфы 5), служитель объявляет, что предки получили свою порцию еды и питья: «Духи все пьяны». В оставшейся части строфы 5 описывается уход предков под музыку колокольчиков и барабанов, освобождение столов и накрытие пира для потомков. Описание пира смертных в строфе 6 завершает это великолепное произведение:

> Музыканты входят и играют,
> Чтобы последние благословения были закреплены.
> Яства передаются по кругу;
> Нет недовольных, все счастливы;
> Они пьяны, они сыты.
> Малые и великие склоняют головы:
> Духи, — говорят они, — насладились своим питьем и едой
> И дадут нашему господину долгую жизнь.
> Он будет очень благосклонен и благословен,
> И потому, что ничего не было оставлено без внимания,
> Сыновья сына и внуки внука будут продолжать его род вечно.
> [Cheng, Jiang 662; Waley 196]

Эффект, последовательно передаваемый в 209-й оде, — это хорошо организованный порядок и гармония. Те, кто очищает жертвы, делают это «в должном порядке, ступая осторожно» (строфа 2). Точно так же и те, кто ухаживает за жаровнями, «ступают мягко» (строфа 3). При подношении чаш «соблюдается каждый обычай и обряд», и «каждая улыбка, каждое слово на месте» (строфа 3). Одним словом, все участники с точностью выполняют предписанные задачи и ритуалы: «Очень старались мы, / Чтоб обряды были без ошибок» (строфа 4), и они, несомненно, верят, что предки будут радоваться процветанию потомков не меньше, чем они сами — безупречному соблюдению семейного порядка.

Акцент на порядке и гармонии в жертвоприношениях предков становится еще более заметным, если рассмотреть описание стрельбы из лука, одного из коллективных занятий членов рода, в «*Одах*». Как показано в средних четырех строфах оды 246 («*Хан вэй*», «Придорожные тростники»), где изображены застолье и спортивные состязания:

> Расстелите циновки и коврики,
> Предложите гостям табуреты с бархатными ступеньками.
> Пусть хозяин подаст чашу, гость вернет ее;
> Вымойте сосуд, поставьте на место чашу.
> Соусы и соленья принесите
> Для жареного мяса, для запеченного,
> И благословенных яств, требухи и щек;
> Поют и бьют в барабаны пусть.
> Расписные луки крепки,
> Четыре стрелы хорошо уложены;
> Они стреляют, все цели достигнут;
> Гости рассажены в соответствии с чином.
> Расписанные луки согнуты,
> Четыре стрелы, одна за другой, нацелены.
> Четыре стрелы словно подброшены;
> Гости должны быть рассажены в соответствии с их манерами.
> [Cheng, Jiang 808–810][16]

Уважительное отношение и упорядоченное поведение всех участников застолья и соревнований по стрельбе из лука повторяются в этих строфах. Здесь нет акцента на мастерстве, силе и соревновании. Основное внимание уделяется порядку, начиная с того, как красиво расставлены расписные луки и стрелы, и заканчивая благопристойным поведением гостей, когда они поднимаются, чтобы прицелиться. Ни один из них не ждет получения

---

[16] Эта строка (序賓以不侮) означает буквальное расположение гостей в соответствии с тем, чтобы они «не почувствовали оскорбления».

похвалы за свой подвиг, все внимание приковано к порядку и координации между участниками[17]. Это неудивительно, если обратить внимание на центральную фигуру этого события, представленную в последней строфе: «Это потомок предков председательствует, его вино и духи сильны» [Cheng, Jiang 811]. Чжу Си (1130–1200) видит в упоминании «потомка предков» (фраза, обозначающая главу родовой группы, участвующей в жертвоприношении предкам) указание на то, что речь идет о пире после жертвоприношения предкам, тогда как другие комментаторы, такие как Дай Чжэнь (1724–1777), Чэнь Циюань (1811–1881) и Линь Игуан, считают, что речь идет просто о собрании членов рода [SJZ 17.9a; DSK 2086; MJB 19.10a; STJ 24.26b]. Последнее прочтение, вероятно, более верно, поскольку в оде 246 нет других явных упоминаний о предках или жертвоприношениях.

Однако из других од мы узнаем о жертвоприношениях предкам, которые предшествовали играм со стрельбой из лука. Ода 220 (*«Бинь чжи чу ань»*, «Гости занимают свои места») ясно описывает стрельбу из лука как часть празднеств, которые следуют за жертвоприношением предкам[18]:

> Звучат колокола и барабаны,
> Наполненная до краев, поднимается чаша для речи.
> Мишень большая установлена,
> Луки и стрелы испытаны, лучники сочтены.
> «Покажите свои подвиги в стрельбе из лука,
> В эту мишень стрелы пускайте.
> Чтоб чашей награжденным быть».
> Они танцуют под флейту тростниковую и барабан.
> Все инструменты звучат едино
> Как подношение, чтобы порадовать славных предков,

---

[17] Стрельба из лука как развлечение, как можно понять из двух полных глав в «Книге этикета и церемониала», регулировалась сложным кодексом поведения [Yili 999–1014, 1027–1045].

[18] Это подходящий момент, чтобы еще раз предупредить, что, хотя это часто необходимо для аналитических целей, мы не должны настаивать на проведении четкого различия между религиозными и нерелигиозными праздниками в Древнем Китае и Древней Греции.

> Чтобы обряды были завершены.
> Ибо когда все обряды совершенны,
> И величественно, богато совершены,
> Предки даруют великие благословения;
> Сыны и внуки могут ликовать,
> Могут радоваться и творить музыку:
> «Пусть каждый из вас покажет свое искусство».
> [Cheng, Jiang 695–697]

Подобно тому, как процветание рода (от предков до «сыновей и внуков») служит фоном для изображения поединка лучников в оде 220, первая строфа оды 246 показывает, что описанные в поэме праздничные мероприятия — пиршество и стрельба из лука — на самом деле направлены на укрепление солидарности между родственниками по отцовской линии. Поэт стремится убедить в этом, используя метафоры из природы:

> Они прорастают, эти придорожные тростники.
> Пусть не топчут их ни волы, ни овцы.
> Они дают побеги, они ветвятся; теперь листья собираются в крону.
> Так и братья должны быть нежны друг к другу,
> Никто не отлучается, все держатся вместе.
> [Cheng, Jiang 808]

Когда цель праздничного мероприятия — призвать всех братьев «держаться вместе» под предводительством «потомка предков», то имеют смысл ценности, превозносимые в оде 246: почитание, порядок и отсутствие соперничества даже в стрельбе из лука. Только разделив эти ценности, участники смогут заручиться благословением предков, которое, как видно из оды 220, принесет счастье поколениям «сынов и внуков».

Вспомним сцену из 8-й песни «Одиссеи», в которой Одиссей вступает в атлетические игры после застолья, подстрекаемый едким замечанием молодого фиакийского вельможи (которого подзуживают сверстники). Одиссей одерживает легкую победу над соперниками, а затем преподносит им суровый словесный урок. Хотя об этом не упоминалось ранее, Одиссей совершает свой подвиг при незримой помощи Афины, богини войны, которая относится к Одиссею как к своему любимому смертному. Бесполезно спрашивать, намекал ли Гомер на то, что изможденный Одиссей средних лет не смог бы одержать победу без божественной помощи, но сам герой, конечно, опасается именно этого. Он говорит, прежде чем принять вызов юноши: «Думаю я, что на них между первыми был я в то время, / Как еще мог полагаться на юность свою и на руки. / Нынче ж ослаб я от бед и скорбей. / Претерпел я немало / В битвах жестоких с врагами, в волнах разъяренного моря» (Гомер, «Одиссея» 8.180–183, пер. Н. И. Гнедича).

Агонистический этос эпизода с фиакийцем сильно отличается от сцены, представленной в оде 246. Общество, где участники пиршества и лучники занимаются спортом в идеальном порядке под руководством «потомка предков», пропагандирует противоположное — культ молодости, не поощряет использование физической силы и подавляет индивидуальное соперничество. Организованное как мероприятие для членов рода, китайское соревнование в стрельбе из лука продиктовано тем же императивом — чтобы участники объединились вокруг своего лидера и предстали перед предками как упорядоченная и сплоченная группа.

Конечно, ожидания не всегда оправдывались, как видно из оды 220. В начале стиха кажется, что все в порядке, как и подобает случаю, когда обращаются к предкам. Однако далее саркастически высмеивается драматическая перемена, которую опьянение вносит в поведение гостей: под влиянием выпитого они превращаются из благопристойных, почтительных и достойных в буйных, грубых и неприличных. Эта несколько забавная сатира заканчивается обличением поведения гостей и призывом к более строгому соблюдению предписанных правил, и служит напоминанием о том, что идеалы поведения иногда остаются лишь идеалами. Однако поэт явно считает, что предки — духи, председательствующие на празднике, — были бы рады видеть благочестивое проявление порядка во всех действиях и на всех этапах обряда. Для китайцев в присутствии их предков напряженное соревнование, которое, по мнению греков, должно было развлекать их богов и завоевывать их благосклонность на их праздниках и банкетах, может быть столь же неуместным, как и неприличие и беспредел, которые овладевают пирующими в оде 220[19].

Типичные благословения, испрашиваемые при жертвоприношении предков, приводятся в оде 247 (*«Цзи цзуй»*, «Пьяный от вина»). В первых двух строфах оды главный потомок (чжоуский правитель) лакомится вином и пирует в компании других участников жертвоприношения. Третья строфа заканчивается словами «олицетворяющий предков расскажет историю об удаче»[20], и в оставшейся части стиха представлена та самая «история об удаче»:

> Что же это за история?
> Твои миски и блюда чисты и хороши;
> Друзья (*пэнъю*), которые помогали тебе,
> помогали с безупречными манерами.
> Делали это безукоризненно;
> «У господина будут благочестивые сыны,
> Благочестивые сыны в достатке.
> Дано тебе благо навеки».
> И что же это за благо?
> «Дом твой будет возвышен,
> Господин мой будет жить долго,
> Благословен будет удел его вовек».
> И что это за удел?
> «Небеса покроют тебя наградами.
> Господин мой будет жить долго,
> Долго жить и иметь дар».
> И что это за дар?
> «Он дает тебе девочку.
> Он дарит тебе девочку,
> чтобы в свое время у тебя были внуки и сыновья».
> [Cheng, Jiang 814–816]

---

[19] Некоторые греки, например философ Ксенофан Колофонский (ок. 570–480 до н. э.), могли не одобрять большой почет, который греки оказывали победителям на играх, но такое неодобрение свидетельствовало о чрезвычайном признании спортивных побед в основных ценностях греческого общества.

[20] Молодой мужчина-потомок выдавал себя за предка во время жертвоприношений, что иллюстрирует идею о том, что поклонение предкам — это бесконечное увековечивание рода и продолжение рода из прошлого в будущее. Выдающий себя за предка говорил через священнослужителя [STJ 24.27a].

Идеальный порядок сцены жертвоприношения вновь подчеркивается, а благословения, дарованные предком, демонстрируют, что основным смыслом обрядов является увековечение и процветание рода. Обещание «благочестивых сынов в достатке» в этом стихотворении перекликается с последними строками оды 209: «Сыновьями сына и внуками внука / Будет вечно продолжен его род», которые напоминают о знакомой формульной концовке надписей на бронзе, используемой для поклонения предкам: «Пусть этот сосуд будет вечно храним и использован сыновьями, сыновьями сына, внуками и внуками внука»[21]. Поскольку мужчина, который одновременно является главным жрецом церемонии, главой родовой группы и правителем царства, честует своего предка при содействии своих «друзей» (мужчин той же родовой группы и политических подчиненных царя), ему желают долголетия и многочисленных потомков. Больше, чем любое личное достижение, которое будет эфемерным, каким бы славным оно ни было, возвышение дома (室家之壼, строфа 6, строка 2) зависит от поколений благочестивых сыновей и внуков, каждый из которых в свою очередь исполнит свои обязанности перед предками.

Использование фразы «*пэнъю*» (朋友), которая означает «соратники и друзья», в оде, прославляющей патрилинейную идеологию, требует изучения. Как отмечают многие специалисты, в текстах и надписях, относящихся к периодам Западной Чжоу и Весен и Осеней, *ю* (友) и *пэнъю* могут относиться либо к неродным друзьям, либо к агнатическим (старшим по мужской линии) родственникам мужского пола, особенно родственникам мужского пола одного поколения, а именно братьям и двоюродным братьям по отцовской линии [Tong Shuye 1980: 122; Zha Changguo 1998; Zhu Fenghan 2004: 292–297][22]. Возможно, семантическая

---

[21] Повторение этой фразы в бронзовых надписях можно увидеть в многочисленных переводах в исследовании Сены [Sena 2005] о родстве Западной Чжоу.

[22] Ван Лихуа [Wang Lihua 2004: 49] утверждает, что употребление *ю* в отношении неродственных друзей стало распространенным только в период Воюющих царств.

инклюзивность *ю* и *пэнъю* указывает на то, что и неродные близкие, и агнатические родственники являются «полезными» людьми, с которыми человек общается. Позже мы рассмотрим случаи, когда *ю* и *пэнъю* явно относятся к неродным близким и помощникам, но в контексте жертвоприношения предков, как, например, в оде 247, *пэнъю*, которые с безупречным, достойным поведением помогают (*ше*, 摄) правителю и главному потомку, должны быть его агнатическими родственниками. Эти родственники также должны быть его подчиненными в системе управления[23]. В некотором смысле царя (правителя) можно рассматривать как *primus inter pares vis-à-vis* к его *пэнъю*, что напоминает отношения между лидером и его *hetairoi* (спутниками, товарищами) в Греции. Однако наличие вертикальной структуры, обеспечиваемой культом предков, и существенная важность братской иерархии в ней (отраженная в привилегиях, которыми пользовалась Главная линия по отношению к второстепенным линиям) серьезно ограничивали эгалитарные последствия «дружеских» отношений между китайским лидером и его *пэнъю*[24].

---

[23] Свидетельством того, что *ю* может относиться к агнатическим родственникам, являются две надписи, [JC 87] (датируется периодом Весны и Осени) и [JC 3848] (датируется периодом поздней Западной Чжоу) (если не указано иное, все бронзовые надписи взяты из Yin Zhou jinwen jicheng yinde, здесь и далее цитируется как JC с номером надписи). В обеих надписях говорится о том, что мужское *ю* отливало жертвенный сосуд в честь предков мужчины. Предположительно, не родственники мужчины не посвящали жертвенный сосуд его предкам.

[24] В своем исследовании родства в Западной Чжоу Сена [Sena 2005: 317] указывает, что бронзовые надписи подчеркивают вертикальные родственные отношения (отношения между предками и потомками) и «совершенно бедны в отношении терминологии для братьев и сестер, родственников по прямой и боковой линии». Чжа Чанго [Zha Changguo 1998] утверждает, что братство, а не сыновняя почтительность, было основной парадигмой родства в Западной Чжоу. В качестве важной части своего доказательства он указывает на то, что ядро системы линейного права лежит в отношениях между главной и второстепенными линиями. Однако в концепции Чжа упускается та важнейшая предпосылка, что вертикальные связи между предками и потомками (конкретные пары отцов и сыновей являются лишь частью бесконечных связей) обеспечивают рамки, в которых братские от-

Здесь уместно сравнение китайского и греческого способов почитания предков. Греки проводили различные ритуалы, от вотивных приношений до погребальных пиров, чтобы почтить своих умерших родственников (см. главу 1), и термин «культ предков» или «поклонение предкам» обычно используется для описания этих ритуалов. Однако, как отмечают классики и антропологи, следует проводить важное различие между культом предков и культом мертвых. Культ мертвых включает в себя ритуалы погребения, которые совершаются в момент смерти или в ближайшее от него время, а также последующие посещения могил родственников для совершения подношений, хотя эти посещения, как правило, нерегулярны и постепенно сходят на нет. В отличие от этого, поклонение предкам подразумевает не только регулярные, систематические и непрерывные ритуалы поминовения, но и, что более важно, включение умерших в родовую группу в качестве постоянных ее членов, наделенных важной ролью в укреплении чувства общности [Goody 1962: 381; Morris 1991].

Различие между этими двумя формами культа четко прослеживается в традициях двух цивилизаций. Как только что было определено, поклонение предкам в строгом смысле характеризует китайскую практику, но никогда не существовало в Греции [Antonaccio 1995; Humphreys 1983: 13; Morris 1991][25]. Подобно

ношения между главной и второстепенными линиями становятся предметом строгого регулирования. Вполне возможно, что власть отдельных отцов в Западной Чжоу была менее значительной, чем в более поздние времена (что более убедительно доказывает Чжа Чанго [Zha Changguo 1993]), и что в императорские времена больше внимания уделялось взаимной привязанности отца и сына (как это видно, например, из главы «Воззвание к Кану» «Книги документов», где осуждаются нелюбящие отцы и невнимательные старшие братья за нарушение принципов *xiao* и *ю*). Однако несомненно, что иерархические отношения между предками и потомками (как две корпоративные идентичности) служили основополагающей парадигмой этических, религиозных и политических порядков Западной Чжоу.

25 В XIX веке знаменнтый Фюстель де Куланж [Fustel de Coulanges 1980] отстаивал ту идею, что культ предков был краеугольным камнем греческой религии. Однако дальнейшие исследования [Humphreys 1980, 1983: 140–147; Morris 1991: 156–157; Patterson C. B. 1998: 13–17] убедительно опровергли эту теорию

тому, как китайский патрилинейный род — экономически и ритуально определенная наследственная родовая группа — не имел аналога в Греции (см. введение), культ предков, который служил основой для социально-политической структуры и этических ценностей в Китае Западной Чжоу, был совершенно чужд греческому обществу любого периода. Предки и жертвоприношения предкам были центральной частью китайского ритуала и социальной жизни, возможно, так же, как боги и празднества структурировали греческую социабельность. По сравнению с надгробным культом предков, в Греции культ героев (смертных, обожествленных как общие предки гражданской общины) характеризовался регулярными и относительно неизменными процессиями, жертвоприношениями и играми [Antonaccio 1995: 52]. Ученые утверждают, что надгробный культ предков, практиковавшийся ранними греческими аристократами, послужил моделью для культа вымышленных героев-предков в классический период, а затем уступил ему место [Larson 1995: 7][26]. Эта правдоподобная трансформация еще раз указывает на общественную сферу как ритуальный центр в Греции и, возможно, на очередную попытку гражданского сообщества присвоить авторитет семьи в религиозной и политической сферах (см. главу 1). Однако вместо того, чтобы привести к историческим изменениям, такие усилия по присвоению авторитета, скорее всего, привели к дальнейшему ослаблению и подчинению статуса семьи в греческой религиозной системе. Насколько мы можем судить, высшие формы греческого религиозного благочестия всегда были связаны с богами и публичным почитанием богов, а семья и родственные связи никогда не пользовались таким ритуальным превосходством, как в древ-

---

как не имеющую текстуальных и археологических доказательств и являющуюся примером влияния эволюционной парадигмы в исследованиях Античности XIX века, которая представляла «домашнюю религию» как низшую ступень исторической эволюции.

[26] В главе 1, касаясь гражданской принадлежности погребальных игр, проводимых в честь предков, мы процитировали замечание Надя [Nagy 1990: 143] о том, что культ героев исторически является трансформацией поклонения предкам на уровне полиса.

нем Китае[27]. Сопоставление двух отрывков, одного из «Одиссеи» и другого из «*Од*», оба из которых описывают основание нового города, послужит иллюстрацией пространственного различия в проявлении религиозного благочестия между Древней Грецией и Китаем. Вот как отец царя Алкиноя, Навсифой, основывает колонию Схерию: «Поднял феаков тогда и увел Навсифой боговидный / В Схерию, вдаль от людей, в труде свою жизнь проводящих. / Там он город стенами обвел, / построил жилища / Храмы воздвигнул богам и поля поделил между граждан» (Гомер, «Одиссея» 6.7–10, пер. Н. И. Гнедича).

А вот что делает Даньфу, дед царя Вэня, впоследствии почитаемый как Великий царь, после того как приводит народ Чжоу в их новый дом у подножия горы Ци и начинает строить город:

> Потом он позвал своего Мастера Работ,
> Потом он позвал своего Мастера Земель
> И повелел им строить дома.
> Отвес был абсолютно прямым,
> Доски были скреплены, чтобы удержать землю;
> Сделали они Зал Предков, очень почтенный.
> (Ода 237, «*Миан*», «Разрастание») [Cheng, Jiang 762]

Как свидетельствуют китайские тексты и надписи, родовой храм правителя служил местом проведения всего спектра обрядов и церемоний, связанных с политическими и военными делами государства. Назначения чиновников, пожалования должностей, выпуск календарей, организация путешествий правителя, решения о войне, мире и решения по другим вопросам государственной политики докладывались предкам и провозглашались в храме предков [Bilsky 1975: 66–67; Kern 2009b; Li F. 2001–2002: 42–47, 65–66; Wu H. 1988; Yang Kuan 1999: 335][28]. В то время как

---

[27] В дополисный период цари и аристократы управляли общественными религиозными мероприятиями, которые были открыты для всех; с возникновением полиса общественная религиозная власть перешла к гражданам (см. главу 1).

[28] Наглядную иллюстрацию главенства родового храма правителя в городах Западной Чжоу см. в [Li F. 2008: 165, 244].

храм — центральное место поклонения богам в греческой религиозной жизни символизирует идеальную общность гражданской общины, объединенной присутствием общих божеств, ритуальная значимость храма предков в чжоуском Китае свидетельствует о другой концепции общности, основанной на иерархическом семейном порядке. Особое значение культа почитания предков в чжоуской политической идеологии отмечено в оде 240 («*Сы чжай*», «Великое достоинство»), изображающей царя Вэня, предполагаемого основателя династии Чжоу и одного из самых возвышенных героев китайской культуры:

> Он был послушен предкам рода,
> Так что духи никогда не гневались,
> Так что духи никогда не печалились.
> Он был образцом для своей главной невесты;
> Образцом для своих братьев старших и младших,
> И в отношениях с домом и землей[29].
> [Cheng, Jiang 773]

Празднества

Поклонение предкам, при всем его важном значении, не занимало все религиозное воображение китайцев Чжоу. Они также почитали множество богов, от божеств, тесно связанных с сельскохозяйственной жизнью, таких как Бог Земли и Бог Зерна, до различных божеств природы: гор, вод, облаков и так далее. Хотя почитание этих богов в определенных формах могло практиковаться и в домашней обстановке, насколько нам известно,

---

[29] 惠于宗公, 神罔時怨, 神罔時恫, 刑于寡妻, 至于兄弟, 以禦于家邦. В следующей строфе царь Вэнь описывается как «благоговейный в зале предков 肅肅在廟». Царь Вэнь (Гражданский царь), прославившийся своим сыновним послушанием, скромностью и административными талантами, считался идеальным правителем, и ему приписывали создание великолепной династии. Его сын, царь У (Военный царь), который фактически основал Чжоу и был отмечен за свои военные достижения, в китайской текстовой традиции стоит в тени своего отца. См. [Creel 1970: 64–69] о различных исторических статусах двух чжоуских царей.

большинство обрядов проводились публично и носили общинный характер. Описания праздников урожая и жертвоприношений богам земледелия можно найти в «*Одах*». Ода 211 («*Фу тянь*», «Большое поле»), например, содержит следующую строфу:

> С Вещью очищенной, Вещью светлой[30],
> С нашими быками для жертвоприношения и нашими овцами.
> Мы пришли почтить Духа Земли, почтить земли.
> Ибо все наши поля хорошо обработаны,
> Рабочие были удачливы.
> Мы щиплем струны, бьем в барабаны.
> Чтобы служить Отцу Полей,
> Чтобы вымолить сладкий дождь,
> Чтобы наше просо было благословенно,
> Чтобы наши мужчины и женщины были сыты.
> [Cheng, Jiang 670]

Дух Земли и Отец полей в переводе Уэйли означают соответственно бога Земли и бога Зерна, которые отвечали за успех в земледелии, алтари которых можно было найти в каждой деревне. Хотя стихи наполнены радостью крестьян, празднующих хороший урожай, остается важным момент оценки хаактера этого общинного праздника. Из остальной части поэмы мы знаем, что крестьяне работают в поместье господина, к которому обращаются как к «потомку [предков]». Это наименование указывает на то, что участники праздника принадлежат к патрилинейной группе и что их господин является главой рода. Именно с его точки зрения они смотрят на хороший урожай, и он должен получить благословения, о которых они молят богов. Учитывая это, мы можем оценить степень радости в последней строфе:

> Посевы Потомка
> Густые, как солома, высокие, как вал;
> Стога Потомка
> Высоки, как скалы, высоки, как холмы.

---

[30] «Вещь очищенная» и «Вещь светлая» относятся к зерну, принесенному в жертвенном сосуде.

> Нам нужны тысячи телег,
> Нужны тысячи амбаров,
> Для проса, риса и колосьев пшеницы;
> Рабочим повезло.
> «Небеса награждают вас могучими благословениями!
> Долгой жизни вам, века бесконечного!»
> [Cheng, Jiang 671]

В другом стихотворении (Ода 212, «*Да цянь*», «Большое поле»), помещенном сразу после этого стихотворения в «*Одах*», показано, как господин проводит жертвоприношение на поле, где работают крестьяне. Вновь описывается, что крестьяне радуются хорошему урожаю, и здесь снова становится ясно, что господин присутствует везде и всегда и, если он удовлетворен урожаем, радуются и крестьяне[31]. Отношения между земледельцами и их господином и их последствия для понимания сельскохозяйственных празднеств, представленных в «*Одах*», лучше всего видны в оде 154 («*Ци юэ*», «Седьмой месяц»), которая дает впечатляющее, расписанное по месяцам, описание работ сельскохозяйственного года. В конце этой китайской «рапсодии» о «трудах и днях»[32], в которой изображена рутинная изнурительная работа в поле и в доме, урожай собран, и крестьяне наконец могут отдохнуть от своих трудов:

> В десятом месяце они очищают стога.
> Наполнив кувшины вином, они устраивают деревенский праздник,
> Забив для него молодого ягненка.
> Они идут в зал своего господина,

---

[31] Ода 211: «На полях и длинных акрах / Все прекрасно и обильно. / Я не думаю, что Потомок найдет недостаток; / Рабочие трудились усердно» [Cheng, Jiang 670; Waley 199]. Ода 212: «Теперь мы сеем наши многочисленные посевы; / Они растут прямыми и высокими; / Потомок доволен» [Cheng, Jiang 673; Waley 200]. В обоих стихотворениях жена и дети Потомка присутствуют при жертвоприношении.

[32] Именно эти слова использует Уэйли [Waley 119], который явно имел в виду «Труды и дни» Гесиода, поэму о сельскохозяйственной жизни в архаической Греции.

> поднимают чашу для питья из рога буйвола:
> «Ура нашему господину во веки веков, да живет он долго
> и счастливо!»
>
> [Cheng, Jiang 415]

Помимо благодарности богам и предкам за собранный урожай[33], праздник подтверждает иерархические отношения между господином и крестьянами в его владениях. В основе таких иерархических отношений могли лежать родственные или мнимородственные связи. В своей недавней попытке определить природу государства Западной Чжоу Фэн Ли утверждает, что родословные обеспечивали решающую связь между государством и его подданными, жившими в сельских поселениях, и что «контроль над такими поселениями через родственную структуру родословных был основной целью государства Западной Чжоу» [Li F. 2008, ch. 4, 6, 7][34]. Ду Чжэншэн, рассматривая пять столетий от ранней Западной Чжоу до периода Весен и Осеней, предполагает, что социальный и экономический ландшафт сельского Китая составляли сельские поселения различных размеров. Родственные связи, как реальные (крестьян между собой и между крестьянами и их господами), так и воображаемые (между крестьянами и господином, который основал или захватил владения во время военных походов), поддерживали социальную структуру в хозяйствах [Du Zhengsheng 1979, ch. 4, особенно 110–121][35].

---

[33] О том, что жертвоприношения предков были частью празднования урожая, можно судить по одам 209 (обсуждалась ранее) и 290 («*Цзай шань*», «Скоси траву»).

[34] По словам Ли, «в этом отношении государство Западной Чжоу можно рассматривать как объединение тысяч поселений, которые были организованы политической властью государства через родственную структуру родов. Это "государство поселений", и оно "упорядочено родственными связями"» [Li F. 2008: 296].

[35] Марксистский историк Цзянь Боцзань (1898–1968) [Jian Bozan 1988: 264–268], хотя и признавал родственные связи двух классов, интерпретировал иерархию как иерархию между крепостными и господами. Основываясь на свидетельствах из могильников, Фалькенхаузен [Falkenhausen 2006: 160] пред-

Иными словами, в стихотворениях отношения между крестьянами и хозяином владений строятся по той же вертикальной модели родства, которая лежала в основе политической идеологии Чжоу. Центральное место вертикальной модели родства означает вторичное и дополнительное значение горизонтальных отношений, будь то отношения между аристократами или сельскими жителями. В стихотворениях, описывающих ритуалы и праздники урожая, в центре внимания всегда находится образ председательствующего господина и крестьян, которые группируются вокруг него и выражают ему почтение и поддержку. Можно предположить, что праздничные мероприятия в реальном смысле принадлежат самим сельским жителям, которые, тяжело работая весь год, принимают праздник ради веселья и удовольствия от еды, питья и дружеского общения, которые он приносит. Несомненно, укрепление связей между жителями деревни является важнейшей функцией этих праздников. Однако нельзя не подчеркнуть, что эта функция не имеет основы в идеологии, независимой от вертикальной модели родства, а подчиняется ей.

В главе 1 мы увидели, как греческие праздники играли решающую роль в определении гражданства и укреплении идеологии гражданственности (особенно ее постулата об обязанностях и связях между людьми и их городами), и как праздники способствовали конкурентным внесемейным гомосоциальным связям через такие институты, как хоры и атлетические состязания. Праздники урожая в чжоуском Китае, представленные в наших источниках, не выполняют подобных функций. Напротив, все, что мы знаем о них, указывает на то, что они были неотъемлемой частью социального порядка, основанного на иерархических патрилинейных родственных отношениях. Наши источники не дают представления о том, какую роль эти праздники должны были играть в культивировании горизонтальных связей внутри общины.

полагает, что главным классовым различием в обществе Западной Чжоу могло быть различие между элитой и теми простолюдинами, которые принадлежали к одному роду, и что «если это так, то мы имеем дело со сравнительно однородной социальной структурой, в которой правящие и управляемые считали друг друга родственниками».

Здесь необходимо обратить внимание на то, что некоторые ученые считают значительным историческим изменением в характере и статусе жертвоприношений богам Земли и Зерна, начиная с периода Весен и Осеней. По мере того как периферийные государства получали все большую автономию от двора Чжоу в эпоху Весен и Осеней, политическое значение культа предков для местных правителей снижалось, и все большее значение придавалось культу локальных божеств как ритуальному маркеру их независимости от чжоуского царского рода и их претензий на территориальный суверенитет [Bilsky 1975: 14, 126–127; Kaizuka 1976: 339–341; Lewis M. E. 2006a: 147]. В частности, утверждается, что жертвоприношения на алтарях богов Земли и Зерна приобрели в новое время первостепенное значение, поскольку это были «культы, в которых участвовал весь город и которые придавали символическую форму городу как единому целому» [Lewis M. E. 2006a: 147].

Судя по всему, в рассматриваемый период существовало два типа алтарей богов Земли и Зерна. Один, расположенный в столицах региональных государств, был местом проведения политических ритуалов и иногда собраний для обсуждений политических вопросов, на которых председательствовала региональная правящая элита, включая князей и их влиятельных министров. Другой, который находился в деревнях и жилых кварталах, был преимущественно связан с общинными жертвоприношениями для получения хорошего урожая[36]. Из этих предполагаемых типов первый координировал территориальные политические отношения[37]. Второй, напротив, оставался ближе к первоначаль-

---

[36] Эта умозрительная классификация основана на интерпретации свидетельств, собранных Ли Сянпином [Li Xiangping 1991: 128–138, 151–164, 230–231].

[37] См. у Икеды [Ikeda 1981: 108–121] о превращении богов Земли и Зерна из сельскохозяйственных божеств в божества территориальные. Хотя глава в «Остатках документов эпохи Чжоу» («*И Чжоушу*»), в которой говорится о ритуальной практике ранней Западной Чжоу, связанной с алтарями богам Земли и Зерна, может быть апокрифической, она проливает свет на вид политических отношений, артикулируемых через ритуальные действия на первом типе алтарей богам Земли и Зерна в моей классификации. Согласно

ной функции жертвоприношений богам Земли и Зерна и предлагал места для общинных празднеств, форма и традиции которых могли напоминать те, что описаны в одах 211 и 212, но могли быть и более оживлёнными (как будет показано в главе 3). Говоря о повышении уровня политического значения алтарей богов Земли и Зерна и связывая это с «целью формирования городов как самостоятельных политических единиц» [Lewis M. E. 2006a: 147], следует говорить о первом типе.

Нам немного известно о том, как широкие слои населения участвовали в жертвоприношениях на алтарях богов Земли и Зерна, где проводились политические ритуалы. Были ли эти ритуалы теоретически открыты для всего населения или обычно ограничивались главами семей? Присутствовали ли простолюдины регулярно на всех или большинстве жертвоприношений или их приглашали только на некоторые из них, либо по усмотрению членов правящей элиты, либо исходя из особых политических обстоятельств?[38] Какие функции выполняли эти люди, участвуя в политической жизни общества?

Хотя факты не позволяют нам ответить на предыдущие важнейшие вопросы, кажется очевидным отсутствие признаков того, что участие населения когда-либо ассоциировалось с гражданственностью или с ее важнейшим следствием — членством

этой записи, региональные правители, получавшие земельные пожалования от чжоуского царя, одновременно получали комок земли, взятый с Большого алтаря богам Земли и Зерна в столице Чжоу. Они брали этот комок с собой в пожалованные им земли и клали его в алтари богам Земли и Зерна, которые они строили [Huang 1996: 256]. Этот высокосимволический ритуал передавал подчинение региональных государств двору Чжоу: отношения эти также время от времени подтверждались актом раздачи региональным правителям жертвенного мяса, полученного в результате обрядов, проводимых на Большом алтаре богам Земли и Зерна [Li Xiangping 1991: 131–132, 136–137, 188–189]. Культы на этом типе алтаря Земли и Зерна, по сути, артикулировали политические отношения среди правящей элиты и укрепляли ту же структуру власти, освящённую культом предков [Li Xiangping 1991: 128–138].

[38] Сохранившиеся свидетельства сосредоточены на посещении простолюдинами, вызванном политическими требованиями и повелениями членов правящей элиты [Lewis M. E. 2006a: 147–148; Li Xiangping 1991: 134–135].

в политическом сообществе. Не было ощущения, что играть регулярную политическую роль с участием населения — это право или обязанность, и договоры, которые часто заключались между населением и представителями знати на алтарях богам Земли и Зерна, никогда не означали, что обе стороны отныне вступили в содружество[39]. Другими словами, то, что было воспринято как изменение статуса одного типа алтаря богов Земли и Зерна, начиная с периода Весен и Осеней, могло быть инициировано региональными правителями, которые вынашивали территориальные амбиции, но отнюдь не их подданными. Ни один из наших источников, касающихся жертвоприношений на алтарях богам Земли и Зерна, не намекает на роль, которую эти действия могли играть в возвеличивании внесемейных гомосоциальных связей между членами сообщества, не говоря уже о культивировании политически значимых связей[40]. Похоже, что символическое значение, которое алтари богов Земли и Зерна могли придать территории как политической единице, служило целям новых территориальных амбиций региональных правителей, но не несло каких-либо изменений политического статуса населения в целом.

Насколько мы можем судить, чжоуские праздники урожая совсем не похожи на греческие. В первую очередь китайские праздники не были гражданскими институтами. Участие в них не было честью или правом и не определяло принадлежность человека к общине так же, как, например, участие в греческих общественных праздниках означало для грека привилегию гражданина, которая отличала его как от негражданина, так и от гражданина, чей проступок привел к тому, что он был лишен этой привилегии. Если внесемейные гомосоциальные связи развивались и культивировались на китайских празднествах, они не были объектом какого-либо поощерения со стороны государства или общества, как это было в Греции. Нет никаких свидетельств

---

[39] Этот вывод согласуется с замечанием Льюиса [Lewis M. E. 2006a: 145, 149–150] о том, что концепция всеобщего участия в управлении никогда не развивалась в период Весен и Осеней.

[40] Некоторые из этих источников будут рассмотрены в главе 3.

того, что в чжоуском Китае существовали институты, сравнимые с греческими хорами и атлетическими состязаниями, которые способствовали развитию товарищеских отношений, характеризующихся одновременно эгалитаризмом и соперничеством. Также ни один поэт, мыслитель или государственный деятель не говорил с гордостью о празднествах в плане культивирования ими отношений и ценностей, которые выходили бы за рамки модели родства и бросали ей вызов.

Здесь может быть полезно провести сравнение с празднованием Апатурий у ионийских греков (наиболее известных по классическим Афинам). Апатурии были центральным религиозным мероприятием во фратриях, название которых («братства») говорит о том, что в неизвестной древности они могли состоять из родственных семей. Однако к классическим временам (когда стали доступны ограниченные свидетельства по этому сложному вопросу) они стали своего рода административным подразделением госоргана, стоящим над семьей, и в основном отвечали за вопросы, касающиеся происхождения, получения гражданства и прав наследования[41]. Основные мероприятия на Апатуриях сводились к пиршествам, соревнованиям по легкой атлетике и декламации стихов, а также к зачислению мальчиков и подростков мужского пола во фратрии (это было основным требованием для получения гражданства) [Lambert 1993, ch. 4; Parker R. 1996: 105]. Как видно из культов Зевса и Афины на Апатуриях фратрий, акцент на празднестве делался на «сообществе афинских граждан как членов фратрии, превосходящей уровень родовой фратрии» [Lambert 1993: 240][42]. Создавая цепочку, ведущую от членства

---

[41] Фратрия в архаический период и ранее окутана неясностью. Была ли она группой родства, неясно, и ее отношения с другими подгруппами, такими как племена (phylai) или демы, также спорны. Ламберт [Lambert 1993] в общих чертах рассматривает различные аспекты этого института.

[42] Смысл существования аттической фратрии, по мнению Ламберта [Lambert 1993: 207], заключался в создании «сообщества, которое связывало членов одной аттической фратрии с членами другой, а также с фратриями в Ионии и греческом мире в целом, а не сообщества одной локальной группы в противовес другим локальным группам в Аттике или за ее пределами». В этой

в конкретной семье к членству во фратрии и в конечном итоге к гражданству, Апатурии подтверждали решающее значение родства для формирования социальной структуры полиса, который был организован как «объединенная семья граждан», «режим [мнимых] братьев»[43]. В этой цепочке более широкое сообщество «братьев» (*phrateres*), которое было афинским полисом, было ее завершением или исполнением, а совместные и соревновательные мероприятия Апатурий подтверждали соответствие будущих граждан, которые вырастут и будут участвовать в аналогичных мероприятиях на других многочисленных празднествах.

Подобный выход за рамки родства и переход к гражданственности не может произойти в условиях социальных отношений на китайских празднествах. В китайских представлениях о сельскохозяйственных праздниках в изобилии передается то, что они позволяют расслабиться и получить удовольствие их участникам, что в этом плане не отличает их от греческих праздников[44]. Однако выявить важнейшие отличия совсем не трудно. Самое главное, китайские праздники не имели гражданского значения. Они не являлись примером идеологии, отличной от идеологии родства или противостоящей ей, и не были направлены на создание сообщества, характеризующегося агонистической составляющей.

связи Ламберт [Lambert 1993: 207, note 12] отмечает, что в современных литературных свидетельствах не встречается ни одного названия отдельных членов фратрии и что «быть членом фратрии часто означает быть афинянином и почти никогда не имеет коннотации принадлежности к одной конкретной фратрии, а не к другой». Принадлежность к китайскому роду или клану имела совершенно иные последствия для личности человека.

[43] Лоро [Loraux 2002: 198, 200, 208] исследует «греческую тенденцию превращать категории кровного родства в простые классификационные категории», используя в качестве примера «семантическую цепочку, которая ведет от брата к гражданину через компаньона».

[44] Редкое раннее китайское высказывание о функции праздников было приписано Конфуцию в «Книге обрядов» (*Цза цзи*, [Yili 1567]). Когда его ученик Цзигунь не понимает, какое волнение вызывает в народе праздник в конце года, Конфуций объясняет, что люди нуждаются в отдыхе после долгого периода работы и что даже такие мудрые правители, как царь Вэнь и царь У, должны учитывать эту потребность в управлении государством.

Идеология общинных удовольствий

Китайские празднества были мероприятиями для общения, в них отсутствовала мощная гражданская идеология их греческих аналогов, но существовала идеология Чжоу о природе и форме общинного удовольствия вне дома. Ее основные аспекты составляли патернализм и уважение к порядку и иерархии.

Институт, известный как районный (уездный) симпозиум (*сян иньцзю* 鄉飲酒, также переводится как «церемония питья общиной»), может рассматриваться, как мы предполагаем, в качестве рычага государства для продвижения общинных связей и обеспечения официальной идеологии общинного удовольствия, которая в конечном итоге является продолжением иерархической родственной модели социабельности. Чжэн Сюань (127–200) утверждает, что каждый третий год главные чиновники местных административных сообществ, называемых *сян* (район, община), приглашали избранных гостей на пир в районную школу [Yili 980]. В «Книге этикета и церемониала» имеется целая глава, посвященная ритуалам такого пира, но мы должны с подозрением относиться к приведенным там подробным указаниям по проведению симпозиума, которые почти наверняка смешаны с более поздними идеализациями[45]. Тем не менее мы можем вынести оттуда одно определенное заключение о протоколе мероприятия: процедуры направлены на создание гармонии общения через установление иерархии и разделения. Выбор главных и второстепенных гостей обусловлен принципом чествования способных людей, а присутствие таких знатных персон, как князи и мини-

---

[45] В переводе Джона Стила текст удобно разделен на части, отражающие последовательные этапы, и каждая часть снабжена подзаголовком. Церемония питья проходит в следующем порядке: «Хозяин предлагает вино главному гостю», «Главный гость произносит тост хозяину», «Хозяин подносит вино гостю», «Хозяин предлагает вино второму гостю», «Второй гость поднимает тост за хозяина», «Хозяин предлагает вино гостям», «Один человек поднимает бокал», «Музыка для гостей», «Назначение смотрителя», «Тосты гостей по очереди», «Два человека поднимают бокалы», «Убирание подставок», «Снятие обуви, проход в зал и рассадка», «Вино в неограниченном количестве».

стры, вносит в церемонию празднества определенные изменения[46]. Однако, если отбросить соображения о заслугах и рангах, основная иерархия, которую стремится укрепить районный симпозиум, в той мере, в какой это касается обычных гостей, составляющих большинство участников мероприятия, похоже, основана на возрасте[47].

Районное торжество не ставило своей целью придание эгалитарных черт общинным связям. В Греции братские узы составляли концептуальную основу и служили примером равенства для эгалитарной гражданской общины, но в Китае братские отношения не обозначали равенства. Напротив, они регулировались иерархией между братьями, и это необходимо понимать в рамках единой иерархической структуры, в основе которой лежит сыновняя почтительность. Подобно тому, как братская любовь ценилась постольку, поскольку она способствовала сплоченности семьи, основанной на сыновней почтительности, общинные связи, поддерживаемые через такой институт, как районный (окружной) симпозиум, должны были плавно интегрироваться в иерархический социально-политический порядок, который поддерживался патерналистскими отношениями между правителем и управляемыми.

Хотя школа, где якобы проходил районный симпозиум, была общественным местом, где местные жители могли регулярно собираться для общения и бесед, и в определенной степени представляла собой лучший вариант для места «общественного

---

[46] Например, будут использоваться разные слои циновок, а при участии высокопоставленных лиц будут приняты разные ритуалы для входа и подъема в залу [Yili 990].

[47] В «Книге этикета и церемониала» говорится, что обычные гости должны пить в порядке возраста, от старшего к младшему [Yili 990]. О старшинстве по возрасту как руководящем принципе при проведении районного пира см. [Kominami Ichiro 2001: 65–99; Yang Kuan 1999: 742–769]. Коминами считает, что, приняв старшинство по возрасту в качестве основы социальной иерархии, протокол такого симпозиума отражает практику, восходящую к неолитическим сообществам. Ян также предполагает, что районный симпозиум берет свое начало в совместной деятельности советов старейшин в племенных общинах.

мнения» в чжоуском Китае[48], она определенно не обладала функциональной и символической значимостью агоры или городской ратуши в Греции. Очевидно, школа рассматривалась как вспомогательный институт, который хороший правитель должен поддерживать и даже поощрять. Как следует из известной истории, в которой мудрый государственный деятель Цзычан отказался закрыть районную школу, где люди обсуждали и критиковали его политику, существование такого «общественного пространства» для «свободной» дискуссии не могло считаться само собой разумеющимся, а зависело от согласия и терпимости патерналистских правителей[49].

Патерналистский аспект идеологии Чжоу в отношении социабельности лучше всего виден в оде 242 («*Лин тай*», «Волшебная башня»). Начиная с Мэн-цзы (ок. 372–289 до н. э.), традиция считает добродетельного царя Вэня главным героем стихотворения, а строительство парка под руководством правителя — его темой:

> Когда он построил Волшебную башню,
> Когда он спланировал ее и основал,
> Все люди работали над ней;
> Менее чем за день они закончили ее.
> Когда он строил ее, никого к тому не принуждали;
> Но люди пришли, как сыновья к отцу своему.
> Царь был в Волшебном парке,
> Где прятались лань и олень.
> Лань и олень при его появлении прыгали и скакали;
> Белые цапли красиво блестели.

---

[48] В «Комментарии Цзо» [Xiang 31, Yang 1191–1192] Цзычан, известный государственный деятель VI века до н. э. Чжэн, получил сообщение о том, что некоторые люди, которые общались в районной школе, критиковали его политику. Ему предлагали закрыть школу, чтобы прекратить подобную критику, но Цзычан отказался. Он считал, что мнение людей, будь то положительное или отрицательное, является хорошим ориентиром для его дальнейшего поведения, и полагал, что было бы опасно и бесполезно пытаться подавить это мнение. Льюис [Lewis M. E. 2006a: 146] отмечает, что, заручившись поддержкой народа для обеспечения своей власти, Цзычан сохранил власть, усилив контроль государства над народом.

[49] См. примечание 163 выше.

> Царь был у Волшебного бассейна,
> Где рыба так ловко прыгала.
> На вертикальных столбах и поперечных балках с шипами
> Висят большие барабаны и гонги.
> О, хорошо настроены барабаны и гонги,
> И веселится обнесённый рвом курган.
> О, хорошо настроены барабаны и гонги!
> И весел обнесённый рвом курган.
> Бам, бам, бам — бьют барабаны из рыбьей кожи;
> Безглазые и слепые музыканты владеют мастерством.
> [Cheng, Jiang 787–790]

Наслаждения, прославляемые в поэме, задуманы в рамках патерналистского правления, что видно из первой строфы. В то время как доброжелательный царь проявляет заботу о своем народе и не побуждает его к помощи, люди приходят, чтобы внести свой вклад в строительство парка, «как сыновья к отцу» (庶民子來)[50]. В результате такого массового добровольного народного отклика парк был построен в кратчайшие сроки, или буквально «меньше чем за день»[51]. В следующих строфах описы-

---

[50] Патерналистская концепция государственного устройства в раннем Китае нашла свое выражение в таких строках оды, как «все счастье нашему повелителю / отцу и матери народа» (ода 251) [Cheng, Jiang 830; Waley 254], в царском предписании в «Книге документов» «[обеспечить народу безопасность], как если бы ты защищал своего младенца» («Воззвание к Кану», [Book of Documents 204]), и в увещевании придворного министра в «Остатках документов» Чжоу, что «Сын Неба должен действовать как отец и мать народа» (Жуй Лянфу) [Huang 1996: 394]. Метафорический язык подчеркивал родовые отношения, как в разговоре, записанном в «Комментариях Цзо» между князем Дао из Цзинь (572–558 до н. э.) и знаменитым музыкантом Ши Куаном. В то время как правитель должен питать свой народ, как своих детей, «покрывая их, как небо, и поддерживая, как землю», народ должен любить своего правителя, как своих родителей, «взирая на него, как на солнце и луну, почитая его, как светлых духов, и боясь его, как молнии» («Комментарии Цзо», Сян 14, [Yang 1016]).

[51] Приняв буквальное понимание строки 4 (不日成之), Чжу Си считает, что она означает, что строительство было завершено в течение одного дня, как будто оно было сделано с божественной помощью. Он также утверждает, что основные объекты парка были названы «Волшебными», чтобы отметить скорость, с которой они были построены [SJZ 16.27a].

вается радостное празднование завершения работы. Изображение в поэме того, как животный мир отвечает на добродетель царя, присоединяясь к празднику, наглядно демонстрирует действенность патерналистской идеологии общинного удовольствия. Кто может устоять перед убедительной силой, видя ланей и оленей, скачущих и резвящихся, сверкающих цапель и плещущихся рыб, когда царь — благосклонный и любящий отец, веселится со своим народом? Ликующие животные стали свидетелями публичного праздника, который способствует расширению рамок семейного общения, и аудитория стиха также должна подчиниться преобразующей силе — расширению границ родства до общины, стремящейся к общему удовольствию[52].

Образцовые воины, образцовые весельчаки

На протяжении всего изучаемого периода Чжоу вели множество войн: завоевание и колонизация земель в годы основания, масштабные войны с северными народами в IX веке до н. э., а также периодические, но непрекращающиеся столкновения между царствами на периферии. Очевидно, что элита Чжоу дорожила своими военными победами и уделяла большое внимание подготовке храбрых, физически крепких бойцов[53]. Также кажется естественным, что элита Чжоу ценила создание отлично сплоченной военной группы, связанной товарищеским соперни-

---

[52] Говоря с правителем о важности того, чтобы царь разделял удовольствия со своими подданными, Мэн-цзы ссылается на пример царя Вэня, описанный в оде 242. Чжэн Сюань понимает использование слова «Волшебство» в названиях основных объектов парка как ссылку на божественную преобразующую силу добродетели царя Вэня [MSZ 524–525]. Коминами [Kominami Ichiro 1995: 69] считает, что животные были мишенями для стрельбы из лука во время ритуала, который следовал за жертвоприношением царя предкам во время пира, и что последующая игра будет подарена предкам; такое прочтение не меняет значения патерналистской основы поэмы.

[53] Основными предметами в учебной программе чжоуских аристократов были управление колесницей и стрельба из лука [Yang Kuan 1999: 670–676].

чеством. И все же, судя по свидетельствам, китайская элита периодов Западной Чжоу и Весен и Осеней редко воспевала товарищество и не получала такого удовольствия от физической стороны боевых подвигов, как греки. То, что они ценили больше, и как это отличало их от греков, будет обсуждаться в этом разделе в контексте военных чествований. Фоном для этих празднеств послужили длительные войны против сяньюнь, северного пастушеского племени, и *хуай-и*, восточных «варваров», в X–VIII веках до н. э.[54]

Мы начнем с надписи на треножнике Доюя, в которой в удивительных подробностях описывается битва с сяньюнь. В первой части надписи говорится о том, что офицер по имени Доюй получил приказ возглавить армию против вторгшихся сяньюнь. Вторая часть надписи описывает сражение, включая передвижения армии Доюя и впечатляющее количество убитых или взятых в плен врагов и захваченных колесниц. Из последней части надписи мы узнаем, что Доюй представил пленных своему начальнику (который в свою очередь представил их царю), что он был вознагражден за свои подвиги и что, очевидно, в честь своей победы он сделал треножник, с помощью которого «развлекал своих друзей и соратников» (*юн пэн юн ю,* 用朋用友)[55]. Известно, что в большей части периода Весен и Осеней военные действия велись мужчинами из аристократических родов, которые при каждом удобном случае принимали на себя коллективную ответственность за борьбу за свой род и за двор Чжоу [Falkenhausen 2006: 412; Hsu C. 1965: 53–77; Lewis M. E. 1990: 35–37; Zhu Fenghan 2004: 396–401]. Отсутствие упоминания о жертвоприношении

---

[54] Сяньюнь в конце концов захватили столицу Западной Чжоу в 771 году до н. э. и заставили Чжоу перенести власть на восток (отсюда начало Восточной Чжоу). Фэнь Ли [Li F. 2006] утверждает, что войны с сяньюнь истощили ресурсы Западной Чжоу и сыграли решающую роль в причинах ее упадка. Анализируя бронзовую надпись, посвященную военной победе над Хуай И в середине X века до н. э., Шонесси [Shaughnessy 1991: 180–181] указывает, что к этому времени Чжоу уже не имела военного превосходства над окружающими врагами и с трудом отбивалась от их нападений.

[55] Перевод надписи см. в [Li F. 2006: 147].

предков в надписи Доюя указывает на то, что благоговение перед предками было не единственной мотивацией для отливки драгоценных бронзовых сосудов и что армия, основанная на родословной, вполне могла делить общий стол и праздновать вместе, как товарищи по оружию[56]. Надпись Доюя свидетельствует о важной роли празднеств в укреплении солидарности сверстников и поднятии морального духа группы, а значит, и в создании эффективной армии в Китае Западной Чжоу (как и в других обществах и временах).

Гораздо больше сосудов, по сравнению с количеством изделий для почитания своих боевых товарищей, победители изготовили и посвятили своим предкам, чтобы поместить их в храмы и использовать в жертвоприношениях. Надписи, относящиеся к войнам против Хуай И во времена правления царя Му (956–918 до н. э.) и царя И (899/97–873 до н. э.), большинство из которых содержат посвящение предкам, могут послужить тому иллюстрацией[57]. Среди этих бронзовых изделий есть группа сосудов, отлитых Дуном, офицером, который был награжден за значимую победу над Хуай И. Дун посвятил два жертвенных сосуда своей умершей матери и один — умершему отцу [JC 2824, 4322, 5419][58]. Также к периоду правления царя Му относится жертвенный сосуд, отлитый полководцем по имени Цзин. Получив награду за участие в битве против Хуай И, Цзин почтил память своего умершего отца, посвятив ему сосуд [JC 5425]. В другом случае офицер по имени Уцзи, сопровождавший царя И в походе против Хуай И, получил награду и отлил жертвенный сосуд в честь своего умершего деда [JC 4225]. Как показывают сохранившиеся надписи, наибольшее количество сосудов было посвящено пред-

---

[56] Критику тенденции рассматривать проведение жертвоприношений предков как единственную важную цель для отливки бронзовых сосудов см. у Фэнь Ли [Li F. (forthcoming)].

[57] Шонесси [Shaughnessy 1991: 178–179] перечисляет 21 бронзовую надпись, относящуюся к войнам Чжоу с Хуай И.

[58] Надписи на двух сосудах в честь матери Дуна рассматриваются в главе 3. Шонесси [Shaughnessy 1991: 177–181] переводит и анализирует одну из этих надписей.

кам, и эта форма проявления сыновней почтительности могла быть вызвана получением любых почестей или подарков или любым другим счастливым событием, при этом военная победа служила лишь одним из поводов[59].

Надписи указывают на то, что, хотя военная элита Западной Чжоу и была похожа на свой греческий аналог в стремлении к победе и другим успехам, все же сильно отличалась от нее своими фундаментальными социальными и моральными ценностями. Китайские воины и полководцы добивались отличий и получали награды благодаря своему военному мастерству и солидарности своих соратников, но они редко превозносили товарищество или соперничество (как это делали греки), когда речь заходила о составлении записей о своих подвигах. Напротив, как и другие представители элиты Западной Чжоу и при других обстоятельствах, полководцы, по всей видимости, считали, что проявление сыновней почтительности должно иметь наивысший приоритет при праздновании побед и удачи в военном контексте.

Только что рассмотренные бронзовые надписи проливают свет на наше прочтение оды 262 («Цзян и Хань»), которая посвящена военной победе герцога Шао над Хуай И при правлении царя Сюаня (827/25–782 до н. э.). В первой строфе поэмы описываются материально-технические приготовления и поход армии. Следующие две строфы быстро переходят к описанию объявления победы и управлению налогообложением и другими вопросами на завоеванной территории. В оставшихся трех строфах пересказывается обмен мнениями между царем и министром на приеме, устроенном в честь победы полководца. В центре этих обменов — славная родословная князя Шао (он происходил от первого князя Шао, сводного брата царя У и важной фигуры в военных завоеваниях и придворной политике раннего Чжоу), а также ее следствия для обязательств, возникших между царским домом и родом

---

[59] Например, отливая сосуды в честь своих умерших отцов, музыкант получил похвалу от царя [JC 5423], а чиновник — подарок от царя за ожидание его на банкете [JC 4207]. Посвятивший сосуд своей умершей матери был инструктором по стрельбе из лука, который получил похвалу от царя за мастерство, проявленное на состязаниях [JC 4273].

князя[60]. Как отмечает царь, первый князь Шао оказал решающую поддержку, когда цари Вэнь и У получили свой мандат, и полководец, только что одержавший победу, должен был «продолжать дела [старого] князя Шао». Напоминая князю о заслугах его предков перед царским домом, царь Сюань подтверждает обязанности нынешнего князя перед правящим государем и выражает веру в неразрывные узы между предками и потомками. То, что такие узы освящаются в обрядах, видно, когда царь вручает подарки князю Шао и дает ему следующее поручение:

> Я дарую тебе нефритовый скипетр и нефритовый кубок,
> И чашу черной медовухи.
> Объяви могущественным людям,
> Что я дарую вам холмы, земли и поля;
> Что плата, которую вы получите от дома Чжоу,
> Будет такой же, что получил ваш предок.
> [Cheng, Jiang: 914]

«Могущественные люди» в царском повелении были обычным чжоуским термином для обозначения предков, а «черная медовуха» среди даров, преподнесенных царем, использовалась в жертвоприношениях предкам[61]. О том, что церемония награждения, описанная в этом стихотворении, могла состояться на пиру в царском родовом храме, свидетельствует надпись на чаше Го Цзи Цзыбая [JC 16.10173], в которой говорится о победе Цзыбая над Сяньюем и последующей аудиенции с царем на празднестве в царском родовом храме[62]. В этом случае церемония, в которой царь призывает князя Шао сообщить своим предкам о царском благодеянии, указывает на религиозное значение политических отношений между этими двумя людьми. В конце оды 262 князь Шао объявляет, что в ответ на щедрое благодеяние

---

[60] О достижениях первого князя Шао см. [Shaughnessy 1989].

[61] Об использовании «черной медовухи» в жертвоприношениях предкам см. [MSZ 574; SJZ 18.34a; MZT 27.1019–1020].

[62] Сена [Sena 2005: 169–171] переводит эту надпись и анализирует роль рода Го Цзи как влиятельной ветви рода Го в поздней Западной Чжоу.

царя он будет отливать бронзу для жертвоприношений в честь первого князя Шао. Здесь мы видим ту же причину, что и в надписях об изготовлении бронзы в честь военных побед: в знак признательности за дары и почести, оказанные ему начальником, победоносный полководец посвящает сосуд своим предкам[63].

Эта несколько запутанная цепочка предоставления благодеяний и ответов на них имеет смысл в патрилинейной организации государства Западной Чжоу, где сыновняя почтительность является в такой же степени политическим императивом, как и вопросом индивидуальной и семейной этики. Власть царя была основана на создании патрилинейной сети внутри аристократии, у него имелись и мотивация, и обязанность закрепить лояльность аристократии к себе, в связи с чем старательно демонстрировалось их благочестие по отношению к предкам. Многочисленные жертвенные пиршества, устраиваемые царем, служили именно этой цели, как и приемы, которые он устраивал для своих полководцев-триумфаторов. Предположительно, и в идеале, аристократы, которых развлекали таким образом, не только отвечали намерениям своего лидера, но и следовали тому же сценарию, создавая свои собственные механизмы по защите власти.

Важная роль домашней добродетели в китайских празднованиях военных побед находит интересное выражение в описании другого военного праздника в оде 177 («*Лю юэ*», «Шестой месяц»). Стихотворение здесь цитируется полностью, чтобы показать, как

---

[63] Многие комментаторы отмечают сходство выражений, используемых князем Шао в оде 262 и получателями даров в надписях, в которых они признаются в долгу перед своими благодетелями и клянутся отлить жертвенные сосуды (см., например, [SJZ 18.34b; MZT 27.1021; SY 15.563; Cheng, Jiang 910]). Фан Южунь утверждает, что ода 262 была памятным текстом, начертанным на жертвенном сосуде в родовом храме князя Шао. По мнению Фан [SY 15.563], поскольку целью поэмы было приписать все достижения добродетелям предков, описания войны в ее первой половине «просто служат фоном для второй половины 無非為后半作勢» [Cheng, Jiang 910, 915]. Добсон [Dobson 1969: 46–47] считает, что ода 262, наряду с несколькими другими произведениями, относится к «жанру славословий», которые «представляют собой рифмованные версии тех посвятительных надписей, которые вельможи, получив подношение от царя, начертали на бронзовых сакральных сосудах». По мнению Добсона, эти песни имели общее авторство с посвятительными надписями.

описания военных походов в конце оды неожиданно перетекают в рассказ о праздничном пире. Согласно оде 177, военный поход был следствием вторжения народа *сяньюнь*, чжоуским главнокомандующим был Инь Цзифу:

> В шестом месяце все суетятся,
> Мы готовим наши боевые колесницы,
> Наши четыре коня — лучшие,
> Мы готовим наши луки и колчаны.
> Сяньюни уже охвачены паникой,
> Нам нельзя терять время.
> Мы выходим на бой,
> Чтобы навести порядок в королевских землях.
> Наша команда хорошо подобрана,
> Образец идеальной подготовки.
> Идет шестой месяц;
> Мы приготовили наши боевые одежды.
> Наша боевая одежда готова;
> Мы проходили по тридцать лиг в день.
> Мы выходим на битву
> Чтобы помочь Сыну Неба.
> Наши четыре коня высоки и широки,
> Огромной высоты они стоят.
> Мы обрушиваемся на сяньюнь,
> Мы свершаем великие дела,
> Такие суровые, такие грозные
> Мы выполняем задачи войны,
> Выполняем задачи войны.
> Чтобы земли царя были спокойны.
> Сяньюнь презирали нас,
> Они расположились лагерем в Цзяохо.
> Они вторглись в Хао и Фан.
> До северных берегов Цзин.
> С тканым узором из птичьих гербов
> Наши шелковые знамена ярко сияли.
> Большие колесницы, десять штук,
> Шли первыми, чтобы проложить путь.
> Наши боевые колесницы были хорошо собраны
> Как будто снизу держали, сверху подвешивали.
> Наши четыре коня были непоколебимы,
> Непоколебимы и послушны.

Мы разгромили сяньюньцев
До самой великой равнины.
Могуч в мире и войне Цзифу,
Образец для всех людей.
Цзифу пирует и радуется;
Он получил много благословений с небес:
«Вот я и вернулся из Хао;
Я долго отсутствовал
И должен устроить пиршество для моих друзей (ю),
С жареной черепахой и карповым мясом.
И кто же был с ним?
Чжан Чжун, благочестивый (*сяо*) и дружелюбный (*ю*)».
[Cheng, Jiang 498–505]

Изображение войны в этом стихотворении напоминает оду 262. Автор постоянно рассказывает нам о таких вещах, как тщательная дорожная подготовка, великолепные знамена, хорошо построенные колесницы, красивые и сильные кони. Строки о ходе войны и ее победоносном исходе немногочисленны и расплывчаты: «Мы обрушиваемся на сяньюнь, / Мы свершаем великие дела, / Такие суровые, такие грозные / Мы выполняем задачи войны» и «Мы разгромили сяньюньцев / До самой великой равнины». В этом рассказе о войне ни один солдат не предстает в качестве храброго бойца, а единственным героем, которому приписывают победу, является министр Инь Цзифу, которого описывают как «могущественного в мире и войне» и «образец для всех людей», не говоря при этом, держал ли он вообще в руках какое-либо оружие. На самом деле, почти сразу после того, как его выделили для восхваления в поэме, Инь Цзифу рассматривается в совершенно ином контексте, чем война. Более, чем отношение к войне в предыдущих строфах оды, приведет в недоумение читателя Гомера, пожалуй, изображение праздничного пира в последней строфе[64].

---

[64] Ван [Wang C. H. 1975] обсуждает различные проявления героизма в западном эпосе и китайской литературной традиции. Комментируя то, что он характеризует как гражданскую ориентацию Западной Чжоу, Крил [Creel 1970, ch. 10] проводит частые сравнения с Древним Римом.

Если явное чувство облегчения и восторга по поводу возвращения домой, которое Цзифу проявляет, отдавая распоряжения о подготовке банкета, можно было бы ожидать, то упоминание о почетном госте в последней строке стихотворения — нет. Можно было бы ожидать особого упоминания одного из коллег Цзифу, занимающего видное положение при дворе, или близкого друга, обеспокоенного ходом войны, или, что более вероятно, товарища, сопровождавшего Цзифу в экспедиции и отличившегося в бою. По всей вероятности, Чжан Чжун относится к одной из перечисленных категорий, но он не отмечен ни в одном из этих качеств. Возможно, он был выдающимся полководцем в бою[65], единомышленником в политике и близким спутником Цзифу в повседневной жизни, но то, что выделяет его в глазах людей и позволяет ему занять почетное место на празднике победы Цзифу, — это его сыновняя почтительность и братская любовь.

Окончание оды 177 фактически соответствует предшествующему описанию войны, которое, в свою очередь, становится более понятным в свете дружеского финала. Наградив высшим отличием образец сыновней почтительности и братской любви на своем победном пиру, на котором, возможно, исполнялось само праздничное стихотворение[66], Цзифу незамедлительно подтверждает ценности, ориентированные на семью, которые неизбежно страдают во время войны. Таким образом, Цзифу демонстрирует, что он действительно является «образцом для всех людей», умелым защитником государственных границ и защитником краеугольных принципов общества и государства Чжоу[67]. Эта концовка с дружеским пиром образует интересный

---

[65] Чэн и Цзян [Cheng, Jiang 471] предполагают, что Чжан Чжун — это тот же человек, что и Нань Чжун, полководец IX века до н. э., который возглавлял Чжоу в войнах против сяньюнь и фигурирует как в оде 168 («Чу цзюй», «Выводит обозы»), так и в оде 263 («Чан у», «Всегда могуч в войне»).

[66] На примере оды 209 (стихотворение, открывающее обсуждение в этой главе чжоуских жертвоприношений предков) Керн [Kern 2000] исследует эквивалентность между контекстом исполнения стихотворения и поводом для его создания.

[67] Согласно пояснительному примечанию Кун Инда, отличие Цзифу в этих двух аспектах делает его достойным министром [MSZ 425].

контраст с последними книгами «Одиссеи», в которых герой войны, вернувшийся домой, демонстрирует боевые качества в своем пиршественном зале.

Если предыдущие примеры показывают, что ценности, ориентированные на семью, доминируют даже тогда, когда боевые подвиги, товарищество и дружба легко предлагают центральный или единственный повод для празднования в «*Одах*», то ода 133 («*У и*», «Без накидки?») передает другое ощущение:

> Как это у тебя нет накидки?
> Я поделюсь с тобой своим ковриком.
> Царь собирает войско;
> Я приготовил копье и топор;
> Ты разделишь их со мной, как мой товарищ.
> Как это у тебя нет одежды?
> Я поделюсь с тобой своим бельем.
> Царь собирает войско,
> Я приготовил копье и алебарду;
> Ты разделишь их со мной, когда мы отправимся в путь.
> Как это у тебя нет одежды?
> Я поделюсь с тобой своим шаном.
> Царь собирает войско,
> Я приготовил доспехи и оружие;
> Ты разделишь их со мной в походе.
> [Cheng, Jiang 356–358]

Песня из государства Цинь, ода 133, вносит редкую ноту в раннюю китайскую литературную традицию, воспевая энтузиазм войны и тепло товарищеской связи. В остальном «*Оды*» полны знакомыми образами солдата, который выражает недовольство бесконечной войной и тоскует по дому[68]. Своеобразие оды 133 вполне может быть связано с известным воинственным характером Цинь. Было бы неудивительно услышать песни с празднич-

---

[68] См., например, оды 31 («*Цзи гу*», «Бьют в барабаны»), 156 («*Дун шань*», «Восточные холмы»), 167 («*Цай вэй*», «Выщипывание паслена»), 168 («*Чу цзю*», «Выводят обозы») и 185 («*Ци фу*», «Военный министр»). Крил [Creel 1970: 255–256] кратко обсуждает мрачный подтекст и отсутствие прославления в описаниях войны в «*Одах*».

ным отношением к войне в пограничном государстве, которое с момента своего основания в IX веке до н. э. вступало в военные конфликты с различными племенами и оставалось второстепенным среди других государств Центральной равнины в течение столетий после формального обретения статуса регионального государства при дворе Чжоу в VIII веке до н. э.[69] Возможно, стихотворение могло исполняться солдатами на марше, или на встрече товарищей в казарме, или в каком-то другом военном контексте. Ода 133 напоминает нам, что описание военных торжеств в таких стихотворениях, как ода 177 и ода 262, не отражает полной картины. Если записи о потерях, найденные в бронзовых надписях и исторических текстах, показывают, что война была такой же реальной и жестокой в чжоуском Китае, как и в других странах, то ода 133 указывает на то, что военные Чжоу и, конечно, военные пограничного государства отнюдь не были неспособны горячо и гордо поддерживать свое дело и своих товарищей.

Почему в «*Одах*» не так много песен, подобных оде 133? Может быть, это связано с двумя отличительными чертами жителей Цинь: их воинственным характером, относительной неразвитостью культа предков и патрилинейной организацией государства?[70] Или дело в том, что песни, подобные оде 133, были уникальны для Цинь и не получили популярности в большинстве других регионов страны? Или, если мы считаем, что двор Чжоу осуществлял централизованный контроль над созданием «Од», может ли быть так, что песни, подобные оде 133, из Цинь или откуда-либо еще, не пользовались благосклонностью правящих кругов?[71] Чтобы ответить на эти вопросы, нам нужно знать го-

---

[69] Среди многих других, Бань Гу (32–92) [HS 1644, 2998–2999], Чжу Си [SJZ 6. 22b–24a] и Цуй Шу (1740–1816) [DO 75] отмечают особый дух оды 133 и связывают ее с воинственными обычаями народа Цинь.

[70] См. у Цянь Хана [Qian Hang 1991: 165–203] о поклонении предкам в Цинь.

[71] В этой связи любопытно рассмотреть мнение о том, что гражданские войны с меньшей вероятностью могут вызвать энтузиазм по поводу военного героизма. Муррин [Murrin 1994: 241] излагает эту точку зрения для объяснения упадка эпоса и военного романа в Англии XVI–XVII веков. Этим же можно объяснить отсутствие почитания войны и военных героев в ранней китай-

раздо больше того, что нам известно сейчас. Однако нам кажется, что не стоит слишком выделять особенности Цинь по отношению к другим царствам из Центральных равнин. Во-первых, как следует из стихов на каменных барабанах Цинь об охоте и других аристократических занятиях, датируемых периодом Весен и Осеней, которые в языковом и концептуальном плане явно перекликаются с аналогичными произведениями в *«Одах»*, воинская элита данного государства подражала образу жизни своих сверстников из Центральных равнин, практиковала его, когда считала, что может себе это позволить, и чувствовала достаточную гордость за свои усилия в таком подражании, чтобы запечатлеть их в камне[72]. Вероятно, не стоит сильно винить составителей при чжоуском дворе, если они действительно были ответственны за исключение воинственных песен из поэтического корпуса, игравшего столь заметную роль в образовании и общественной жизни ранней китайской элиты. Военная аристократия Цинь, похоже, не была невосприимчива к тем же идеалам социабельности, которые привлекали их сверстников в других, более «цивилизованных» царствах.

ской литературе, потому что большинство китайских войн между 750 и 250 годами до н. э. велись между первоначальными региональными государствами. Однако до упадка двора Чжоу в начале VIII века до н. э. китайцы вели большинство своих войн против различных окружавших их пастушеских и аборигенных групп [Creel 1970, ch. 9]. Постоянное присутствие сильных внешних врагов не привело к прославлению воина или воинской доблести в «Одах», форма и содержание которых, возможно, были в значительной степени сформированы чжоуским двором. Чтобы понять относительно низкий престиж военных занятий в Китае по сравнению с их статусом в Греции, мы должны принять во внимание не какой-то один фактор (например, гражданскую войну), а всю совокупность социально-политических институтов Чжоу.

[72] Стихи на каменных барабанах Цинь — это набор из десяти стихотворений, которые были начертаны на каменных барабанах и могут быть относительно надежно датированы где-то между VI и V веками до н. э. [Mattos 1988, ch. 4]. По словам Гилберта Маттоса, автора подробного исследования стихотворений для каменных барабанов Цинь, «во всех этих стихах [об охоте и неспешных прогулках] звучит одна тема, а именно: совершенный порядок вещей, от колесниц, рек до движения пеших людей» [Mattos 1988: 330].

Во-вторых, сравнительный подход проливает новый свет на анализ очевидной особенности оды 133 и ее последствий для любых обобщений о дискурсах чжоуской элиты о социабельности. В то время как восторженное восхваление воинского товарищества в оде 133 является уникальным для китайской традиции, празднование товарищества, определяемого как дружбой, так и соперничеством и реализуемого как на поле боя, так и в гражданском контексте, лежит в основе греческого дискурса социабельности. Более того, страсть к товариществу, выраженная в оде 133, совершенно иного рода, чем та, что наполняет страницы греческих литературных произведений. Давайте еще раз вспомним гомеровское изображение знаменитой дружбы между Ахиллом и Патроклом.

Мы обойдем вниманием пространные и утомительные описания в песнях 18–24 «Илиады» горьких мук, терзающих Ахилла после смерти Патрокла и наполняющих его неистовым желанием отомстить, несмотря на знание того факта, что и сам погибнет при этом и тем самым лишит своих родителей единственного сына. Поражает воображение утверждение великого воина о том, что даже смерть собственного отца не огорчит его больше, чем потеря дорогого товарища[73], но давайте обратимся к эпизоду, который окончательно свидетельствует о нерушимой связи между двумя друзьями. В 23-й песни, после того как Ахилл отомстил, убив Гектора, и на следующий день должен был совершить похороны Патрокла, тот является во сне своему товарищу и обращается к нему с последней просьбой: «Кости мои, Ахиллес, да не будут розно с твоими; / Вместе пусть лягут, как вместе от юности мы возрастали... / Пусть же и кости наши гробница одна сокрывает, / Урна златая, Фетиды матери дар драгоценный!» (Гомер, «Илиада» 23.83–84, 91–92, пер. Н. И. Гнедича).

---

[73] Эти строки также цитировались в главе 1: «Ныне лежишь ты пронзенный, и сердце мое отвергает / Здесь изобильную снедь и питье, по тебе лишь тоскуя! / Нет, не могло бы меня поразить жесточайшее горе, / Если б печальную весть и о смерти отца я услышал, / Старца, который, быть может, льет горькие слезы во Фтии, / Помощи сына лишенный...» (Гомер, «Илиада» 19.319–324, пер. Н. И. Гнедича).

Снова поразителен контраст между узами товарищества и узами семейными. Настояние Патрокла, чтобы кости двух друзей хранились в урне, подаренной Фетидой в знак материнской привязанности, кажется, превращает глубокие семейные узы в оболочку для крепкой связи между товарищами. Ахилл сразу же с готовностью соглашается с Патроклом: «Ты ль полагаешь заветы мне крепкие? Я совершу их, / Радостно все совершу и исполню, как ты завещаешь. / Но приближься ко мне, хоть на миг обоймемся с любовью / И взаимно с тобой насладимся рыданием горьким!» (Гомер, «Илиада» 23.95–98, пер. Н. И. Гнедича).

Тоска, выраженная в словах величайшего гомеровского героя, страстна и пронзительна. Позже, когда тело Патрокла было сожжено на погребальном костре, Ахилл приказывает поместить его кости в золотую урну, где они будут дожидаться, пока он сам не умрет (Гомер, «Илиада» 23.243–244)[74]. Ахилл последует за своим любимым товарищем в подземный мир, и смерть здесь служит лишь для увековечивания двух героев, которые сражаются и размышляют бок о бок и разделяют друг с другом все: свое имущество, свои страсти и свои жизни.

Ничего сопоставимого нельзя найти ни в одном из ранних китайских источников. На фоне гомеровского восхваления дружбы, которая возвышается над семейными узами и требует глубочайших чувств воина, теплота, выраженная в военном товариществе в оде 133, указывает лишь на то, что китайские воины действительно ценили значение, которое товарищество имеет на войне. С точки зрения сравнительной перспективы важно то, что в китайской традиции было очень мало подобных песен и в них не было ничего близкого к гомеровскому одобрению товарищества в противовес семейным узам. Смешанный прах Ахилла и Патрокла в золотой урне свидетельствует о том, что узы между двумя греческими товарищами были священными, нерушимыми и более крепкими, нежели семейные узы. Многочисленные бронзовые сосуды, которые чжоуские воины посвящали своим предкам

---

[74] В «Одиссее» (24.76–77) мы узнаем, что после смерти Ахилла кости обоих мужчин были смешаны и помещены в золотую урну, подаренную Фетидой.

в память о военных победах, красноречиво свидетельствуют о том, что для китайских почитателей войны это было наивысшей ценностью. Атлетические фестивали, которые, как считается, возникли на основе погребальных игр Ахилла в честь Патрокла, свидетельствуют о признании и почете, которые греки оказывали внесемейным гомосоциальным связям, олицетворяемым двумя гомеровскими героями. Храмы предков, где китайские офицеры и полководцы приносили жертвы предкам и извещали их о своих достижениях, показывают, что они были сторонниками той формы благочестия, которая была сосредоточена на семье и являлась краеугольным камнем политической идеологии Чжоу.

Родство против товарищества

Мы рассмотрели ранние китайские представления о праздном общении в двух ситуациях: религиозные праздники (домашние и общественные) и празднества, связанные со спортом или военной тематикой. В обоих дискурсивных контекстах доминирование родственных связей контрастирует с центральным положением гражданственности и товарищества в греческом случае, но нам необходимо понять, насколько хорошо данное сравнение вписывается в более широкую систему координат. Таким образом, в этом разделе мы рассмотрим, как дружеские собрания формировали значимый контекст, в котором китайцы вели серьезные размышления об относительной ценности родства и товарищества, как семья служила центром культурного воспроизводства в чжоуском Китае и, наконец, как в ранней китайской поэзии прославлялись неродственные связи.

«Ю Шэн»: приглашение на пир

Ода 165 («*Фа Му*», «Топор дровосека») представляет собой прекрасную иллюстрацию того, как чжоуские китайцы воспринимали функцию праздничных практик в установлении межличностных отношений. Стихотворение начинается так:

Дзин-дзинь, стучит топор дровосека;
Инь-Инь, кричат птицы,
Покинь темную долину,
Поднимись на высокое дерево.
Они кричат,
Каждая ищет голос своих друзей.
Видишь, что даже птица
Ищет голос своей подруги,
Тем более человек должен
Искать друзей и родственников.
Ибо духи слушают,
Все ли мы дружелюбны и мирны.

Зов птиц друг к другу в лесу наводит говорящего на мысль о том, что люди должны искать компанию и стремиться продемонстрировать свое превосходство в дружеских связях. Игра слов усиливает рассуждения: если даже птица ищет «голос своего товарища» («*ю шэн* 友聲», вторая строка, вторая строфа), то тем более естественно, что человек ищет связи со своим «*ю шэн* 友生» (четвертая строка, вторая строфа). Хотя суть этой аналогии с природой достаточно ясна, — общительность определяет человека как социальное существо — значение термина «*ю шэн* 友生» требует изучения в свете предыдущего обсуждения *ю* 友 и *пэнъю* 朋友. Уэйли переводит «*ю шэн*» как «друзья и родня», вероятно, истолковывая *шэн* 甥 (племянники, а именно, сыновья сестер) как омофон *шэн* 生, а многие другие переводчики и комментаторы приняли его за «друзей, товарищей», понимая «*шэн* 生» как эксплетивный суффикс[75]. Мы предлагаем здесь два правдоподобных варианта прочтения, оба из которых зависят от семантической инклюзивности таких терминов, как

---

[75] Среди тех, кто принимает общепринятое толкование слов «*ю шэн*» в оде 165 как «друзья, компаньоны», Чжэн Сюань [MSZ 410–411], Чжу Си [SJZ 9.11b], Фан Южунь [SY 9.335], а также [Karlgren 1950: 109; Gao Heng 2004: 270; Yu Guanying 1956: 177; Cheng, Jiang 451]. Прочтение *шэн* как эксплетивного суффикса было предложено Ма Жуйчэнем [MZT 17.505], и его придерживаются многие современные комментаторы [Cheng, Jiang 451; Tang Moyao 2004: 355, 358; Wang Shoumin 1989: 386, 451; Yang Renzhi 2001: 310].

ю и *пэнъю*. Либо мы можем рассматривать *ю* 友 и *шэн* 生 (甥) как общие ссылки на агнатических родственников и родственников по браку соответственно[76], либо мы можем перевести «*ю шэн*» как «друзья» в смысле «люди, с которыми человек близок», что охватывает как родственные, так и неродственные связи. Оба прочтения подходят к остальной части оды 165, поскольку говорящий продолжает описывать радостное вдохновение, полученное от природы:

> «Хэй хо», — кричат лесорубы.
> Я процедил свое вино так чисто,
> У меня откормленный ягненок.
> Угоститься я приглашаю всех дядей по отцовской линии[77].
> Даже если они решат не приходить,
> Они не смогут сказать, что я ими пренебрег.
> Я навел порядок и чистоту, побрызгал и подмел,
> Я расставил мясо, восемь супниц с крупой[78].
> У меня откормленный бычок,
> На которого я приглашаю всех дядюшек
>   [по материнской линии][79],
> И даже если они решат не приходить.

---

[76] В данном случае мы предполагаем, что такие термины, как «*сюнди шэн цзю* 兄弟甥舅» (старший брат, младший брат, сын сестры и дядя по матери) и «*сюнди хуньинь* 兄弟昏姻» (старший брат, младший брат, родные родственники), могли иметь тот же смысл, который поэт пытается передать здесь. Использование «*сюнди шэн цзю*» и «*сюнди хуньинь*» в «Одах» будет рассмотрено позже.

[77] Чжуфу 諸父 по-китайски; Уэйли [Waley 137], который переводит этот термин как «отцы», отмечает, что он означает «дяди по отцовской линии». Точнее говоря, речь идет об агнатических родственниках в поколении отца. Карлгрен также переводит его как «дяди по отцовской линии» [Karlgren 1950: 109].

[78] В свете чжоуских предписаний, касающихся расходов, упоминание здесь восьми супниц (*гуй*) может указывать на то, что хозяином является правитель (царь Чжоу или правитель периферийного государства) или, по крайней мере, высокопоставленный министр [MSZ 411; ST 9.260; Cheng, Jiang 456; Ji Xiuzhu 2005: 211–216].

[79] Чжуцзю 諸舅 по-китайски. Соответствуя чжуфу, этот термин относится к родственникам по материнской линии. Мы, как и Карлгрен [Karlgren 1950: 109], заменяем «дяди по матери» на «дяди» по Уэйли.

Они не смогут обвинить меня.
Они рубят дрова на берегу.
У меня хороший запас процеженного вина;
Посуда и подносы стоят рядами.
Старшие братья (*xiong*) и младшие братья (*di*),
             не отдаляйтесь друг от друга!
Если люди теряют привязанность друг к другу,
Это только потому, что не хватает еды.
Когда у нас есть вино, мы процеживаем его, мы!
Когда у нас его нет, мы его покупаем, мы!
Бьем, бьем в барабан, мы!
Проворно шагаем в танце, мы!
И пользуясь случаем, выпьем чистого вина.
[Cheng, Jiang 453–457]

Вдохновившись птицами, которые радуются в компании друг друга, оратор обращается к себе, гости, которых он охотно приглашает на пир, — его родственники (старшие и младшие братья, дяди со стороны отца и матери). Независимо от того, как понимать «*ю шэн* 友生» — как составной термин для агнатических родственников и родственников по браку или как недифференцированную ссылку на «дорогих», — важнейшее понимание, которое дает ода 165, заключается в том, что необходимость поощрения межличностной близости в первую очередь зарождается в кругу семьи[80]. Более того, если родственные связи являются наиболее важными среди первичных категорий человече-

---

[80] То, что в следующих строфах упоминаются только родственники, но не друзья, заставило классических комментаторов проявить изобретательность. Например, Чжу Си воспринимает «*дяди по отцовской линии*», «*дяди по материнской линии*» и «*братья*» как ссылки на друзей, принадлежащих к старшему поколению, но носящих одну фамилию, друзей, принадлежащих к старшему поколению, но носящих разные фамилии, и друзей, принадлежащих к одному поколению [SJZ 9.12a–13a]. Ван Сяньцянь (1842–1918) идентифицирует автора поэмы как князя Чжоу, который, воспевая царя Вэня (своего отца) и друзей царя, называл последних «дядями по отцовской линии» и «дядями по материнской линии» [SSY 14.16]. Фан Южунь утверждает, что «путь дружбы» (*ю дао* 友, «путь быть собой») также лежит в родственных отношениях, то есть родственники могут и должны быть друзьями [SY 9.336].

ских отношений, которые необходимо поддерживать, то агнатические родственники (строка 16) занимают первое место среди «ю шэн», а братья, в частности, включены в этические размышления оратора (строки 28–30). Однако родственники, ставшие частью рода вследствие брака (строка 22), также являются неотъемлемой частью семьи и регулярно участвуют в укреплении близости и дружелюбия посредством совместных мероприятий[81].

Как показано в оде 165, коллективное стремление к удовольствиям является выполнением социальных обязательств, а организация пира служит поводом для распространения нравственных ценностей, связанных с принципами человеческих взаимоотношений. Примечательно, что в стихотворении чистая спонтанность, вероятно, выступающая причиной собрания, быстро исчезает, поскольку оратор начинает последовательно строить планы. Он говорит себе, почему он должен тепло и искренне искать общества своих дядей: от них зависит, придут они или нет, но, по крайней мере, он сделал свое дело и, как он надеется, не будет обвинен в небрежности. Точно так же, приглашая своих братьев, он думает о том, что отсутствие достаточного гостеприимства так часто приводило к отчуждению. Очевидно, что мужчина приступает к организации пира, прекрасно понимая, что речь идет о социальной функции, родственных обязательствах и формировании общественного мнения.

---

[81] Семантическая инклюзивность терминов «ю», «пэнъю» и «ю шэн» имеет параллели с диапазоном значений, связанных с греческим *philoi*, что может включать как родственных, так и неродственных друзей и единомышленников (ср. несогласие Констана [Konstan 1997: 28–31, 53–56] с этим общепринятым пониманием семантической инклюзивности *philoi*). Сходство указывает на главенство родства и дружбы в социальных отношениях как Древнего Китая, так и Древней Греции. Наша цель заключается в том, чтобы рассмотреть различные отношения между категориями дружбы и родства в этих двух культурах, а также динамику их субкатегорий. Всестороннее филологическое исследование таких терминов, как «ю», «пэнъю» и «ю шэн», должно стать предметом отдельного исследования. Гассманн [Gassmann 2000], который рассматривает два ключевых обозначения, «жэнь 人» и «мин 民», для социальных групп в текстах Восточной Чжоу, приходит к выводу, что «за пределами своих соответствующих кланов человеческие существа в китайской древности, похоже, не считались "людьми"» [Gassmann 2000: 358].

И все же хозяин, при всех своих расчетах, вряд ли позволит усомниться в своей искренности, которую он в достаточной мере демонстрирует в своих действиях. Он следит за всеми видами работ в доме — за процеживанием вина, за закланием вола и ягненка, за уборкой, за приготовлением пищи, — и восторг, с которым он рассматривает свои приготовления, заразителен. Последняя строфа, в частности, посвящена радостному празднованию крайнего гостеприимства («Когда у нас есть вино, мы его процеживаем, мы! / Когда у нас его нет, мы его покупаем, мы!») и коллективного самовыражения (Бьем, бьем в барабан, мы! / Проворно шагаем в танце, мы! / И пользуясь случаем, / Выпьем чистого вина». Другими словами, то, что началось с вдохновения от природы, заканчивается на эмфатической ноте спонтанности, чтобы взбодрить собравшееся общество, между ними несколько хорошо оформленных мыслей об этических императивах, ориентированных на родственные связи. Такое сочетание празднования удовольствия, с одной стороны, и формулирования моральных принципов, с другой, характерно для развлекательной литературы как Китая, так и Греции, хотя в этом отношении между двумя традициями существует разительное отличие[82]. В то время как китайские пирующие, похоже, в подавляющем большинстве озабочены вопросами родственных отношений, греки направляют свою эмоциональную и творческую энергию на различные категории сотрапезников: товарищей, сограждан и возлюбленных юношей.

Культивирование социабельности не только оправдывается естественным правом и обязательствами перед обществом, но и получает поддержку религии в изложении автором своего плана праздника в оде 165. В строках 11–12, проведя аналогию между природой и людьми, оратор продолжает проповедовать межличностное дружелюбие: «Ведь духи слушают, / Все ли мы дружелюбны и мирны». Под знаменем предков участники пиршества восхваляют сплоченность и процветание родственной

---

[82] В своем обсуждении «Од» Найлан [Nylan 2001: 104–119] уделяет большое внимание удовольствию как поэтической теме и как социальной функции.

группы и постоянно предостерегают себя от отчуждения и раздоров: «Старшие братья и младшие братья, не отдаляйтесь друг от друга! / Если люди теряют привязанность друг к другу, / Это только потому, что не хватает еды». Религиозная поддержка также была неотъемлемой частью эллинских празднеств, хотя в греческом дискурсе боги-предводители в основном выступали как покровители гражданских общин и свидетели внесемейных гомосоциальных связей. В китайских же празднествах самыми дорогими «духами», которые слушали и отвечали участникам празднеств, были предки — покровители их рода.

Верховенство родственных связей

Китайские пирующие часто выражают свое представление о правильной структуре межличностных отношений. В нескольких произведениях «Од» прямо утверждается привилегия родства над другими отношениями. Сначала рассмотрим оду 164 («*Тан ди*», «Вишневое дерево»), в которой рассматриваются различия между братьями («*сюнди*» 兄弟) и друзьями («*пэн*» 朋, «*ю шэн*» 友生). Стихотворение начинается на фоне собрания братьев: «Цветы вишневого дерева, / Разве они не великолепны? / Из ныне живущих мужчин / Никто не сравнится с братом (*сюнди*)».

Следующая строфа подкрепляет это утверждение, указывая на то, что несравненная ценность братьев заключается в том, что они верны друг другу и поддерживают друг друга в трудные времена: «Когда смерть и скорбь страшат нас / Братья (*сюнди*) очень дороги; / Как "возвышенность" и "низина" образуют пару, / Так "старший брат" (*xiong*) и "младший брат" (*di*) идут вместе».

Тем не менее поэма не сводится к простому, искреннему восхвалению братских уз. Не всегда и не все признают и защищают великую ценность этих отношений. В оде 223 («*Цзяо гун*», «Роговый лук»), которая подчеркивает важность родственных связей и демонстрирует озабоченность образцовым поведением элиты по отношению к своим родственникам, мы узнаем, что есть как «хорошие братья», которые «великодушны и прощают», так и «плохие братья», которые «причиняют друг другу все возможное зло»[83]. Неспособность осознать главенство родственных отношений в своей жизни может лежать в основе неудач «плохих братьев». Правильный баланс между родством и дружбой — это именно то, что волнует автора оды 164. Его попытка морального убеждения начинается со сравнения этих двух категорий отношений:

> На равнине трясогузки[84],
> Когда братьям (*сюнди*) очень тяжело,
> Даже хорошие друзья (*liang peng* 良朋)
> В лучшем случае только вздыхают.
> Братья (*сюнди*) могут ссориться в стенах дома,
> Но снаружи они защищают друг друга от оскорблений;
> Тогда как даже хорошие друзья (*liang peng*) не обращают
>   внимания.

Потенциальная конкуренция между дружбой и родством уже подразумевается явно. Автора беспокоит, что из-за конфликтов, которые неизбежно возникают между братьями, люди склонны упускать из виду важность преодоления внутренних разногласий и постановки братских уз выше всех внешних отношений. Они не понимают, что поддерживать хорошие отношения с друзьями легче, чем с братьями, именно потому, что друзья менее тесно связаны друг с другом в повседневной жизни и тем более в критические моменты. Такое заблуждение имеет печальные последствия, о чем сокрушается автор в следующей строфе: «Но когда

---

[83] В предыдущей строфе оды 223 автор призывает своих слушателей, которые, очевидно, являются представителями элиты, подавать хороший пример простым людям: «Податлив лук из рога, / Быстро концы его летят назад. / Но братья и родственники по браку (сюнди хуньинь) / не должны держаться на расстоянии. / Если ты отдалишься, / То и простой народ будет таким же; / Но если ты подашь хороший пример, / То и простой народ последует ему» [Cheng, Jiang 710–711].

[84] Образ, представляющий опасную ситуацию.

время траура или насилия проходит, / когда все спокойно и тихо, / Даже братья (*сюнди*) / не равны друзьям (*ю шэн* 友生).[85]

То есть люди часто не могут провести границу между внутренней группой (братья) и внешней группой (друзья), отстоять приоритетность первой (в силу ее истинной ценности и несмотря на присущие ей проблемы) и опустить вторую на ту позицию, которую она заслуживает (в силу ее меньшей надежности и несмотря на доброжелательность). Хотя во время кризиса на помощь спешат именно братья, когда проблема решена, люди часто с трудом мирятся с конфликтом братьев и сестер и предпочитают общаться с друзьями, потому что общение с друзьями вызывает меньше трений и приносит больше удовольствия. Это сетование в оде обращено прежде всего на практику проведения совместных мероприятий, случаев, которые лучше всего отражают близость или дистанцию между людьми в повседневной жизни. В последних трех строфах оды 164 оратор рисует восхитительную картину семейной встречи:

> Расставьте блюда и мясные тарелки,
> Пейте вино до дна;
> Все ваши братья (*сюнди*) здесь вместе,
> Мирные, счастливые и кроткие.
> Ваши жены и дети звонко перекликаются
> Как маленькая цитра с большой цитрой.
> Ваши братья в согласии,
> Мирные, радостные, веселые, в большом ликовании.
> Так вы приносите добро в дом и жилище,
> Радость жене и детям.
> Я глубоко изучал, я размышлял,
> И это действительно так.
> [Cheng, Jiang 447–452]

Тон наставления и образ, приведенный в предыдущем отрывке, звучит так, как будто произведение было произнесено на

---

[85] В сопоставлении с *сюнди*, *ю шэн* должно относиться к неродным друзьям в этом рассуждении об этике отношений. Ван Лихуа [Wang Lihua 2004: 49], однако, оставляет открытой возможность того, что двоюродные братья противопоставляются прямым братьям.

пиру, где братья и члены их семей собрались вместе, чтобы устранить разногласия и укрепить узы. Это, конечно, могло быть так, но контекст не обязательно должен быть таким ограниченным[86]. Оду можно было бы с успехом исполнить и повторить на любой родственной встрече, потому что напряженные отношения между братьями и сестрами неизбежно повторяются, и всегда есть слишком много поводов для ошибочных суждений о формировании и привилегированности отношений, в связи с чем советы, которые предлагает ода 164, всегда будут необходимы. В последней строфе автор старается представить себя серьезным мыслителем и мудрым советчиком, и его послание не могло бы быть более ясным. Братская любовь не должна быть открыта для конкуренции со стороны посторонних, какими бы хорошими друзьями они ни были, а счастье нуклеарной семьи («муж, жена и ребенок») зависит от гармонии расширенной семьи (*ши цзя* 室家, в последней строфе имеются в виду и дом как семья, и дом как жилище[87]).

Ода 164 представляет собой наиболее сложную попытку в ранней китайской литературе объяснить важность сохранения братской солидарности и единства в борьбе с чужаками. В более поздних китайских литературных традициях «Вишневое дерево» стало вызывать в памяти идеалы гармонии и единства братьев и сестер. С нашей точки зрения, стоит отметить, что эти идеалы представлены в контексте семейного застолья. В двух строфах (шестой и седьмой) сгруппированы слова, которые почти исчерпывают словарный запас «гармоничной радости»: «мирный, счастливый и кроткий» и «мирный, веселый, в великом ликовании».

Главную мысль, отстаиваемую в оде 164, можно найти в другом стихотворении, оде 217 («*Куй бянь*», «Шапка высока»). Здесь автор

---

[86] Ранние источники о создании и последующих исполнениях этой оды обсуждались в начале этой главы.

[87] Эта зависимость между нуклеарной и расширенной семьей отмечена у Чжэн Сюаня, Кун Инда и Чжу Си [MSZ 409; SJZ 9.10a–b]. О значениях *shi* и *jia* (расширенные семьи знати как экономические, политические и ритуальные единицы) в «Одах» и в «Комментарии Цзо» см. [Lewis M. E. 2006a: 80–82; Zhu Fenghan 2004: 459–467].

занимает еще более откровенную позицию в изложении своей точки зрения, и с самого начала становится ясен контекст пиршественного общения: «Такая высокая шапка, / Для чего она? / Ваше вино хорошо, / Ваши яства благословенны. / Зачем отдавать их другим мужчинам? / Пусть это будет братьям и никому другому. / Разве омела и повилика / не обвивают кипарис и сосну?» [Cheng, Jiang 686].

Те же риторические вопросы повторяются с небольшими вариациями в следующих двух строфах стихотворения. Говорящий настаивает: «Зачем отдавать их [то есть вино и яства] другим мужчинам? / Твои братья (*сюнди*) должны прийти все» (строки 17–18). Затем он расширяет круг, включая в него не только братьев, но и родственников: «Зачем отдавать их другим мужчинам? / Пошлите за братьями, [материнскими] племянниками, [материнскими] дядями (*сюнди шэн цзю* 兄弟甥舅)» (строки 29–30). Каждый раз говорящий, подобно наблюдателю за птицами в оде 165, подкрепляет свои призывы аналогиями из природы. Если кипарис и сосна обозначают хозяина, то его родственники и гости сравниваются с омелой и повиликой, которые обвиваются вокруг этих деревьев. Если представление отношений как паразитических можно понять как попытку сделать комплимент хозяину (независимо от того, обладает ли он на самом деле более высоким статусом и большим богатством, чем его гости), его смысл, несомненно, заключается во взаимозависимости между родственниками и необходимости солидарности исключительного характера[88]. Круг родства может сужаться или расширяться в зависимости от обстоятельств, но несомненно, что за его пределами всегда стоят те, кого называют «чужими людьми» (*и жэнь* 異人, строка 5 во всех трех строфах). Хотя в стихотворении не упоминаются друзья, они, должно быть, рассматривались как особые члены категории посторонних, и очевидно, что, в соответствии с позицией, проповедуемой в оде 164, им не следует позволять ставить себя выше, чем родственники.

---

[88] Образы омелы и повилики, обвивающих кипарис и сосну, встречаются в первой и второй строфах. О символическом значении см. [MSZ 481; SJZ 14.4a].

В предыдущем обсуждении оды 165 («*Фа Му*», «Топор дровосека») мы отмечали смешение в ней сознательного этического убеждения и спонтанного выражения эмоций. Такое же смешение можно найти в двух только что рассмотренных стихах. Благодаря сочетанию сложных рассуждений (сравнения статуса братьев и друзей) и очаровательного изображения гармонии праздника, ода 164 может считаться классическим китайским поэтическим высказыванием об отношениях между родством и дружбой. Ода 217, хотя и лишена этических рассуждений, которые она заменяет прямыми утверждениями, глубже погружается в эмоциональный мир пирующих родственников. В заключение оды говорится: «Когда надвигается метель / Снег падает в повозку. / Смерть и потеря могут прийти в любой день; / Нам недолго быть здесь вместе. / Наслаждайтесь вином в этот вечер; / Наш хозяин устраивает пир!» [Cheng, Jiang 688].

Комментаторская традиция Мао относит создание оды 217 к правлению царя Ю (781–771 до н. э.), печально известного последнего правителя Западной Чжоу, и, соответственно, последнюю строфу он читает как сетования родственников царя, которые удручены своим распадающимся миром и пытаются найти развлечение и утешение в пиршествах. Чжу Си, однако, отказывается от историзированного прочтения и понимает последнюю строфу в терминах обобщенных чувств о ценности родственных связей в мимолетной человеческой жизни [MSZ 481; SJZ 14.4b–5a]. Прочтение Чжу Си кажется более верным, потому что оно усиливает и философски раскрывает центральное послание, переданное в двух предыдущих строфах (в то время как трактовка Мао разочаровывает), а также, возможно, потому что такие обобщенные размышления, скорее всего, были тем, что сами чжоуские пирующие вынесли из стиха, когда он снова и снова исполнялся за их столами.

Сопоставление образов природы в начале и конце оды 217 достаточно проникновенно. Образ растений, обвивающихся вокруг кипариса и сосны в первых двух строфах, символизирует сплоченность родственников, но падающий снег и неумолимо надвигающаяся метель в последней строфе заставляют читателя увидеть, что такой сплоченности брошен вызов: на нее давит неизбежность смерти. Хотя любые человеческие усилия оказываются тщетными, если рассматривать их в этом ключе (отсюда и печальный тон последней строфы), конечный смысл стихотворения, очевидно, заключается в том, что жизнь можно сделать более терпимой благодаря уверенности в том, что всегда есть близкие родственники, на которых можно положиться, и что, будучи смертными, мы должны дорожить тем ограниченным временем, которое мы можем провести с нашими близкими, и никогда не прекращать чествовать эти узы вином и стихами[89]. В наше время мы, возможно, не раз слышали подобные рассуждения о жизни и смерти, проникнутые горечью и сладостью и произносимые слишком часто в веселом кругу друзей. Тем не менее нам кажется, что ранняя китайская версия заслуживает особого внимания, поскольку в ней предпринимается попытка представить родственные связи как лучший якорь в море жизненных неурядиц, и что, как наиболее естественное и благородное проявление человеческих отношений, родственные связи заслуживают постоянного общественного почитания.

Та убежденность, с которой китайцы размышляли и утверждали о важности родственных связей в сравнении с неродственными, на наш взгляд, отличает их от греков в решении одного и того же вопроса об определении ценностных ориентиров. Грек Гесиод звучит вполне «по-китайски», когда советует: «Не ставь никогда наравне товарища с братом» (*mēde kasignētōi ison poieisthai hetairon*; Гесиод, «Труды и дни» 707), но тут же продолжает: «Раз же, однако, поставил (*ei de ke poiēsēis*), то зла ему первым не делай / И не обманывай, чтобы язык потрепать» (Гесиод, «Труды и дни» 708–709, пер. В. В. Вересаева). В следующих пяти строках Гесиод продолжает рассуждения о принципах дружбы как совершенно самостоятельной категории социальных отношений, более о род-

---

[89] Тот же ход мыслей можно найти в оде 164: «Когда смерть и траур нас пугают, / Братья очень дороги».

стве не упоминая[90]. Очевидно, Гесиод не так сильно, как китайцы, озабочен выяснением отношений между родством и дружбой. В то время как авторы китайской поэзии решительно отстаивают приоритет родства, Гесиод с готовностью признает, что люди могут сделать друга равным брату, и с удовольствием дает советы о том, как надо дружить.

Это наблюдение тем более интересно, что в своей дидактической поэме Гесиод не скрывает своего конфликта с братом Персом, которого он порицает за леность и несправедливость (как, например, в «Трудах и днях» 27–41, 274–292). Все добрые советы, которые поэт пытается дать Персу, касаются общих моральных принципов (в частности, добродетели трудолюбия и справедливости). Гесиод, похоже, понимает, что его конфликт с братом — печальный результат нарушения Персом универсальных принципов человеческого поведения, а не неудача в специфических братских отношениях. Поддержание родственной солидарности явно не является предметом заботы Гесиода, как это происходит в китайских поэмах о братских отношениях, и нигде у Гесиода конфликт между двумя братьями не представлен как нечто, подрывающее судьбу домашнего очага, перед которым они оба несут высшие обязательства.

Можно сделать вывод, что китайцы были больше скованы узами родства, тогда как греки были менее обременены моральным императивом «родство превыше всего». Другое дело, что китайские агнатические родственники, по сравнению греческими, любили друг друга больше (конечно, не все), но это было ожиданием, которое навязывали китайцам с большой моральной убежденностью и сильной институциональной поддержкой, поскольку гармония и солидарность патрилинейной семьи считались моделью и основой социально-политического порядка в древнем Китае.

---

[90] «Но если он обидит тебя первым, / оскорбив словом или делом, / не забудь отплатить ему вдвойне; если же он попросит тебя / снова стать его другом и будет готов дать тебе удовлетворение, / прими его. Ничтожен тот, кто делает своим другом то одного, то другого; / а что касается тебя, то пусть твое лицо не позорит твое сердце» (Гесиод, «Труды и дни» 709–714).

Многочисленные чествования родственных уз и утверждения о приоритете родства над дружбой в «Одах» не говорят о реальном воплощении патрилинейной связи. Как ни странно, постоянный акцент на единстве патрилинейного родства и императив близких отношений между членами рода мог привести к сильному внутриродовому соперничеству за ресурсы, статус и другие объекты спора[91]. Кропотливые усилия по поддержанию статуса родственных связей в дискурсах Чжоу о социабельности показывают, что такая внутриродственная конкуренция не только активно подавлялась, но и могла прекрасно сосуществовать со стойкой родственной солидарностью, проявляемой против чужаков (*и жэнь*) во всех социальных контактах и в коллективных ритуалах в присутствии предков.

Так же как преобладание внесемейных гомосоциальных связей в песнях и философских размышлениях греков дает этим отношениям привилегию в общей сфере (не то чтобы греки не любили своих родственников или все греческие друзья и граждане брали пример с Ахилла и Патрокла), сосредоточенность на родственных связях в китайском дискурсе указывает на центральное место семьи в китайской социально-политической модели (не то чтобы китайцы не ценили дружбу или все китайские мужчины были образцовыми сыновьями и братьями). Для китайцев семейные добродетели сами по себе могли стать вершиной и совершенством развития человечества. Для греков конкурентное сотрудничество в гражданском «братстве» означало оттеснение биологического родства и представляло собой вершину расцвета человечества. Китайцы были озабочены управлением фактическими семейными отношениями, поскольку и организационно, и концептуально государство опиралось на такие связи. Для греков согласие или разлад в семейных отношениях приобретали более высокий уровень значимости, когда они выходили за рамки реального родства и служили метафорой гражданской гармонии или раздора [Loraux 2002; Thériault 1996].

---

[91] «Комментарии Цзо» изобилуют историческими примерами такой внутриродственной конкуренции.

Семья как центр воспроизводства культуры

Дом, где человек ежедневно выполнял моральные предписания и религиозные церемонии, ориентированные на родство, был местом получения лишь самого фундаментального образования в обществе Чжоу, в отличие от священных рощ, гимнасий, школ борьбы и симпозиумов — мест, которые играли важную роль в воспитании и образовании молодых греческих мужчин.

Это различие мест можно увидеть в китайских и греческих ритуалах наступления совершеннолетия для юношей[92]. В Греции такие ритуалы проходили в таких общественных публичных местах, как городская ратуша или территория святилищ, они проводились в компании ровесников посвящаемого и старших мужчин в качестве партнеров-наставников, а также в контексте спортивных и других состязательных мероприятий на праздниках. Эти тенденции были наиболее очевидны на архаическом Крите и в Спарте. В обоих местах мальчики покидали свои семьи в раннем возрасте (семь лет в Спарте), чтобы получить образование в области письма, музыки и атлетики в компании своих сверстников. Их окончательное вступление в совершеннолетие отмечалось рядом ритуалов различной продолжительности, во время которых юноши присоединялись к своим взрослым гомосексуальным любовникам в пирах, охоте и спортивных боях [Calame 2001: 246–247; Kamen 2007: 90–93; Scanlon 2002: 74–75; Vernant 1991: 239–240, 323].

---

[92] То, что мы здесь называем ритуалами вступления в совершеннолетие, в классических исследованиях обычно называют обрядами инициации. Недавние исследования справедливо возражают против того, чтобы огульно использовать термин «инициация». Граф [Graf 2003: 15, 20] считает, что ни один институт в греческом городе не соответствовал строгому антропологическому определению «инициации», и он выступает за выражение «ритуалы вступления в совершеннолетие». Однако Фараоне [Faraone 2003: 44], который также критически относится к применению термина «инициация» ко многим греческим ритуальным практикам, принимает определение «инициации» (то есть ритуалы, «которые церемониально отмечают вступление индивида в новую группу и которые в первую очередь сосредоточены на успешном росте и развитии индивида»), которое, по нашему мнению, справедливо применять к обсуждаемым здесь ритуалам вступления в возраст совершеннолетия.

В Афинах классического и эллинистического периодов процедура была не такой жесткой, но соответствовала тому же ритуалу. Афинский мальчик должен был быть принят во фратрию своего отца, прежде чем его примут в *дем* и, таким образом, в число граждан по достижении 18 лет. Зачисление во фратрию происходило на Апатуриях, празднике, который отмечался внутри фратрии и включал соревнования между детьми. После зачисления в дем и получения статуса *эфеба* (молодого взрослого в возрасте 18–20 лет, готового стать полноправным гражданином) молодой человек должен был посетить все святилища Афин [Parker R. 1996: 105; Zaidman, Schmitt-Pantel 1992: 270]. Многие надписи эллинистического периода показывают, что, когда афинские эфебы формально становились гражданами, они приносили жертвы в честь своей принадлежности в присутствии жрецов в ратуше у общественного очага, прежде чем отправиться в святилище Артемиды [Miller 1978: 168–170, 195–202; Zaidman, Schmitt-Pantel 1992: 65–66][93]. Судя по другим источникам, атлетические состязания были одним из основных компонентов мероприятий во время ритуалов вступления в совершеннолетие, которыми руководила Артемида, богиня — покровительница детей[94]. Как и спартанские и критские ритуалы, афинские обряды вступления в совершеннолетие подтверждают два важнейших момента, которые мы пытались донести до читателя в отношении воспитания и социализации греческих мальчиков: это значимость внесемейного общения и наличие сильного соревновательного элемента[95].

---

[93] Неясно, принадлежали ли обсуждаемые эфебы к *эфебиям*, военно-учебным заведениям, созданным в IV веке до н. э. для молодых людей до их официального посвящения в граждане. Многие ученые считают, что афинская эфебия могла развиться из института совершеннолетия, который существовал во всем греческом мире [Scanlon 2002: 87].

[94] Об особой роли Артемиды как покровительницы детей и в ритуалах, связанных с наступлением совершеннолетия, см. [Scanlon 2002, ch. 3; Vernant 1991, ch. 12].

[95] См. [Polinskaya 2003: 101–102; Winkler 1990b: 47–58] о роли, которую афинские эфебы играли в религиозных праздниках, и о параллелях между военной подготовкой и хоровым исполнением при участии эфебов в празднествах.

Напротив, ритуалы, отмечающие вступление китайских юношей во взрослую жизнь, проходили в храме предков и были направлены на привитие ценностей, ориентированных на семью. О значении ритуального пространства при проведении обрядов вступления в совершеннолетие можно судить по записи, найденной в «Комментариях Цзо» [Xiang 9, Yang 970–971]. В 564 году до н. э. молодой князь Сян из Лу (572–542 до н. э.) присоединился к князю Дао из Цзинь, лидеру одной из двух сверхдержав того времени, в военном походе. После похода, на прощальном застолье, который Дао устроил для Сяна, Дао узнал возраст Сяна и предложил Цзи Уцзы, главному советнику Лу, присутствовавшему на пиру, провести обряд вступления в совершеннолетие его господина. Приняв предложение князя Дао всерьез, Цзи Уцзы ответил, что это нельзя сделать на месте, так как обряды должны проводиться в храме предков, с жертвоприношениями и ритуальной музыкой. Стараясь угодить князю Дао, Цзи Уцзы договорился, чтобы князь Сян прошел обряд вступления в совершеннолетие, когда на обратном пути они доберутся до Вэй, чей князь-основатель был братом первого князя Лу. Рассказывают, что путешественники позаимствовали у хозяина ритуальную атрибутику и должным образом провели обряд в родовом храме в честь вэйского князя Чэна (634–633 до н. э., 631–600 до н. э.).

Самый важный факт, который вытекает из записи в «Комментариях Цзо», заключается в том, что назначение храма предков местом проведения обрядов вступления в совершеннолетие согласуется с тем, что мы знаем о пространственной центральности храма предков в древнекитайской религиозной и ритуальной деятельности. Как видно из главы «Книги этикета и церемониала», посвященной ритуалам вступления в совершеннолетие для низшего дворянского сословия [Yili 945–960], цели китайской церемонии соответствовали ее пространственному окружению и контрастировали с ее греческим аналогом.

Согласно «Книге этикета и церемониала», в день церемонии гости, приглашенные семьей для проведения обряда, прибывают в родовой храм семьи и готовятся к проведению ряда ритуалов, в основе которых лежит вручение шапочки, одежды и имени, указывающих на обретаемый статус взрослого. Каждое вручение сопровождается ритуальными подношениями еды и питья, во время которых почетный гость обращается к молодежи с благословениями и назиданиями. В частности, распорядитель призывает юношу отбросить детские мысли и придерживаться добродетелей взрослого человека, то есть всегда практиковать сыновнюю почтительность и братскую любовь 孝友時格永乃保之 [Yili 957]. Выдвижение на первый план этих двух ключевых семейных добродетелей уместно в пространственном контексте ритуала вступления в совершеннолетие. Как дважды подчеркивает церемониймейстер в своих благословениях, все родственники мужского пола посвящаемого присутствуют, чтобы засвидетельствовать начало его стремления к совершенной добродетели. Фактически родственники женского пола также выступают в качестве свидетелей. В несколько моментов во время церемонии юноша должен предстать перед матерью, тетками (сестрами отца) и старшими сестрами, совершить ритуальные подношения и поклониться. Другими словами, хотя присутствие посторонних гостей указывает на то, что ритуал предназначен для посвящения юноши в общество, в фундаментальном смысле посвящение задумано как высшая ступень семейных добродетелей, которым юноша научился дома и теперь готов практиковать в качестве ответственного члена сообщества, объединенного приверженностью семейной идеологии. Гости обряда, представляя общину, не пропагандируют обретение молодежью независимости от дома и вступление в мир с другими правилами и обязанностями, но навязывают посвящаемому семейные добродетели. Вместо того чтобы присоединиться к компании сверстников, находящихся между подростковым и взрослым возрастом, как в Греции, китайский юноша окружен своими родственниками и подвергается их пристальному вниманию и критике. Вместо того чтобы доказывать свою состоятельность в публичных состязаниях среди сверстников, как в Греции, китайский посвящаемый проходит через ритуалы, подчеркивающие иерархию, порядок и благоговение, и получает наказ посвятить себя пожизненной практике сыновней почтительности и братской любви.

Действительно ли китайцы проводили свои ритуалы вступления в совершеннолетие в соответствии с подробным протоколом, изложенным в «Книге этикета и церемониала», не так уж и важно. Важно то, что, как и множество других значимых древнекитайских ритуалов, церемония, знаменующая вступление мальчика во взрослую жизнь, проходила в домашнем ритуальном пространстве *par excellence*, в отличие от акцента на публичности подобных мероприятий в греческой традиции. Этот контраст, как нам кажется, показывает критическое, хотя и весьма условное различие в том, какое значение китайцы и греки придавали родственным связям и внесемейным гомосоциальным связям.

Если для китайцев семья была и территорией, и целью для самоутверждения и завоевания славы, то для греков мужчина достигал совершенства в компании и через товарищеское соперничество со своими сверстниками. Телемах, изображенный как беспокойный юноша, живущий дома в отсутствие отца, знаменует свой переход к взрослой жизни тайным решением (неизвестным его матери) покинуть родительский дом и отправиться в путешествие со своими товарищами (hetairoi). Более того, Феогнид в своем сборнике (821–822) оставил нам двустишие, в котором предупреждает своего возлюбленного Кирна, что «Кто непочтителен к родителям престарелым, / тот, Кирн, не найдет себе места», хотя в остальном его обильные поэтические наставления мальчику в основном касаются дружбы и любви[96]. Для греков семейные узы и сыновняя почтительность представляли собой важные этические императивы, но они не были ареной, на которой человек мог доказать свое превосходство или оставить ценное наследие. Если порядочность и респектабельность ассоциировались с этическим поведением в домашней сфере, то совершенства и славы можно было достичь только среди и вместе со своими нынешними и будущими соратниками. Если страх перед гневом и наказанием богов должен

---

[96] В [Golden 1990: 102; Humphreys 1983: 74; Strauss 1993, ch. 3] говорится об уважении, послушании и поддержке в старости, которые ожидаются от греческих детей.

был сдерживать человека от плохого обращения со стареющими родителям[97], те же боги, скорее всего, были рады доказательствам публичного агонистического превосходства. Признавая важность сыновней почтительности и послушания в греческом обществе, тем не менее надо отметить, что существовала внутренняя напряженность между такими ожиданиями и усердным поощрением самостоятельности и соревновательности в воспитании и социализации греческих мужчин. В итоге физическое и символическое отделение юношей от дома, такие институты и мероприятия, как хоровые и атлетические состязания, религиозные ритуалы и эфебия, а также гомосексуализм, ставили под угрозу сыновнее послушание и развивали в юношах напористость и независимость[98]. Какое бы значение греческие философы, поэты, государственные деятели и домохозяйства ни придавали семейной иерархии и сплоченности, оно не могло не быть оспорено и ослаблено убедительным акцентом на членстве в агонистическом, но дружественном внесемейном гомосоциальном сообществе. В Греции не семья, а общество служило местом для обучения граждан конкурентной кооперации[99].

---

[97] В своих «Трудах и днях» (185–189, 331–334) Гесиод обвиняет детей, которые жестоко обращаются со своими стареющими родителями, в том, что они не боятся богов, и утверждает, что боги обрушат свой гнев на этих нерадивых сыновей.

[98] Обсуждая феномен конфликта поколений в классических Афинах, Штраус [Strauss 1993: 102] описывает его в терминах «парадокса афинского патриархата». Парадокс, который он наблюдает в классических Афинах, верен и для греческой культуры в целом, учитывая общие институты и ценности.

[99] Относительно отношений между *oikos* (домохозяйством) и *polis* (городом) в классических Афинах Хамфрис [Humphreys 1983: 69–70] замечает: «Частная сфера рассматривалась как угроза нормам общественной жизни — источник разрушительных индивидуальных интересов и амбиций, — а не как основа для обучения добродетелям сотрудничества». Замечание о том, что домашняя сфера в классических Афинах не обеспечивала основу для обучения кооперативным добродетелям, которые скрепляли агонистическую гражданскую общину, применимо и к другим периодам и местам. Однако классические Афины представляют собой особенно яркий пример того, что *ойкос* угрожал благополучию *полиса*.

В китайской традиции мотивационные приоритеты были расставлены иначе. Источники указывают на главенство семьи как арены социализации, культурного воспроизводства, формирования ритуальной и социальной общности. Дружба и общинные связи ценились постольку, поскольку они поддерживали и укрепляли социальную структуру, созданную по образцу иерархического семейного порядка. Конфуций, сторонник семейного этического и социально-политического порядка, заложенного в Западной Чжоу, также часто рассуждал о путях и значениях дружбы (см., например, [Analects 9.25, 10.23, 16.4]). Он очень ценил удовольствие от общения с молодыми людьми. Говорят, что весенняя прогулка, очаровательно описанная одним из учеников Конфуция, вызвала искреннее одобрение мастера: «В конце весны, после того как весенние одежды будут заново пошиты, я хотел бы вместе с пятью-шестью взрослыми и шестью-семью мальчиками искупаться в реке И и насладиться ветром на алтаре дождя, а затем вернуться домой, распевая стихи» [Analects 11.26][100].

Весенняя прогулка, которая поразила воображение Конфуция, не была направлена на создание сильного внесемейного гомосоциального сообщества в греческом стиле, где греческие мужчины общались друг с другом как свободные личности и где мальчики учились отделяться от своих семей. Такой свободы и независимости не было и в китайской традиции, где храм предков был ритуальным центром, местом инициации мальчика во взрослую жизнь и одновременно пожизненной верности семье. В храме предков мужчины воплощали в жизнь иерархию и гармонию, которые должны были управлять повседневным семейным и, как следствие, общественно-политическим порядком. Благочестие и братскую

---

[100] Контекст здесь — неформальная встреча Конфуция с четырьмя его учениками, во время которой он просит их выразить свои склонности и амбиции. Цзэн Си отвечает, описывая весеннюю прогулку, и получает немедленное одобрение Конфуция. Остальные три ученика говорят о государственной службе. Ученый династии Восточная Хань Ван Чун (27–97 годы) считал, что Цзэн Си изображает ритуал моления о дожде, включающий музыку, танцы и пиршество [Yan Buke 2001: 20–21].

любовь выделяет и система этических учений Конфуция[101]. Восторг, который Конфуций выражает по поводу перспективы весенней прогулки, нельзя правильно понять, если не помнить его предписание о том, что сын не должен уезжать далеко, пока живы его родители, и что если он должен уехать, то должен иметь определенное место назначения [Analects 4.19]. Для Конфуция, как и для его предшественников в традиции, которую он защищал всю свою жизнь, не может быть и речи о страсти, славе или бессмертии, связанных с любой формой объединения людей, если их цели отделены от сохранения и процветания семьи.

Чествование дружбы

Доминирование родства в чжоуских рассуждениях о социабельности не означает, что мужчины раннего Китая редко собирались вместе со своими друзьями или что они не получали удовольствия от дружеского общения. Известно выражение Конфуция, который, несомненно, был искренним сторонником патрилинейно-центричного социального порядка: «Иметь друзей (*пэн*), приходящих издалека: разве это не восхитительно?»[102] Конфуций, который сформулировал прелести дружбы в таких простых, но убедительных словах, должен был постоянно и интенсивно наслаждаться обществом друзей, и мы можем быть

---

[101] В «Аналектах» (1.2) Конфуций определяет сыновнюю почтительность и братскую любовь как основы человеколюбия (*жэнь*), высшего достижения в конфуцианской моральной философии. Отвечая на вопрос человека, почему он не служит в правительстве, Конфуций говорит цитатой из «Книги документов», утверждая, что человек, который является сыном и любящим братом, может влиять на правительство и фактически участвует в управлении, практикуя эти добродетели (孝乎惟孝，友于兄弟，施於有政。是亦為政，奚其為政?).

[102] Чжа Чанго [Zha Changguo 1998: 100–101], который считает, что «друзья», о которых идет речь, относятся к «товарищам-ученикам», предполагает, что отношения между учителем и учеником, которые начали документироваться в источниках, относящихся к периоду Весен и Осеней, вероятно, представляли собой самую раннюю категорию социальных отношений, основанных на дружбе, которые были четко отделены от сети родства. Чжа утверждает, что в период Весен и Осеней значение «ю» сменилось с «братьев» на «друзей».

уверены, что философ включал друзей в свое замечание о том, что одна из четырех функций «Од» — «способствовать объединению людей». О том, какую роль играли «Оды» в дружеском общении, можно судить по записи дипломатической встречи в «Комментариях Цзо». В 541 году до н. э. представители четырех государств собрались в Чжэне и прекрасно проводили время, выпивая и читая оды на пиру, устроенном хозяином. Когда вечер закончился, один из них, Чжао Мэн, главный советник Цзинь, заметил: «Я никогда больше не испытаю такого удовольствия» («Комментарии Цзо», Чжао 1, [Yang 1210]).

На пиру Чжао Мэн произнес оду 164 («Вишневое дерево»), классическое китайское высказывание о приоритете братства над дружбой. Следует помнить, что Чжао Мэн и его сотрапезники по этому случаю представляли четыре государства, правящие дома которых принадлежали к одному клану Цзи, и что целью их встречи было подтверждение приверженности миру этих государств, которые действительно были связаны «братскими узами». Таким образом, глубокое удовольствие от дружеского общения, которое Чжао Мэн получил от встречи, понималось не просто в метафорическом смысле, но и с точки зрения родственных чувств. Важно отметить, что почти все стихи, записанные как неоднократно прочитанные на аристократических собраниях в «Комментарии Цзо», касаются родственных связей и семейных добродетелей[103] и что ни одна песня не произносилась в честь дружбы как таковой на этих дружеских мероприятиях.

Архетипическим произведением в «Одах», которое, по общему мнению, трактуется как празднование дружбы, является ода 165 («Топор дровосека»), песня, которая начинается с аналогии между птицами, которые ищут голоса своих товарищей (*ю шэн* 友聲), и людьми, которые ищут «друзей» (*ю шэн* 友生). Как уже отмечалось, наиболее интересным в рассуждениях о дружбе в оде 165

---

[103] Это оды 54 [Wen 13, Xiang 19], 164 [Xiang 20, Zhao 1], 173 [Xiang 26, Zhao 12], 177 [Xi 23, Xiang 19], 223 [Xiang 8, Zhao 2], 249 [Wen 3, Xiang 26]. Оды 164, 177 и 223 уже обсуждались или упоминались в этой главе; ода 54 будет рассмотрена в главе 5.

является то, что агнатические и аффинальные родственники (родственники по браку) оказываются «друзьями», которых автор планирует развлекать. Мы предлагаем понимать это как свидетельство того, что родственные связи служили парадигмой для всех прочных отношений, которые можно было бы назвать «близкими и дружескими» в чжоуской идеологии социабельности. Похоже, что дружба, основная категория социальных отношений, которая, несомненно, высоко ценилась в жизни мужчин в древнем Китае, за шесть веков, о которых идет речь в настоящем исследовании, не выработала независимого языка, не говоря уже о том, чтобы создать сильную конкурирующую идеологию по отношению к родству, как это было в Древней Греции[104].

И все же кажется, что, несмотря на свое подчиненное положение в структуре китайских личных отношений, дружба может звучать трогательно. В заключение рассмотрим оду 186 («*Бай цзюй*», «Белый жеребенок»):

> Безупречно белый жеребенок
> Ест молодые побеги на моем гумне.
> Держите его на привязи, держите его на привязи
> Весь день.
> Тот, кого я называю «тот человек»,
> Здесь устраивает праздник.

---

[104] Траурные предписания, определяющие траурные обязательства, которые люди несли перед умершими родственниками и другими значимыми людьми в их жизни, проливают свет на относительный статус между родством и дружбой и между подкатегориями родственных отношений в древнекитайской концепции. В одном из обнаруженных при раскопках документов Годянь, захороненных не позднее 300 года до н. э., мы находим следующие предписания: долг перед отцом имеет приоритет перед долгом перед правителем, долг перед братьями — перед женой, долг перед родственниками по прямой (*цзунцзу*) — перед друзьями (*пэнъю*) [Lin Suying 2003]. Подчиненный статус дружбы по сравнению с родством, представленный в документе Годянь, согласуется с выводами данной главы. Следует отметить, что в период Воюющих царств, к которому относится Годяньский документ, уже произошел распад родовой организации и возросло значение внесемейных связей. О решающей роли системы траурных предписаний и рангов в определении социальных отношений в истории Китая см. [Ding Ding 2003; Ding Linghua 2000; Lin Suying 2000, 2003].

Безупречно белый жеребенок
Ест бобовые листья на моем гумне.
Держите его на привязи, держите его на привязи
Всю ночь напролет.
Тот, кого я называю «тот человек»,
Здесь желанный гость.
Безупречно белый жеребенок,
Который прискакал так быстро,
Как князь, как правитель.
Пусть вашим пирушкам не будет конца.
Продли праздную игру,
Растяни свой праздник.
Безупречно белый жеребенок
В той пустынной долине,
С пучком свежего сена.
«Хоть ты, его хозяин, прекрасен, как нефрит.
Пусть весть о тебе не будет редкой, как золото или нефрит,
Держи свои мысли вдали».
[Cheng, Jiang 533–536]

Чжу Си воспринимает оду 186 как выражение сожаления о том, что добродетельный господин, «счастливый гость», оседлавший белого жеребенка, отверг мир и станет затворником [SJZ 11.2b–4a][105]. При таком прочтении последняя строфа стихотворения показывает, что автор оставил свои попытки отговорить гостя от мыслей об отшельничестве. Уступая желанию потенциального отшельника уехать в «пустынную долину», тоскующий автор может лишь надеяться, что он еще услышит о госте и тот не уйдет от мира навсегда. В такой интерпретации дружба кажется правдоподобной основой отношений между автором и его достойным гостем. Но это не выражено явно, и самое сильное чувство, выраженное в этой книге, — сожаление о потере добродетельного человека из несовершенного общества.

---

[105] В другой влиятельной классической традиции комментариев к «Одам», традиции Мао — Чжэн — Куна, склонны воспринимать оду 186 как сатиру на чжоуского царя, который не смог удержать на службе добродетельного человека [MSZ 434].

Однако некоторые другие толкователи классики восприняли оду 186 как сетование на потерю достойного друга[106]. Перевод Уэйли, в котором гость назван «человеком, которого я люблю», отражает влияние этого варианта прочтения. На самом деле, между двумя обсуждаемыми вариантами интерпретации нет никакого противоречия, стихотворение можно читать практически одинаково, как свидетельство дружбы, но при этом отношения между автором и гостем предстают в несколько ином свете.

Белый жеребенок, повторяющийся центральный образ поэмы, символизирует как безупречный характер гостя, так и простоту и чистоту дружбы между хозяином и его гостем. Делая жеребенка адресатом стиха, поэт почти не показывает двух друзей тет-а-тет, и все же ему удается в полной мере выразить восхищение хозяина гостем и его желание составить ему компанию как можно дольше. Хозяин напрямую признается в своих чувствах только в сцене прощания в последней строфе, и даже тогда его глубокая привязанность к другу, который «прекрасен, как нефрит» (что имеет как физический, так и моральный смысл), выражается в просьбе: «Пусть весть о тебе не будет редкой, как золото или нефрит, / Держи свои мысли вдали». Нежность, характерная для этого поэтического торжества дружбы, не делает его менее сильным. При таком прочтении ода 186 выделяется в ранней китайской литературе не только своим вниманием к прелестям дружбы, но и глубиной чувств и риторической изобретательностью, с которой она передает эти чувства. На фоне многочисленных стихотворений, воспевающих жертвы предкам и старательно утверждающих главенство родства среди человеческих отношений, ода 186 стоит как дань уважения узам,

---

[106] Именно такое прочтение принято в луской и ханьской комментаторских традициях к «Одам». Среди их последователей были ученый Цай Юн (132–192) и поэт Цао Чжи (192–232) [SSY 16.8–9]. Эти две традиции угасли, так как во II веке н. э. возобладала традиция Мао, которую пропагандировал великий классик Чжэн Сюань. Подробнее о различных комментаторских традициях в период династии Хань см. в главе 5.

которым в основной идеологии социабельности отводился второстепенный статус, но которые тем не менее играли важнейшую роль в жизни всех людей[107].

Выводы

Греческие воины и граждане пировали со своими товарищами, друзьями, возлюбленными юношами и со своими семьями, но именно среди первой группы они преследовали свои высшие ценности и выражали свои самые сильные страсти. Аналогичным образом, преобладание родственных связей в ранних китайских дискурсах социабельности отражает сознательные и систематические усилия элиты по установлению центрального институционального статуса патрилинейной семьи в обществе Чжоу. Если внесемейные гомосоциальные связи были важны для социальной жизни в древнем Китае, они имели явно подчиненный статус по отношению к родству по сравнению с Древней Грецией. У греков дружба считалась самой благородной и сильной связью, которая только может быть у человека, и эгалитарные связи между людьми, а не родство, обеспечивали основную структуру политического сообщества.

---

[107] Здесь следует упомянуть о записях о мужских гомосексуальных отношениях в древнем Китае. Крайне ограниченные свидетельства были получены из более поздних источников (Воюющие царства, Хань и даже более поздние времена) и в основном касались правителей, содержавших фаворитов-мужчин. Эти фавориты обычно изображались как люди, завоевывающие благосклонность своей внешностью и лестью и зависящие от своих повелителей благодаря своему зачастую шаткому положению. Единственный обоснованный вывод, который Хинш [Hinsch 1990: 33] делает на основе этого массива свидетельств, заключается в том, что «[мужской] гомосексуализм был по крайней мере терпим и, похоже, принят политической элитой чжоуского Китая». Насколько мы можем судить, мужские гомосексуальные практики в древнем Китае не имели ничего общего с древнегреческим явлением, которое характеризовалось институционализацией социальной и политической функции мужских однополых связей и прославлением таких связей по сравнению с семейными отношениями.

Лесли Курк, описывая страсть греков к публичным соревнованиям (воплощением которых были атлетические состязания), отметила, что греческое стремление к славе было соперничеством с нулевой суммой, которое «не могло происходить в рамках семьи, потому что... сама она была минимальной единицей измерения» [Kurke 1991: 16][108]. Также высказывалось предположение, что греческая система возрастных классов могла быть разработана для того, чтобы избежать соперничества между поколениями, особенно между отцами и сыновьями, и направить огромную агонистическую энергию греков на своих сверстников в обществе [Golden 1998: 104–116, 139–140]. На примере Китая мы, напротив, наблюдаем, что настойчивая культивация родственных связей по отношению к неродственным вполне могла сосуществовать с внутрисемейным конфликтом или даже вызывать его, однако любой такой конфликт становился объектом интенсивного контроля и подавления ради высшей цели — сплоченности рода. В оставшейся части книги мы поднимем следующие вопросы: правда ли, что общественное пространство было единственным местом, где проявлялся агонистический дух греков (ведь, по идее, такое пространство должно было быть местом для сотрудничества)?[109] Учитывая китайскую озабоченность гармонией и конфликтом в семье, что происходит, когда в процесс вовлекаются женщины? Что означает различие между китайским и греческим дискурсами мужской социабельности для координации гендерных отношений в этих двух цивилизациях?

---

[108] Редфилд [Redfield 1995: 170] также утверждает, что «дом был местом не соперничества, а сотрудничества».

[109] Как утверждает Аристотель в своей «Политике», чтобы город оставался жизненно важным, он должен создавать тесные связи между своими гражданами, принимая и поощряя соперничество, и должен отказаться от модели семьи, где иерархия и сотрудничество порождают гармонию [Saxonhouse 1992].

Часть II

МЕЖДУ МУЖЧИНАМИ И ЖЕНЩИНАМИ. СРЕДИ ЖЕНЩИН

Глава 3
Общественные праздники и семейно-бытовые обряды

И в Китае, и в Греции религия была той областью, в которой женщины играли видную роль и получали официальное признание общества[1]. Если различные религиозные структуры Китая и Греции оказывали глубокое влияние на формы и идеалы мужской социабельности в этих двух обществах, как было показано в части 1, то что мы обнаружим, когда обратимся к другой половине населения? Мы видели, что центральное положение высококонкурентных общественных праздников и второстепенный статус домашних религиозных практик в Греции соответствовали и в значительной степени способствовали преобладанию общего пространства в греческом обществе. Где же в этой религиозной структуре оставались жены и дочери, которым было отказано в участии в политической жизни и от которых ожидалось, что они будут полностью посвящены своим домашним обязанностям? Как согласуется с такими семейно-ориентированными ожиданиями широкое присутствие женщин на различных общественных религиозных мероприятиях (в частности, их участие в женских хорах на праздниках), с одной стороны, и то немногое, что мы знаем об их религиозной деятельности дома, с другой стороны?

---

[1] Классицисты обычно приводят религию как исключение из общего контекста маргинализации и отстранения женщин в греческом обществе и политике (см., например, [Henderson 1996: 22; Lefkowitz 1996: 78; Osborne 2000]). Роберт Паркер [Parker R. 1996: 80] называет признание участия греческих женщин в религиозной деятельности «своего рода культовым гражданством», а Редфилд [Redfield 1995: 167] утверждает, что «в ритуальной сфере женщины имели что-то вроде паритета с мужчинами».

Если для мужчин участие в религиозной жизни было важнейшим средством утверждения принадлежности к сообществу сверстников и укрепления внесемейной групповой солидарности, то как следует характеризовать роль религии в жизни греческих женщин, если она, похоже, поощряла те же ценности, сосредоточенные на внесемейных гомосоциальных связях?

Несоответствия между гендерными нормами и участием женщин в религиозной жизни в Греции, очевидно, в отношении китайских женщин не существовало. Культ предков, который был домашней религией, направленной на укрепление связей в патрилинейной семье, был явно ориентирован на мужчин, но в то же время предоставлял высокий статус матерям и отводил важную роль женам, поскольку они способствовали сохранению и процветанию агнатической родовой группы. Если приоритет культа предков и отсутствие мощной конкурирующей идеологии, основанной на общественных религиозных практиках, определили семью как ритуальный и эмоциональный центр для китайских мужчин и женщин, какие последствия это имеет для гендерных отношений и отношений между женщинами в чжоуском Китае?

В начале главы мы рассмотрим участие греческих женщин в публичных празднествах, определим роль таких мероприятий в содействии женской конкурентоспособности и внесемейной женской гомосоциальной связи. В следующих двух разделах обсудим участие китайских женщин в общественных праздниках и жертвоприношениях предкам, а также роли греческих женщин в домашних культах. В конце мы проведем сравнение между формами, содержанием и относительными статусами общественной и домашней религиозной деятельности женщин в двух изучаемых обществах.

Греческие общественные празднества

Участие в празднествах было важным показателем социального статуса греческих женщин. С одной стороны, важным общественным наказанием, которое могло быть наложено на непорядочную гречанку, было отстранение от религиозной жизни города [Blundell 1995: 160–169; Cohen 1991: 225; Henderson 1996: 22]. С другой стороны, избрание на служение в общественных культах приносило женщине высшее отличие, которое она только могла надеяться получить в греческом обществе [Dillon 2002, ch. 2, 3]. Знаменитый отрывок из комедии Аристофана (ок. 450 — ок. 388 до н. э.) «Лисистрата» (поставлена в 411 году до н. э.) изображает афинскую женщину, с гордостью представляющую перечень религиозных обрядов, которые она проводила (Аристофан, «Лисистрата» 638–647). В возрасте семи лет она была одной из двух архефор, которые ткали одежду для посвящения Афине на Панафинеях (проходивший раз в четыре года общеэллинский праздник в честь богини) и шествовали в процессии. Позже она служила размольщицей, и ей было поручено помогать готовить ритуальные лепешки для богини (вероятно, Деметры) на общеэллинском празднике в Элефсисе. В десять лет ее выбрали для участия в проходившем раз в четыре года празднике во Вравроне (Βραυρώνα), где под эгидой Артемиды афинянки участвовали в ритуалах посвящения и атлетических играх. Наконец, она была корзинщицей в процессии безымянного праздника, который, по предположению Джеффри Хендерсона, был Панафинеями [Henderson 1996: 216, note 143][2].

Лишь немногие избранные женщины могли иметь столь впечатляющий послужной список, даже после того, как демократия значительно расширила круг кандидаток на такие ритуальные роли, как жрица и корзинщица [Dillon 2002: 60, 76]. Более распространенным опытом, связывающим религиозные праздники с социальным статусом, было участие женщин в хорах, украшавших праздники по всему эллинскому миру[3].

---

[2] Обзор публичных религиозных ролей девушек и молодых женщин в классической Греции см. в [Dillon 2002, ch. 2].

[3] Согласно Каламу [Calame 2001: 25], в религиозных обрядах хоровые выступления чаще ассоциировались с женщинами, нежели с мужчинами.

Женские хоры

Как видно из пьесы Еврипида (480–406 до н. э.) «Электра», названной так в честь дочери царя Агамемнона и Клитемнестры, каждая благовоспитанная гречанка должна была выступать в хоре. После убийства Агамемнона Клитемнестрой и ее любовником Электра, царевна, вынуждена выйти замуж за крестьянина, который остается ее номинальным мужем из уважения к ее благородному роду. В своих длинных сетованиях о бесславной жизни, которую она вынуждена вести, Электра ссылается на то, что ее исключительный статус не позволяет ей участвовать в хоре ни жен, ни незамужних девушек (Еврипид, «Электра», 310 и далее). Очевидно, что Еврипид подразумевает, что участие в хоре соответствует нормальной социальной жизни. В то же время, когда местные девушки приглашают Электру принять участие в девичьем танце на предстоящем празднике в честь Геры (Еврипид, «Электра» 167 и далее), это показывает, что опозоренная и посрамленная царевна принята и уважаема своими сельскими соседями. После того как Электра помогла своему брату убить их мать, она содрогается от своего преступления и восклицает: «Увы! Увы! Куда пойду теперь? / Подруги, где и кто Электру примет / На ложе брачное?» (Еврипид, «Электра» 1198–1200, пер. И. Ф. Анненского). Сопоставление упоминаний об участии в хоре, свадебных торжествах и браке подчеркивает огромное значение участия в хоре в жизни греческой женщины. Оно означало социальное признание и членство в общине и представляло собой личное достижение женщины. Отсюда и горе девушки, исключенной из этого процесса.

Помимо того что участие в хоре было важнейшим показателем социального статуса, оно служило важной основой для развития женской дружбы. Организованные по возрастным группам и репетировавшие вместе для публичных выступлений на различных празднествах[4], хоры способствовали развитию близких

---

[4] Калам [Calame 2001: 26–30] приводит источники об одном возрасте участниц хора.

внеродственных отношений и часто фигурируют в греческой литературе как эмоциональный центр жизни женщины. Например, в пьесе Аристофана «Женщины на празднике Фесмофорий» (строки 1029–1130) плененная дева Андромеда сетует на то, что она больше не может танцевать с девушками своего возраста. «Ифигения в Тавриде» Еврипида также демонстрирует желание пленных греческих дев, служащих прислугой Ифигении в Тавриде (современный Крым), вернуться на родину и присоединиться к хорам. Вспоминая свой танец, девушки рассказывают о том, что их объединяет и согревает сердца в нынешнем плену:

> Отчего мне хороводов (*hamillas charitōn*)
> Не дано водить, как прежде,
> Там, где девой благородной,
> В ожиданье брака, возле
> Милой матери цвела я,
> Лишь для девичьего круга (*erin*),
> Где одна с другой мы в танцах
> И в уборах состязались,
> Покидая мать и кудри
> Под расшитою фатою
> Напуская на ланиты.
> (Еврипид, «Ифигения в Тавриде» 1147–1151,
> пер. И. Ф. Анненского)

В этом воспоминании о том, как упорно соревновались между собой участницы хора, стараясь превзойти друг друга по красоте и художественному мастерству, видно, что служит основой для их связи в прошлом и настоящем. Возможно, Еврипид описывает здесь свадебный танец, а мы знаем, что праздничные танцы афинских девушек не были институционализированы и не включали публичных состязаний, как в дифирамбических хорах мальчиков и мужчин при демократии [Kowalzig 2004: 48; Parker R. 1996: 80; Wilson P. 2000: 40][5]. Однако агонистический дух и связь со сверстницами, харак-

---

[5] Неизвестно, привела ли демократия к изменениям в публичном представлении женских хоров в Афинах. Паркер признает, что афиняне, возможно, с самого начала отличались от спартанцев. Мужские дифирамбические хоры Афин обсуждались в главе 1.

терные для танца, описанного Еврипидом, также являются определяющими качествами хоровых песен девушек, которые появились на фестивальных состязаниях в Спарте в VII веке до н. э. Автором этих песен был великий поэт хоровой лирики Алкман, два обширных фрагмента которой представляют собой наиболее яркие образцы жанра, сохранившиеся до наших дней[6].

Знаменитый длинный фрагмент Алкмана, широко известный как *парфений* («девичья песня») мы рассмотрим вскоре. Сначала обратимся к более короткому фрагменту [Alkman 1988: 3], относящемуся к тому, что должно было быть песнью для девичьего хора по меньшей мере из 126 стихов[7]. В переводе В. В. Вересаева стихи звучат так:

> Музы, царя Олимпийского дочери,
> переполните мне душу
> Вожделеньем песен новых.
> Пусть пленяющий напев
> [Славословящих дев разлетается в шири
> Ясных небес.]
> Сон от ресниц отогнав усладительный,
> Чтобы душой я восстал к состязанию,
> Светлые кудри мои
> Встряхнуть в такт песне...
> (Пер. В. В. Вересаева)

После 50 пропущенных стихов (которые могут содержать мифологическое повествование) фрагмент возобновляется:

> ...страстью крушащая?
> Взглянет — и силы лишит, и, расслабленный,
> Смерти, не сну обречен!
> Не зря взгляд ласков.

---

[6] Пиндар написал три книги девичьих песен, но до нас дошли только два фрагмента. Помрой [Pomeroy 2002, ch. 6] обсуждает роль религии в жизни спартанских женщин (см. [Pomeroy 2002: 16–108] об архаическом и классическом периодах).

[7] Согласно реконструкции Кэмпбелла в издании Loeb [Campbell 1982: 381, note 9].

> Астимелеса мне слова не молвила,
> Стройною ногой ступает,
> Словно в небе осиянном
> Восходящая звезда,
> Словно поросль, цветущая золотом, словно
> Нежность сама.
> …Мира душистою влагой кинирскою
> Умащены кудри девичьи пышные,
> Башня цветочных гирлянд
> Красу венчает. Астимелеса — забота народная —
> Выступает словно с войском,
> Дань почтенья собирая
> ....
> Только посмотрит, да только приблизится,
> Только притронется нежными пальцами, —
> Тотчас же я становлюсь
> Ее молитель.
> (Пер. В. В. Вересаева)[8]

В этом искаженном виде хоровая лирика, написанная от первого лица единственного числа, дает четкое представление о крепких узах, связывавших девушек хора друг с другом, со своей руководительницей (Астимелесой) и со своим коллективом. Первый фрагмент показывает девушек в возбужденном состоянии, когда они встают рано утром, чтобы подготовиться к выступлению на празднике в честь Геры[9], где их прекрасная мелодия взлетит к небу, а золотые волосы будут развеваться в быстром ритме их стройных танцующих ног. Предвкушение девушками этого часа эффектно передано в образе того, как они отправляются на праздник, когда сладкий сон рассеивается с их глаз. Что еще слаще сна для этих девушек в это холодное утро, так это честь публичного показа мастерства и радость, даже ликование оттого, что они являются

---

[8] На папирусе сохранились начала еще 30 строк.

[9] В читаемом тексте есть только «собрание» (*agon*). Кэмпбелл предположительно добавляет «Антеи» («Геры цветов») на основании значения слова *puleōn* (гирлянда), которое встречается в строке 65 ниже, где Астимелеса описывается как держащая гирлянду. Согласно «Пиру мудрецов» (15.678a), *puleōn* относится к цветочной гирлянде, которую спартанцы приносили в дар Гере.

группой, в центре которой находится девушка, чья красота, очарование и талант делают ее бесспорным лидером. В первой части фрагмента на соревновательный характер события этого дня (да и всех греческих праздников) указывает использование слова *agōn* (собрание людей для игр; состязания на играх, Кэмпбелл переводит как «assembly») для обозначения этого события.

Выражение восхищения девушкой Астимелесой, от которой зависит успех хора, — центральная тема второй части фрагмента. Астимелеса приковывает к себе внимание всего хора. Проходя среди них и держа в руках гирлянду, посвященную богине, которую будут чествовать на празднике (Гере?), Астимелеса сравнивается со всем, что вызывает восторг и нежность («Словно в небе осиянном / Восходящая звезда»). Верная своему имени, которое означает «любимица города», она завоевывает любовь праздничной толпы, перед которой выступает хор. Такое общественное признание должно было быть высшей честью для хоров, содержащихся и обучаемых для службы обществу, и спутницы Астимелесы с гордостью говорят об этом. Тем не менее в поэме оно отходит на второй план по сравнению с эротической тягой девушек к своей предводительнице. Говоря классическим языком описания сексуальной любви, они «онемевают от желания»[10] (ср. Гесиод, «Теогония» 910–911, [Arkhilokhos 1999: 196]) и, как только она бросает взгляд на них, «Тотчас же я становлюсь / Ее молитель». В соответствии с правилами классической игры в ухаживание, Астимелеса не реагирует на ухаживания своих поклонниц («слова не молвила»), но безжалостно держит их в своих чарах, беспечно демонстрируя свою природную красоту, грацию и дух в песнях, танцах и походке. Такое пренебрежение со стороны их благородной возлюбленной только подстегивает ее поклонниц. Они обожают каждое ее движение и каждую часть ее тела, от «стройной ноги», несущей ее сквозь ряды хора и зрителей (к алтарю?), до волос, сверкающих и источающих аромат под лаской кипрского благовонного масла. Кульминация ухаживания, ка-

---

[10] Обратите внимание на мужской род в переводе В. В. Вересаева. — *Прим. перев.*

жется, наступает, когда хор аккомпанирует подношениям: «Только посмотрит, да только приблизится, / Только притронется нежными пальцами, — / Тотчас же я становлюсь / Ее молитель».

Астимелеса, возможно, танцует, проходя мимо своих соратниц, каждая из которых протягивает в руках чашу для возлияний (реальную или воображаемую), и может со временем взять одну чашу, чтобы налить ее богине. В искренней мольбе каждой девушки о том, чтобы их предводительница подошла к ней и взяла у нее чашу, Астимелеса, похоже, отождествляется с богиней, предполагаемой получательницей возлияния. Подобно просителям, ищущим милости у богини, члены хора надеются привлечь внимание своей предводительницы дарами, с нетерпением и смирением ожидают результатов своих уговоров и переполняются блаженством, если она оказывает им какую-либо услугу. Такая путаница, которая становится полной при использовании слова «молитель» (*hiketis*) для обозначения рядовых участниц хора, дает самое сильное свидетельство об узах, связывающих это объединение. Такие узы не только объявляются неразрывными, подобно тому, как верующие торжественно клянутся никогда не покидать своих божеств, но и подчеркивают эротический аспект отношений. Как показано в этой песне, основой таких тесных эмоциональных связей является значительное количество времени, которое девушки проводят вместе, занимаясь своими делами и достигая своих целей под руководством той, кто пользуется преданностью своих сверстниц.

Преобладающее внимание Астимелесе и подчиненное и поддерживающее положение ее соратниц у Алкмана (3) заслуживают отдельного упоминания. Подобные отношения соответствовали общегреческому понятию товарищества. Как показал предыдущий семантический анализ, греческие термины для обозначения компаньонов, *hetairos* (мужчины) и *hetaira* (женщины), обычно указывают на подчиненные отношения с человеком, возглавляющим группу, *primus inter pares* [Calame 2001: 33–34][11]. Понятно, что из-за агонистической природы хоровых мероприятий девичья

---

[11] Помимо цитируемых здесь источников см. также [Halperin 1990].

песня должна подчеркивать подчинение и, как следствие, сплоченность вокруг сильного центра. Как и в военном контексте, хор нуждался и в том, и в другом, чтобы одержать желанную победу. Отличие от битвы в том, что соревнование шло за красоту, изящество и музыкальный талант[12].

То, что аналогия с боем важна для нашего понимания женской дружбы в хоре, хорошо иллюстрирует «Луврский парфений», длинный фрагмент, на котором зиждется слава Алкмана как выдающегося поэта архаической хоровой лирики для современного читателя. После утраченной преамбулы, которая, возможно, содержала воззвания к богам и ссылки на обстоятельства хорового выступления, и после значительной части, посвященной рассказу о мифе, остальная часть парфения (62 стиха) в основном состоит из панегирика двум самым выдающимся членам хора. Фактически в центре внимания находится почти исключительно лидерша, руководитель — Агесихора (чье имя, собственно, и означает «руководитель хора»). Агидо, несмотря на то что его восхваляют первым и впечатляюще сравнивают с сияющим солнцем, после первоначального краткого самостоятельного упоминания на самом деле выполняет функцию фона для Агесихоры. Далее мы рассмотрим, как группа, тесно сплоченная вокруг Агесихоры, описывается подобно группе Астимелесы, а также как в своей нынешней сильно фрагментированной форме эти две песни, кажется, раскрывают различные аспекты жизни в хорах молодых женщин[13].

---

[12] Лефковиц [Lefkowitz 1986: 52], возможно, преувеличивая, замечает: «безусловно, верно, что поэты-мужчины, насколько нам известно, не описывали сильную эмоциональную (и физическую) привязанность между девушками одной возрастной группы (*helikia*), подобную той, которую Сафо описывает в своих стихах». Степень интенсивности, возможно, была разной, но стихотворение, подобное стихотворению Алкмана, не описывает ничего, кроме эмоциональной вовлеченности, присутствующей между девушками в одном хоре. Сафо и ее женский круг будут рассмотрены в главе 5.

[13] Вполне возможно, что определенный аспект, отсутствующий или не выделяющийся в одной песне, на самом деле имеет больший акцент в ее отсутствующей части. Как будет показано далее, полная преданность лидеру, сильное чувство коллективизма и повышенное внимание к конкуренции характерны для обеих песен.

Как и у Астимелесы, лидерство Агесихоры основано на ее исключительной красоте и музыкальных достижениях. Ее прекрасные волосы «блещут золотом беспримесным» (строка 54), ее лицо подобно серебру (строка 55), и она «стройноногая» (строка 78). Хотя о ее пении не без преувеличения сказано, что оно не менее мелодично, чем у сирен («В пенье превзошла она / Сирен, а они — богини!», строки 96–97), она получает похвалу от своих соратниц по хору за то, что руководит их пением, которое «льется... как на теченьях Ксанфа» (строки 100–101, пер. В. В. Вересаева).

Та безоговорочная преданность, которой Агесихора пользуется в группе, описана так же тщательно, хотя, насколько можно судить по сохранившемуся фрагменту, она не проявляется эротически. Девушки должным образом восхваляют красоту своей лидерши, но не останавливаются на ее персоне надолго и не рассказывают о каком-либо восхитительном чувственном влечении, которое она у них вызывает[14]. Вместо этого они постоянно воздают должное своей предводительнице за ту энергию, с помощью которой она их сплотила, вселила в них уверенность и теперь ведет к победе в соревновании между хорами. В своем первом появлении в тексте она сравнивается с «быстрым в беге конем звоконогим», призовой скаковой лошадью среди пасущихся стад (строки 46–48), — образ энергии и красоты, который будет повторяться в этом фрагменте. Агесихора также упоминается как «словно кто-то / Посреди коров поставил / Быстрого в беге коня» (строка 92), а о поединках между ее соратницами и их соперницами из другого хора говорится как о состязаниях между лошадьми (строки 58–59) и как о битве (строки 60–63). Восхваляя лидерство Агесихоры, девушки также приводят сравнение с кораблем, где моряки «должны все кормчему подчиняться» (строки 94–95).

В соответствии с атлетическими, военными и морскими метафорами поэмы, девушки из хора выражают свою привязанность к Агесихоре не столько в терминах душевной тоски возлюбленной

---

[14] На самом деле, кажется, что они намеренно воздерживаются от этого. Почти сразу после того, как упоминаются с восхищением волосы и лицо Агесихоры, они останавливаются и спрашивают: «Но что еще тут говорить?» (строка 56), а затем переходят к разговору о другой участнице хора.

(как в песне Астимелесы), сколько в терминах руководства и уверенности, которые последовательницы постоянно получают от своей предводительницы. Например, в предпоследней строфе (строки 85–89) девушки выглядят беспомощными, когда говорят о желании порадовать богиню праздника, рассказывают о тяжелых приготовлениях и признаются в недостаточности своих навыков (они самоуничижительно сравнивают свое пение с криком совы). Их руководительница спасает их от разочарования и делает их борьбу достойной: «Но желанного мира дождались / Только через Агесихору девы» (строки 90–91). Учитывая преобладание спортивных и военных образов в поэме, «желанный мир» должен означать удовлетворение от достижения победы в хоровом конкурсе, и мы видим Агесихору стоящей в конце пути, ведущего к победе, в окружении обожающих ее подруг по команде.

Образ Агесихоры как духа — хранителя девушек появляется в песне и ранее. В строках 64–76, рассказывая о дорогих украшениях и девичьих прелестях группы, девушки демонстрируют неуверенность в том, что смогут победить соперничающий с ними хор:

> Не хватит нам пурпура
> Состязаться с соперницами;
> Нет у нас змеек,
> Чеканенных из золота;
> Нет лидийских повязок
> Для девушек с томными очами;
> Нет таких кос, как есть у Нанно,
> Нет Ареты, которая — как богиня,
> Нет Силакиды, нет Клеэсисеры;
> Не пойти нам к Энесимброте, не сказать ей:
> «Дай нам Астафиду,
> Дай нам приглянуться
> Филилле, Дамарете, милой Янфемиде!»

Это подробное перечисление становится еще более впечатляющим благодаря последнему замечанию: «Агесихора лишь выручит нас» (строка 77, пер. В. В. Вересаева).

Это почти одновременно и вздох облегчения, и благодарственная молитва. То, что драгоценные украшения, красота и талант не могут сделать для группы, может сделать их «кормчий». Как могли девушки не восхищаться Агесихорой и не искать у нее уверенности, защиты и боевого духа? Это толкование строки 77 позволяет предположить, вслед за Кэмпбеллом, что на папирусе написано *tērei* (охраняет) а не *teirei* (изнуряет, огорчает). Как утверждает Кэмпбелл, помимо орфографических оснований, *tērei* дает значение, соответствующее повторяющейся метафоре битвы [Campbell 1982: 209, note 77], также это слово непосредственно обращено к тревоге в предыдущих строках по поводу отсутствия защиты.

Однако мы должны рассмотреть и другое прочтение *teirei*, которое поддерживают такие критики, как Бруно Джентили, Денис Пейдж и Чарльз Сигал. Переводя строку как «Агесихора замучила меня», Сигал считает, что девушки выражают эротические чувства к своему лидеру [Segal 1989: 133–134][15]. Пейдж переводит эту строку как «Это Агесихора, по которой мы тоскуем». Он не настаивает на эротическом подтексте, но понимает эти строки как выражение сильной привязанности и зависимости девушек[16]. Из этих двух прочтений, прочтение Пейджа соответствует, дополняет и даже усиливает интерпретацию, основанную на другой расшифровке ключевого слова в папирусе. Акцент на образе Агесихоры как их уважаемого лидера, которым они восхищаются, не исключает того, что она оказывает сильное эмоциональное влияние на девушек, которое, действительно, должно быть неотъемлемой частью глубокой привязанности, которую они постоянно демонстрируют по отношению к ней. В сохранив-

---

[15] Джентили [Gentili 1988: 73–77] утверждает, что «битва» в поэме происходит в соревновании между Агидо и рядовыми членами хора за любовь Агесихоры. «Мир» наступает, когда Агесихора удовлетворяет эротическую страсть Агидо. Нам такое прочтение кажется неубедительным.

[16] Как ясно показывает Пейдж [Page 1951: 63, 91], неоднократно перефразируя самого себя: «Нашей красоты и убранства недостаточно: нам нужно присутствие Агесихоры», «Агесихора — для нас все», «все наши надежды (на успех) связаны с Агесихорой» и «именно на Агесихору направлены все наши привязанности».

шемся фрагменте немного свидетельств того, что такое эмоциональное воздействие непременно имеет эротический характер[17]. Тем не менее мы, возможно, должны оставаться открытыми для такого прочтения, как из-за неполного состояния стиха, так и потому, что мы считаем, что в греческой традиции существовала сильная связь между эротическими чувствами и высоко конкурентным гомосоциальным опытом.

Центральная роль товарищества в греческих женских хорах представляется более интересной, если учесть возможность того, что члены хора, выбранные из одной общины, часто могли быть родственницами. И действительно, в «Луврском парфении» указывается именно на это. В строке 52, когда имя Агесихоры упоминается впервые, хор называет ее «моя сестра двоюродная» (*anepsias*). С разной степенью уверенности критики сходятся во мнении, что это может указывать на то, что все девушки являются кровными родственницами. В то время как Пейдж считает это фактом, Кэмпбелл более осторожен и оставляет открытой возможность того, что *anepsias* может означать только члена того же хора, то есть (хотя он и не говорит об этом прямо) оно использовалось как термин фиктивного родства для описания близких отношений между членами хора [Page 1951: 67–68; Campbell 1982: 204, note 52][18].

Очевидно, что весь стих посвящен торжеству дружеского общения[19] и нет никакого намека на общее происхождение членов хора, кроме единственного появления слова *anepsias*. Если все девушки действительно кровные родственницы, то тот факт, что

---

[17] Нам непонятно, почему, как считает Сегал [Segal 1989: 133], перечисление прелестей девушек в строках 64 и далее должно иметь эротическую окраску. Восхваление женской красоты — настолько стандартная тема девичьих песен, что для правдоподобности такого прочтения необходимо более явное указание на эротизм, как это безошибочно сделано во фрагменте с Астимелесой.

[18] Сегал [Segal 1989: 132] считает, что этот термин может указывать на «отношения как культового, так и семейного характера».

[19] То есть когда это делается с обязательным обращением к божествам и изложением мифов.

от начала до конца они восхваляют лидерство Агесихоры в хоре, но не высказывают никаких родственных чувств, говорит о том, что дружба, порожденная их общими хоровыми занятиями, определяет их отношения, независимо от возможных семейных связей между ними. Однако было бы не менее интересно, если бы слово *anepsias* обозначало фиктивное родство, привлеченное для описания и «возвышения» дружбы между девушками. Было отмечено, что *anepsias* здесь отражает тот термин, что использовался в отношении членов спартанской *agelē*, группы, в которой дети и подростки мужского пола были организованы по возрастным категориям (1–7, 8–14, 15–20 лет) и обучались под началом руководителя [Calame 2001: 214–221; Perlman 1983: 129][20]. Если между девичьими хорами и тренировочными группами юношей действительно существуют структурные и функциональные параллели, это говорит о том, что женские хоровые выступления были полностью интегрированы в гражданскую жизнь спартанского государства. Если использование фиктивного термина родства для обозначения членов женского хора, казалось бы, указывает на то, что родство, а не дружба, является более устоявшимся и привилегированным человеческим отношением, его фактическая неопределенность в стихе предполагает, что к термину родства обращаются только для того, чтобы «вытеснить» его и свести все к «чистым образам дружбы»[21]. В первой части было показано, что сообщество, для которого характерны эгалитарная конкуренция и взаимная привязанность, было идеальной формой греческой мужской социабельности. Независимо от того, насколько реальной и доскональной может быть аналогия между девичьими хорами и юношескими *agelē* Спарты, кажется очевидным, что девичьи песни Алкмана признают и отмечают

---

[20] Еще о спартанском *agelē* см. [Scanlon 2002: 74–75].

[21] Мы заимствуем эту мысль у [Halperin 1990: 85], который отмечает парадокс в репрезентации героической дружбы в древнегреческой и ближневосточной литературе: «Хотя их текстовые стратегии превращают родство и супружество в привилегированные локусы сигнификации для репрезентации дружбы, они также превращают дружбу в парадигмальный случай человеческой социальности».

значимую роль товарищества по сравнению с родством. Для спартанских молодых женщин участие в хоре, похоже, культивировало крепкие узы дружбы с соревнующимися сверстницами, это та же цель, которую греческие юноши преследовали посредством более широкого круга занятий[22].

Отношения между сверстницами, сложившиеся в женских хорах, также описываются как вышедшие за пределы хоровой практики и ставшие основой для долговременной дружбы. Согласно вводному примечанию, которое Аристофан Византийский (ок. 257–180 до н. э.) дает к «Оресту» Еврипида, хор в пьесе состоит из ровесниц Электры (*helikiotidon*), которые пришли узнать о болезни ее брата. В пьесе, увидев появление этих женщин, Электра замечает: «Вот они снова здесь, мои дорогие подруги, которые поют со мной в моих плачах» (Еврипид, «Орест» 132–133)[23]. Это замечание показывает, что ее подруги постоянно заботились о ее благополучии, навещая ее и выражая ей сочувствие. Намек на их общий хоровой опыт может быть обнаружен в упоминании Электрой своих подруг как тех, кто «поет» вместе с ней в ее плачах (*thrēnēmasi sunodoi*)[24].

Другой пример длительного общения между сверстницами на основе участия в хоре дает нам Елена — красивейшая женщина мира. В третьей книге «Илиады» Елена сожалеет о том, что сбежала с Парисом и спровоцировала Троянскую войну, и вспоминает, что она оставила позади: брачное ложе, родственников, ребенка и «милое товарищество женщин моего возраста» (*homēlikiēn erateinēn*; Гомер, «Илиада» 3.174–175). Этот перечень охватывает все важные связи и отношения в жизни женщины, и впечатляет, что женское товарищество здесь не просто упомя-

---

[22] Сурвину-Инвуд [Sourvinou-Inwood 1995: 245–246] обсуждает иконографический контраст между молодым мужчиной в Греции и гораздо более ограниченной социальной персоной девушки, отмечая, что религия представляла собой единственную сферу, в которой последняя могла выполнять социальную роль вне дома.

[23] Примечание Аристофана Византийского в издании [West 1987: 61].

[24] В гомеровских поэмах погребальная песнь сопровождается причитаниями женского хора [Calame 2001: 82].

нуто, но с теплом отмечено («милое»). То, что Елена называет своих подруг ровесницами, может свидетельствовать о том, что хоровой опыт, характеризующийся как сотрудничеством, так и соперничеством между ровесницами — участницами хора, стал основой тех уз, о которых спустя много лет тоскует та, чья красота оказалась роковой, а также та, кто, помимо всего прочего, была предводительницей этого хора. Такое прочтение находит поддержку в последней хоровой песне «Лисистраты» Аристофана. В конце пьесы хор афинских женщин воздает должное Елене и ее спутницам юности, называя Елену «вечной, зоркой, мудрой» главой их хора (строка 1315)[25]. Отношения «матросов и кормчего» между Еленой и ее подругами по хору также находятся в центре идиллии 18 («Свадебная песня Елены») Феокрита (ок. 300–260 до н. э.). Восхваляя красоту своей предводительницы, ее умение ткать и музыкальный талант, в манере, напоминающей девичьи песни Алкмана, соратницы Елены с гордостью представляют себя в строках 22–25 так:

> Все мы ровесницы ей (*sunomalikes*), мы в беге с ней
> состязались,
> Возле эвротских купален, как юноши, маслом натершись,
> Нас шестьдесят на четыре — мы юная женская поросль
> (*thēlus neolaia*), —
> Нет ни одной безупречной меж нас по сравнению
> с Еленой —
> Ни одна из которых в сравнении с Еленой не безупречна.
> (Пер. М. Е. Грабарь-Пассека)

В греческой традиции Елена предстает в разных обличьях. В роли жены-изменницы она может быть представлена как коварная роковая женщина или невинная жертва жестоких замыслов богов, но, что примечательно, по отношению к своим соратницам она всегда предстает как верная подруга и любимая предводительница в своем лучшем виде[26].

---

[25] Об этой хоровой песне мы еще поговорим позже.
[26] Хьюз [Hughes 2005] рассматривает образ Елены в западной традиции во множестве аспектов.

Заманчиво считать Елену и ее подруг, упоминаемых в гимнах Аристофана, Феокрита и в «Илиаде», высшим образцом греческого женского сообщества во всей его состязательности и единодушии. Однако в «Одиссее» есть отрывок, в котором группа играющих в мяч фиакийских девушек сравнивается с Артемидой и ее нимфами на охоте:

> Как стрелоносная, ловлей в горах веселясь, Артемида
> Мчится по длинным хребтам Ериманфа-горы иль Тайгета,
> Радуясь сердцем на вепрей лесных и на быстрых оленей;
> Там же и нимфы полей, прекрасные дочери Зевса,
> Следом за нею несутся. И сердцем Лето веселится:
> Выше всех ее дочь головой и лицом всех прекрасней, —
> Сразу узнать ее можно, хотя и другие прекрасны.
> Так меж своих выделялась подруг незамужняя дева.
> (Гомер, «Одиссея» 6.102–109, пер. В. В. Вересаева)

Точно так же, как поэт видит параллели между охотниками под предводительством Артемиды и состязанием в игре в мяч фиакийской царевны и ее приближенных[27], возможно, агонистические и сплоченные хоры молодых греческих женщин являлись зеркальным отражением божеств, в честь которых они были созданы.

Женские узы и гендерное соперничество

Греческие женские хоры делились на два класса в зависимости от семейного положения их участниц [Calame 2001: 26, 30], а агонистический дух и энтузиазм к внесемейным гомосоциальным связям, которые хоровой опыт воспитывал в греческих женщинах с детства, оставались с ними и после замужества. Сочетание этих двух постоянных качеств с вновь обретенной сексуальной зрелостью замужней женщины и ее властью в домашнем быту вызывало у мужчин тревогу и находило интересное выражение

---

[27] Мандельбаум [Mandelbaum 1990: 118] переводит amphipoloisi (строка 109) как «товарищи».

в литературе. Три пьесы Аристофана, которые будут рассмотрены в этом разделе, имеют прямую или косвенную связь по теме и сюжету со всеми женскими или преимущественно женскими праздниками и демонстрируют комичные, но в то же время серьезные представления о женской солидарности и потенциальной силе женских коллективных действий.

В «Лисистрате» заглавная героиня организует общеэллинскую сексуальную забастовку молодых жен и успешно заставляет мужчин Афин, Спарты и их союзных государств прекратить ведущуюся ими многолетнюю войну. Сюжет не связан напрямую с каким-либо религиозным праздником, но в своем вступительном слове, увидев, что на созванное ею собрание никто еще не явился, Лисистрата откровенно говорит, что явка наверняка была бы высокой, если бы женщин пригласили поучаствовать в одном из оргиастических и преимущественно женских праздников (строки 1–3). В самом деле, позже в пьесе, когда афинские старейшины являются со стражниками, чтобы задержать забаррикадировавшихся на акрополе забастовщиц, шум, поднятый женщинами, сначала заставляет их заподозрить, что они празднуют Адонию (τά Ἀδώνια), преимущественно женский праздник (строки 388–398)[28]. И разочарование Лисистраты, и подозрение стражников — комическая насмешка над стереотипной женской слабостью к еде и сексу, но суть остается в том, что женские или

---

[28] См. [Blundell 1995: 37–38] о подозрительности, с которой мужчины относились к Адонии. Детьенн [Detienne 1994] предполагает, что в греческом воображении существовал структурный контраст между Адонией и праздниками в честь Деметры. В то время как Адония, в которой участвовали куртизанки и наложницы, ассоциировалась с соблазнительными, но бесплодными половыми актами, праздники в честь Деметры, отмечаемые законными женами, утверждали целомудренную и плодородную супружескую жизнь. Праздники, посвященные Деметре, играют важную роль в фантастических пьесах Аристофана о женщинах, которые предпринимают политические или иные коллективные действия. Наше прочтение этих пьес указывает на другой известный структурный контраст в греческом представлении о женщинах, а именно на различие между девами и замужними женщинами. Критику интерпретации Детьенна, включая его классификацию празднующих Адонии и Фесмофории на противоположные категории — куртизанки/наложницы против жен — см. в [Winkler 1990a: 197–202].

преимущественно женские праздники были для самих женщин излюбленными событиями и могли наиболее эффективно способствовать их объединению.

> В Греции не было других законных поводов, позволяющих женщинам оставить детей и дом и длительное время наслаждаться отдыхом и обществом сверстниц вне дома [Henderson 1996: 22].

Этот тезис подтверждается в двух других пьесах Аристофана, центральное действие которых происходит во время женского праздника или может быть связано с ним. В «Женщинах на празднике Фесмофорий» участницы трехдневного женского праздника в честь Деметры (богини зерна и плодородия) прерывают праздник на второй день, чтобы вынести смертный приговор Еврипиду, чьи изображения женщин как прелюбодеек, развратниц и обжорок сделали его врагом греческих женщин[29]. Встреча, на которой принимается эта вымышленная резолюция, проходит в соответствии с протоколом афинского собрания, и присутствующие жены неоднократно говорят о женщинах как о группе, стремящейся защитить свои общие интересы, используя поразительную фразу «союз женщин»[30]. Имитация заседания в этой пьесе представлена в реальности в «Женщинах в народном собрании», где женщины осуществляют план, придуманный на Скире, другом женском празднике в честь Деметры. По сюжету заговорщицы переодеваются в мужчин, проникают в собрание и успешно принимают постановление, которое отныне передает управление государством женщинам.

Женские узы и сексуальное соперничество, темы, общие для всех трех пьес, четко прослеживаются в «Женщинах на празднике Фесмофорий», в которой родственник Еврипида переодевается в женщину и проникает на собрание, чтобы оспорить вердикт женщин о якобы женоненавистническом трагике.

---

[29] Хотя практики других греческих культов часто имели местные различия (например, во времени проведения или в обрядах), Фесмофория праздновалась практически в одинаковой форме всеми греками [Mikalson 2004: 215].

[30] Женщины на празднике Фесмофорий, строки 307–308 (*ton dēmon tōn gunaikōn*) и 334–335 (*tōi dēmōi tōi tōn gunaikōn*). Хендерсон [Henderson 1996: 109] переводит это как «суверенные люди женщины».

Сначала через наблюдения родственника, а затем в ходе дебатов, в которых участвуют он и женщины, мы слышим, как представители обоих полов бросают друг другу обвинения. Однако женщины, несомненно, побеждают в силу своей многочисленности и осознанной солидарности, а мужчины, представленные Еврипидом заочно и представляющим его интересы родственником, оказываются обреченными на поражение в этом противостоянии. Родственника разоблачают и приговаривают к смерти, в конце концов ему удается спастись благодаря хитроумному плану, придуманному Еврипидом.

Несмотря на очевидный парадокс, ритуалы и мифы Фесмофорий и других женских праздников, посвященных Деметре как богине плодородия, подвергали серьезному сомнению категории женственности и материнства. Согласно основополагающему мифу, Деметра странствовала по миру в поисках своей пропавшей дочери Персефоны, которая, собирая цветы со своими подругами, была похищена Аидом, царем подземного мира, чтобы стать его царицей. Когда Деметра не смогла найти девочку, она разгневалась и не дала земле зерна и фруктов. Начался голод, люди умирали тысячами, пока не вмешался Зевс, вследствие чего Персефона воссоединилась со своей матерью на две трети года, а остальную часть года проводила в качестве супруги Аида[31]. В этой истории брак представлен как насильственный разрыв, совершаемый мужчинами, без инициации для девушки или подготовки для матери (и, возможно, для товарищей по играм девушки тоже). Помимо потерь и разочарований, связанных с опытом женщин в браке, этот миф несет в себе и более ценный урок. Гнев Деметры демонстрирует огромную силу, которой обладают женщины благодаря своей репродуктивной способности, силу, которая в мужском восприятии позволяет женщинам мстить и уничтожать, какими бы беспомощными они ни казались в мире, где правят мужчины. Исход мифа на самом деле не является счастливым. То, что Персефона остается в вынужденном браке, не несет никакой позитивной идеи о браке, а восстанов-

---

[31] Самым важным текстом об этом мифе является гомеровский «Гимн Деметре».

ление плодородия земли Деметрой кажется лишь невольным компромиссом.

История Деметры-Персефоны («Двух богинь», как их называли) была не просто отдаленным мифическим фоном, который не имел никакого отношения к практике и значению таких праздников, как Фесмофории. Древние источники свидетельствуют о том, что постановка мифа составляла часть основной программы этих праздников [Brumfield 1981: 80–81; Lowe 1998]. Как можно представить, когда женщины собирались в центре города в течение трех дней Фесмофории и проводили празднования, которые строго исключали участие мужчин (нарушение каралось смертью), воздействие, которое это заметное, но таинственное коллективное женское присутствие оказывало на мужское воображение, должно было быть огромным. Комическая пьеса Аристофана, возможно, по-особому выразила тревогу, вызванную женщинами, которые во время праздника временно образовали город в городе. Если сюжет о проникновении переодетого родственника указывает на желание мужчин проникнуть в тайну, окружающую женское собрание, то суровое обращение с ним после быстрого раскрытия его личности говорит о тщетности таких попыток. Родственник выдает себя не только тем, что осмеливается бросать упреки в адрес женщин, вызывая таким образом возмущения у своего праздничного окружения, но и тем, что он просто не знает ритуальных практик и характера межличностных связей на празднике. Например, утверждая, что посещает празднество каждый год, он не может ответить на вопрос, кто был его спутницей по шатру (*suskēnētria*) (строка 624). Очевидно, что во время праздника две женщины должны были находиться в одном шатре, где они отдыхали ночью и, возможно, занимались какими-то другими делами. Конфронтация между родственником и женщинами на Фесмофории показывает, что все женские праздники воспринимались как события, способствующие развитию женской солидарности и проявлению сексуального антагонизма.

Знание о том, что Фесмофории на самом деле могли праздноваться на Пниксе, обычном месте реальных народных собраний афинских граждан[32], важно для понимания других посвященных женщинам пьес Аристофана. «Лисистрата» начинается с того, что женщины съезжаются со всей Греции на собрание, которое созвала главная героиня, чтобы принять меры по поводу войны между афинянами и спартанцами (и их союзниками). Если афинянам казалось, что женские праздники были естественным местом для сплетен о своих родственниках и даже интриг против них (как в «Женщинах на празднике Фесмофорий»), то для того, чтобы включить политику в повестку дня женских праздников, потребовалось бы лишь немного больше воображения. Мы говорим «повестка дня», потому что героини Аристофана в «Женщинах в народном собрании» и «Лисистрате», как и в «Женщинах на празднике Фесмофорий», ведут свои дела в манере мужского собрания, от процедуры и правил собрания до дикции и риторики речей. Фантастический сюжет о вторжении женщин в собрание в «Женщинах в народном собрании» имеет смысл, учитывая большую вероятность того, что Фесмофории были местом проведения собрания афинских граждан в реальности, а также учитывая общую замкнутость и секретность таких общеженских праздников: женщины возвращаются на место сбора, которое фактически принадлежало им в течение трех дней каждый год.

Аналогичным образом, захват акрополя забастовщицами в «Лисистрате» берет свое начало в реальной религиозной практике и связанных с ней народных представлениях о женском характере и поведении. Именно под предлогом принесения жертвы Афине пожилые женщины захватывают цитадель (строки 177–179), и этот шаг оказывается решающим для плана Лисистраты принудить мужчин к миру, одновременно устроив сексуальную забастовку и прекратив финансирование войны (афинская казна находилась на акрополе). И снова Аристофан берет пример свободы, которую религиозная деятельность предоставляла гречанкам, и расширяет ее, чтобы создать фантазию о политических действиях женщин.

---

[32] Споры о том, проводился ли фестиваль в Пниксе, см. [MacDowell 1995: 259–260].

Такая фантазия впечатляет не только своим размахом, но и той женской солидарностью, которая в ней отражена. Лисистрата дважды использует слово *koinēi* (объединенный) для описания миссии, в которой участвует она с подругами. В строках 39–41, в разговоре с первой пришедшей на собрание женщиной, своей соседкой Клеоникой, Лисистрата говорит: «Когда ж всех стран соединятся женщины: / Коринфянки, спартанки, беотиянки / И мы, — так вместе мы поможем эллинам». Позже, обращаясь к судье, который пришел осудить женщин за захват акрополя, Лисистрата указывает, что они действовали так потому, что «уж совсем мужчин не осталось в стране» и «мы..., женщины всех городов, заключили союз нерушимый / И поклялись Элладу спасти сообща» (Аристофан, «Лисистрата» 524–526, пер. С. К. Апта, А. И. Пиотровского, Н. Корнилова[33]). Убежденность и решимость Лисистраты разделяют ее последовательницы, которые, при всех эгоистических мотивах и пустяковых желаниях, которые они время от времени демонстрируют, все же объединяются для выполнения важной задачи. Это видно из эпизода, когда мужчины собираются поджечь женскую баррикаду на акрополе, а другая группа женщин спешит на помощь своим соратницам с кувшинами воды. Выражая беспокойство за судьбу осажденных и описывая поспешность, с которой они принесли воду из переполненного фонтана, члены «спасательной группы» призывают друг друга мчаться на место, чтобы спасти своих «согражданок» (*taisin emais dēmotisin*) (Аристофан, «Лисистрата» 321–335). Гордость и вера женщин в успех их совместных действий выражены в антистрофе: «Я готова на все / Ради милых. В душе у них доблесть живет, / Красота, простота, / Справедливость, отвага, к отчизне любовь / И разумная мысль» (Аристофан, «Лисистрата» 543–547, пер. С. К. Апта, А. И. Пиотровского, Н. Корнилова).

Идея женской солидарности также подчеркивается в пьесе «Женщины в народном собрании». Под руководством Праксагоры женщины изучают протокол собрания и осознают важность действий, которые им предстоит предпринять. Хоровая ода, ко-

---

[33] Цит. по: [Ярхо 1983]. — *Прим. перев.*

торую они поют, направляясь на собрание, указывает на то, что они осознают свое единство:

> Скорей!
> Спеши, нажимай, эй!
> Должны начеку мы быть,
> Чтоб верную взять струну,
> Не выдать притворства.
> Сперва свой жетон возьмем,
> Усядемся тесно в ряд,
> Поближе одна к другой,
> Чтоб в голосовании
> Согласными быть во всем
> С веселой толпой подруг...
> Нет, нет, не подруг — друзей (*philous*),
> Так зваться мы будем.
> (Аристофан, «Женщины в народном собрании», 293–299, пер. С. К. Апта, А. И. Пиотровского, Н. Корнилова)

Последние две строки, хотя и являются шуткой о том, как притворщицы примеряют на себя новую личину, также показывают, что женщины укрепляют друг в друге свою преобразованную идентичность. Женщины, привыкшие заводить подруг на праздниках, теперь становятся мужчинами-гражданами, которые объединяются друг с другом в политических дискуссиях и принятии решений на собрании. Хотя это и сопряжено с определенными трудностями, им это удается, поскольку обе роли связаны с групповым сознанием и соперничеством.

Женщины в «Лисистрате» и «Женщинах в народном собрании» также показывают себя истинными носителями эллинского агонистического духа, что проявляется в том, как они обосновывают свои действия перед мужчинами, которые в изумлении и гневе пытаются победить вторгшихся женщин. Красноречивые женщины опираются в своем выступлении на три утверждения. Первое заключается в том, что на них лежит *ответственность* за это. В «Лисистрате», когда мужчины пытаются вернуть цитадель и укоряют женщин за то, что они сбились с пути и говорят о войне, захватчицы заявляют: «Если я советом добрым городу помочь могу, / ...свой вклад любовно в дело общее вношу» (строки 638–640/1). Затем они перечисляют обязанности, которые выполняли на различных общественных праздниках, событиях, которые были как религиозными, так и гражданскими и предоставляли реальные законные возможности для женщин появляться и вести какую-либо деятельность в общественных местах. Именно для того, чтобы отплатить за то представление и почести, которые они получили от города, утверждают женщины, они выступают в этот раз[34].

Второй аргумент, который используют женщины у Аристофана, заключается в том, что они осуществляют свое *право* на действия в отношении войны и мира. В образцовой речи Праксагоры она обращается к собранию так: «Заботы одинаковы о городе / У всех у нас. С печалью, с огорчением / Слежу я за разрухой государственной / И вижу: негодяи правят городом» (Аристофан, «Женщины в народном собрании» 173–175). То, в чем состоит ее доля, получает полное объяснение в «Лисистрате». Как говорит одна из женщин, «Ведь и я свой вклад любовно в дело общее вношу, / Вклад мой лучший, дар мой ценный — я детей рожаю вам» (Аристофан, «Лисистрата» 651). В другом месте Лисистрата объясняет, почему женщины несут более чем двойное бремя войны: матери посылают своих сыновей умирать в сражениях, жены лишены супружеской жизни, потому что их мужья постоянно находятся в походах, а девы стареют без мужчин, которые могли бы взять их в жены (Аристофан, «Лисистрата» 588–597). Опровергая таким образом утверждение мужчин о том, что женщины не имеют никакого отношения к войне, женщины-бунтовщицы утверждают свое вмешательство как право, которое они заслужили.

Наконец, женщины также оправдывают себя, утверждая, что они способны справиться с делами, которые считаются уделом мужчин. Аналогия между домашним хозяйством и управлением

---

[34] Это тот самый отрывок, который дважды упоминался ранее. Как предводительница этого женского отряда, она резюмирует речи своих соратниц: «Я обязана дать городу дельный совет» (Аристофан, «Лисистрата» 648).

городом является центральной в их деле. Праксагора говорит собранию: «Я предлагаю женщинам вручить бразды / Правления. Ведь доверяем женщинам / И деньги, и хозяйство, и дома свои» (Аристофан, «Женщины в народном собрании» 211–212)[35]. Затем она доказывает, что благодаря своему опыту ведения домашнего хозяйства женщины обладают лучшей квалификацией, чем мужчины, для управления городом. Они менее склонны к безрассудным инновациям, больше заботятся о благосостоянии людей, эффективнее удовлетворяют их потребности и более изобретательны в преодолении финансовых кризисов. В «Лисистрате» их аргументы принимают форму развернутой метафоры, в которой Лисистрата говорит мужчинам, что женщины могут легко решить серьезные проблемы, стоящие перед греческим миром, так же, как если бы они занимались спутанным мотком шерсти. Первый шаг — очистить город от «негодяев и трусов», как промывают шерсть и счищают репья. Затем порядочные граждане — все те, кто предан городу, — будут собраны и должным образом устроены, как хорошая шерсть навивается на прялку (строки 574–586).

Женщины не просто возлагают на мужчин ответственность за беды города, они заявляют о своей способности, фактически высшей власти, вмешиваться в государственные дела. Сексуальное взаимодействие, составляющее основную часть двух пьес Аристофана, наполнено конфликтом, который является прямым и интенсивным и принимает не только словесную, но и физическую форму.

Хороший пример физического противостояния можно найти в эпизоде из «Женщин в народном собрании», где женщины аплодируют только что законченной образцовой речи Праксагоры, но беспокоятся о том, сможет ли она устоять, если мужчины в собрании, к которым она обращалась, начнут ее оскорблять.

---

[35] Так, в «Лисистрате» (494–495), когда советник удивленно восклицает в ответ на предположение, что женщины будут распоряжаться деньгами, захваченными на акрополе, Лисистрата отвечает: «Что ж ты странного в этом находишь? / А доныне домашнею вашей казной мы, хозяйки, не правили разве?»

Праксагора тут же развеивает их опасения, выказывая жесткую реакцию, которая последует в каждой из воображаемых ситуаций. На словесные вызовы она ответит резкими словами, а на применение силы — толчками и ударами. Воодушевленные ее твердой позицией, женщины заверяют, что встанут на ее защиту, «если лучники» ее «потащат» (Аристофан, «Женщины в народном собрании» 245–261). К счастью, позже на собрании ни Праксагоре, ни ее соратницам не приходится так действовать, потому что их маскировка не обнаружена, а красноречием Праксагоры удается убедить мужчин в том, что женский порядок вполне может быть использован, однако только в качестве крайней меры. При этом очевидно, что женщины считают себя вовлеченными в битву, и это подчеркивается тем, что женщины говорят о Праксагоре как о «полководце» (*stratēgon*, строка 246). Зоммерштейн отмечает, что, возможно, Аристофан хотел «ввести читателей в заблуждение, ожидая, что новое женское правительство проявит воинственность, подобную амазонкам» [Aristophanes 1998: 160, note 246]. Пусть в конце концов захват власти не сопровождается применением силы и мужчины с радостью принимают введенное женщинами коммунистическое правление, битва, конечно, могла бы стать естественным развитием событий, что и происходит в «Лисистрате».

Когда в «Лисистрате» мужчины прибывают на акрополь, намереваясь сжечь забаррикадировавшихся женщин, они дают понять, что готовы к войне, молясь Афине (Нике): «Победа-госпожа, приди! И пусть над злобой женской, / Над глупым женским мятежом мы свой трофей поставим!» (Аристофан, «Лисистрата» 317–318). Отныне обе стороны вступают в прямое физическое столкновение, и то, о чем только говорят, но не реализуют женщины в «Женщинах в народном собрании», здесь воплощается на сцене. В ответ на молитву мужчин к «Победе-госпоже» женщины обращаются к Афине, божеству — покровителю Афин и богине войны, прося ее стать их «соратницей» (*summachon*). Под знаком богини (акрополь — место расположения храма Афины) женщины сначала тушат костер, который разожгли мужчины, а затем отбиваются от лучников, которым было приказано схватить их и связать, причем оба эти действия сопровождаются быстрым обменом словесными оскорблениями и угрозами (строка 350 и далее). Раздасадованные неудачей, мужчины призывают скифских лучников встать в строй и сделать еще один выстрел: «так мы не уступим женщинам» (Аристофан, «Лисистрата» 450–451). Лисистрата отвечает на эту отчаянную попытку, указывая, что на ее стороне «есть ...четыре роты целые / Вооруженных до зубов афинянок» (*tettares lochoi machimōn gynaikōn exōplismenōn*) (Аристофан, «Лисистрата» 453–454). По ее призыву отряд женщин в доспехах гоплитов выбегает из акрополя, готовый выполнить приказ своего полководца — тащить, бить, колотить и поносить врагов. Мужчины разбиты, и Лисистрата говорит убитому горем советнику, что тот ошибался, думая, что пришел сражаться просто с какими-то рабынями: «Чего ж ты ждал? Иль встретить ты надеялся / Рабынь пугливых? Иль не знал, что яростной / И женщина бывает?» (Аристофан, «Лисистрата» 459–460, 464, пер. С. К. Апта, А. И. Пиотровского, Н. Корнилова).

Эти описания вооруженного конфликта между мужчинами и женщинами в «Лисистрате» не следует рассматривать просто как шутку. Прежде всего, они вызывают глубокую тревогу по поводу агрессии женского сообщества. Впоследствии мужчины сравнивают своих противников с Артемисией, правительницей Галикарнаса, которая возглавила флот, чтобы помочь Персии в Персидской войне 480 года до н. э., и с амазонками, мифологическими женщинами-воительницами, которые однажды напали на Афины (одна из битв произошла у Пникса), но потерпели поражение от легендарного царя Тесея[36]. Как предупреждает предводитель мужчин, если у женщин появится шанс, они без колебаний начнут войну против мужчин, которую выиграют

---

[36] Амазонки считают войну своей профессией, управляют собственным правительством, в котором нет мужчин, и убивают своих сыновей при рождении (в некоторых случаях калечат мальчиков). Мужчины выполняют только рутинную работу в царстве амазонок, которым удается увековечить свой род, рожая детей от чужаков. Дюбуа [DuBois 1982], Лефковиц [Lefkowitz 1986, ch. 1] и Тирелл [Tyrrell 1984] рассматривают образы амазонок в греческих источниках. Легенду о нападении амазонок на Афины см. в [Plutarch 1982: 27].

благодаря своей решительности и смекалке (Аристофан, «Лисистрата» 671–681)³⁷. Показательно, что, в то время как мужчины боятся могущества уз женщин-агрессоров, они подбадривают себя, опираясь на пример Гармодия и Аристогитона, чьи статуи стоят на афинской агоре. Цитируя застольную песню, воспевающую подвиг этой пары (о которой шла речь в главе 1), и изображая статую Аристогитона, предводитель мужчин клянется в духе этих двух образцовых любовников и борцов за свободу победить женщин-агрессоров (строки 631–634). Кажется, что нарушение гендерных норм столь же отвратительно и невыносимо, как и тирания, и что это самый подходящий случай для афинских мужчин еще раз вдохновиться парой, которая своей жизнью показала ценность мужских гомосоциальных уз, скрепляющих гражданское общество.

Более того, в основе фантастического изображения битвы полов в «Лисистрате» лежит логическая связь между двумя вещами: временной свободой и полномочиями, которыми пользуются женщины в религиозной деятельности, и предположительным стремлением женщин исправить несправедливость, от которой они страдают в повседневной жизни. Жалуясь на то, как раньше женщин заставляли молчать и наказывали, когда они спрашивали своих мужей о решениях, принимаемых на собрании, Лисистрата твердо заявляет советнику, что сейчас, когда ее воинство захватило акрополь: «И теперь, если *слушаться станете вы* (antakroasthai) благодетельных наших советов, / И *начнете молчать* (antisiōpan), как молчали и мы, вам помочь мы тогда обещаем» (Аристофан, «Лисистрата» 527–528; курсив мой). Стремясь исправить несправедливое попрание своих прав, осознавшие это

---

[37] Страх перед коллективной силой женщин, включенной в религиозный контекст, находит мрачное выражение в трагедии Еврипида «Вакханки», в которой менады, бродящие по горам в дионисийском трансе, отказываются подчиниться приказу царя самораспуститься и вернуться домой; вместо этого они уничтожают войска, которые посылает царь, и в конце концов одерживают над ним победу. В пьесе широко используются образы физических сражений. Обсуждение менад в греческой мифологии, литературе и искусстве см. в [Benson 1995].

жертвы требуют своей очереди подвергнуть своих бывших повелителей столь же несправедливому обращению. Подобное противоборство лежит в основе женского бунта в «Женщинах в народном собрании», хотя и проявляется в более умеренной степени. В этой пьесе, когда женщины избирают себя в правление, чтобы, так сказать, «смягчить удар», мужчин уведомляют, что отныне они будут освобождены от всех прав, которыми они пользовались, и также обязанностей. В общем, они поменяются местами: мужчины будут сидеть дома, в то время как их жены будут посещать собрания и суд (Аристофан, «Лисистрата» 458–464). Появляется и более конкретное законное изменение: теперь ни один мужчина не будет иметь права заключать договор на сумму, превышающую стоимость бушеля, что является отменой фактического афинского закона, ограничивающего право женщин и детей на заключение договоров (Аристофан, «Лисистрата» 1024–1025). Приводя аргумент: «Мы ни в чем не уступаем; наша очередь править, а ваша — быть управляемыми», женщины звучат неоспоримо и убедительно, потому что они просто перенимают для себя логику афинской демократии (где все взрослые граждане мужского пола равны и по очереди правят и управляемы) и потому что они продемонстрировали все достоинства и способности, необходимые для участия в политической жизни.

И «Женщины в народном собрании», и «Лисистрата» заканчиваются на хорошей ноте. В «Женщинах в народном собрании» «коммунистическая политика» нового женского режима превращает весь город в пиршественный зал, где женщины следят за празднеством, а все мужчины приглашены отведать угощения. Предпоследняя хоровая песня, состоящая в основном из соединения блюд, эффектно передает атмосферу праздника:

>   Вы, пустые животы,
>   Дружно ноги поднимайте!
>   Скоро ждет нас
>   Устрично-камбально-крабья-
>   Кисло-сладко-остро-пряно-
>   Масло-яблоко-медово-
>   Сельдерейно-огуречно-

> Голубино-глухарино-куропачья-
> Зайце-поросятино-телячья
> Запеканка.
> Слышал, так хватай живее
> Блюдо, чашку и тарелку!
> И при этом не забудь
> Захватить с собой закуску.
> (Аристофан, «Женщины в народном собрании» 1169–1178, пер. С. К. Апта, А. И. Пиотровского, Н. Корнилова)

«Лисистрата» тоже заканчивается миром, пиром и танцами. Сексуальная забастовка женщин закончилась успехом и заставила мужчин уступить их требованию прекратить войну. Когда беспутные спартанские и афинские мужчины устремляются к акрополю, где все еще забаррикадированы женщины, Лисистрата заключает соглашение о перемирии между двумя сторонами. Это не только политическое и военное примирение между враждующими государствами. Важно отметить, что такое примирение должно произойти и между представителями обоих полов, которые на протяжении большей части пьесы вели ожесточенную борьбу. Угощая спартанцев и афинян на пиру, который женщины устроили на акрополе, Лисистрата позволяет мужчинам вернуть своих жен. В речи, которую она произносит, наблюдая за возвращением жен, содержится призыв к примирению полов: «Теперь, когда счастливо все покончено, / Своих возьмите жен, лакедемоняне! / А вы — своих! Пусть к мужу подойдет жена / И муж — к жене. Сейчас, друзья, на радостях / Богам во славу спляшем мы, а в будущем / Остерегайтесь, не грешите более!» (Аристофан, «Лисистрата» 1275–1278, пер. С. К. Апта, А. И. Пиотровского, Н. Корнилова). В выражении «не ошибайтесь, не грешите» (*examartanein*), по-видимому, заключен двойной смысл. Хотя оно явно относится к вечной войне, вызванной глупостью и жадностью мужчин, оно наверняка также имеет отношение и к вражде между мужчинами и женщинами в пьесе. По велению Лисистраты мужья и жены разбиваются на пары и танцуют до конца пьесы. После разрешения гендерного соперничества, которое и породило, и наполнило энергией женский бунт, жены возвращаются по домам. Если мы вспомним, что ранее женщины отстаивали позицию, основываясь на своих навыках ведения домашнего хозяйства, мы должны согласиться с тем, что политические действия женщин в конечном итоге подтверждают и укрепляют прежние гендерные роли [Konstan 1993][38]. То есть, ненадолго оказавшись в центре внимания как главные героини и блестящие политические деятели, женщины уходят на второй план, восстанавливая нарушенные границы между мужским/политическим и женским/домашним.

Финал «Женщин в народном собрании» идет по другому сценарию. Женщины фактически только начали осуществлять свое правление в городе после того, как пришли на смену мужчинам. Хотя Аристофан завершает пьесу празднествами, знаменующими начало нового режима, и показывает, как женщины готовят пиры, чтобы развлечь мужчин (то есть выступают в своей традиционной домашней роли), завершение пьесы может оказаться не таким простым. Какими будут гендерные отношения отныне? Если действия женщин были мотивированы чувством несправедливости из-за их исключения из политики и недовольством результатами деятельности мужчин, то смогут ли мужчины, насладившись первоначальной эйфорией коммунистической утопии, с готовностью принять навязанный им бесправный статус? Как будут вести себя женщины, когда вернутся с собраний и судебных заседаний и встретятся лицом к лицу с мужьями, которых они свергли?

Хотя это менее актуально, но ощущение незавершенности присутствует и при прочтении концовки «Лисистраты». Возвращаясь домой к своим мужьям, женщины требуют «больше не грешить» (строка 1278), но гендерное соперничество, диктовавшее сюжет, никуда не исчезает. Примирившиеся мужчины и женщины, поющие и танцующие в конце пьесы, дают нам по-

---

[38] «На самом деле в этой пьесе (в отличие от "Женщин в народном собрании", поставленной 20 лет спустя) женщины не обретают политическую власть и не предпринимают никаких действий» [MacDowell 1995: 248]. Другой пример другой пьесы будет рассмотрен позже.

следний, полный взгляд на агонистический и коллективный дух, который женщины-бунтарки проявляли на протяжении всего мощного противостояния полов в пьесе. Как сказано в заключительной хоровой песне:

> Кружитесь дружно, ноги поднимайте!
> Свою мы Спарту славим.
> Эти хоры, топот, пляска — в честь родных богов.
> Над Евротом дочери Спарты ведут хоровод.
> Разом в землю ногами бьют,
> Кружатся быстро.
> Косы порхают, как у вакханок,
> Поднявших в воздух легкий тирс.
> Дочь Леды [то есть Елена] впереди их
> Ведет веселый хоровод.
> Вплетите в волосы цветы, скачите выше, выше,
> Как в поле молодой олень! В ладони ударяйте!
> Прославьте грозную в боях богиню в медном храме!
> (Аристофан, «Лисистрата» 1302–1321, пер. С. К. Апта,
> А. И. Пиотровского, Н. Корнилова)

Эта хоровая ода женской красоте, атлетичности, гордости и товариществу в «Лисистрате» достойна девичьих песен Алкмана и находит больше отголосков в произведениях, восходящих к эллинистической эпохе и более ранней эпохе — эпохе Гомера. Агонистический и командный дух песен, прославляющих хоры молодых женщин, находит проявление и в гендерном соперничестве в пьесах, действие которых разворачивается на фоне праздничных мероприятий замужних женщин. Хотя и произошел переход от поклонения девам к смеси восхищения и тревоги за жен и матерей, общие элементы в двух группах остаются неизменными, и женщины, которые ранее захватили афинский акрополь и устроили общеэллинскую сексуальную забастовку, и те, которые теперь танцуют со своими мужьями и поют зажигательную и чарующую хоровую оду, — это одни и те же женщины. Напомним, что женщины, вторгшиеся на акрополь, на самом деле ссылались на свое давнее участие в гражданских праздниках, чтобы опровергнуть возражения мужчин против их вмешательства в государственные дела. Похоже, что, хотя Аристофан и представляет позитивную концовку, он не хочет, чтобы зрители поверили, что публично разыгранная в пьесе битва действительно привела к фундаментальным изменениям в любой из сражающихся сторон. Когда они в приподнятом настроении уходят со сцены, мы не можем не задаться вопросом, был ли спор между двумя полами разрешен раз и навсегда. В следующей главе у нас еще будет повод понаблюдать за подобным противостоянием в другой обстановке и на основе свидетельств из более широкого круга времен, мест и жанров, а сейчас давайте рассмотрим примеры участия женщин в китайских праздниках.

Китайские общественные празднества

По мнению философа Мо-цзы (ок. 468–378 до н. э.), людям неизменно свойственно верить в призраков и духов, поэтому необходимо создавать поводы для удовлетворения таких их склонностей. Чтобы проиллюстрировать свой аргумент, Мо-цзы упоминает огромную популярность известных праздников в четырех китайских государствах: Янь (север), Ци (восток), Сун (центр) и Чу (юг). Согласно характеристике этих праздников, которую философ дает в одном предложении, все они «привлекали мужчин и женщин, чтобы они следовали друг за другом на зрелище»[39].

На протяжении всего древнего периода существования Китая женщины участвовали во многих праздниках, которые проходили на открытых пространствах с участием всей общины. Время проведения этих праздников часто совпадало с аграрным циклом. Важное место в ритуалах занимало обеспечение плодородия людей и земли, однако общение с божеством затрагивало и другие актуальные вопросы жизни и смерти. Излюбленными местами для собраний были берега рек, рощи и места, где есть холмы и вода. Мужчины и женщины, старые и молодые, все принимали

---

[39] 此男女之所屬而觀也. Mozi, Ming gui (Разъяснение вопросов о духах), 8.4a.

участие и получали удовольствие, но наибольшее волнение, вероятно, испытывали юноши и девушки брачного возраста. Песня из «Од», ода 95 («*Чжэнь Вэй*», «Чжэнь и Вэй»), описывает один из таких праздников:

> Когда Чжэнь и Вэй
> Идут полноводным потоком,
> Время для мужчин и женщин
> Наполнить свои ладони душистыми травами.
> Женщина говорит: «Ты искал?»
> Мужчина говорит: «Да, я закончил искать».
> «Может, пойдем и посмотрим еще немного?
> На Вэй
> Он огромен и полон восторга».
> Мужчина и женщина,
> они весело играют,
> И один дарит другой пион.
> [Cheng, Jiang 260–263; Waley 76][40]

Согласно Чжу Си и комментаторской традиции Хань (здесь это фамилия, а не династия), которой он следовал, предыстория предыдущего стихотворения — это весенний праздник, когда жители Чжэна приходили к двум рекам, протекающим через эту местность, и проводили ритуалы, преследовавшие две цели. Одна из них заключалась в том, чтобы призвать и успокоить души умерших, а другая — в том, чтобы рассеять влияние злых духов, которые могли быть потревожены, когда земля пробуждалась с приходом весны [SJZ 4.28b–29a][41]. Если обряды в честь умерших и отвращающие беду ритуалы были основными целями праздника, то это еще не все, ради чего он проводился. Как видно из текста,

---

[40] Вторая строфа поэмы содержит небольшие изменения в строках 2 («[Чжэнь и Вэй] / Бегут глубоко и ясно») и 4 («[Мужчины и женщины] / Заполняют площадки толпами»).

[41] Чжу придерживался чтения Сюэ Ханя, ведущего сторонника ханьской комментаторской традиции к «Одам» в I веке н. э. Яо Цзихэн [ST 5.163] и Чэнь Циюань [MJB 5.26a] отмечают влияние Сюэ Ханя на Чжу Си в интерпретации оды 95.

на берегах реки собрались толпы людей, желающих получить удовольствие, не в последнюю очередь от флирта и любовных встреч между юношами и девушками. В драматическом обмене, представленном в стихе, женщина охотно приглашает мужчину, только что вернувшегося с празднования, отправиться в очередное путешествие, и ему, очевидно, не требуется особых уговоров, чтобы на это согласиться. Подношение пиона, символа любви, в конце этой оды перекликается с подношением орхидеи как оберега от порчи (строка 4) и указывает на сосуществование религиозных целей этих праздников и присутствие возможностей для общения между полами. Стихи, подобные оде 95, во многом создали Чжэну репутацию государства с оживленными празднествами и необузданными сексуальными нравами[42].

Такие ученые, как Марсель Гране (1884–1940), Го Моруо (1892–1978), Вэнь Идуо (1899–1946) и Сяо Бин, утверждают, что социализирующая функция встреч была не просто придатком к религиозному празднику, а неотъемлемой частью сексуальных обрядов, которые были в центре многих древних праздников, посвященных плодородию. По мнению этих ученых, ухаживание происходило на этих праздниках в сопровождении песен и танцев молодых мужчин и женщин и часто заканчивалось сексуальной близостью [Granet 1975: 41–46; Guo Moruo 1931: 21; Wen Yiduo 1959: 97–113; Xiao Bing 1982: 145][43]. Ода 48 («*Сань чжун*», «В тутовой роще»), например, как кажется, поддается именно такой интерпретации:

---

[42] Еще два стихотворения из Чжэнь будут рассмотрены позже. Цитируя оду 95 и другую песню из Чжэнь, Бань Гу связывает многочисленные праздники в Чжэнь с его «развратными» обычаями [HS 1652]. Классические комментаторы оды 95 в основном разделились на два лагеря: одни (в лице Чжу Си) считают, что ода является описанием «развратных мужчин и женщин» Чжэня, другие — что поэт обличает «развратные сексуальные обычаи» государства (это традиция Мао — Чжэн — Кон). См. статью Керна [Kern 2007: 136–140] о некоторых раннесредневековых интерпретациях, которые не используют морализаторский подход к песням, подобным оде 95.

[43] В своем комментарии к оде 95 Чжэн Сюань отмечает, что мужчина и женщина «совершают супружеский акт», прежде чем расстаться [MSZ 346].

> Где собирать повилику?
> В деревне Мэй.
> О ком я думаю?
> О прекрасной Мэн Цзян.
> Она ждет меня в тутовой роще,
> Она приглашает меня пойти в Верхний дворец.
> Увы, она прощается со мной на берегу Ци.
> Где я собираю лебеду?
> К северу от Мэй.
> О ком я думаю?
> О прекрасной Мэн И.
> Она ждет меня в тутовой роще.
> Она приглашает меня пойти в Верхний дворец.
> Увы, она прощается со мной на берегу Ци.
> Где я собираю горчицу?
> К востоку от Мэй.
> О ком я думаю?
> О прекрасной Мэн Юн.
> Она ждет меня в тутовой роще.
> Она приглашает меня пойти в Верхний дворец.
> Увы, она прощается со мной в устье реки Ци.
> [Cheng, Jiang 131–136]

Обычно рассматриваемая в современной критике как любовная песня, ода 48 не кажется выражением чувств, направленных на конкретную женщину[44], но соответствует обстоятельствам общественных празднеств, на которых группы молодых мужчин и женщин занимаются флиртом, обмениваясь песнями[45]. Повторение одних и тех же названий мест (тутовая роща, Верхний дворец и река Ци) может указывать на место проведения праздника[46]. Сунь Цзоюнь утверждает, что Верхний дворец относится

---

[44] Обратите внимание на упоминание разных женских имен в каждой строфе. — *Прим. перев.*

[45] Гране [Granet 1932: 84–86, 89] понимает оду 48 как пример песен, которые мужчины и женщины импровизировали на сельских праздниках.

[46] Саньлин, место, где, по Мо-цзы, проходят праздники Сун, означает «тутовая роща», что напоминает о центральном месте, упоминаемом в оде 48 («В тутовой роще»). Поскольку Сун и Вэй (регион происхождения оды 48) занимали

к храмовому сооружению, возведенному в тутовой роще в честь богини плодородия [Sun Zuoyun 1966: 305].

Мы не совсем уверены, в какой степени сексуальные связи на древнекитайских праздниках имели отношение к предполагаемым исполнением ритуалам для плодородия, но достаточно сказать, что основанные на религии праздники предоставляли широкие возможности для сексуальных контактов. Например, фон оды 48, похоже, представляет собой празднество, на котором наблюдается много веселья и ухаживаний, ведущих к образованию пар, независимо от того, являются ли эти союзы частью религиозных целей праздника. Ода 137 («*Дун мэнь чжи фэнь*», «Вязы восточных ворот») — песня из государства Чэнь, которую ханьский историк Бань Гу использует в качестве подтверждения того, что народ Чэнь любил обряды, проводимые для развлечения богов [HS 1653], и которая показывает мужчин и женщин, веселящихся на празднике. В первой строфе стихотворения группа молодых людей танцует в священной роще: «Вязы Восточных ворот, / Дубы пологого кургана[47]. / Сыновья Цзычжуна / Под ними прыгают и танцуют».

В следующей строфе на сцену выходят женщины: «Что за счастливое утро, ура! / Юаньские девушки с южной стороны / Вместо того, чтобы прясть коноплю, / На рынке прыгают и танцуют».

Танцующие на рынке и пробирающиеся к священной роще женщины[48] развлекаются так же, как и мужчины (и те, и другие «прыгают и качаются»). Тот факт, что поэт подчеркивает, что в этот

земли, которые раньше находились под прямым управлением династии Шан (XVI–XI века до н. э.), оба государства отмечали подобные праздники в похожих местах [Guo Moruo 1931: 20; Wen Yiduo 1959: 97; Xiao Bing 1982: 145].

[47] В то время как Чжэн Сюань говорит лишь о том, что первые две строки напоминают о двух местах в Чэнь, где собираются мужчины и женщины [MSZ 376], Моу Тин (1759–1832) убедительно указывает, что вязы и дубы относятся к священным рощам и что именно праздничные мероприятия привлекают туда толпы мужчин и женщин [SQ 1159].

[48] Чжу Си [SJZ 7.3a] предполагает, что женщины встретят мужчин позже. Такое прочтение логично, поскольку в следующей строфе мужчины и женщины вступают в романтический диалог.

день девушки отказались от прядения ради танцев, может означать, что, как и в Греции, китайские праздники предоставляли женщинам большие возможности, чтобы временно оставить домашний очаг и получить удовольствие от коллективных развлечений. Действие оды заканчивается в священном месте, где встречаются и общаются молодые мужчины и женщины, и представляет собой интересную сцену общения одной из многочисленных пар, занятых ухаживанием. Для мужчины и женщины, которые встретились впервые, а может, и нет, их взаимное добродушное поддразнивание включает в себя выражение симпатии и восхищения, а также требование свидетельства любви: "Наконец-то настал этот прекрасный день! / "Пойдем, присоединимся к толпе". / "Ты прекрасна, как мальва". / "Тогда дай мне горсть семян перца!"»[49] [Cheng, Jiang 364–367].

То, что сексуальный аспект мог быть важной причиной большой привлекательности древних китайских праздников, подтверждается комментариями, появившимися в «Анналах Весен и Осеней», официальной истории Лу, охватывающей период 722–481 годов до н. э. В 671 году до н. э. князь Чжуан из Лу (693–663 до н. э.) отправился в Ци на праздник в честь бога почвы, который, следует отметить, был одним из четырех знаменитых праздников, охарактеризованных Мо-цзы как «привлекающие большие толпы мужчин и женщин»[50]. Все три ранних комментария к «Анналам»

---

[49] Пол субъекта в третьей строке первой строфы — 子仲之子, что может означать «ребенок (дети) / сын (сыновья) / дочь (дочери)» Цзычжуна — может интерпретироваться по-разному. Уэйли в своем переводе следует толкованию Мао — Чжэн — Куна [MSZ 376] в переводе «сыновья», тогда как перевод Карлгрена [Karlgren 1950: 88] «дочь Цзычжуна» основан на Чжу Си [SJZ 7.2a] и Ван Сяньцяне [SYJ 10.2]. Чжу Си также понимает строку 2 второй строфы по-другому, читая «юань 原» не как фамилию, а как «равнинное поле» (строка, соответственно, переводится как «мы идем на южную равнину»). Несмотря на расхождения в прочтении этих двух строк, основные комментаторы сходятся в том, что в песне описываются мужчины и женщины, получающие удовольствие и вступающие в любовные отношения в общественном собрании (что ясно видно из последней строфы).

[50] Чоу [Chow 1978: 32] отмечает, что «нет никаких сомнений в том, что шэ (где приносились жертвы богу почвы) первоначально была связана с типом поклонения, касающимся плодовитости и плодородия». См. о той же связи также [Lewis M. E. 2006b: 134–137; Si Weizhi 1997: 47].

утверждают, что поездка князя Чжуана была «против обрядов 非禮» или «необычной 非常»[51]. В «Комментарии Гуляна», который считается самым последним из трех[52], объясняется, что князь Чжуан совершил неподобающий поступок, пересекая границы, чтобы посмотреть на женщин на празднике. Среди многих более поздних классических критиков, поддержавших мнение комментария Гуляна, Хуэй Шици (1671–1741) проводит самую тесную связь между праздником Ци и подобными древними праздниками в других государствах. Ссылаясь на Мо-цзы и оду 95, Хуэй отмечает, что князь Чжуан присутствовал на празднике, думая не о богах, а только об участницах [Xiao Bing 1982: 146].

Если мы примем интерпретацию классических комментаторов, то что мог ожидать князь Чжуан, отправившись на праздник в Ци? Случай, рассказанный в «Записях великого историка» Сыма Цяня (ок. 145–90 до н. э.) дает представление о том, что могло произойти в подобном случае. Рассказчик, мудрый деятель из Ци IV века до н. э., описывает то, что видел во время общинного праздника. Согласно его рассказу, мужчины и женщины на празднике занимались тем, что в противном случае было бы запрещено: сидели вместе, играли в игры, пили, совокуплялись, вступали в зрительный и физический контакт [Shiji 3199]. Нет никаких указаний на то, что описываемое событие было праздником Ци в честь богов почвы и зерна, но сцены общения, которые изображает рассказчик, помогают пролить свет на сексуальную свободу, которой был отмечен этот знаменитый праздник. Могло случиться так, что, соблазнившись перспективой сексуальной оргии, герцог Чжуан из Лу отправился на праздник в соседнее государство, к ужасу позднейших моралистов, заинтересованных в соблюдении правителями сексуальных приличий и своих обязанностей.

---

[51] «Комментарий Цзо» [Zhuang 23, Yang 225–226], «Комментарий Гунъян» [Zhuang 23, 2237], «Комментарий Гулян» [Zhuang 23, 2386].

[52] Хотя сторонники такого понимания в эпоху Хань утверждали, что имела место непосредственная передача одним из учеников Конфуция в V веке до н. э., и, хотя точка зрения действительно могла зародиться в доциньский период, существует большое подозрение, что это в значительной степени продукт ранней эпохи Хань [Cheng 1993: 67–71].

В «*Одах*» женщины часто изображаются играющими активную или даже агрессивную роль в сексуальном взаимодействии на праздниках, как это видно из двух стихотворений, рассмотренных ранее. В оде 95 женщина успешно уговаривает мужчину сопровождать ее на праздник, и мы вполне можем предположить, что она продолжит использовать свои чары на своем спутнике, когда эти двое сольются с праздничной толпой и в полной мере насладятся коллективной сексуальной свободой. И вновь, в оде 48, именно женщина берет на себя инициативу в создании пары. Она устанавливает первый контакт, предлагает места, куда они могут пойти, и, наконец, провожает мужчину после их свидания. Мы можем понять приписывание женщинам в этих стихах таких форм поведения, как мужское кокетство, направленное на дразнение и соблазнение. Однако нет недостатка в песнях, которые, по-видимому, исполнялись женщинами — участницами празднеств, в которых женщины уверенно приглашают своих потенциальных женихов к любовной игре. Ода 87 («*Цянь шан*», «Подпоясать чресла»), еще одна песня из Чжэна, служит хорошим тому примером:

> Если нежно любишь меня,
> Подпоясывай чресла и переправляйся через Жень;
> Но если ты не любишь меня —
> Есть много других мужчин,
> Безумнейших из безумцев, о!
> Если ты нежно любишь меня,
> Подпоясывай чресла и переходи вброд Вэй.
> Но если ты меня не любишь,
> Найдется много других кавалеров,
> Безумнейших из безумцев, о!
> [Cheng, Jiang 245–246]

Тот факт, что в оде 87 упоминаются Чжэнь и Вэй, две реки, описанные в оде 95, которые служат местом проведения весеннего праздника в Чжэне, а также то, что в центре находится сексуальное заигрывание, аналогичное тому, что в оде 95, позволяют предположить, что контекстом для обеих од мог быть один и тот же праздник. Адресатом в оде 87 не обязательно должен быть любовник, с которым у говорящей уже сложились отношения, им может быть любой юноша на празднике. Приглашение на свидание является вызовом, поскольку девушка указывает юноше на то, что она может немедленно обратить свой взор на множество более прекрасных кандидатов, если он не придёт[53].

Столь же уверенное и шутливое отношение демонстрирует говорящий в оде 84 («*Шань ю фу су*», «Сыть все еще растет на холме»), также из Чжэна:

> На холме все еще растет сыть;
> В низине цветет лотос.
> Но я не вижу Цзы-ду;
> Я вижу только этого безумца.
> На холме стоит высокая сосна;
> На земле — щирица.
> Но я не вижу Цзы-чуна;
> Я вижу только безумного мальчика.
> [Cheng, Jiang 240–242]

Деревья на холме и растения на болоте можно трактовать на двух уровнях. Во-первых, они указывают на географическое место проведения праздника: у подножия холма и у водоема. Во-вторых, они находятся в метафорическом отношении (высокий vs низкий) к контрасту, который женщина устанавливает между идеальным любовником, которого она ожидает найти (представленным общими именами красавцев, Цзы-ду и Цзы-чуна), и реальным юношей[54]. В стихотворении представлена забавная сцена, в которой женщина изображает разочарование и гордость, пытаясь оттолкнуть парня, который подходит к ней с такой уверенностью. Исход этого интересного эпизода ухаживания неизвестен — возможно, разочарование женщины в кан-

---

[53] Чжу Си [SJZ 4.23a–b] и Чэнь Цзыжань [Chen Zizhan 1983: 265–266] читают оду 87 в этом ключе.

[54] Чжу Си [SJZ 4.21b–22a] истолковывает стихотворение как поддразнивание «развратной» женщиной своего любовника.

дидате было напускным, а возможно, оно было подлинным, — но воспроизведение множества подобных эпизодов с женщинами в центре внимания, возможно, в значительной степени объясняет всеобщее веселье на празднествах.

Выдвигалось предположение, что ориентированные на ухаживание моно- и диалоги мужчин и женщин в таких стихах, как оды 84, 87 и 137, могли быть выражены в песнях. Опираясь на данные некоторых групп этнических меньшинств в современном Китае, Гране утверждает, что многие любовные песни в одах были созданы во время музыкальных конкурсов, проводимых на праздниках [Granet 1932: 190–206][55]. Действительно, нетрудно представить, как оживленные женщины — участницы праздников, например женщины в одах 48, 84, 87 и 95, стараются высмеять и перещеголять своих партнеров-мужчин, вступая с ними не только в беседы, но и в песенные состязания и другие фестивальные мероприятия. В «великом соперничестве» (фраза Гране [Granet 1932: 128]), которое заряжает энергией молодых женщин и мужчин на древних китайских праздниках, женщины предстают отнюдь не как зажатые и покорные существа во время широкого гендерного взаимодействия.

Сразу напрашивается сравнение между тем, как в китайских литературных источниках представлены женщины на праздниках, и тем, что мы видим в греческой литературе. В глаза бросается один контраст: греческое воспевание женской связи, которая коренится в агонистическом праздничном опыте, будь то выраженный эротизм или товарищество, является уникальным для греческой традиции. Одна греческая песня (например, «Луврский парфений» Алкмана) может быть сосредоточена на товариществе, на том, как участницы хора объединяются вокруг харизматичной и находчивой предводительницы, чтобы победить соперниц, а другая (например, другой парфений Алкмана) может склоняться в сторону эротизма, то есть к тому, как предводительница очаровывает своих соратниц и направляет их на победу над со-

---

[55] Среди уже рассмотренных стихотворений ода 137, по мнению Гране [Granet 1932: 42, 118], содержит явные указания на антифональные песни.

перницами. Но в любом случае в центре картины находится сильная эмоциональная привязанность, связывающая группу вместе. Было бы трудно определить природу этой привязанности, разделив два направления чувств, которые вполне могут сосуществовать, но в зависимости от обстоятельств приобретают разный оттенок. Тем не менее переживания женщин-ровесниц на праздниках, которые отмечают греки, полностью отсутствуют в китайских источниках. Молодые женщины, резвящиеся на китайских праздниках, блистают как отдельные личности, никогда как члены группы, у которой, с одной стороны, есть соревновательный дух, а с другой — общие цели и эмоциональные переживания.

Аналогичным образом изображение сексуального взаимодействия на китайских праздниках сосредоточено на ухаживаниях между мужчинами и женщинами, и их «состязания в вежливости» (снова фраза Гране [Granet 1932: 215]) отличаются от сексуального соперничества, которое лежит в основе представлений Аристофана о полностью женских греческих праздниках. Вместо тревоги, вызванной предполагаемой угрозой женской солидарности (даже если такое единство может быть использовано на благо мужчин и всей гражданской общины, как утверждают аристофановские бунтовщицы), для китайских моралистических реакций на празднества была характерна озабоченность опасностью сексуальной свободы. Оказывая поддержку регулярной институциональной основе для развития женских внесемейных связей, китайские праздники могли пострадать от воздействия процесса институционализации, который настойчиво закреплял центральный ритуальный статус патрилинейной семьи и приводил к обеднению праздников (если судить по сокращению их разнообразия, красочности и важности в жизни людей)[56].

Согласно известной традиции, предположительно восходящей к ранней Западной Чжоу, царь назначал весенние праздники для одиноких мужчин и женщин, чтобы они могли ухаживать и за-

---

[56] В своем исследовании «Од» Гране [Granet 1932: 237] утверждает, что древние праздники были «расчленены» и «сведены к хаосу обрядов» вместе с развитием культа предков.

ключать браки по собственному желанию⁵⁷. Отметим, что праздники, о которых идет речь, были восприняты классическими критиками как фон для многих фрагментов «*Од*», изображающих гендерное взаимодействие в праздничной атмосфере. Конечно, и комментаторы «*Од*», и распространители традиции, составившие «Ритуалы Чжоу», понимали царский указ как выражение царской заботы о благополучии своего народа. Согласно этой точке зрения, праздники были организованы для создания возможностей общения, чтобы молодые люди в царстве могли жениться и обзавестись семьями. За такой рационализацией может скрываться двуединая попытка государства Западной Чжоу «приручить» древние праздники. С одной стороны, утверждая свою заинтересованность в праздниках и связывая их непосредственно с благосостоянием народа, государство неуклонно устанавливало контроль над этими неофициальными массовыми мероприятиями с целью заставить их служить нуждам институтов брака и семьи⁵⁸. С другой стороны, государство пыталось продвигать религиозные практики, которые определяли патри-

---

[57] Эта традиция сохранилась в «Ритуалах Чжоу» [Zhouli 733]. Существуют большие разногласия по поводу даты составления этого текста; предлагаются даты от Западной Чжоу до Западной Хань. Хотя поздний период Воюющих царств кажется наиболее правдоподобным, и в тексте явно смешаны материалы разных эпох, эта многослойная работа также обнаруживает глубокое знание ритуальной и административной практики гораздо более ранних времен, включая Западную Чжоу (см. [Kern 2009b] об институтах письма и чтения в «Ритуалах Чжоу»). Является ли обсуждаемая традиция аутентичной или нет, не влияет на достоверность выявленных нами контрастных китайских и греческих представлений о женской праздничной практике. Бодде [Bodde 1975, ch. 10] и М. Э. Льюис [Lewis M. E. 2006b: 134–137] обсуждают данные из периодов Воюющих царств и Хань относительно существования как спонсируемого государством, так и народного культа, посвященного подбору пар и содействию рождаемости.

[58] Согласно царскому указу, власти (то есть функционеры по сватовству в Земском управлении) должны следить за тем, чтобы праздники выполняли свои предназначения и чтобы союзы, заключенные на них, были признаны. Лу Юнь [Lu Yun 1990] изучил постепенное, но неуклонное принятие чжоуских брачных обрядов (сохранившихся в «Книге этикета и церемониала») в течение 500 лет от ранней Западной Чжоу до конца Весен и Осеней.

линейную семью как основу общества и освящали роль и власть женщины в домашней сфере. Из-за скудости источников очень трудно проследить, как (и привело ли) продолжающееся «цивилизующее» влияние к постепенному упадку празднеств, но есть неопровержимые свидетельства того, что в сохранившихся ранних источниках культу предков, китайской домашней религии уделялось огромное внимание[59].

Один из аспектов только что описанной двойной функции — сдерживание сексуальной энергии празднеств в рамках брака — напоминает функцию контроля брака, которая утверждалась для хоров молодых гречанок, выступавших под пристальным вниманием публики[60]. Вместе с тем, китайскую традицию отличает и другой аспект — продвижение руководящей религиозной идеологии, в центре которой находится семья.

Китайские семейно-бытовые обряды

Принесение жертв предкам отмечало переходы между основными этапами жизненного цикла китайской женщины. Незамужняя девушка не играла никакой реальной роли в обрядах предков, поскольку культ предков обеспечивал увековечивание и процветание агнатической родовой группы. После замужества женщина становилась членом родовой группы своего мужа, тем самым принимая на себя формальную роль в культе предков в качестве распорядителя и жертвователя, пока не умирала и сама не стано-

---

[59] Например, в южном государстве Чу, которое было известно своими экзотическими религиозными практиками, культ предков, несомненно, был религией правящей элиты, по крайней мере в VIII–VII веках до н. э. [Cook 1999]. Утверждение, что культ предков был распространен в чжоуской культурной сфере, не отрицает сосуществования многих других религиозных практик в раннем Китае [Falkenhausen 2006: 28–29; Harper 1994; Poo 1998], или, если на то пошло, в более поздней китайской истории.

[60] Согласно Плутарху, соблазнения и прелюбодеяния можно было избежать, если заставлять девушек петь, танцевать и играть на публике и под взглядами их потенциальных будущих мужей [Calame 2001: 93; Pomeroy 2002: 34, 41–42].

вилась прародительницей, почитаемой потомками[61]. Изменение статуса женщины в культе предков находит любопытное отражение в спектре прочтений, описанных в оде 15 (*«Цай пинь»*, «Сбор ряски»):

> Вот мы собираем ряску
> У берегов южных далей.
> Здесь мы собираем водоросли
> В заводях каналов.
> Здесь мы собираем их
> В круглую корзину, квадратную корзину.
> Здесь мы варим их
> В котелках и кастрюлях.
> Здесь мы кладем их под окно
> Зала предков.
> Кто их хозяйка?
> Молодая девушка, очищенная.
> [Cheng, Jiang 36–38][62]

---

[61] При этом предполагается, что патрилинейная и патрилокальная форма брака является нормой. Запись в «Истории Западной Хань» Бань Гу указывает на исключения из этого принципа. Согласно этой записи, чтобы замять свои кровосмесительные связи с сестрами и кузинами (которых он не выдавал замуж), князь Сян из Ци (698–686 до н. э.) приказал, чтобы все старшие дочери в государстве воздерживались от замужества, чтобы заботиться о жертвоприношениях предкам в домах их отцов [Hinsch 2002: 138]. Несмотря на утверждение Бань Гу, значение этого обычая остается неясным. Хотя мы признаем, что практика непатрилинейных браков существовала в древнем Китае (и, конечно, в более поздней китайской истории), мы считаем, что в изучаемый период патрилинейная и патрилокальная семья была (и, вероятно, долгое время была) нормой. Даже в Ци обычай старших дочерей не выходить замуж и оставаться в родной семье подразумевает, что все остальные дочери должны были выйти замуж и переехать в семьи своих мужей. См. исследование Лу Юнь [Lu Yun 1990] о растущем принятии чжоуских брачных обрядов в интересующий нас период. О нашем взгляде на роль внутренних изменений и вариаций в сравнительном исследовании см. во введении. В приложении к главе 5 мы рассмотрим необычные брачные практики в некоторых частях Китая в недавней истории и обсудим, как их можно понять в рамках основной культуры.

[62] В более поздней истории Китая «забота о ряске» стала обычным способом обозначения ответственности женщин за жертвоприношения предков в домах их мужей.

Несомненно, первые две строфы поэмы посвящены подготовке к жертвоприношению предкам, но кто такая «очищенная молодая девушка» в последней строке, какую роль она играет в обрядах и о каком типе обрядов идет речь? В одном из вариантов прочтения последняя строфа поэмы описывает жертвоприношение в родовом доме молодой девушки, призванное объявить предкам ее отца, что она готова покинуть их и стать женой и служительницей родового алтаря семьи своего супруга. Такое прочтение основано на главе о свадьбе в «Книге обрядов», где говорится, что за три месяца до свадьбы девушке необходимо совершить жертвоприношение предкам, чтобы отметить завершение подготовки, которую она прошла в своем родовом доме. Важнейшей частью такого обучения является наблюдение и помощь девушке в проведении родовых обрядов в доме ее отца, чтобы она была готова к своим будущим обязанностям распорядителя и жертвователя в доме ее мужа [MSZ 286–287]. В другом прочтении стихотворение представляет собой похвалу жене знатного человека, которая хорошо выполняет свои жертвенные обязанности, а ссылка на ее молодость («очищенная девушка») в последней строке должна вызвать у читателя более высокую оценку добродетельного поведения женщины [SJZ 1.19a–b][63]. Наконец, существует и такое прочтение, согласно которому стихотворение посвящено жертвоприношению в честь прародительницы, в котором «очищенная юная девушка», являющаяся внучкой прародительницы, выступает в качестве ее воплощения (подобно тому, как молодые мужчины, обычно внуки, выступают в качестве воплощений в жертвоприношениях своим предкам; Ван Фучжи (1619–1692) [SB 1.8b–9b])[64].

---

[63] Загвоздка такого прочтения заключается в вопросе, почему в последней строфе для обозначения женщины, проводящей жертвоприношение, используется *нюй* 女 (девушка, незамужняя женщина), а не *фу* 婦 (жена, замужняя женщина, невестка). Один из способов устранить это затруднение — рассматривать последнюю строфу как ссылку на обучение, которое жена получила, когда была девушкой [SSY 2.13].

[64] Чтение Ван Фучжи основывается на иной интерпретации третьей строки в последней строфе, «*Шуй ци ши чжи* 誰其尸之». В то время как другие комментаторы понимают слово *ши* 尸 как «управлять, быть ответственным», Ван ссылается на его значение как «имитатор, самозванец» в ранних источниках.

В наши планы не входит разрешение споров вокруг прочтения оды 15. Для нас наиболее интересно отметить, что различные прочтения указывают на различные, эволюционирующие роли женщины в поклонении предкам: наблюдательница и помощница (как дочь)[65], управляющий и жертвователь (в качестве жены), а также прародительница (в загробной жизни). Поскольку брак представляет собой событие, которое формально включает женщину в основную социальную и ритуальную единицу, представляющую собой патрилинейную семью, следующее обсуждение будет сосредоточено на том, как ритуалы, связанные с браком, отмечают этот важнейший процесс передачи и приобщения[66].

Прежде чем жених отправится за невестой, он должен совершить жертвоприношение в храме своих предков, чтобы сообщить предкам о предстоящей свадьбе[67]. Пропуск этой церемонии может быть расценен как грубое нарушение, которое может поставить под

---

[65] Возможно, и в качестве самозванки, имитатора для предка, если мнение Ван Фучжи, не имеющее большого числа сторонников, может быть подкреплено дополнительными исследованиями роли незамужних девушек в жертвоприношениях предкам в изучаемый здесь период.

[66] Ритуалы, обсуждаемые в следующих отрывках, основаны на следующих источниках: «*Оды*», «Комментарии Цзо», бронзовые надписи и глава в «Книге этикета и церемониала».

[67] В надписи [JC 9697], датируемой серединой-концом Западной Чжоу, мужчина сообщает, что он отлил сосуд, который посвятил своей матери, по случаю предстоящей свадьбы [Cao Zhaolan 2004: 171–172]. Можно предположить, что сосуд использовался в жертвоприношении предкам, во время которого мужчина проводил обсуждаемый здесь ритуал отчета перед ними. Историческая запись об этой практике содержится в «Комментариях Цзо» (Чжао 1, [Yang 1199–1200]). Весной 541 года до н. э. князь Вэй из Чу (будущий царь Линь, 540–529 до н. э.) отправился в Чжэн за своей невестой, дочерью Гунсунь Дуаня. Перед поездкой князь Вэй принес жертву в своем родовом храме и отчитался перед предками. Ученый XIX века Фан Южунь [SY 2.94–95] предполагает, что ода 12 (Цюэ чао, «Гнездо сороки»), которая обычно понимается как празднование свадьбы, могла быть песней, исполняемой во время отчета жениха в храме предков. Первая строфа оды 12 гласит: «У сороки было гнездо, / Но в нем жила кукушка. / Идет девушка замуж; / Сотней карет мы ее встретим» [Cheng, Jiang 29–31]. Следующие две строфы содержат небольшие различия в формулировках.

угрозу продолжение рода⁶⁸. Смысл супружеского союза и цель отчета перед предками можно увидеть в формульном наставлении, которое дает отец жениха: «Иди навстречу своей помощнице и неси ответственность за дела нашего родового храма. Поощряй и направляй ее, чтобы она вела себя благоговейно как преемница предков. Твои наставления жене должны быть постоянными» (往迎尔相承我宗事勖帥以敬先妣之嗣若則有常) [Yili 972]⁶⁹. Эти ритуалы могут иметь свои аналоги в родовом доме невесты до свадьбы, в жертвоприношении, проводимом для того, чтобы сообщить предкам ее отца о предстоящем отъезде его дочери из отчего дома⁷⁰.

Передача невесты от родной семьи мужу также происходит в родовом храме ее отца [Yili 965–966]⁷¹. Следуя порядку брачных

---

⁶⁸ В «Комментариях Цзо» зафиксировано такое нарушение. В 715 году до н. э. принц Ху из Чжэн отправился в Чэнь за невестой, но сообщил о союзе своим предкам только после того, как это произошло. Это упущение вызвало резкую критику со стороны чэньского министра, сопровождавшего невесту: «Они не подходят на роль мужа и жены. Предки были обмануты, и обряды были нарушены. Как у них могут быть наследники?» (是不為夫婦誣其祖矣非禮也何以能育; «Комментарии Цзо», Инь 8, [Yang 59]).

⁶⁹ При переводе последней части наставления (жо цзэ ю чан) мы консультировались с Пеном [Peng 1997: 42] и Яном [Yang Tianyu 2004: 50].

⁷⁰ Надпись [JC 4269] на супнице из Западного Чжоу фиксирует разговор, в котором отец говорит дочери, что теперь, когда она выходит замуж, он подарит ей набор сосудов (он перечисляет их) в качестве подарков. Цао Чжаолань [Cao Zhaolan 2004: 91] считает, что это жертвенные сосуды для новобрачных, которые будут использоваться после свадьбы. Дочь благодарит отца за подарки и обещает, что они с мужем будут хранить их вечно. Эта торжественно записанная беседа (месяц, день и час ее проведения отмечены должным образом), очевидно, имела место на каком-то церемониале, вероятно, именно том, что мы здесь обсуждаем. Многие классические комментаторы понимают оду 15 как обряд, совершаемый в доме невесты в знак ее готовности к отъезду в дом мужа. Фан Южунь трактует оду 15 как аналог оды 12. Оба мероприятия проводились во время жертвоприношений в храмах предков, ода 12 — в доме жениха, а ода 15 — в родном доме невесты [SY 2.100].

⁷¹ Как отмечается в «Комментариях Цзо» (см. примечание выше), опасаясь, что князь Вэй из Чу внезапно нападет, как только его свита войдет в город, советник Чжэн Цзычан приказал, чтобы церемония передачи невесты состоялась у алтаря, построенного в пригороде, а не в родовом храме отца невесты, Гунсунь Дуаня. Чуский принц Вэй запротестовал, что такое решение унизи-

ритуалов, на следующий день после свадьбы невеста должна предстать перед родителями мужа. Во время представления свекор и свекровь одаривают невесту едой и напитками, а она, в свою очередь, угощает их, оба действия сопровождаются определенным ритуалом. О важности представления невесты можно судить по условиям, регулирующим случай, когда родители мужа к моменту свадьбы уже умерли. Через три месяца после свадьбы невеста должна принести жертву на алтаре предков, чтобы официально представить себя как невестку семьи. Во время этого ритуала, который происходит в родовом храме мужа, невеста делает жертвенные подношения пищи его умершим родителям и сообщает им о себе как новом члене семьи [Yili 970].

После официального представления (либо на следующий день после свадьбы, либо три месяца спустя) невеста принимает свою роль в родовой группе мужа и начинает участвовать в различных жертвоприношениях предкам, которые проходят в течение года [Yili 972]. Если ее муж оказывается старшим мужчиной своего поколения по родовой линии, и она является его главной женой, то со временем ей суждено сменить свекровь на посту распорядителя жертвоприношений (как указано в наставлении, с которым отец посылает сына за невестой). Главная жена старшего наследника по главной линии пользуется ритуальным приоритетом среди невесток семьи (включая других наложниц мужа, а также жен и наложниц других сыновей)[72]. Когда придет время

тельно и что оно обманывает его предков, которых он торжественно известил о предстоящей свадьбе во время жертвоприношения, проведенного им перед поездкой в Чжэн. Только после того, как он убедил Чжэна, что его люди не вооружены, принцу разрешили войти в город и, предположительно, встретиться со своей невестой в храме предков Гунсунь (обычная практика).

[72] В сохранившихся источниках имеется множество свидетельств того, что правящая элита Западной Чжоу и Китая Весен и Осеней практиковала полигинию, при которой у мужчины была главная жена и дополнительные наложницы. В то время как в источниках Западной Чжоу глава мужской линии обычно называется *цзунцзы* 宗子 (сын по прямой линии), титул *цзунфу* 宗婦 (жена по прямой линии) в смысле главной жены *цзунцзы* засвидетельствован лишь в нескольких надписях ([JC 10342], датируемая 500-ми годами до н. э., и [JC 2683], датируемая началом периода Весен и Осеней

взять на себя ответственность за жертвоприношения предкам, она не только будет следить за организацией этих мероприятий, но и займет свое место в церемониях вместе с мужем, поскольку при проведении обрядов он будет руководить мужскими членами рода, а она — женскими[73]. Иерархия женских обязанностей является неотъемлемой частью усилий по построению патрилинейного и патриархального семейного порядка[74]. Мужчины должны подавать хороший пример своим женам в поддержании

и начертанная на наборе из 16 сосудов). В таких текстах, как «Книга этикета и церемониала» и «Речи царств», термин *цзунфу* относится к женам членов рода. В многочисленных случаях в главе *Тэ шэн куй ши* 特牲饋食 «Книги этикета и церемониала» [Yili 1178–1195] главная жена главы рода (женщина, которая возглавляет ритуал подношения предкам вместе со своим мужем) называется *zhufu* 主婦. Точные значения терминов, используемых в разных источниках для обозначения главной жены рода, нуждаются в дополнительном выяснении, но кажется очевидным, что эта женщина имела особый статус [Chen Chao-jung 2003: 409; Zhu Fenghan 2004: 314]. Важным признаком особого статуса главной жены является то, что родители мужа будут оплакивать ее смерть на более высоком уровне, чем других своих невесток [Yili 1114, 1118]. Степени траура, определяемые сочетанием продолжительности траурного периода (три года, один год, девять месяцев, семь месяцев, пять месяцев, три месяца) и грубости траурной одежды (*чжаньцуй, цзыцуй, дагун, сяогун, сыма*, в порядке убывания), отражают статус и отношения каждого в родственной сети. Родственник, для которого носят *чжаньцуй* в течение трех лет, и родственник, для которого носят *сыма* в течение трех месяцев, находятся на противоположных концах спектра с точки зрения предписанной близости к ним скорбящего. Свекрови носят *дагун* в течение девяти месяцев для главной жены старшего наследника мужского пола семьи и *сяогун* в течение пяти месяцев для других невесток. О системе траурных рангов см. [Ding Ding 2003; Ding Linghua 2000].

[73] В оде 209 дается пространное описание жертвоприношения предкам (рассмотренное в главе 2) и показано, как женщины действуют в качестве распорядительниц. В церемонии организация участников по гендерному признаку прослеживается в главе *Тэ шэн куй ши* «Книги этикета и церемониала» [Yili 1178–1195].

[74] Шэ Шушэн [She Shusheng 1993] делает это замечание, обсуждая чжоускую полигинию, в которой строгая иерархия среди жен определяла соответственно строгую иерархию среди сыновей, обеспечивая порядок в наследовании имущества и должностей, а также в других привилегиях. Критические последствия практики полигинии для китайских гендерных отношений будут обсуждаться в главах 4 и 5.

этого порядка, который основан на благочестивом уважении к предкам, как видно из шаблонных наставлений отца жениху и идеализированного образа царя Вэня как человека, который не только был послушен и почитал своих предков, но и служил примером для своей супруги[75].

Прародительницы занимают почетное место в семейном порядке. В «Одах» содержится ряд примеров того, как во время жертвоприношений предки женского пола почитаются наряду с предками-мужчинами. Например, ода 282 («*Юн*», «Торжественная церемония»), жертвенный гимн, заканчивается приглашением жертвователя своих «прославленного отца» и «просвященной матери» принять его подношения [Cheng, Jiang 966]. Другая песня, из оды 279 («*Фэн нянь*», «Изобильный год»), рассказывает о жертвоприношении в честь хорошего урожая:

> Год обильный, много проса, много риса;
> Но у нас высокие амбары,
> Чтобы вместить мириады, многие мириады и миллионы зерна.
> Мы делаем вино, делаем сладкий ликер,
> Мы подносим его предкам и прародительницам,
> Мы используем его для исполнения всех обрядов,
> Чтобы благословить всех и каждого.
> [Cheng, Jiang 959–960][76]

О совместном почитании предков-мужчин и женщин путем жертвоприношений свидетельствуют и бронзовые надписи. Чаще всего мужчина посвящает сосуд (или набор сосудов) своему отцу и матери, но иногда сосуд посвящается сразу нескольким поколе-

---

[75] Здесь мы снова цитируем хвалебную оду 240 о царе Вэне (обсуждавшуюся в главе 2): «Он был послушен предкам рода, / Так что духи никогда не гневались, / Так что духи никогда не печалились. / Он был образцом для своей главной невесты; / Образцом для своих братьев, старых и молодых, / И в отношениях с домом и землей» [Cheng, Jiang 773].

[76] Ода 290 («*Цзай шань*», «Скоси траву») содержит дословное повторение строк «Мы делаем вино, делаем сладкий ликер, / Мы предлагаем его предкам, мужчинам и женщинам, / Мы используем его для выполнения обрядов» [Cheng, Jiang 981].

ниям предков — мужчин и женщин[77]. Еще больший интерес представляют жертвенные сосуды, которые посвящены исключительно прародительницам (во всех случаях — умершим матерям)[78]. К счастью, некоторые из этих сосудов содержат относительно длинные надписи, которые фиксируют обстоятельства изготовления сосуда и дают хорошее представление о религиозном, этическом и психологическом значении отношений матери и сына в китайской семье древних времен. Наиболее поучительными примерами являются два сосуда, сделанные Дуном, офицером среднезападной Чжоу, который участвовал в кампании царя Му против племен хуай.

Один из сосудов Дуна представляет собой квадратный котел. Надпись на нем начинается с того, что царь, чтя память покойного отца Дуна, назначил Дуна возглавить армию против варваров хуай. Далее Дун благодарит отца и мать за то, что они дали ему храбрость сердца в битве и позволили вернуться невредимым, чтобы получить похвалу и развлечения от государя (подразумевается, что Дун одержал победу). В последнем фрагменте Дун сообщает, что этот котел он отлил в честь своей матери и тот должен был использоваться в торжественных жертвоприношениях, проводимых для нее днем и ночью [JC 2824]. В этой надписи отец и мать Дуна разделяют благодарность своего сына (хотя котел был посвящен только матери), но другой сосуд, супница, которую Дун отлил в честь своей матери, и сильные чувства в надписи к ней ясно показывают, что мать занимала особое место в жизни Дуна. Эта примечательная надпись [JC 4322] гласит:

> Был шестой месяц, первая благость, *ию* (22-й день), в лагере Цзин. Враги напали на Х. Дун повел командиров и капитанов преследовать неприятеля и защищаться от врагов в лесу Юй и поразил супостата Ху. Моя просвещенная мать боевито и истово дала начало походу, даруя храбрость его

---

[77] Например, [JC 2680, JC 2762–2763, JC 2777, JC 2789, JC 2827–2829, JC 4090, JC 4102–4103, JC 4147–4151] — почитание отцов и матерей; [JC 271, JC 285, JC 5427] — почитание нескольких поколений предков и прародительниц.

[78] По подсчетам Цао Чжаоланя [Cao Zhaolan 2004: 200], в надписях Западной Чжоу насчитывается 61 такой случай (50 для матери и 11 для бабушки по отцовской линии).

сердцу, вечно даруя наследие его телу, повелевая и покоряя его врагов. (Я) взял сто голов, сковал двух вождей, захватил оружие неприятеля: щиты, копья, алебарды, луки, колчаны, стрелы, мундиры и шлемы, всего 135 штук. (Я) захватил 114 пленных супостатов и сковал (их?). Тело Дуна не пострадало. Ваш сын Дун кланяется и касается головой земли, в ответ восхваляя удачу и доблесть своей просвещенной матери, настоящим делает (для) своей просвещенной матери в день Гэн эту сокровенную, жертвенную супницу *гуй*. Помогай своему сыну Дуну в течение десяти тысяч лет отныне и присно, утром и ночью, приносить жертвы и сыновнюю почтительность своей просвещенной матери. Пусть сыновья его сыновей и внуки внуков вечно дорожат (ею).

Образ матери Дуна в воспоминаниях сына поразителен. Женщина твердой решимости, искренне заботящаяся о своем сыне, она дает Дуну мужество и утешение, когда он сталкивается с войной, и ей, несомненно, понравится выражение его привязанности, благодарности и благоговения в его действиях по нанесению надписи на сосуд и посвящению его ей. В предыдущей главе были рассмотрены примеры того, как вельможи и офицеры Чжоу посвящали жертвенные сосуды своим предкам-мужчинам после одержанных ими военных побед. Ни в одном из этих случаев надпись не демонстрирует такого личного и интимного отношения, которое характерно для надписей Дуна, особенно на супнице. Похоже, что в то время, как мужской предок имел неоспоримые претензии на благочестие своих потомков в силу того, что находился на высшей ступени родословной и являлся источником статуса своего потомства (Дун приписывает свое назначение прошлой службе своего отца царю)[79], предок-женщина могла за-

---

[79] Чэнь Чао-Джун [Chen Chao-jung 2003: 403] в своей классификации посвятителей и посвящаемых котлов и супниц (два вида бронзы, находки которых наиболее многочисленны и равномерно распределены по разным периодам) указывает на относительную ритуальную важность различных родственных отношений: сын — отец (483 сосуда), внук — дед (72 сосуда), внук — дед и отец (54 сосуда), сын — мать (29 сосудов) и внук — бабушка (4 сосуда). Не вызывает сомнений подчиненный ритуальный статус прародительниц по отношению к предкам.

нимать привилегированное положение в сердце своего сына. Мать Дуна предстает перед ним не просто внушительной фигурой, требующей от сына благочестия в силу их биологической связи, а тем человеком, который в судьбоносной ситуации придает ему решимость, защищает от бед и вдохновляет на победу.

Почитание прародительниц было неотъемлемой частью культа предков и, возможно, содержало более сильное эмоциональное измерение по сравнению с почитанием, демонстрируемым по отношению к предкам-мужчинам[80]. Защищенное религией материнство, из которого проистекала величайшая сила женщины и высший смысл ее жизни, играло важнейшую роль в укреплении семейного порядка, который зависел от связей между агнатическими родственниками-мужчинами и поэтому почти неизбежно должен был испытывать трудности с обеспечением лояльности женщин, вошедших в него. Изменение, которое наблюдается с позднего Шан до Западной Чжоу, а именно значительное увеличение практики совместного почитания предков и прародительниц (которые в источниках Шан гораздо чаще получали отдельные жертвоприношения), возможно, отражает попытку укрепить патрилинейный семейный порядок путем усиления контроля семьи над женщинами и определения их места в этой семье[81].

---

[80] Аналогично, Миранда Браун [Brown M. 2007, ch. 3] предполагает, что причина, по которой представители элиты династии Восточная Хань (25–220 годы) наиболее остро выражали свою скорбь по матерям, а не отцам, связана с различными ассоциациями, которые обычно вызывали отцы и матери: отцы были связаны с послушанием и соответствием ритуальным правилам, а матери — с личными и интимными чувствами, которые они вызывали у своих сыновей.

[81] Согласно подсчетам Цао Чжаоланя [Cao Zhaolan 2004: 48–49, 199–200], среди надписей на бронзе и костях оракула Шан 111 относятся к матерям и бабушкам по отцовской линии как единственным адресатам жертвоприношений и только 7 показывают, что женщин чествовали совместно с мужьями. Напротив, среди бронзовых надписей Западной Чжоу 61 надпись посвящена матерям и бабушкам по отцовской линии, получающим жертвоприношения независимо, и 34 надписи посвящены совместным жертвоприношениям. Цао Чжаолань [Cao Zhaolan 2004: 200] утверждает, что это изменение отражает большую потерю религиозной независимости женщин от Шан до Чжоу. Она считает, что эта тенденция продолжилась в периоды

На другом конце семейного порядка от почитаемых предков находятся жены. Жены не только управляли жертвоприношениями предкам и участвовали в них, но и организовывали отливку жертвенных сосудов, посвященных патрилинейным предкам — мужчинам и женщинам, что влекло за собой огромные материальные затраты и имело для статуса женщины важнейшее значение[82]. Женщины также получали бронзовые сосуды от своих родителей (обычно как часть приданого) и, после замужества, от своих мужей, но и в том, и в другом случаях бронзовые сосуды сопровождались четкими наставлениями о том, что они должны использоваться для жертвоприношения мужским и женским предкам из родословных мужей[83].

> Весен и Осеней и Воюющих царств, но относительно низкое качество надписей этих периодов (культура бронзы угасала, а надписи становились все меньше, короче, более шаблонными и менее информативными) делает ее рассуждения схематичными, а анализ неубедительным (ее статистика показывает только 6 случаев независимых жертвоприношений и 16 случаев совместных жертвоприношений). Тем не менее текстовые источники, относящиеся к периоду Весен и Осеней, которые мы рассмотрим в ближайшее время, подтверждают как точку зрения Цао, так и основные аргументы, которые мы приводим на основе источников Западной Чжоу.

[82] В неопубликованной работе Чэнь Чао-Цзюна [Chen Chao-jung 2008] предлагается систематический анализ бронзовых сосудов, жертвователем или адресатом которых были женщины. Некоторые примеры сосудов, которые женщины посвящали своим патрилинейным предкам и прародительницам, включают: (a) от жены умершей матери мужа [JC 2333] (ранняя Западная Чжоу), [JC 3621] (ранняя Западная Чжоу), [JC 5426] (ранняя или средняя Западная Чжоу), и (b) от жены другим предкам и прародительницам мужа: [JC 2582] (поздняя Западная Чжоу), [JC 2767] (поздняя Западная Чжоу), [JC 4182] (поздняя Западная Чжоу), [JC 10274] (Весны и Осени). Относительно длинная надпись [JC 5426] (50 знаков) указывает на свекровь как единственного адресата посвящения и дает контекст о литье сосуда. Согласно надписи, знатная женщина Гэн Ин, имевшая честь принимать чжоуского царя в своей резиденции и получившая от него подарки по этому случаю, впоследствии, «в ответ на благодеяния царя», заказала жертвенный сосуд в честь своей «просвещенной свекрови» (*вэнь гу*).

[83] Среди примеров [JC 2679] (поздняя Западная Чжоу или ранние Весны и Осени), [JC 4056] (поздняя Западная Чжоу), [JC 4062] (поздняя Западная Чжоу), [JC 4436] (поздняя Западная Чжоу) и [JC 5388] (ранняя Западная Чжоу). См. обсуждения в [Chen Chao-jung 2003: 428–430, 2008; Hwang 2004: 19].

Из всех сосудов с женским участием наиболее интересен котел, посвященный Цзинь Цзян, княгине Цзинь, и датируемый ранним периодом Весен и Осеней. Хотя в надписи длиной 121 символ не указан адресат, она открывается заявлением Цзинь Цзян о том, что с тех пор, как она унаследовала роль главы от своей «покойной свекрови» (*сянь гу*), она не пренебрегала своими обязанностями, а усердно помогала своему господину на благо государства [JC 2826]. Судя по этой впечатляющей надписи (по ее длине и повелительному тону, которым говорит женщина), похоже, что те же отношения ритуальной и политической преемственности, что были между отцом и сыном, сложились и между свекровью и невесткой.

Из текстовых источников видно, что ритуальные отношения иерархии и преемственности между женщиной и предками семьи ее мужа должны были найти свое выражение в повседневных отношениях женщины со свекром и свекровью, особенно с последней. Иными словами, религиозная почтительность к предкам и почтительность к живым родителям мужа стали гомологичными и представляли собой две полностью интегрированные части того, что можно рассматривать как программу культурной трансформации для женщин. Цзыся (р. 507 до н. э.), любимый ученик Конфуция, однажды процитировал неуточненный источник, сказав, что древние считали несчастьем для женщины, если родители мужа уже умерли к тому моменту, когда она вышла замуж, потому что это означало, что она была лишена возможности учиться у них («Речи царств», Лу 2, 202)[84]. Усердное ведение хозяйства и исполнение жертвоприношений предкам лишь частично удовлетворяло требования почтительности, которая подразумевала служение и послушание живым родичам в качестве другого императива. Некоторые подробности по данному вопросу содержит запись в «Комментариях Цзо» (Сян 2, [Yang 920–921]).

В 571 году до н. э. умерла Ци Цзян, жена князя Чэна из Лу (590–573 до н. э.). В качестве мести Му Цзян (ум. 564 до н. э.), амбициозной и прелюбодейной мачехе князя, Цзи Вэньцзы (ум.

---

[84] Очевидно, что «древние», на которых ссылался Цзыся в качестве авторитетов, рассматривали ситуацию с точки зрения свекров, а не невестки.

568 до н. э.), главный советник Лу, взял погребальные предметы, которые Му Цзян приготовила для себя, и использовал их при погребении Ци Цзян. Поступок Цзи Вэньцзы вызвал комментарий «господина» о том, что «это противоречит обрядам. Обряды не допускают извращений. Невестка — это человек, который служит своей свекрови. Нет большего извращения, чем получение выгоды невесткой за счет свекрови; 非禮也禮無所逆婦養姑者也亏姑以成婦逆莫大焉». После этих резких слов господин усилил свою критику Цзи Вэньцзы, процитировав отрывок из «Од»: «Му Цзян — мать герцога. В "Одах" говорится: "Мы делаем вино, делаем сладкий ликер, / Мы предлагаем его предку, прародительнице, / Мы используем его для исполнения всех обрядов, / Чтобы низвести благословение на всех и каждого"». Это та же строфа из оды 279, которая цитировалась ранее для иллюстрации практики совместного почитания предков и прародительниц в культе предков. Отсутствие перехода между замечанием «Му Цзян — мать герцога» и цитатой из оды 279 в комментарии «господина» указывает на то, что для него было само собой разумеющимся, что, несмотря на ее сомнительный характер, Му Цзян заслуживает почитания, причитающегося всем матерям и прародительницам, и что присвоение ее погребальных материалов ради невестки является святотатством. Если невестка определяется как «та, кто служит своей свекрови», то для нее было чудовищным нарушением приличий после собственной смерти посягнуть на прерогативы старшей женщины. Те же принципы иерархии и преемственности должны были регулировать как проведение ритуала в отношении предков, так и отношения между матерью и женой ее сына в повседневной жизни. Эти два понятия нельзя было разделить: ритуал сакрализировал повседневность, а повседневность воплощала дух ритуала. Акцент на ритуальных отношениях между свекровью и невесткой в поклонении предкам свидетельствует о попытках устранить разрывы, которые женщины могли создать в структуре патрилинейной семьи. В то время как обе женщины приходят извне в патрилокальную, патрилинейную и патриархальную семью, мать своими заслугами в деторождении и ведении домашнего хозяйства демонстрирует

свою благонадежность и поэтому может взять на себя роль надзирательницы младшей женщины в повседневной жизни и наставницы в ритуальной сфере. Таким образом, внимание к ритуальной иерархии и преемственности между свекровью и невесткой направлено на регулирование отношений, которые имеют решающее значение для гармонии и порядка в семье, но могут легко привести к напряжению и конфликту, если обе женщины, особенно младшая, не смогут хорошо исполнять свои роли. Показывая, что почитаемые матери и прародительницы поднялись с низшей ступени иерархии, пройдя через все испытания и трудности, культ предков освящает и придает смысл семейному порядку, стабильность которого в значительной степени зависит от способности женщин действовать совместно во благо семьи.

Неясно, учитывал ли китайский культ предков, который, как мы знаем, был патрилинейным по определению, каким-либо образом продолжающиеся жертвоприношения замужних женщин предкам их родных семей. О том, что от замужних женщин по-прежнему ожидалось выполнение важных, хотя и урезанных ритуальных обязанностей по отношению к своим родным родственникам, можно судить по тому, что они должны были оплакивать своих родителей после их смерти в течение года (вместо трех лет, предписанных для незамужних девушек и женщин, которые были разведены и вернулись в свои родные семьи) [Yili 1106]. На данный момент к этому вопросу имеют отношение три бронзовые надписи.

Надпись [JC 4198] (поздняя Западная Чжоу) свидетельствует о том, что замужняя женщина по имени Цай Цзи заказала сосуд для своего старшего брата, чтобы он мог использовать его для жертвоприношений своим родителям. Другими словами, Цай Цзи спонсировала отливку сосуда и отдала его брату для жертвоприношений в своем родном доме[85]. Другая надпись, [JC 2676]

---

[85] Цао Чжаолан [Cao Zhaolan 2004: 203–204], Чэнь Чао-Цзюн [Chen Chao-jung 2008] и Сиракава [Shirakawa 2004: 284] отмечают, насколько необычной была практика, зафиксированная в этой надписи.

(средняя Западная Чжоу), которая была воспринята как возможное свидетельство того, что замужние женщины приносили жертвы своим родным предкам[86], содержит много лакун, в ней отсутствуют несколько ключевых иероглифов, которые могут содержать важную информацию о том, *чьи* именно предки являются адресатами жертвоприношений, принесенных женщиной по имени Син Цзи. Наконец, есть надпись [JC 4693] (период Весны и Осени), которая показывает женщину по имени Цзи Хуаньму, посвящающую сосуд семи поколениям своих родных предков [Liu Yu 2008]. Однако эта интересная надпись неубедительна в качестве доказательства продолжения отношений замужних женщин с их кровными предками, поскольку в тексте нет указания на семейное положение Цзи Хуаньму, и обстоятельства, связанные с посвящением ею сосуда, тоже неизвестны. Какие же факторы стояли за необычной практикой (необычной в том смысле, что женщина, замужняя или незамужняя, посвятила сосуд не только своим родителям, но целым семи поколениям семьи) в примере Цзи Хуаньму? Были ли какие-то обстоятельства, знание которых помогло бы примирить эту практику с преимущественно патрилинейным характером китайского культа предков? Без более глубокого общего понимания ритуальных и семейных ролей женщин в древнем Китае или конкретных обстоятельств личной жизни Цзи Хуаньму эти вопросы пока остаются без ответа[87].

Однако нынешние знания, вероятно, позволяют сказать немного больше о надписи Цай Цзи. В дополнение того факта, что замужние женщины сохраняли траурные обязательства перед своими родными, надпись Цай Цзи демонстрирует, что после замужества женщины сохраняли ритуальные, эмоциональные

---

[86] Фалькенхаузен [Falkenhausen 2006: 119] предполагает такую возможность.

[87] Лю Юй [Liu Yu 2008: 46] впервые соединил [JC 4693] и другую надпись, чтобы обнаружить, что натальные предки были объектами жертвоприношения в [JC 4693]. Лю Юй согласен с Чэнь Чао-Цзюн [Chen Chao-jung 2008] в отношении особенности этой надписи и признает, что мы не в состоянии решить загадки, которые она задает.

и, очевидно, экономические связи со своими родными семьями. Хотя Цай Цзи не могла непосредственно участвовать в жертвоприношениях своим родным предкам, благословения которых не распространялись на нее, это не помешало ей заказать бронзовый сосуд и посвятить его умершим родителям через своего брата. Очевидная потребность общества в брачных союзах сделала бы любую попытку полного разрыва семейных связей женщин нерациональной и невозможной. Однако редкость таких свидетельств, как надпись Цай Цзи (пока единственная известная надпись такого рода), говорит об общем доминировании патрилинейного определения личности замужней женщины, хотя, возможно, существовало значительное напряжение между поддержанием родовых связей женщин и ожиданиями в отношении замужних женщин в патрилинейной семье[88]. Почетный статус матери и прародительницы в семейном порядке, освященном культом предков, возможно, создавал огромные стимулы для пополнения рода женщинами, но их адаптация в семью никогда не была полной и гладкой, и женщины, вероятно те, которые не были главными в женской линии семьи мужа, продолжали обращаться к своим кровным родственникам, получая и предлагая поддержку.

Судя по всему, в обществе существовало острое осознание того, что женщина может стать причиной разлада в патрилинейной семье. Возвеличивание матери и свекрови в культе предков можно понимать как попытку контролировать этот потенциал и превратить женщин в хранительниц патрилинейного семейного порядка. Две записи, найденные в «Речах царств», иллюстрируют этот момент. Обе они касаются Цзин Цзян, матери Гунфу Вэньбо, министра Лу VI века до н. э.

В первой истории Вэньбо возвращается домой со двора князя и застает свою мать за ткачеством. Когда он пытается остановить ее, ссылаясь на то, что это не соответствует ее положению, она прерывает его и долго отчитывает. Утверждая, что ткачество

---

[88] В. Ли [Li W. 2007: 150–151] обсуждает записи о подобном конфликте интересов для замужних женщин в «Комментариях Цзо».

является основой женской работы, Цзин Цзян рассказывает, как каждую весну царица и жены министров участвуют в ткачестве жертвенного одеяния царя («Речи царств», Лу 2, 205). На самом деле, будучи членом одной из самых знатных семей в Лу, Цзин Цзян, возможно, сама участвовала в таком жертвенном ткачестве, которое, наряду с приготовлением пищи, составляло самую важную обязанность женщины в подготовке к жертвоприношениям предкам. Завершая свое поучение, Цзин Цзян выражает горькое разочарование в своем сыне, потому что вместо того, чтобы пытаться остановить ее, он должен был призвать ее больше работать на ткацком станке, «чтобы не растратить наследие предков 必無廢先人». Цзин Цзян понимает половое разделение труда в рамках обоснования культа предков, такое разделение лежит в основе семейного и социально-политического порядка, который должен постоянно сакрализироваться религиозными практиками. Непонимание Вэньбо показывает его неквалифицированность как высокопоставленного чиновника, и Цзин Цзян опасается, что он станет причиной угасания семейной линии («Речи царств», Лу 2, 208).

Другая история связана с многодневным жертвоприношением в честь умершего тестя Цзин Цзян, Цзи Даоцзы (ум. 530 до н. э.). В первый день Цзин Цзян поручает доверенному лицу принять чашу от Цзи Канцзы, внука Цзи Даоцзы, и не принимает участия в пире, который следует за церемонией жертвоприношения. На второй день она отказывается от проведения церемонии без присутствия распорядителя, на этот раз она присутствует на празднике после церемонии, но уходит до его окончания («Речи царств», Лу 2, 209).

Комментирует эту историю не кто иной, как сам Конфуций, он указывает на значимость всех жестов Цзин Цзян, особенно на то, что она держится на расстоянии от пиров. Узнав о поведении Цзин Цзян во время жертвоприношений, Конфуций хвалит ее за понимание необходимости разделения полов. Похвалу философа можно рассматривать в контексте других записей о Цзин Цзян, которые изображают ее твердой приверженкой этого фундаментального принципа, которого она педантично придерживалась в повседневной жизни[89]. В этой истории она доходит до того, что отказывается лично принять чашу от своего внучатого племянника. Если рассматривать ее в том же свете, то настойчивое требование присутствия распорядителя, несомненно, свидетельствует о ее вере в важность предписанных правил, но более прямо указывает на это ее озабоченность ритуальным поддержанием гендерных норм поведения. Для нее отсутствие надзора и руководства со стороны распорядителя церемонии сильно подорвало бы освящающую силу жертвоприношения для укрепления гендерного порядка и исказило бы цель этого собрания мужчин и женщин. То, что Цзин Цзян беспокоило именно это, подтверждается ее поведением во время застолья после церемонии. Как отмечает Вэй Чжао, автор самого раннего из сохранившихся комментариев к «Речи царств», то, что матрона избегает пиров и рано уходит с них, объясняется страхом, что застолье может привести к сексуальной разнузданности, и она принимает эти меры, чтобы дистанцироваться от подобных событий («Речи царств», Лу 2, 210). Для Цзин Цзян, хотя совместное присутствие и сотрудничество мужчин и женщин во время жертвенной церемонии иллюстрирует наличие доброго семейного порядка, последующее застолье ставит этот порядок под угрозу, поскольку расслабление, присутствие лиц разного пола и стремление к чувственным удовольствиям являются неотъемлемой частью таких мероприятий. Отсюда ее благочестивое отношение к проведению жертвоприношений предкам, но старательное избегание пиршеств.

Нет причин сомневаться в том, что Цзин Цзян действительно была аристократкой, жившей в Лу в VI веке до н. э., хотя, вероятно, надежнее рассматривать ее святой образ с точки зрения построения конфуцианской историографии. Неукоснительное соблюдение ею ритуальных правил отражало интересы конфуцианских мыслителей V–IV веков до н. э., которые, теоретизируя

---

[89] Цзин Цзян снова появится в главе 4. Рафалс [Raphals 1998: 30–33, 92–98; Raphals 2001, 2002a] рассмотрел многочисленные истории о Цзин Цзян в ранних китайских текстах.

и отстаивая гендерную структуру, которую они считали ключевой частью традиционного чжоуского общественного устройства, прибегали к восторженной пропаганде этого женского образа. Посмертно присвоенный ей почетный титул «Благоговейная почитательница» (*цзин* 敬), очевидно, отражал ее отношение к ритуалам, важнейшей частью которых были обряды почитания предков[90]. Как религиозная основа китайских семейных и социально-политических институтов, культ предков одновременно усиливал зависимость и подчиненность женщин, но и придавал им статус и повышал авторитет за то, что они обеспечивали соблюдение ритуального порядка[91]. В более конкретной форме, чем матери, воспеваемые и поминаемые в стихах и бронзовых надписях, внушительный образ Цзин Цзян, благоговейно исполняющей обряды предков и всегда авторитетной матроны по отношению к младшим поколениям семьи, олицетворяет то, что женщины могли получить, если они поддерживали патрилинейный семейный порядок, освященный культом предков.

Конечно, Цзин Цзян была образцом для подражания, большинство других матерей и жен могли быть менее преданными, и отсутствие у них полной самоотдачи, включая, возможно, чаще всего их борьбу за баланс между верностью семье мужа и родной семье, могло привести к тому, что их рассматривали как слабое звено в патрилинейной родовой цепи. Страх и реальность раскола в семье, вызванного «чужими» женщинами, возможно, привели к более настойчивым и систематическим усилиям по избранию женщин. Независимо от того, происходил ли предполагаемый упадок общественных праздников в Китае в период, рассаматриваемый в данном исследовании, все известные свидетельства указывают на то, что поклонение предкам было наибо-

---

[90] Чжоу [Zhou Yiqun 2003] обсуждает взаимосвязь истории и историографии в текстах о Цзин Цзян. Истории, идеализирующие Цзин Цзян, могут быть описаны как агиографические. Подробный анализ моделей ранней китайской историографии см. в [Li W. 2007; Pines 2002; Schaberg 2001].

[91] Основываясь на археологических данных, Фалькенхаузен [Falkenhausen 2006: 357–359] утверждает, что проявления гендерных различий в погребальных церемониях усилились в период Весен и Осеней.

лее важной религиозной формой, которая формировала социальную идентичность мужчин и женщин, и что празднование внесемейных гомосоциальных связей (как для женщин, так и для мужчин) никогда не было характерной чертой столь ярко описанных праздников.

Греческие семейно-бытовые обряды

По сравнению с щедрым вниманием к публичным празднествам, доступные греческие источники мало что говорят о домашних обрядах, которые исполняли женщины. Тем не менее некоторое сходство между ролями женщин в домашних обрядах в Древнем Китае и Древней Греции очевидно.

Во-первых, как и в Китае, греческие женщины были участницами и распорядительницами обрядов и праздников, которыми руководили их родственники (обычно отцы и мужья). Например, в 3-й книге «Одиссеи» Нестор приносит жертву Афине в своем доме, став свидетелем прозрения богини, и женщины семьи (жена, дочери и невестки Нестора) поднимают священный крик перед тем, как мужчины закалывают жертву, а также участвуют в последующем пире. Кроме того, в пьесе Еврипида «Геракл» (строки 922–927), когда главный герой приносит жертву, чтобы очистить свой дом от скверны, вызванной только что произошедшим в нем убийством, его жена и двое маленьких детей стоят перед алтарем Зевса, ожидая, пока он совершит ритуал. Кроме того, в «Ойкономике» («Домострое») Ксенофонта приводится пример того, как женщины берут на себя ответственность за проведение семейных жертвоприношений. В книге 9 (разделы 6–7), когда образцовый афинский дворянин Исхомах инструктирует свою молодую невесту о том, как организовать движимое имущество семьи, первой категорией в его списке являются жертвенные сосуды. Эти предметы, наряду с мужской и женской праздничной одеждой, позже классифицируются под категорией «вещи, используемые для празднеств» и отличаются от «вещей для повседневного использования». Очевидно, что в обязанности греческой жены входило управление семейными жертвоприношениями, которые обычно состояли из праздничных торжеств.

Еще одна параллель между Древним Китаем и Грецией заключается в том, что в обоих обществах замужество влекло за собой нарушения и изменения в женской домашней ритуальной практике. Китайская невеста должна была перейти от почитания предков своего отца к почитанию предков своего мужа и обретала формальную роль в поклонении предкам только после замужества. Подобным образом и греческая невеста после замужества должна была привыкнуть к новым богам в доме и общине своего мужа. О том, что греческие невесты часто испытывали трудности в этом, свидетельствует фрагмент из трагедий Софокла, в котором женский персонаж размышляет о судьбе женщин:

> Молодые женщины, по моему мнению, ведут самое сладкое существование, известное смертным, в домах своих отцов, ибо их невинность всегда обеспечивает безопасность и счастье детей. Но когда мы достигаем половой зрелости и можем понимать, *нас изгоняют и продают прочь от наших богов предков и от наших родителей*. Одни уходят в чужие дома, другие — в чужеземные, одни — в безрадостные, другие — во враждебные. И все это после того, как первая ночь привязала нас к мужу, мы вынуждены хвалить и говорить, что все хорошо (Софокл, «Трагедии», пер. С. В. Шервинского[92]; *курсив мой*).

Однако несмотря на все параллели между ролями женщин в домашних обрядах в Древнем Китае и Древней Греции, от участия в церемониях и приобретения управленческих обязанностей до, вероятно, болезненных перемен, требуемых замужеством, различия между двумя традициями тоже есть, причем весьма существенные. Во-первых, как представляется, греческие домашние обряды не были так глубоко и широко вовлечены в построение патрилинейного и иерархического домашнего по-

---

[92] Цит. по: [Шервинский 1954]. — *Прим. перев.*

рядка, в отличие от китайских. Утверждается, что между классической и эллинистической практикой существовала большая разница в том, должна ли была дочь отречься от культа своего отца после замужества. Согласно Саре Помрой, в классический период замужняя женщина могла быть приглашена для участия в культе домашних богов своего мужа, но она не становилась постоянным членом сообщества, вместо этого она оставалась пожизненным членом своего родового культа. В более поздний период, напротив, от женщин ожидали, что после замужества они откажутся от культов своей родной семьи и перейдут в домашние культы богов мужа [Pomeroy 1997: 70–71; Pomeroy 1999: 140c–d][93]. Отрывок из «Наставлений супругам» Плутарха (46–120) может свидетельствовать об ожиданиях более позднего периода, как полагает Помрой:

> Заводить собственных друзей жена не должна; хватит с нее и друзей мужа. Но самые главные и самые могущественные из них — это боги, да потому только тех богов супруге подобает чтить и признавать, коим поклоняется муж, для бесполезных же обрядов и чужеземных суеверий держать двери дома запертыми. Ни одному из богов не могут быть приятны обряды, если жена совершает их тайком и украдкой (Плутарх, «Моралии» 140c–d, перевод Э. Г. Юнца).

---

[93] Микалсон [Mikalson 2005: 148], однако, изображает картину, в которой греческая девушка участвовала в жертвоприношениях в доме своего отца, по сути, в качестве временного жителя. В выступлении в суде афинского оратора Исея, датированном 383–363 годами до н. э. (VIII, «О имении Кирона»), он пытается доказать свои родственные связи с покойным дедом по материнской линии, утверждая, что старик никогда не приносил жертвы, если при этом не присутствовал он или его брат. В качестве окончательного доказательства своей причастности к религиозной деятельности в доме деда оратор указывает на то, что он с братом был приглашен на жертвоприношение деда Зевсу Ктесию, это культ, который обозначает домохозяйство как самодостаточную единицу и исключает участие в нем как семейных рабов, так и неродственных свободных мужчин (*eleutherous othneious*). Поскольку оратор обращается к присяжным, состоящим из простых граждан, его неоднократные заявления о том, насколько естественно (или разумно, *eikos*) для внуков посещать обряды в доме деда по материнской линии, могут оказать некоторую поддержку идее Сары Помрой.

Практика классического периода, если она действительно позволяла замужней женщине сохранять членство в культе родной семьи, участвуя в культе семьи мужа, могла обеспечить женщине бо́льшую психологическую и эмоциональную безопасность и сделать менее тягостными потрясения, вызванные замужеством (о чем сетует героиня Софокла). Однако между китайским примером и греческим, включая классический и эллинистический периоды (и архаический период тоже, исходя из того немногого, что мы знаем о женщинах и домашних обрядах в этот период), есть принципиальное отличие.

Для китайской невесты, какие бы трудности она ни испытывала в период адаптации к новым богам, которым поклонялись в общине, где жил ее муж, они, скорее всего, не шли ни в какое сравнение с требованиями вписаться в семейный порядок, который действовал под покровительством чужих для невесты предков. Такая адаптация подразумевала одновременное выполнение обязанностей невесты как сыновней невестки. Эта изначально тяжелая борьба обычно становилась все более легкой по мере того, как она сама становилась матерью, а затем и свекровью, и заканчивалась, когда со смертью она обретала статус прародительницы. Как видно из предыдущего обсуждения, прилагались большие усилия, чтобы установить преемственность между почитанием предков и служением и послушанием свекрови, а также утвердить ритуальную иерархию как между невестками и свекровями, так и между женами одного поколения.

Столь прочное единство домашних религиозных обрядов, семейных этических принципов и рутинных домашних обязанностей не засвидетельствовано в греческой традиции. Проявление греческой женщиной религиозного благочестия в домашней обстановке в основном касалось ее отношений с богами (будь то боги дома ее отца или мужа), которые, по словам Плутарха, являются «самыми главными и самыми могущественными из них» (*philoi prōtoi kai megistoi*). Соответственно, домашняя религиозная практика имела менее широкие последствия для статуса и обязанностей греческой женщины в сфере семьи и родства. Хотя греческие домашние религиозные обряды действительно призваны были укрепить структуру семьи, ориентированную на мужчин (где отцы и мужья играют главенствующую роль, а женщины выполняют подчиненные и вспомогательные функции в обрядах), отношения женщины со своими родственниками (между поколениями или в одном поколении) вообще не фигурировали в греческих концепциях женского религиозного благочестия. Это верно как для гомеровского, архаического и классического мира, так и для эллинистической эпохи. Как мы уже видели, Плутарх обеспокоен тем, что жены тайно поклоняются богам, отличным от богов своих мужей, но он не указывает ни на какую связь между религиозной чистотой, к которой он призывает жен, и какими-либо новыми обязанностями перед своими родственниками, которые они могли возложить на себя с замужеством. В греческой традиции в целом исполнение домашних обрядов никогда не было так прямо или глубоко переплетено со стремлением включить женщин в патрилинейный семейный порядок, как это произошло в китайской традиции.

Это подводит нас ко второму главному различию между двумя цивилизациями, которое касается исполнения женщинами домашних обрядов. Если в китайском контексте статус и влияние женщины в значительной степени зависели от демонстрации ею домашнего религиозного благочестия, то в греческих источниках в обеспечении женщинам социального престижа и эмоционального удовлетворения домашние обряды имеют гораздо меньшее значение, чем те же общественные праздники, например.

О степени нашего понимания роли греческих женщин в домашних обрядах можно судить по скудости наших знаний о культе богини Гестии, которая была покровительницей дома и семейной жизни и которой поклонялись по многочисленным поводам[94]. Согласно гомеровскому гимну «К Гестии» (29.5–6), люди возносили возлияния богине до и после каждого пира. Другие особые события, связанные с жертвоприношениями Гестии, включали

---

[94] Как и в случае с другими греческими культами, у Гестии был как домашний, так и полисный культ. В главе 1 мы привели пример общественного очага в ратуше, чтобы проиллюстрировать присвоение государством религиозного авторитета семьи в Древней Греции.

прием невесты в дом, амфидромию (праздничная церемония, во время которой ребенка троекратно обносили вокруг очага) в честь рождения ребенка и его официального принятия в семью, а также покупку нового раба[95]. Несмотря на неоспоримое значение Гестии в домашней жизни, мы очень мало знаем о том, как на самом деле осуществлялся ее культ. Х. Дж. Роуз называл Гестию «самым загадочным и наименее личным» из всех греческих домашних божеств и считал, что она, возможно, парадоксальным образом «страдала от того, что была слишком заметна» [Rose 1957: 104]. Мы не согласны с предположением Роуза и объясняем неясность репрезентации Гестии второстепенным статусом домашних обрядов в греческой религиозной системе. Рассуждение о том, что древние «не считали нужным рассказывать друг другу то, что всем известно», не выдерживает критики [Rose 1957: 104] ни в контексте Греции, ни в сравнительном аспекте. Греки оставили после себя множество произведений искусства и литературы о своих праздниках, с которыми наверняка был знаком каждый житель эллинского мира. Точно так же китайцы не жалели усилий для документирования и систематизации домашних обрядов, которые должны были быть наиболее привычной частью их повседневной жизни. Очевидно, и греки, и китайцы считали не лишним рассказать друг другу о том, что все и так уже знали, и о том, что их больше всего привлекало и волновало.

Выводы

Религия играла важнейшую, но отличную роль в определении личности и статуса женщин в Древнем Китае и Древней Греции. Для греческих женщин высочайший престиж обеспечивало участие в общественных празднествах, где они соревновались в красоте и музыкальных талантах. Дружеские отношения, возникавшие в ходе этих состязаний и связанных с ними мероприятий, имели решающее значение для социального статуса и духовной жизни

---

[95] О различных таких ритуалах см. [Garland 1990: 93–94; Kamen 2007: 89, 99–100; Rose 1957: 110–113].

женщины. В Китае культ предков обеспечивал не только религиозную основу для власти и почета, которых женщина могла добиться в своей семье и обществе, но и представлял собой свод этических постулатов, которые определяли ее повседневное поведение. Агонистический дух и удовольствие от близких внесемейных гомосоциальных отношений со сверстницами, которыми были переполнены женщины на эллинских праздниках, были характерны для греков в целом. Благоговейные участницы китайских ритуалов жертвоприношений предкам, занимая отведенные им места в патрилинейном семейном порядке, стремясь к идеалу иерархической гармонии, руководствовались тем же кодексом поведения, который был обязателен для их родственников.

Более того, в отличие от беспокойства по поводу внесемейных связей и солидарности женщин, которое присутствует в греческих представлениях о всеженских празднествах, китайские источники демонстрируют глубокую озабоченность регулированием отношений между женами в семье в попытке обеспечить гармоничный домашний порядок и приверженность патрилинейным предкам. Независимо от того, насколько трудно было реализовать идеальную близость, которую культ предков стремился стимулировать среди женщин в семье, ни один праздник или иной общественный религиозный институт, похоже, не способствовал развитию женских внесемейных гомосоциальных связей таким образом, чтобы они могли играть решающую роль в определении идентичности и статуса китайской женщины в семье или в обществе. Напротив, греческие источники ставят общественные празднества в центр внимания, создавая контекст, в котором внесемейные связи между женщинами освещаются как с энтузиазмом, так и с тревогой, а гендерные отношения представлены как глубоко агонистические.

С точки зрения религии, в этой главе были выявлены некоторые глубокие структурные различия в связке сходства-различия в гендерных отношениях в Древнем Китае и Греции. Эти различия будут рассмотрены далее в следующих двух главах путем изучения других условий, а также привлечения более широкого спектра свидетельств и женских голосов.

Глава 4
За столом и за кулисами

В этой главе греческие и китайские представления о гендерных отношениях рассматриваются в контексте двух основных типов совместных мероприятий, которые проходили в доме: семейных застолий, в которых женщины участвовали в качестве полноправных членов, и пиров для гостей-мужчин, на которых женщины работали за кулисами в качестве распорядителей. Как мужчины и женщины взаимодействуют друг с другом за семейным пиршественным столом и за приготовлениями к приему гостей? Как мужчины воспринимают своих родственниц в качестве собеседниц и как организаторов их встреч с друзьями и товарищами? Ключевыми семейными отношениями, которые будут исследованы, являются отношения между мужем и женой, а также между матерью и сыном. Перед тем как рассмотреть эти два типа отношений в греческих и китайских семьях в контексте общения, мы представим обзор общих дискурсов.

Греция

Гендерная конфигурация в семье: муж и жена

В Древней Греции существовали различные формы семей. Как правило, по крайней мере один сын в греческой семье после женитьбы оставался в доме родителей, а овдовевшие родители часто присоединялись к семье женатого сына и содержались им в старости [Gallant 1991, ch. 2]. Однако начиная с Гомера нуклеарная семья стала нормативной базой, в рамках которой должны были быть обеспечены идеальный, по представлениям греков, домашний порядок и соответствующее поведение женщин.

Слава трех образцов греческой женственности — Пенелопы, Андромахи и Алкесты — основана на их преданности мужьям и мало связана с отношением к свекровям. Пенелопа завоевывает «славу, доходящую до небес» за то, что дождалась долгожданного возвращения Одиссея с Троянской войны. В то время как все внимание драматически приковано ко дворцу Одиссея, где Пенелопа живет со своим юным сыном и сопротивляется давлению женихов, отец Одиссея, Лаэрт, живет в отдаленной сельской местности с несколькими слугами и, предположительно, со своей женой Антиклеей, пока та не умирает от тоски по пропавшему сыну (Гомер, «Одиссея» 11.187–203, 24.226 и далее). Ни в поэме, ни в более поздних преданиях Пенелопой не восхищаются за то, что она была примерной невесткой. Это так, даже если Пенелопа, возможно, и была заботливой невесткой, когда ее свекровь жила во дворце Одиссея. Покидая Трою, Одиссей наставляет Пенелопу:

> Думай о доме всегда, об отце и об матери столько ж,
> Сколько теперь, или больше еще, раз меня тут не будет.
> После ж того, как увидишь ты выросшим нашего сына,
> Замуж иди, за кого пожелаешь, оставивши дом свой.
> (Гомер, «Одиссея» 18.267–270, пер. В. В. Вересаева)

Хотя эти слова говорят о том, что греческие женщины должны были относиться к своим свекрам и свекровям с уважением и заботой, отсутствие почтительности среди хороших качеств, которыми славилась Пенелопа, показывает, что такое качество не было неотъемлемой частью греческого репертуара женской добродетели.

О том же говорит и образ Андромахи, жены троянского престолонаследника Гектора. В отличие от Пенелопы, которая живет во дворце Одиссея с их сыном, Андромаха делит дворец своих свекров с другими сыновьями и дочерями, а также их супругами.

Учитывая такой сложившийся порядок[1], можно было бы ожидать, что добродетельная женщина будет активна в отношениях со своими свекрами. В литературе, однако, Андромаха предстает как скромная, нежная и верная жена Гектора (Гомер, «Илиада» 6, 22, 24; Еврипид, «Троянки»), ее качества как дочери или невестки не становятся мерилом ее добродетели даже тогда, когда она вступает в последний разговор с Гекубой, своей свекровью, в «Троянках» Еврипида, перед тем как все пленные троянские женщины собираются отплыть в Грецию. Из того, что Андромаха говорит о высоких идеалах супружества, к которым она стремилась (теперь уже напрасно, так как Гектор мертв, а она назначена наложницей сына его убийцы), становится ясно, что благочестие к родителям мужа лежит за пределами ее стремлений (Еврипид, «Троянки» 643 и далее).

Эту же мысль в более острой форме можно увидеть в «Алкесте» Еврипида. Адмет (Ἄδμητος), царь Ферский, живет в своем дворце с женой Алкестой, двумя маленькими детьми и престарелыми родителями. Алкеста старательно изображается как добродетельная жена, любящая мать и даже благосклонная и любимая госпожа для слуг (строки 769–771), но нет ни одного упоминания о ее отношениях со свекром и свекровью. Отец появляется на сцене только для того, чтобы вступить в ссору с Адметом, который обижен на своих родителей за то, что они отказались умереть вместо него, а предоставили это сделать Алкесте, мать Адмета не играет никакой другой роли, только терпит оскорбления своего

---

[1] Очевидно, принимая нуклеарную семью как греческую норму, Тэнди [Tandy 1997: 11] отмечает «восточный» характер семьи Гектора. Хамфрис [Humphreys 1978: 194, 200] также считает, что для Гомера нормой была неолокальная нуклеарная семья. Донлан [Donlan 2007: 34] не согласен с этим и пишет, что «в эпосе нормальной домашней группой является патрилокальная совместная семья, состоящая в идеале из патриарха и его жены, их неженатых сыновей и дочерей и их женатых сыновей с женами и детьми — три поколения, живущие вместе в одном жилом комплексе». Однако суть аргумента Донлана заключается в том, что в гомеровские времена не существовало корпоративных родственных групп. Об отсутствии корпоративных родственных групп (в стиле антропологически определяемых «кланов» и «родов») в известной греческой истории см. во введении.

сына². Тот факт, что Адмет в своих горьких и обширных обвинениях родителей не ссылается на доброту к ним Алкесты, кажется, указывает на то, что эта добродетель не была приоритетным качеством среди тех, что греки ожидали от своих жен. Самое поразительное, что, выражая свое отвращение к тому, что он называет трусостью (*apsychia*, строка 642) своих родителей, Адмет, с одной стороны, заявляет, что не считает себя их настоящим сыном, а с другой стороны, с полным основанием считает Алкесту, «женщину не из нашего дома», своим «единственным отцом и матерью» (строки 646–647). Разумеется, Адмет не олицетворяет собой греческие нравы, отказываясь от своих родителей и заменяя их своей женой. Однако тот факт, что отец в своем пылком возражении (строки 675–705) ни разу не упрекает Адмета за то, что тот предпочел жену родителям (вместо этого отец называет самого Адмета трусом за то, что тот позволил Алкесте умереть за него), показывает, что центральная роль супружеской пары в семейных отношениях воспринимается как нечто само собой разумеющееся.

Образ, сформированный вокруг этих женщин — «идеальных жен», подтверждается концепцией семейного порядка, упомянутой в «Трудах и днях» Гесиода и в «Ойкономике» («Домострое») Ксенофонта, первом труде по ведению домашнего хозяйства в истории Запада. Несколько глав «Домостроя» посвящены тому, как Исхомах, образцовый муж, обучает свою юную невесту обязанностям хозяйки своего дома, состоящего из супругов и их слуг. Можно предположить, что в тех семьях, где молодожены жили с родителями жениха (что было далеко не редкостью), вероятно, мать должна была обучать невесту навыкам, необходимым для ведения домашнего хозяйства³. Однако в простран-

---

² Самый длинный фрагмент Адмета — строки 629–672. Заявление о том, что он больше не будет жить со своими родителями, содержится в строках 736–737.

³ На то, что родители Исхомаха уже умерли, указывает тот факт, что он сам выбрал себе брачного партнера (Ксенофонт, «Ойкономика» 7.11). В противном случае, как и в Китае, брак в Греции был союзом двух семей, и родителям пришлось бы решать этот вопрос для своих детей [Oakley, Sinos 1993; Redfield

ных наставлениях Исхомаха жене он нигде не указывает на то, что берет на себя ответственность, которая обычно принадлежала бы свекрови. Напротив, он ведет себя так, словно это неотъемлемая и важная обязанность мужа как главы семьи — сделать юную невесту настоящей хозяйкой дома. В этом отношении, между Афинами IV века до н. э. и миром Гесиода в Беотии VII века до н. э., похоже, мало что изменилось. Согласно «Трудам и дням» Гесиода, состоящим из советов по всем сферам сельскохозяйственной жизни, мужчина должен привести домой жену, когда ему будет около 30 лет, а невеста должна быть несовершеннолетней девственницей, чтобы он мог привить ей «хорошие манеры» (строки 695–699). Будь то образцовый гражданин, живущий в величайшем греческом городе в классический период, или трудолюбивый фермер в суровой стране Беотии в архаическую эпоху, предполагается, что именно муж отвечает за воспитание своей невесты, из этого следует вывод, что родители не вписываются в греческую концепцию идеального семейного порядка.

Теперь мы знаем, что супружеская пара была в центре греческих представлений о домашних отношениях, и руководящим принципом в них было главенство мужа над женой. Несмотря на то что в «Одиссее» царь Алкиной описывается как отдающий должное своей супруге Арете: «И почитал, как нигде не была почитаема в мире / Женщина, в мужнином доме ведущая ныне хозяйство» (Гомер, «Одиссея» 7. 67–68, пер. В. В. Вересаева), этот пример лишь исключение, которое подтверждает правило. Для понимания исключительности этого примера мы должны принять во внимание тот факт, что Алкиной также является дядей Арете по отцовской линии и что Арета, как единственная дочь своего отца, имела бы долю, равную доле Алкиноя, в наследстве

1995]. Поскольку греческие мужчины женились относительно поздно (для Гесиода оптимальный возраст был «не меньше и не больше тридцати лет», а Солон рекомендовал возраст между 27 и 34 годами), существовала большая вероятность того, что к моменту первого брака мужчины его отца уже не будет в живых. О возрасте вступления в первый брак для греческих мужчин и женщин см. [Kamen 2007: 97].

своего деда по отцовской линии[4]. Однако если и закон, и обычай приписывают женам подчиненное положение в греческом обществе, возникает интригующий парадокс. Несмотря на системно-подчиненное положение женщин, в греческих изображениях супружеских отношений повсеместно присутствует конкуренция и конфликт, которые находят свое отражение как в стереотипе воинственных и враждебных жен, так и в идеализации жен, являющихся достойными соперницами и партнерами своих мужей.

Рассмотрим такое соперничество и конфликт в их самом позитивном проявлении. Первая образцовая пара, о которой пойдет речь, это Одиссей и Пенелопа. В отличие от таких гомеровских жен, как Елена, бросившая Менелая, и Клитемнестра, убившая Агамемнона, Пенелопа верна Одиссею и ожидает его возвращения даже после 20-летнего отсутствия. Прославившись своей верностью, она также приобретает широкую известность благодаря тому, что, прибегая к хитрости, успешно обманывает своих женихов в течение трех лет[5]. Муж и жена описываются как равные друг другу по интеллекту с самого первого их появления вместе в 19-й песни «Одиссеи». Еще не зная, что перед ней Одиссей, Пенелопа ведет беседу с нищим незнакомцем, оказавшимся в ее

---

[4] Родственные отношения между Аретой и Алкиноем см. в (Гомер, «Одиссея» 7.55–66). На последствия этих особых отношений для наследования семейного имущества указывает Синтия Паттерсон [Patterson C. B. 1998: 60].

[5] Пенелопа в течение трех лет успешно противостоит давлению женихов, ткет саван для Лаэрта днем и распускает его ночью. Прежде чем привести свой план в действие, она умоляет женихов позволить ей закончить ткачество, утверждая, что не хочет навлечь на себя гнев женщин страны, позволив Лаэрту, богатому человеку, умереть без савана. Женихи с готовностью идут навстречу Пенелопе (Гомер, «Одиссея» 2.96–103). Заметно, что вместо того, чтобы взывать к почтительности, Пенелопа подчеркивает нежелательность последствий смерти Лаэрта без савана, поскольку такой конец был бы несоизмерим с его богатством. О том, что женихи думают так же, можно судить по их реакции после того, как они раскрывают уловку Пенелопы. Хотя они осуждают Пенелопу за ее обман и сожалеют о том, что поддались на ее хитрость, они никогда не указывают на то, что она бесстыдно злоупотребляет их уважением к принципу нерушимого обязательства невестки перед отцом мужа. В любом случае использование Пенелопой ткачества означало для греков ее ум и верность мужу, а не ее поведение как невестки.

доме благодаря гостеприимству Телемаха (который осведомлен о плане отца). На вопросы незнакомцу о его семье и происхождении Одиссей, известный своими многочисленными хитростями и который в целом ряде эпизодов эпоса показан как искусный рассказчик, отвечает ложью[6]. Пока Пенелопа плачет, слушая рассказ о том, что этот незнакомец якобы встречал ее мужа, Одиссей не проявляет к ней жалости и сидит неподвижно. Эта встреча между мужем и женой повторяется в 23-й песни, когда Одиссей избавляется от женихов и готовится воссоединиться с Пенелопой, но на этот раз они меняются ролями.

Несмотря на уговоры кормилицы и неоднократные упреки Телемаха в том, что она упряма и сердце ее тверже камня, Пенелопа отказывается признать стоящего перед ней мужчину своим мужем и требует показать ей «разные признаки, только для нас с ним лишенные тайны»[7]. На это Одиссей отвечает уверенно и просит Телемаха набраться терпения и позволить матери испытать его (*peirazein*): «Что ж, Телемах, пусть меня твоя мать испытанью подвергнет!» (Гомер, «Одиссея» 23.113–114). Однако муж, самый проницательный человек, окажется превзойден женой в хитрости. Все еще отказываясь признать его, Пенелопа распоряжается приготовить постель для гостя и просит кормилицу вынести брачное ложе, которое Одиссей сделал сам. Застигнутый врасплох этим распоряжением, Одиссей впадает в ярость и в своем пламенном упреке Пенелопе раскрывает тайну их ложа: оно было построено вокруг ствола оливкового дерева и не может быть сдвинуто с места без разрушения его основания (другими словами, оно должно было оставаться на месте, если только Пенелопа не была неверна и не позволила какому-нибудь мужчине войти в их спальню и разрубить ствол). Намеренно солгав, Пенелопа добивается от Одиссея нужного ей «тайного признака»

---

[6] Один из этих эпизодов — встреча Одиссея с Евмеем, свинопасом (см. главу 1). Другой пример — его воссоединение с отцом, Лаэртом (см. примечание ниже).

[7] Нарекания Телемаха см. (Гомер, «Одиссея» 23.97–103); требование Пенелопы см. (Гомер, «Одиссея» 23.110).

и заставляет его потерять то хладнокровие, с которым он лгал ей раньше. Именно после этого состязания воли и ума муж и жена узнают друг друга и счастливо воссоединяются (Гомер, «Одиссея» 23.173–204)[8].

Никто из пишущих об этой образцовой гомеровской паре не может не впечатлиться только что описанным соперничеством между ними[9]. Совместимость и единомыслие, которые они демонстрируют в своем обмене, таковы, что один критик описал момент признания Пенелопой Одиссея как «момент взаимной капитуляции» после боя [Felson 1994: 55–63, цит. 63]. В своей статье 2001 года Сара Болмарчич по-новому осветила вопрос о том, как понимать эти отношения. Анализируя, почему слово *homophrosyne* (единомышленник), которое обычно означает взаимопонимание между политическими или военными союзниками, используется в контексте супружеских отношений в «Одиссее», Болмарчич утверждает, что Одиссей и Пенелопа описываются как товарищи и как равные. Она отмечает, что в своей первой встрече с Пенелопой Одиссей сравнивает ее с «царем скиптроносным», описание, которое неоднократно использовалось для самого Одиссея (Гомер, «Одиссея» 18.109–114, 2.230–234, 5.8–12) [Bolmarcich 2001: 212]. Размещая образ Пенелопы на фоне безрадостной картины женской жизни в «Одиссее» (олицетворением которой являются Елена и Клитемнестра), Болмарчич делает вывод, что «Пенелопа должна быть уподоблена мужчине-союзнику Одиссея, чтобы успешно играть роль верной жены» [Bolmarcich 2001: 213]. Такая аналогия равносиль-

---

[8] Сравните описание Гомером встречи Одиссея со своим отцом, Лаэртом, в сельском саду последнего. Намереваясь испытать (*peirēsomai*) (Гомер, «Одиссея» 24.216) Лаэрта и узнать, способен ли тот узнать собственного сына, Одиссей скрывает свою личность и рассказывает о себе истории, которые так волнуют Лаэрта, что старик падает духом перед гостем. Только тогда Одиссей открывает, кто он такой, и обнимает отца. Одиссей способен обмануть своего отца, но не жену.

[9] Подробные интерпретации испытания Пенелопой Одиссея, в которых рассматриваются конкурентный и взаимный аспекты отношений этой пары, можно найти в [Felson 1994, ch. 4; Winkler 1990a, ch. 5; Zeitlin 1995].

на отрицанию того, что хорошие отношения могут существовать между мужчиной и женщиной как между супругом и женой, и подводит к мысли, что для того, «чтобы существовал хороший брак, оба партнера должны вести себя так, как если бы они были товарищами» [Bolmarcich 2001: 213].

Ксенофонт в своей «Ойкономике» («Домострое») эту мысль поддерживает. Когда Исхомах пытается объяснить своей юной невесте важность упорядоченного домашнего хозяйства, он приводит две аналогии, одна из которых связана с хором (Ксенофонт, «Ойкономика» 8.3–4), другая — с армией (8.4–9). Если первая была бы легко понятна девушке, поскольку участие в хоре было важным занятием для греческих женщин (см. последнюю главу), то наименование второй отражает личность и интересы скорее достойного афинского гражданина-солдата, чем молодой жены. Интересно, что Исхомах останавливается на армейской аналогии гораздо дольше и что позже он снова определяет домашнюю управленческую роль жены в военных терминах: жена должна осматривать имущество, «как начальник крепости проверяет часовых, и следить за тем, чтобы все было в хорошем состоянии, как Совет осматривает кавалерию и лошадей» (Ксенофонт, «Ойкономика» 9.15). Результатом обучения, которое Исхомах предлагает своей невесте, к удивлению его собеседника (Сократа), стало то, что она обретает «мужской склад ума» (*andrikēn dianoian*, Ксенофонт «Ойкономика» 10.1). Действительно, весь дидактический процесс, в котором Исхомах демонстрирует все большее удовлетворение эффектом своего обучения, показывает, что домашнее хозяйство неизменно смешивается с политическим и военным устройством и подчинено им, а жена постепенно превращается в товарища. Кульминацией становится откровение Исхомаха о том, что он практикует ораторское искусство, проводя судебные заседания дома вместе с женой. Выступая в роли судьи, она не раз выносила решение против него и приговаривала его к наказанию или возмещению ущерба (Ксенофонт, «Ойкономика» 11.23–24). Этот сценарий непосредственно затрагивает центр афинской общественной жизни, и жена, которую сравнивали с военачальником, теперь становится согражданином, с которым мужчина вступает в соперничество, а также сотрудничает в поисках чести, добра и правды.

«Лучше хорошей жены ничего не бывает на свете, / Но ничего не бывает ужасней жены нехорошей», — полагает Гесиод в своей оде мудрости (Гесиод, «Труды и дни» 702–703). Сильный элемент соперничества между полами может лежать в основе амбивалентного отношения, характерного для длинного ряда греческих авторов, от Гомера и Гесиода до классических драматургов и философов. В глазах многих греческих мужей хорошая жена все равно что верный товарищ, тогда как плохая жена подобна врагу, который ведет бесконечные бои и стремится превзойти своего супруга упорством и хитростью.

Гендерная конфигурация в семье: мать и сын

В книге «Величие Геры: греческая мифология и греческая семья», провокационном психоаналитическом исследовании, опубликованном более 40 лет назад, Филип Слейтер представляет крайне мрачную картину отношений матери и сына в греческой семье. По его мнению, хотя мать воспитывает сына в надежде реализовать через него свои амбиции, она одновременно ненавидит его, потому что чем перспективнее выглядит ребенок, тем больше он напоминает ей ее мужа, чья преданность общественной жизни делает его отчужденной и деспотичной фигурой в семье. Поэтому мать склонна вымещать свое недовольство мужем на ребенке, и по мере взросления сын понимает, что должен преодолеть свою прежнюю зависимость от матери и подавить ее влияние, поскольку он готовится присоединиться к отцу и стать членом сообщества мужчин-граждан [Slater 1968].

Слейтер в своей неоднозначной теории правильно определяет два важнейших внесемейных фактора, которые повлияли на формирование греческих отношений в семье, а именно фундаментальное значение внесемейных гомосоциальных связей в определении мужской идентичности и повсеместное распространение духа соперничества в греческом обществе. Однако его применение этой концепции к отношениям между матерью и сыном вызывает сомнения. На наш взгляд, вместо того чтобы социализироваться для отречения от изначально властной матери, сын рано осознает, что она не является авторитетной фигурой и что он обязан ей поддержкой и уважением, но не должен на нее равняться. Иными словами, неповиновение греческого сына матери, описанное Слейтером, происходит не от недовольства сына грозной силой матери, а от отсутствия предписанной для нее авторитетной позиции в социальной структуре, которая отдает предпочтение опыту и успеху в обществе вне семьи. Пенелопа может казаться равной Одиссею, когда они вместе, но, как мы видим, ей приходится уступать сыну, когда Телемах чувствует, что пришло время ему стать хозяином в доме. В афинских судебных речах IV века до н. э. (которые служат хорошим индикатором общественной морали того времени) поскольку оратор должен был убедить присяжных, то, защищая репутацию своего подопечного, он часто использовал описания того, как тот почитал и берег престарелую мать, находившуюся на его содержании. Вместо того чтобы изображать мать как авторитетную фигуру, ораторы стараются создать впечатление, что в остальном она беспомощная старая женщина, которая заслуживает безопасности, обеспечиваемой ее сыном[10].

Следует уточнить, что вопрос здесь не в том, существовали ли властные матери в конкретных, отдельных греческих семьях, а в том, имелась ли институциональная основа для материнского авторитета, другими словами, была ли власть матери легитимной и осуществлялась ли она привычным образом в рамках иерархии семьи[11]. О высоком почете, которым пользуется фиакийская царица Арета как со стороны мужа (который также является ее дядей), так и со стороны их детей, прямо говорится, что она

---

[10] Хантер [Hunter 1989a, 1989b] утверждает, что вдовствующие афинские матери пользовались авторитетом, но свидетельства из судебных речей, которые она приводит, показывают всего лишь уважение и чувство долга со стороны сыновей.

[11] В этом вопросе мы следуем за Лэмпфером [Lamphere 1974: 99], который применяет веберовское определение власти и авторитета при анализе внутренних властных отношений.

уникальна среди всех женщин на земле (Гомер, «Одиссея» 7.67–68, цитировалось ранее). Другими словами, мрачная картина, которую Слейтер рисует касательно отношений матери и сына в греческой семье, должна быть значительно подправлена. Допустим, что сыну придется освободиться от влияния матери, когда он будет готовиться вступить в сообщество мужчин-граждан, но отказ этот не должен происходить через жестокую борьбу с женщиной, которая до сих пор доминировала над ним и тщетно пытается сохранить свое господство. Возможно, именно потому, что культурное воспитание граждан происходило главным образом в обществе и среди сверстников, а не в семье, конфликт матери и сына в греческой репрезентации менее значим, чем супружеское соперничество.

Как и отец, сын, когда вырастет, должен найти свою основную идентичность в гражданском обществе и среди сверстников. Более того, когда сын женился и его жена становилась хозяйкой дома, мать теряла ту власть, которую она имела, будучи владычицей в доме своего мужа, а затем и холостого сына. Она могла ожидать от сына содержания, уважения и привязанности, но получала их, по сути, как особый, почетный гость. Вновь образованная супружеская пара занимала центральное место в домашнем хозяйстве, мать отодвигалась на задний план как родитель, нуждающийся в заботе и заслуживающий ее.

Однако легендарный авторитет спартанской матери, похоже, представляет собой заметное исключение из того, что только что было сказано о греческих матерях. В «Изречениях спартанских женщин» Плутарха сохранились рассказы о многих спартанских матерях, которые увещевали своего сына умереть за государство и наказывали его за неспособность сделать это. Три примера проиллюстрируют суть этих историй о героических матерях:

> Одна спартанка, увидев приближающегося сына, спросила: «Что с нашими?» И когда тот ответил: «Все погибли», — подняла валявшийся кусок черепицы, швырнула в сына и убила его, воскликнув: «А тебя они что, послали к нам сообщить об этом?»

> Другая спартанка убила сына, покинувшего свой пост и опозорившего родину, сказав: «Не мое это порождение». Когда сыновья одной спартанки, бежав с поля сражения, явились к ней, она сказала: «Трусливые рабы! Куда вы бежите? Может, вы хотите спрятаться здесь, откуда появились на свет?» И с этими словами она задрала платье (Плутарх, «Изречения спартанских женщин» 241.5, 241.1, 241.4, пер. М. Ботвинника).

Примечательно, что во всех этих историях спартанская мать проявляет свою твердость по отношению к сыну *только тогда*, когда речь идет о его долге перед государством, а не о его долге непосредственно перед собой или семьей. Поскольку в рассказах о власти спартанских матерей речь идет исключительно о «полной преданности матерей общественной военной жизни, в которой они не принимали непосредственного участия» [Patterson C. B. 1998: 78], можно сказать, что матери действуют так скорее для того, чтобы как патриотически настроенные гражданки (хотя они и не были полноправными гражданами, поскольку им не разрешалось участвовать в боевых действиях или политических дискуссиях) провозгласить высшие интересы государства, а не для утверждения своей власти матери как таковой. Как заметила Джулия Сарджент Мюррей (1751–1820), говоря о спартанских матерях: «Именоваться гражданкой было для них более привлекательно, нежели называться матерью» (цит. по: [Pomeroy 2002: 62]). Поношения и издевательства матерей над спартанцами свидетельствуют о высшем авторитете политического сообщества, состоящего из всех граждан, которое они подвели своей трусостью на поле брани.

В то время как рассказы о властных спартанских матерях свидетельствуют о долге спартанских граждан перед своим государством, об отношениях спартанских матерей со своими сыновьями в домашней обстановке и в негосударственных делах почти ничего не известно. В этом смысле невероятная сила и авторитет матерей, показанные в «Изречениях» Плутарха и других источниках, свидетельствующих об исключительной репутации спартанских женщин в эллинском мире, дополняют и подтверждают то, что можно наблюдать в образах невоспетых матерей в других греческих государствах. Помрой предполагает, что истории о спартанских матерях, вероятно, получили распространение потому, что в них раскрывались взгляды, которые другие греки находили удивительными. Эллен Миллендер утверждает, что другие греки (в частности, афиняне) были в восторге от экзотизации спартанского образа жизни и что гораздо большая свобода (или, возможно, разнузданность, с точки зрения обычных греков), которой, очевидно, пользовались спартанские женщины по сравнению со своими сестрами в других государствах, стала одной из основных причин для антиспартанской пропаганды. Это обсуждение показало, что, какие бы элементы преувеличения, искажения или даже чистой фальсификации ни присутствовали в изображении спартанских матерей, в конечном счете они отражают греческий образ жизни и их мировоззрение [Pomeroy 2002: 58; Millender 1999].

Репутация спартанских матерей, по сути, по-другому и в гораздо более радикальной форме иллюстрирует последствия греческого возвеличивания общественной и внесемейной гомосоциальной жизни для семей. Когда семья стала вторичным объектом привязанности граждан-мужчин, спартанские женщины ценились прежде всего за вклад в биологическое воспроизводство класса граждан и за иное позитивное участие в достижении общественного благосостояния (о чем свидетельствуют приведенные обсуждения и истории о их влиянии в политике)[12]. Высокий статус спартанских матерей не ставит семью в центр внимания спартанской жизни. Поскольку спартанские граждане-солдаты проводили большую часть времени в своих военных частях и посвящали себя государству и друг другу, их жены и матери удовлетворяли свои потребности в общении и духовной близости в основном за счет общения с другими женщинами [Pomeroy 2002: 44].

---

[12] О том, что спартанцы придавали большое значение репродуктивной способности женщин, а также о различных образовательных и евгенических мерах, которые они принимали для того, чтобы сделать здоровыми матерей, дарующих сильное потомство, см. [Pomeroy 2002, ch. 3]. Другие источники о влиянии спартанских женщин в высшей политике см. [Powell 1999].

За столом

В четвертой книге «Одиссеи», когда Телемах плывет в Спарту за вестями об Одиссее, он застает царя Менелая на пиру по случаю двойной свадьбы его сына и дочери. После того как Телемаха признают сыном Одиссея, близкого товарища Менелая в Трое, он обедает с царем и его женой Еленой. Вместе они проливают много слез, вспоминая печальную войну и пропавшего без вести Одиссея. Чтобы унять их тоску, Елена подливает им в вино чудесное снадобье:

> Если бы кто его выпил, с вином намешавши в кратере,
> Целый день напролет со щеки не сронил бы слезинки,
> Если бы даже с отцом или с матерью смерть приключилась,
> Если бы прямо пред ним или брата, иль милого сына
> Острою медью убили и он бы все видел глазами.
> (Гомер, «Одиссея» 4.222–226, пер. В. В. Вересаева)

Если в контексте свадебного пиршества эти слова кажутся неуместными, то у Елены есть свое применение зелью. Когда все выпили его, она начинает рассказывать о встрече с Одиссеем в последние дни Троянской войны. По ее рассказу, когда Одиссей под видом нищего пробрался в Трою на разведку, она одна узнала его, приняла радушно и не выдала, потому что жаждала вернуться на родину и желала успеха греческим войскам (Гомер, «Одиссея» 4.242 и далее). Этот рассказ самой красивой женщины в мире, чей уход от мужа стал причиной Троянской войны, представляет собой ее попытку защитить свою репутацию и продемонстрировать верность Менелаю. Однако его ответ по окончании ее рассказа предлагает совершенно иную версию той роли, которую Елена сыграла в том решающем событии десятилетней распри. По словам Менелая, когда греческие воины (в том числе он сам с Одиссеем) прятались в Троянском коне, Елена узнала о их хитрости, пришла к ним и попыталась выманить их, подражая голосам их жен и называя их по имени. Все, кроме Одиссея, хотели ответить и выйти, и только благодаря его сильной воле они сдержались, чем спасли свои жизни и добились падения Трои (Гомер, «Одиссея» 4.265 и далее). Другими словами, в версии Менелая и вопреки утверждениям Елены о ее сожалениях и решающем вкладе в победу греков, Елена до самого конца войны продолжала попытки навлечь беду на свой народ.

В «Одиссее» есть еще одна сцена, где соперничество супругов проявляется в присутствии гостя. В 11-й песни на пиру у царя Алкиноя царица Арета уговаривает феакийцев одарить Одиссея множеством подарков и не отсылать его поспешно, говоря: «Гость хотя он и мой, но все вы к той чести причастны. / Вот почему не спешите его отправлять / и не будьте скупы в подарках» (Гомер, «Одиссея» 11.338). В ответ на свой призыв Арета получает два немедленных ответа: один — от старого советника Эхенея, другой — от самого Алкиноя. Эхеней подтверждает решение царицы, но четко заявляет: «А порешить все и сделать — на то Алкиноева воля» (Гомер, «Одиссея» 11.346, пер. В. В. Вересаева)[13]. Ответ Алкиноя также отличается остротой. Заявив, что он согласен с Аретой, он тут же напоминает всем, что *уже назначил* на завтра день отплытия Одиссея и попросил своих людей приготовить подарки для гостя (Гомер, «Одиссея» 7.317–318, 8.389–397). Затем, прямо отвечая на утверждению Ареты, что Одиссей — ее почетный гость, а все остальные просто присоединяются к ней в оказании ему гостеприимства, Алкиной заканчивает свою речь словами: «Все же до завтра придется ему подождать, чтоб успел я / Все приношенья собрать. Об его ж возвращеньи подумать — / Дело мужей, всех прежде — мое, ибо я здесь властитель» (Гомер, «Одиссея» 11.352–353, пер. В. В. Вересаева). Иначе говоря, по мнению Алкиноя и его старейшин, Арета выполняет управленческую функцию в вопросах гостеприимства[14], но право принимать решения принадлежит ему и только ему, или, по крайней

---

[13] Латтимор переводит на английский: «Отныне слово и дело принадлежат Алкиною» («From now on the word and the act belong to Alkinoos»).

[14] В «Одиссее» (8.419–420) собранные у феакийцев дары приносят Арете, чтобы она их разложила и упаковала. В (13.66–69), когда Одиссей собирается в последний путь в Итаку, Арета посылает на его корабль трех женщин с дарами, хлебом и вином.

мере, номинально, так как публичная напористость Ареты заставила мужчин попытаться изменить привычный порядок[15].

Подобно тому, как Менелай и Елена рассказывают друг другу истории перед гостями, соперничество между Алкиноем и Аретой как хозяином и хозяйкой не слишком утонченное. Нам вспоминается встреча Одиссея и Пенелопы, где они испытывают и обманывают друг друга, а также судебные заседания, которые Исхомах проводит со своей женой дома, чтобы потренироваться в публичных выступлениях. Между тремя положительно изображенными женами и Еленой, которая в греческой традиции получает весьма неоднозначную оценку (от роковой женщины до невесты *par excellence*) [Hughes 2005], существуют огромные различия, но соперничество — это то, что объединяет их всех в определении их отношений с мужьями.

Менелай, который был слишком очарован красотой Елены, чтобы наказать ее после Троянской войны, возможно, выступает в роли такого же очарованного мужа, когда оспаривает ее рассказ в мягком, хотя и ироничном тоне. Он начинает со слов: «Что говоришь ты, жена, говоришь ты вполне справедливо», но затем продолжает излагать свою собственную противоречащую ей версию событий (Гомер, «Одиссея» 4.266). Алкиной явно проявляет почтение к высокому авторитету, которым Арета пользуется в семье и среди его народа (временами она кажется почти что его соправительницей), когда пытается вновь утвердить свой авторитет на празднике. Говоря, что он одобряет ее план, который соответствует уже отданному им приказу, Алкиной старается напомнить всем, что в конечном итоге решение принимает он.

Тактические приемы, к которым прибегли Менелай и Алкиной, возможно, не нужны, если муж сильнее, а жена не обладает таким необычным статусом, как Елена и Арета. На это намекает инцидент в банкетных залах Зевса на горе Олимп. Эпизод описывается в первой песни «Илиады», когда Гера застает Зевса за тайной беседой с богиней Фетидой, матерью Ахилла, на собрании боже-

---

[15] О попытке Алкиноя вырвать контроль у Ареты в обсуждаемом эпизоде см. [Martin 1993: 236; Nagler 1993: 249].

ственной семьи. Сразу же догадавшись, о чем Фетида пришла просить Зевса (чтобы он наградил Ахилла), Гера укоряет мужа следующим образом:

> Кто из бессмертных с тобою, коварный, строил советы?
> Знаю, приятно тебе от меня завсегда сокровенно
> Тайные думы держать; никогда ты собственной волей
> Мне не решился поведать ни слова из помыслов тайных!
> Ей отвечал повелитель, отец и бессмертных и смертных:
> «Гера, не все ты надейся мои решения ведать;
> Тягостны будут тебе, хотя ты мне и супруга!
> Что невозбранно познать, никогда никто не познает
> Прежде тебя, ни от сонма земных, ни от сонма небесных.
> Если ж один, без богов, восхощу я советы замыслить,
> Ты ни меня вопрошай, ни сама не изведывай оных».
> (Гомер, «Илиада» 1.540–550, пер. Н. И. Гнедича)

Когда Гера не поддается на первое выражение недовольства Зевса и продолжает дразнить его тем, что ей известно о договоре между ним и Фетидой, он становится циничным и угрожает силой:

> Дивная! все примечаешь ты, вечно меня соглядаешь!
> Но произвесть ничего не успеешь; более только
> Сердце мое отвратишь, и тебе то ужаснее будет!
> Если соделалось так, — без сомнения, мне то угодно!
> Ты же безмолвно сиди и глаголам моим повинуйся!
> Или тебе не помогут ни все божества на Олимпе,
> Если, восстав, наложу на тебя необорные руки.
> (Гомер, «Илиада» 1.561–567, пер. Н. И. Гнедича)

Геру метко назвали прототипом греческой брошенной невесты [Redfield 1995: 182]. Однако то, что может вызвать это описание — одинокая женщина, патетически тоскующая по мужу, — вряд ли применимо к царице олимпийских богов, что ясно из обсуждаемого эпизода. Это лишь один из многочисленных примеров публичных ссор и тайных разборок Геры с отлученным от нее мужем, будь то из-за его многочисленных любовных связей и рожденных от них детей или из-за ее попыток не только строить собственные независимые планы, но и вмешиваться в замыслы и решения Зевса. Зевс может делать все, что ему заблагорассудится, находясь вне поля зрения своей бдительной жены, но дома он вряд ли может надеяться избежать ее надзора, и семейный обеденный стол становится вполне естественным местом для супружеских ссор.

Для Слейтера, чья работа 1968 года названа в честь Геры, холодные и напряженные отношения между Герой и Зевсом являются характерной чертой греческих браков. Однако если сопоставить отношения Зевса и Геры со взаимоотношениями в таких идеализированных парах, как Одиссей и Пенелопа, Алкиной и Арета, Исхомах и его жена, то можно сделать более убедительный вывод о том, что соперничество, будь то в позитивном или негативном ключе, являлось важным аспектом греческих представлений о супружеских отношениях. В позитивных представлениях такое соперничество могло перерастать в партнерство, вплоть до полной трансформации супружества в товарищество и превращения семьи в зеркальное отражение общественного мира армий, собраний и судов. В негативном представлении то же соперничество превращает женщин в амазонок, мужеубийц и назойливых мух, обретших власть, любая из которых может стать причиной несчастья для мужчины.

То, что ссора богов происходит за пиршественным столом, становится ясно, когда из всех богов, напуганных вспыльчивостью Зевса, встает Гефест и с кубком вина в руке идет утешать свою мать. Умоляя ее уступить, Гефест говорит, что борьба между Герой и Зевсом будет означать то, что «исчезнет радость от пиршества светлого» (Гомер, «Илиада» 1.575–576). Гера принимает совет своего любимого сына, улыбается и берет кубок из его рук. После разрешения напряженных отношений между царем и царицей пир возобновляется и длится весь день.

В обращении Гефеста к Гере он умоляет ее уступить Зевсу: «Зевсу царю окажи покорность, да паки бессмертный / Гневом не грянет и нам не смутит безмятежного пира» (Гомер, «Илиада» 1. 578–579). Опасливо сын вспоминает, как ссоры между его родителями портили прежние пиры, и изо всех сил старается не допустить повторения подобного. Гефест напоминает Гере о том, что произошло, когда он пытался защитить ее во время предыдущей ссоры между родителями: схваченный Зевсом и сброшенный с Олимпа, он был навсегда искалечен и едва не лишился жизни. Гефесту удается убедить Геру, и в оставшейся части «Илиады», где боги регулярно пируют, его опасения более не оправдываются. В следующий раз, когда между Зевсом и Герой вспыхивает серьезная ссора и Зевс снова угрожает силой, Гера считает разумным сразу же подчиниться. Оставив отца богов одного, она присоединяется к богам, пирующим на Олимпе. Когда царицу спрашивают о ее мрачном виде, она повествует о своей встрече с Зевсом:

> Боги безумные, мы безрассудно враждуем на Зевса!
> Мы бесполезно пылаем его укротить, нападая
> Словом иль силою! Он, удаляся, об нас и не мыслит,
> Нас презирает, считает, что он меж богов вековечных
> Властью и силой своей превосходнее всех несравненно.
> (Гомер, «Илиада» 15.104–108, пер. Н. И. Гнедича)

После супружеского конфликта муж продолжает заниматься своими делами, а недовольная жена засыпает детей жалобами на авторитарного и безучастного отца. Здесь открывается возможность вернуться к теории Слейтера. Как он утверждает, жена, которая, как правило, хуже справляется с постоянными супружескими конфликтами, вместо этого выплеснула бы свое разочарование в муже на сына, в свою очередь, сын восстал бы против господства матери, чтобы освободиться и присоединиться к сообществу взрослых мужчин. Однако из предшествующего анализа противостояния на олимпийском пиру вырисовывается иная картина. Там Гера и Гефест, мать и сын, образуют союз слабых против Зевса, их мужа и отца, сын заботится о матери и пытается защитить ее, как выступая в ее поддержку, так и советуя ей мудрую стратегию выживания. Поскольку речь идет о божественной семье, не имеющей жизненного цикла (то есть после того, как Зевс захватил трон у своего отца Кроноса, свергнувшего его собственного отца Урана), невозможно проверить, наступит ли время, когда сын откажется от влияния матери на него. Однако если по какой-то причине сын, подобный Гефесту, все-таки отвергнет свою мать, то это будет не потому, что он стал возмущаться ее властью и господством. Да и как он мог бы, после того как неоднократно видел, как ее наказывали и терроризировали за то, что она бросила вызов мужу? В этом, вероятно, и заключается парадокс неидеализированного образа греческой жены: она вздорная и сильная, но в то же время притесненная и бессильная.

Возможно, воспринимать греческую семейную жизнь через призму событий в залах Зевса не совсем корректно. Но в отсутствие других свидетельств, показывающих смертных на семейных пирах, мы вынуждены верить, что греки проецировали свои переживания и чувства на вечные празднества своих богов. Таким образом, пиры бога, будучи важным символом блаженного состояния божества, могли также отражать драмы земных домашних пиров. Усаживаясь в банкетном зале Менелая, Телемах настолько поражен его убранством, что не может не шепнуть своему попутчику, что и двор Зевса должен быть таким же (Гомер, «Одиссея» 4.71–75). Возможно, есть много параллелей между олимпийскими сценами и тем, что Телемах видел между Менелаем и Еленой.

Ценным описанием обычного семейного пира мы обязаны комедиографу Менандру (ок. 342–291 до н. э.). Действие его пьесы «Брюзга» (*dyskolos*), рассказывающей о том, как юноше по имени Сострат удается жениться на любимой девушке, преодолев неприязнь ее жестокосердного отца, разворачивается на фоне жертвоприношения, которое мать Сострата совершает ради бога Пана. Публикация в 1959 году этой практически полной версии пьесы значительно расширила наше понимание греческой семейной жизни. Это означает, что теперь мы можем выделить среди участников домашних застолий не только богов, богинь (Елена, дочь Зевса, — полубогиня) и легендарных военачальников. Мы увидим, связывает ли что-нибудь зал Олимпа, дворцы Фиакии и микенской Спарты и пригороды эллинистических Афин.

В сцене, разыгранной в святилище Пана в сельской местности, члены семьи появляются в шахматном порядке. Первым появляется Сострат, войдя, он уже заявляет своему другу Хэрею, что влюбился с первого взгляда в девушку, которую только что увидел неподалеку (строка 50 и далее). Следующие примерно 340 строк пьесы посвящены тому, как Сострат пытается завоевать сердце отца девушки, Кнемона, который яростно отверг желание юноши жениться на его дочери. Затем прибывает повар, чтобы подготовить дневное жертвоприношение. Через 40 строк после прибытия повара, ближе к середине пьесы, появляются мать и незамужняя младшая сестра Сострата в сопровождении нанятой артистки. После того как мать отдает распоряжения двум семейным слугам, женская компания отходит на задний план, оставляя сцену Сострату, который продолжает свою миссию по получению согласия Кнемона. Примерно к 760-й строке Кнемон прекращает сопротивление и позволяет своему сыну Горгию обручить дочь с Состратом (Кнемон слишком обижен на людей, чтобы устроить это самому). Как раз в этот момент отец Сострата, Каллиппид, богатый землевладелец, с опозданием входит в дом, беспокоясь, что пропустил праздник (строки 775–776). Сострат говорит Каллиппиду, что они действительно уже поели, но его доля была отложена для него (строка 780). Пока отец ест, Сострат разговаривает с ним, не только легко добиваясь от Каллиппида согласия на помолвку Сострата, но и убеждая его отдать свою дочь Горгию, который оказал Сострату решающую поддержку в борьбе с Кнемоном. Теперь, когда обе помолвки состоялись, в тот же вечер устраивается праздник, и пьеса заканчивается торжеством и эпизодическим фарсом.

Хотя пир в пьесе Менандра — это семейное мероприятие, его проведение не направлено на утверждение какого-либо определенного семейного порядка или укрепление связей между его участниками. Последние прибывают по отдельности, и вместе они появляются только в конце, когда первоначально запланированное событие дня уже давно закончилось и они готовятся к празднованию помолвки. Мать Сострата впервые появляется в компании дочери, и они, должно быть, тоже ели вместе, но двое мужчин семьи, похоже, отнеслись к трапезе как к возможности быстро перекусить, прежде чем снова заняться другими делами. Сострат, разумеется, полностью поглощен своим увлечением, и неясно, присоединяется ли он к матери и сестре за трапезой или же, подобно Каллиппиду, просто берет свою припасенную порцию, когда делает перерыв в борьбе со своим суровым будущим тестем. Интересно появление отца после того, как все уже поели, и его беспокойство по поводу того, что он пропустил весь праздник. Поздний приход отца может быть уместен для преуспевающего земледельца, который может быть настолько занят надзором за рабами, работающими на его земле, или посещением агоры для заключения сделок, что у него нет времени присоединиться к семейному событию, которое проистекает из религиозного благочестия его жены[16]. Опасение Каллиппида, что празднующие уже разошлись по домам, не дождавшись его, может быть воспринято как указание на неуместность его присутствия на этом событии. Наконец, и это, возможно, самое важное, отец опаздывает, потому что он должен оставаться в стороне, чтобы центральное место мог занять Сострат. Матери позволительно оставаться на заднем плане на протяжении всего действия пьесы (Сострат ни разу не показан с ней советующимся), но зрителям покажется неубедительным, если сын, занятый своими романтическими заботами, будет полностью игнорировать отца. Совпадение по времени первого появления Каллиппида и успеха Сострата в его отношениях с Кнемоном является весомым подтверждением последнего тезиса, и мы предлагаем рассмотреть его поподробнее. Причина позднего появления Каллиппида, по сути, одобрившего все то, что Сострат сделал по собственной инициативе, заключается в том, что пьеса касается той фазы жизненного цикла греческой семьи, когда родители освобождают место для вновь образуемых супружеских пар своих сыновей. Преобладание романтической темы в новой (Менандровой) комедии может быть отражением социально-политических и интеллекту-

---

[16] В «Ойкономике» Ксенофонта, который предлагает наиболее подробное описание жизни образцового земледельца, также подчеркивается, что Исхомах проводит бо́льшую часть времени либо на хозяйстве, либо на агоре.

альных изменений эллинистического времени[17], но супружеские отношения, включая присущие им аспекты любви, близости, конфликта и отчуждения, всегда были в центре греческих представлений о семейном порядке[18]. Заставив отца приехать на пир ближе к концу пьесы и одобрить помолвку как свершившийся факт, Менандр просто доводит дело до крайности в литературной форме.

Только бессмертный Зевс может быть одновременно и вечной причиной жалоб отверженной жены, и вечно могущественным отцом, который не испытывает никаких изменений в своем укладе в связи с женитьбой сына. В пьесе «Брюзга» этот неизбежный распад старого семейного порядка драматизируется в контексте домашнего общения, где пирующие не собраны, сын активно добивается своего счастья, мать почти полностью отошла на задний план, а отцу отведена роль полномочного авторитета. Образ матери в пьесе заслуживает внимания. Она вообще не играет никакой роли в действиях, которые Сострат предпринимает по собственной инициативе, а затем докладывает о них своему отцу Каллиппиду для одобрения. Конечно, это пьеса, и хотя новая комедия ценится за правдоподобие и внимание

---

[17] Значительное изменение в социально-политическом этосе, которое произошло, когда греческие города-государства потеряли свою политическую независимость в эллинистических царствах, характеризуется как переход от «примата политики» к «примату социального» [Patterson C. B. 1998: 224–225].

[18] Как отмечает Редфилд [Redfield 1995: 159], «Брюзга» Менандра не представляет собой «предварительную первую попытку любовной истории», а является «уже развитым образцом жанра» в греческой литературной традиции. Отмечая, что «как будто такие истории латентно присутствовали во всем мире», Редфилд указывает на романтически описанную встречу между Одиссеем и феакийской принцессой Навсикаей в 6-й и 7-й песнях «Одиссеи». В действительности, встреча Одиссея и Пенелопы, ведущая к их окончательному воссоединению, также изображена с сильным романтическим подтекстом, так что она была описана как «второе ухаживание жены за мужем и мужа за женой» [Felson 1994: 63]. В противовес распространенному мнению, что романтическая любовь стала ассоциироваться с супружеской жизнью только на современном Западе, Хагструм [Hagstrum 1992] описывает то, что он называет «контртрадицией» романтической любви в браке в западной литературе, начиная с изображения Одиссея и Пенелопы у Гомера.

к повседневной жизни (в отличие от абсурда и политических проблем аристофановской старой комедии), ее также следует читать ради фантазий и идеалов, которые она выражает. Не принимая фактическое отсутствие матери в пьесе как свидетельство того, что матери не имели права голоса в браке своих детей, мы будем рассматривать мать Сострата в свете общей неясности образа матери в греческой литературе.

Ни одна женщина не играет в пьесе важной роли и даже, кажется, не говорит. Все основные действия пьесы происходят среди мужчин двух семей, когда Сострат при содействии Горгия заключает сделку с Кнемоном и после этого получает одобрение Каллиппида. Женские персонажи, включая мать и сестру Сострата и мать и сестру Горгия, собираются на пир по случаю обручения в конце пьесы, но даже тогда их присутствие лишь подразумевается, поскольку мужчины отпускают избитые шутки о женской двуличности. Каллиппид и Сострат впервые шутят об этом, когда обсуждают приготовления к празднику. Позже, когда праздник уже начался, повар замечает, что женщины-гостьи пьют вино, как пляжный песок впитывает морскую воду (строки 857–860, 949). Даже если он не показывает женщин в роли матерей, жен и сестер в этой бытовой пьесе, Менандр не упускает возможности изобразить их в стереотипном для женщин образе обжоры[19].

Несмотря на иной социальный контекст пьесы Менандра и ее новые проблемы, в интересующем нас аспекте она продолжает греческую традицию. Во-первых, семейное застолье намеренно не представлено как воплощение доброго семейного порядка. Во-вторых, в пьесе сохраняется доминирующая озабоченность супружескими отношениями — центральной осью в греческой концепции семейного порядка. В центре внимания находятся события, ведущие к образованию новой супружеской пары, а сюжет драматизирует начало маргинализации отношений между родителями и детьми. Наконец, организация домашнего праздника по гендерному признаку позволяет сформулировать

---

[19] Традиционные черты женщин в старой и новой комедии включают обжорство, двуличие и увлечение сексом [Just 1989, ch. 8; Venit 1998].

мнение о том, что женщины, независимо от их семейных ролей, образуют группу с общими качествами, которые отличают их от мужчин[20]. Семейное пиршество служит поводом для того, чтобы участники укрепили свое осознание гендерных различий, в то же время выполняя свою предполагаемую функцию по достижению согласия и единства между родственниками мужского и женского пола.

За кулисами

Греческая мизогиния находит яркое выражение в изображениях супружеского взаимодействия во время мужских праздников в доме. В своей типологии женского рода Семонид, поэт VII века до н. э. из Самоса, предъявляет обвинение несговорчивой жене:

> Всякий раз, когда кажется, что мужчина особенно радуется в своем доме, либо по божьему благоволению, либо по доброте людской, она находит недостатки и надевает шлем для битвы. Ибо там, где есть женщина, мужчины не могут с готовностью принять даже незнакомца, пришедшего в дом (Семонид 7, строки 103–107).

---

[20] Концепция женщины как отдельного и потенциально антагонистического вида глубоко прослеживается в греческой традиции [Lloyd-Jones 1975; Loraux 1993, ch. 2]. Лучшие проявления такого мышления в ранней литературе можно найти в двух местах: описание рождения первой женщины — Пандоры, которое создает родовую проблему для мужчин (Гесиод, «Теогония» 570–589; «Труды и дни» 60–80), и длинная поэма Семонида о женщинах, существование которых он оплакивает как «самую страшную чуму, которую создал Зевс» (*Zeus gar megiston tout' epoiēsen kakon*) (Семонид 7, строки 96–97, и снова строка 115). К таким добродетельным женщинам, как Пенелопа и единственная хорошая женщина в поэме Семонида, относились как к исключениям из своего вида [Lloyd-Jones 1975]. Вместо обвинения пресловутого греческого женоненавистничества, мы хотим продемонстрировать греческую тенденцию воспринимать женщин как отдельное и самостоятельное племя. Учитывая доминирование мужчин, отнесение женщин к категории «других», конечно, легко порождало негативные характеристики, но так было не всегда, и те же привычки мышления часто находили добродушное и гораздо более мягкое выражение в комедиях.

Конфликт между мужем и женой характеризует предыдущий отрывок. Он проявляется в параллельных повествовательных структурах их действий («он делает» против «она делает»). Сравнение жены с воином, надевающим шлем, подчеркивает агонистический характер взаимодействия. В то время как муж изображен как общительный человек, который иногда хочет удовлетворить свое совершенно справедливое желание иметь нормальную социальную жизнь, жена изображена как имеющая единственную цель — сделать его и его друзей несчастными, громко заявляя о своем присутствии. Учитывая, что ссоры между Герой и Зевсом обычно заканчиваются тем, что Зевс угрожает применить (а иногда и применяет) силу, нам, возможно, следует воздержаться от суждений о том, кто в стихе Семонида жертва, а кто гонитель, а просто принять его таким, каким он есть: жалобой на женский порок, которую красноречивый мужчина высказывает от имени всех своих собратьев.

Представления, развернутые в сатире Семонида, подтверждают две записанные Плутархом истории. Одна касается Сократа и его сварливой жены Ксантиппы. Однажды Сократ привел домой друга на ужин после того, как они закончили занятия в школе борьбы. Пока они ели, Ксантиппа осыпала их бранью и в конце концов опрокинула стол. Другая история связана с подобным обращением, которое Питтак, тиран Митилены и один из легендарных семи мудрецов, потерпел от своей жены. Когда Питтак с гостями собирались поесть, вошла его жена в сильном гневе и испортила пир (Плутарх, «О подавлении гнева» 461d, 471).

Тот факт, что главными героями в рассказах Плутарха являются два греческих мудреца, придает философскую окраску пессимизму, с которым Семонид высмеивает женщин. Мужу нужны пиры и празднества, чтобы наладить социальные связи, но жена отказывается видеть необходимость и важность каждого повода и без колебаний вступает в конфликт. На самом деле, Плутарх мало задумывается над тем, что могло спровоцировать бурные действия двух жен. По его мнению, возмущение Ксантиппы, очевидно, было лишь одним из многочисленных приступов плохого настроения, с которыми жил ее муж, а жена Питтака просто вела себя как надменная женщина благородного происхождения (Плутарх, «О подавлении гнева» 461d, 471). Единственный хороший способ справиться с такими неразумными существами — терпеть их с благодушием. Таков совет Плутарха, который рассказывает истории о Питтаке и Сократе в своих рассуждениях о том, как поступать в трудных и неловких ситуациях. Оба мужа спокойно и с юмором реагировали на ссоры, вызванные женами. В одном случае гость Сократа был глубоко оскорблен, встал и уже собирался уходить, когда философ сказал: «Разве в твоем доме на днях не прилетала курица и не делала точно так же, но мы же не были возмущены этим?» В другом случае Питтак попытался успокоить своих гостей: «У каждого из нас своя беда. У того, у кого только моя, все очень хорошо». Мы не знаем, как гости в обоих случаях восприняли усилия хозяев, но, предположительно, юмор хорошо подействовал не только на разрешение неловкости, но и на установление хорошего взаимопонимания между ними. Будучи мужчинами, все они столкнулись с одним и тем же вопросом: «Что поделаешь с женой или с курицей?»

Шутки о Сократе и Питтаке, как и сатира Семонида, могут быть поняты как попытки греческих мужчин справиться со своими женами в те моменты, когда от последних требовалось сотрудничество, но их сопротивление осложняло ситуацию. Мы можем представить себе, что и стих, и анекдоты распространялись на симпозиуме. Мужчина, чья воинственная жена отказывает ему в праздничных удовольствиях, делится своим недовольством с товарищами. Поскольку среди его аудитории есть такие же мужья, как и сам рассказчик, формулировка его проблемы и его самоирония вызовут симпатию и не отразятся плохо на его общественном имидже. Более того, высмеивание женщин может послужить быстрым и приятным средством, способствующим сплочению мужчин. Каким бы разным ни было происхождение группы мужчин, их объединяет тот факт, что всем им приходится иметь дело со сварливыми женами.

Греческие источники не всегда показывают женщин как привередливых и строгих хозяек, а их родственников — как жертв, которые могут только ворчать и переносить свои обиды в другое место. В «Одиссее» Пенелопа несколько раз вторгается на сцену мужского общения, за свои действия она получает отпор от сына и, верная своей репутации образцовой женщины, каждый раз уступает ему без возражений.

Впервые это происходит в первой песни, когда веселящиеся женихи, досыта наевшись и напившись, собираются насладиться музыкой. Певец Фемий получает повеление спеть о печальном возвращении греческих героев с Троянской войны. Пенелопа слышит песню и спускается из своих покоев. Гомер тщательно следит за ее скромностью, описывая ее в сопровождении двух служанок, вместо того чтобы спускаться одной (Гомер, «Одиссея» 1.331). Когда покрытая вуалью и сопровождаемая служанками Пенелопа стоит у двери в зал, она слезно умоляет Фемия сменить тему его песни, потому что у нее разрывается сердце при мысли об отсутствующем муже. Ее просьба вызывает резкую реакцию Телемаха. Юноша просит свою мать скрепить сердце, чтобы послушать песню, потому что это произвол Зевса заставляет людей трудиться и страдать, и Одиссей не единственный, кто погиб, когда греки возвращались с Троянской войны. Если это еще можно считать утешением, то заключительные слова Телемаха следует рассматривать как нотацию:

> Лучше вернись-ка к себе и займися своими делами —
> Пряжей, тканьем; прикажи, чтоб служанки немедля за дело
> Также взялись. Говорить же — не женское дело, а дело
> Мужа, всех больше — мое; у себя я один повелитель.
> (Гомер, «Одиссея» 1.356–359, пер. В. В. Вересаева)

Телемах наставляет Пенелопу по принципу разделения пространства и труда между полами, и мать, хотя и удивленная, принимает назидание сына близко к сердцу и разворачивается, уходя. Очевидно, что в его упреке есть резон, несмотря на резкий тон, и, как скромная женщина, она считает разумным подчиниться.

То, что происходит в первой песни, повторяется и в 21-й песни, где рассказывается о знаменитом состязании с луком. Как мы узнаем из конца 20-й песни, состязание было устроено Пенелопой после того, как она подслушала разговор между женихами и Телемахом. Решив, что Телемах уже достаточно взрослый, чтобы взять на себя управление домом, и что ей следует уйти, чтобы положить конец постоянным приставаниям женихов, она объявляет, что выйдет замуж за человека, который сможет натянуть огромный лук Одиссея и пустить стрелу через 12 топоров. Как и в первой песни, она объявляет об этом, появляясь перед обеденным залом с вуалью на лице и служанками по бокам.

Несколько женихов, в том числе Эвримах, один из их лидеров, безуспешно пробуют лук. В этот момент Одиссей, все еще переодетый, просит, чтобы ему тоже дали такую возможность. Когда его просьба вызывает гневную реакцию женихов, Пенелопа выступает в его защиту, утверждая, что предоставление шанса незнакомцу сделает всех счастливыми и не принесет вреда, потому что она не может выйти замуж за нищего незнакомца, даже если ему и повезет с луком. На это Телемах сначала отвечает, что только он один имеет право решать этот вопрос, а затем повторяет ей следующее:

> Лучше вернись-ка к себе и займися своими делами —
> Пряжей, тканьем; прикажи, чтоб служанки немедля за дело
> Также взялись. Говорить же — не женское дело, а дело
> Мужа, всех больше — мое; у себя я один повелитель.
> (Гомер, «Одиссея» 21.350–353, пер. В. В. Вересаева)

Подчеркивая свою власть, с одной стороны, и указывая Пенелопе на предназначенную ей сферу деятельности, с другой, Телемах вновь кладет конец противостоянию матери и сына. Склонность Телемаха к резким репликам объясняют раздражительной психикой подростка [Stanford 1959]. Такое прочтение игнорирует тот факт, что Пенелопа способствовала прямой конфронтации с сыном, неоднократно вторгаясь в пространство мужского общения. Похоже, что она не находит другого способа для того, чтобы выразить и реализовать свои намерения, кроме таких вторжений. Ее действия позволяют и, возможно, вынуждают Телемаха использовать свои мужские привилегии, чтобы преодолеть почтение, которым сын обязан своей матери. В то время как на его стороне устоявшиеся социальные принципы, она не прибегает ни к какой идеологии, которая в данной ситуации ставила бы мать в положение власти над сыном. Реакция Пенелопы на возражения Телемаха в обоих случаях — изумление, сменяющееся подчинением, — вполне ожидаема от такой примерной женщины, как она[21].

Разница между Пенелопой и бойкими женщинами, портящими дружеские застолья своих родственников, заключается в том, что Пенелопа осознает свою ошибку и быстро исправляется, когда ей напоминают о подобающем месте, в то время как другие жены не проявляют никакого уважения к приличиям. Готовность Пенелопы на уступки Телемаху, возможно, в глазах греков выглядела вполне соответствующей ее благородному образу. По их мнению, мальчики вырастают, чтобы сражаться и рассуждать в компании своих товарищей-чемпионов и граждан, а дома пользоваться властью хозяев. Противостояние Телемаха с Пенелопой в пиршественном зале можно рассматривать как критический момент в подготовке многообещающего греческого юноши к жизни во внешнем мире[22]. Мы не знаем, была ли Пенелопа авторитетом для молодого Телемаха. Однако то, как взаимодействуют мать и сын с первой песни «Одиссеи», напоминает нам семейное пиршество в «Брюзге» Менандра, где мать — малозначимая фигура, практически не имеющая отношения к увлечениям

---

[21] Наглер [Nagler 1993: 249–250] интерпретирует две речи, с которыми Телемах обращается к Пенелопе, в том же свете, что и те, с помощью которых Алкиной и Эхеней пытаются отобрать полномочия по принятию решений у Ареты и вернуть их царю. Наглер называет их речами о «женском месте», которые направлены на определение мужских прерогатив в деятельности, варьирующейся от гостеприимства до рассуждений и сражений.

[22] Это понимание прекрасно иллюстрирует прочтение Ноксом [Knox 1996: 52] первой конфронтации между Телемахом и Пенелопой: «[Телемах] был воспитан женщинами, Эвриклеей [верной старой кормилицей] и Пенелопой, и было почти неизбежно, что его обычный подростковый бунт будет направлен против матери». Первым результатом шага Афины, направленного на то, чтобы пробудить сына Одиссея «к более храброму шагу, вдохнуть в его сердце отвагу» (1.105), является это суровое отстранение его матери, когда он утверждает свое господство в доме.

своего сына²³. Возможно, не такая уж широкая пропасть разделяет неоднократно отталкиваемую Пенелопу из гомеровского эпоса и немую, безымянную мать в романтической комедии Менандра.

Китай

Гендерная конфигурация в семье: матери, сыновья и невестки

Разумеется, в китайской семье высшим авторитетом считался отец, но требования сыновней почтительности, которая была основополагающей добродетелью как в семейной, так и в политической сфере в чжоуской идеологии, давали также и матери большую власть в семье. Как и ее греческий аналог, китайская мать могла также выступать в качестве объекта сочувствия и заботы, как, например, в оде 185 («*Ци фу*», «Военный министр»), где солдаты жалуются на то, что война не позволяет им обеспечивать своих матерей. Однако эти две традиции отличают авторитетная роль, которую часто играет китайская мать, и степень, в которой почитание матери было этическим императивом в Китае эпохи Чжоу.

Знаменитая история, произошедшая в первый год, записанная в «Комментариях Цзо», иллюстрирует моральную силу, которую несет в себе благочестие китайской матери. Согласно этой истории, князь Чжуан Чжэн (743–701 до н. э.) отдалился от своей матери после того, как она попыталась сделать наследником своего любимого младшего сына, а затем участвовала вместе с ним в неудачном перевороте с целью свержения князя. Князь вскоре пожалел о том, что поклялся никогда больше не видеться с матерью, и смог добиться благодатного примирения с ней благодаря заступничеству чиновника по имени Ин Каошу. Историк называет Ина «чистым образцом сыновней почтительности 純孝也» и хвалит его за то,

---

²³ Телемах отправляется на поиски вестей об отце вместе со своими сверстниками и без ведома Пенелопы, он не советуется с матерью и не сообщает ей о планах, которые он и Одиссей со слугами строят для уничтожения женихов (см. главу 1).

что он «распространил свою любовь к матери на своего правителя 愛其母施及莊公» («Комментарии Цзо», Инь 1, [Yang 15; Yang 10–16]). Похоже, что в глазах историка (который позиционирует себя как голос общественной морали), Ин Каошу и, менее вероятно, самого князя Чжуана, сыновняя почтительность была настолько фундаментальным моральным и социально-политическим принципом, что ее нельзя было отменять из-за проступка родителя.

Власть, которой обладает мать в Китае, впечатляет по сравнению с авторитетом матери в Греции. Ранние китайские тексты изобилуют образами матерей, которые учат, предъявляют требования или получают услуги и уважение от своих сыновей. Одна из китайских матерей, которая выделяется строгостью, с которой она, как говорят, наставляла своего сына, это Цзин Цзян из Лу. На самом деле, Цзин Цзян, возможно, также является женщиной, о жизни которой мы знаем больше всего из ранних источников[24]. Важно отметить, что почти все поучительные беседы между Цзин Цзян и ее сыном записаны как состоявшиеся, когда он уже был высокопоставленным чиновником в Лу. В одной истории она дает сыну совет по искусству управления. В другой она ругает его, когда он пытается заставить ее отказаться от ткачества, которое, по его мнению, не подходит для матроны ее статуса, но для нее является важнейшей женской работой. В третьей истории она изгоняет своего сына из дома на пять дней после того, как узнает о его неподобающем обращении с гостем в их доме[25].

Одним словом, в китайских источниках отношения матери и сына являются ключевыми внутрисемейными отношениями, регулируемыми принципом сыновней почтительности. Послушание, благодарность и ответственность сына ценятся очень высоко в таких отношениях, а мать, особенно вдова со взрослым сыном, зачастую предстает как сильная фигура. По обоим пунк-

---

[24] Рафалс [Raphals 1998: 92] приводит схему ранних источников о Цзин Цзян.

[25] Первая история записана в «Жизнеописаниях женщин» (LNZ 1.6b–8b), антологии дидактических историй о женщинах I века до н. э., начиная с начала китайской истории и далее. Вторая история (рассмотренная в главе 3) и третья (которая будет вскоре проанализирована) содержатся в «Речах царств».

там — предписанное положение матери в семейном институте и позитивный взгляд на использование матерью своей власти — китайская мать, похоже, имела гораздо более высокий статус и значение в семейном порядке, чем мать-гречанка.

Предыдущее утверждение не следует понимать так, что в греческом обществе не было принято уважать своих родителей и оказывать им помощь. Доказательства обратного убедительны и многочисленны. Например, Гесиод считает, что только в упадочном железном веке (которому предшествовали века золотой, серебряный и так далее) мужчины начали бесчестить своих престарелых родителей и отказываться возмещать им затраты на их воспитание. Кроме того, на собеседованиях при приеме на некоторые государственные должности в классических Афинах кандидатам задавали вопрос, проявляли ли они непочтение к своим родителям (Гесиод, «Труды и дни» 185–189; «Воспоминания о Сократе» II.2.13) [Morrow 1960: 216; Patterson C. B. 1998: 78]. Если сравнивать, то основное различие, по-видимому, заключается в иерархии, в которой располагались и воспринимались разные мужские роли. В Китае сыновняя идентичность мужчины закрепляла и предшествовала его общественной идентичности, в то время как в Греции хороший гражданин, успешный земледелец и квалифицированный государственный служащий должен был быть также и послушным сыном. Эта мысль об относительной иерархии между семьей и внегосударственной сферой в древних Китае и Греции уже была высказана в главе 2. Здесь мы попытаемся прояснить этот вопрос, сравнив статус китайской матери и легендарный авторитет, которым пользовалась мать в Спарте.

На первый взгляд, решительность и неустанность, с которой спартанские матери подвергают публичному позору и даже убивают своих трусливых сыновей в рассказах Плутарха (рассмотренных ранее), безусловно, делает их не менее авторитетными, чем их китайские аналоги. Однако между китайскими и спартанскими образами есть принципиальное различие. Истории о спартанских матерях показывают, как мать опирается на свою власть, когда речь идет о долге сына перед государством, но они никогда не касаются обязанностей сына и его послушания матери. В отличие от этого, сыновняя почтительность китайца рассматривается прежде всего в семейном контексте и сосредоточена на его матери. Выполнение сыном своих сыновних обязанностей рассматривается как основа его других обязанностей как социального существа. Если власть спартанской матери, по сути, отражает верховное притязание спартанского государства на верность своих граждан, то право китайской матери на любовь и послушание сына может быть заявлено от имени самой матери. Хороший сын преданно служит своей матери, и поступки, демонстрирующие его сыновнюю почтительность, могут быть самыми разными: принести ей лакомство, отложить для нее еду, хотя сам он голодает, простить ее попытку навредить ему, слушать ее наставления, уступать ее требованиям в различных вопросах (подробнее об этом будет сказано ниже) и так далее. Китайская мать, используя различные способы, постоянно демонстрирует свою решающую роль в построении патрилинейного и патриархального семейного порядка, являющегося основой социально-политической модели Китая.

В китайском семейном порядке ожидается, что не только сын, но и жена сына (также и другие его супруги[26]) будут подчиняться авторитету его матери. Теоретически долг жены перед свекровью вторичен по отношению к тому, что связывает ее с мужем. Однако, учитывая высший императив сыновней почтительности, налагаемый на мужа, от нее ожидают постепенного включения в ту же цепь авторитетов и обязательств, если она хочет сохранить связь между родителями и детьми как самую главную семейную узу. В идеале свекровь должна быть ласковой с невесткой, а невестка должна быть послушна свекрови 姑慈婦聽[27]. Однако в действительности требования к младшей женщине, несомнен-

---

[26] Полигиния и китайская супружеская динамика будут обсуждаться в следующем разделе, но для целей обсуждения *иерархических* отношений между свекровью и ее невестками все невестки могут рассматриваться как одна категория.

[27] Это соответствует этическим принципам, изложенным в «Комментарии Цзо» [Zhao 26, Yang 4: 1480].

но, были бы гораздо более обременительными, а осуществление свекровью своих полномочий, возможно, неизбежно вызвало бы вражду и конфликт между двумя женщинами, которые раньше были чужими, а теперь жили в тесном кругу и сознательно или бессознательно боролись за внимание и верность одного и того же мужчины (сына старшей женщины и мужа младшей). Возможно, именно из-за важности отношений между двумя женщинами и присущей им неопределенности в источниках предпринимаются активные дискурсивные действия по формированию связи между свекровью и невесткой, которая опирается на авторитет первой и сыновнюю почтительность второй.

В попытках узаконить власть свекрови над женой сына подчеркивалось, что мать заслужила свое нынешнее положение, успешно пройдя тяжелое, но почетное испытание, сама когда-то будучи в статусе невестки. Наиболее ярким историческим примером непрерывности двух стадий жизненного цикла женщины является Тай Сы, царица, супруга царя Вэня. Ода 240 («*Сы жай*», «Великое достоинство»), в которой воспевается подъем Чжоу от вождества к царству, правящему Китаем, открывается восхвалением трех цариц-основательниц — Тай Жэнь, Чжоу Цзян и Тай Сы. В то время как Тай Жэнь отмечается за ее возвышенные манеры, а Чжоу Цзян — за прославленную добродетель, Тай Сы получает похвалу за то, что училась у своей свекрови и бабушки мужа и увековечила их добрые имена (строки 1–6) [Cheng, Jiang 773; Waley 235][28]. Тай Сы, добродетельная жена царя Вэня, достигла своего выдающегося положения в истории Китая благодаря тому, что хорошо справилась с двумя другими своими ролями: была хорошей невесткой в начале своей жизни, а когда пришло время, и хорошей матерью (и свекровью)[29].

---

[28] «Великим достоинством обладала Тайрен, / Мать царя Вэня; / Любима была госпожа Цзян из Чжоу, / Невеста высокого дома. / И Тай Сы продолжила их честное имя, / Родив множество сыновей» (Перевод Уэйли: «Great dignity had Tairen, / The mother of King Wen; / Well loved was Lady Jiang of Zhou, / Bride of the high house. / And Tai Si carried on their fair name, / Bearing a multitude of sons»).

[29] См. Чэнь Чао-Цзюн [Chen Chao-jung 2007] и Се Найхэ [Xie Naihe 2008], где приводятся свидетельства о происхождении и деятельности чжоуских цариц.

Преемственность между ролями дочери (невестки) и свекрови, проиллюстрированная Тай Сы, находит другой пример в Цзин Цзян. Обычно изображаемая в источниках как строгая и степенная матрона (см. главу 3), Цзин Цзян явно гордится тем, что когда-то была благочестивой невесткой, и часто отдает дань памяти умершим свекрам. Во время встречи со своим внучатым племянником Цзи Канцзы, главным министром Лу на протяжении более 20 лет (491–468 до н. э.), который в текстах неоднократно описывается как получатель нравственных наставлений Цзин Цзян [Raphals 2001], Цзин Цзян просит разрешения Цзи Канцзы передать ему некоторые поучения. В конце концов Цзин Цзян предлагает ему изречение своей покойной свекрови о том, как мужчина может сделать свой род процветающим благодаря трудолюбию. Когда Цзыся (р. 507 до н. э.), один из любимых учеников Конфуция, услышал об этом обмене, он похвалил Цзин Цзян за пример древнего учения о том, что жены должны учиться у своих свекров и свекровей («Речи царств», Лу 2, 202).

Цитирование Цзин Цзян слов своей свекрови показывает, что хорошая невестка должна была полностью идентифицировать себя с семьей своего мужа, культивируя духовную преданность его родителям, особенно его матери, на которую ложилась задача обучения и адаптации новоприбывшей[30]. Выражая свое одобрение Цзин Цзян, Цзыся цитирует неуказанный источник, в котором говорится, что древние считали несчастьем для женщины, если родители мужа умерли до того, как она вышла замуж, потому что в этом случае у нее не было возможности учиться у них («Речи царств», Лу 2, 202)[31]. Если в греческом семейном укладе свекровь является малозначимой фигурой, а муж выступает в роли учителя жены, то китайская мать является опорой

---

[30] Будет рассмотрен случай, когда Цзин Цзян процитировала слова своего покойного свекра, чтобы наказать сына.

[31] В своем исследовании традиционного крестьянского домохозяйства в Китае XX века Джонсон [Johnson 1988: 21] упоминает, что часто, пока матери мечтали о послушных, трудолюбивых невестках, молодые женщины мечтали о замужестве с мужчиной, у которого нет матери.

в идеальной семейной схеме. Сила ее авторитета и влияние ее добродетели должны сплотить молодых жен вокруг нее ради общего дела — процветания семьи[32]. Умных, красноречивых и авторитетных матерей и свекровей хвалили за хорошее воспитание, которое они дали своим сыновьям, и за безупречное управление домом. Эти женщины достигли такого положения после того, как сами были сначала бесправными невестами, затем становились молодыми матерями и постепенно занимали центральное женское место[33].

Гендерная конфигурация в семье: муж и жена

Супружеские отношения в китайской семье были во многих аспектах более сложными, чем в греческой. Во-первых, они рассматривались как часть паутины межличностных отношений в расширенной семье и, в частности, были подчинены связи между родителями и детьми. Во-вторых, распространенная практика полигинии делала брак в буквальном смысле более «многолюдным».

«Книга обрядов» учит, что мужчина должен любить или разводиться со своей женой в зависимости от того, нравится она его родителям или нет, и независимо от его собственных чувств («*Нэй цзэ*», «Книга обрядов» 1463). Такой взгляд на абсолютный

---

[32] В греческой семье также существовала напряженность между свекровью и невесткой, как видно из римской комедии Теренция (ок. 195–159 до н. э.) «Свекровь», которую Теренций адаптировал из пьесы греческого комедиографа Аполлодора (300–260 до н. э.). В конце пьесы Теренция мать предлагает сыну переехать из дома, чтобы устранить причину будущих разногласий с невесткой. Как отмечает отец, и мать соглашается, она уже в том возрасте, когда молодая женщина сочтет ее утомительной, и ей лучше уйти, чтобы никто не мог ее ни в чем упрекнуть (IV. ii, iii). Похоже, что напряженность между двумя женщинами рассматривалась как личная и относительно незначительная проблема в греческих семейных отношениях и не требовала системного поиска разрешения. Не было никаких попыток установить свекровь в позиции большой власти над женами своих сыновей.

[33] Обсуждение историй о мудрых и авторитетных матерях в «Комментариях Цзо» и «Речи царств» можно найти в [Raphals 1998, ch. 2].

контроль родителей над статусом жены их сына не находит поддержки в источниках, относящихся к периоду данного исследования. Однако верно (как уже отмечалось), что жена, в силу своей подчиненности мужу и обязательного для него высшего долга сыновней почтительности, была вынуждена отождествлять себя с обязанностями и чувствами супруга и подчиняться власти его родителей с послушанием и любовью. Попытка создать гармоничные отношения, основанные на авторитете свекра и свекрови и послушании жены, подкреплялась стремлением сделать церемониальную дистанцию руководящим принципом в супружеском взаимодействии. В то время как к проявлениям сыновних чувств относились с одобрением и поощрением, публичная демонстрация супружеской близости вызывала подозрения и запреты. Цзин Цзян, образцовая женщина, которой аплодировали за поминовение свекрови, в другом месте получила похвалу за правильное проявление печали при оплакивании умершего мужа. Рыдая по нему только днем (время работы и общественного внимания), а не ночью (время отдыха и уединения), Цзин Цзян старательно создавала впечатление, что ее чувства к мужу полностью соответствуют ритуальным предписаниям и не содержат даже намека на неподобающую близость[34].

Идеал, согласно которому муж и жена должны относиться друг к другу с церемонной вежливостью, нашел свое самое раннее текстовое выражение в записи «Комментариев Цзо» о супружеской паре, жившей в Цзинь VII века до н. э. Цзи Цюэ, отпрыск прославленного рода, был низведен до скромного положения

---

[34] Это повествование встречается только в «Книге обрядов» и «Жизнеописаниях женщин», которые были составлены в Хань на основе более ранних источников. Тот факт, что все другие рассказы о Цзин Цзян в «Жизнеописаниях женщин» демонстрируют высокую степень повествовательного и идеологического соответствия с их версиями в «Речи царств», делает вероятным, что этот рассказ отражает нравы более раннего времени (по крайней мере, периода его составления, который приходился на IV век до н. э., если не на дату его создания, которое пришлось на VI век до н. э.). Точка зрения, проиллюстрированная этой историей, подтверждается следующим примером.

из-за политического краха своего отца. Теперь Цзи Цюэ сам работал в поле, а жена приносила ему обед. Однажды цзиньский министр с дипломатической миссией случайно проходил мимо, когда жена Цзи Цюэ вышла в поле, чтобы принести мужу обед. Заметив, что супруги «относятся друг к другу как гости 相待如賓», министр забрал Цзи Цюэ с собой и убедил князя назначить его на высокую должность при дворе. По словам министра, который был свидетелем почтительного отношения Цзи Цюэ и его жены друг к другу, такое почтение убедило его в том, что Цзи Цюэ — добродетельный человек и будет хорошим «слугой народа» («Комментарии Цзо», Си 33, [Yang 501–503]). Вывод, который министр сделал из увиденного на месте, указывает не только на то, что китайцы считали церемониальность идеалом супружеских отношений, но и на то, что между общественной добродетелью и поведением в семье (будь то родители и дети или муж и жена) существовала тесная связь и что последнее было основой, если не гарантией первого (понятие, которое противоречило греческой последовательности добродетелей).

Соблюдение церемониальной дистанции не противоречит важному аспекту идеальной китайской жены, а именно тому, что жена должна оказывать поддержку и полезную помощь своему мужу. Например, три царицы раннего Чжоу, в частности Тай Сы, жена царя Вэня, были высоко оценены за вклад, который они внесли в становление царства. Кроме того, в «Комментариях Цзо» жена цзиньского аристократа по имени Боцзун благосклонно отзывается о нем за то, что он последовал ее совету не говорить свободно при дворе. В другом случае жене Си Фуцзи, аристократа из рода Цао, приписывается то, что она помогла своему мужу завоевать дружбу и признательность принца в изгнании, который однажды станет могущественным межгосударственным лидером[35].

---

[35] Истории этих двух женщин будут проанализированы ниже. Обе женщины позже нашли место в «Жизнеописаниях женщин» I века до н. э., наряду с историями многих других жен из истории Китая, которые помогали своим мужьям принимать решения и исправлять ошибки [Raphals 1998].

До сих пор динамика китайской супружеской жизни обсуждалась так, как будто речь идет только об отношениях между мужем и женой. Однако на самом деле, как уже неоднократно говорилось, китайские правители и высокопоставленная знать широко практиковали полигинию, и мужчина обычно имел как главную жену, так и второстепенных по статусу супруг. Было бы полезно сравнить такую практику с наложничеством в Греции, где мужчины из высшего класса и обеспеченные мужчины обычно держали более или менее постоянных сексуальных партнерш, называемых *pallakai* (обычно переводится как наложницы), в дополнение к своим законным женам (*gynaikes*).

В китайской полигинии мужчина женился на нескольких женщинах с разным статусом одновременно или в разное время. Дифференциация статуса невест, прежде всего между главной женой и второстепенными супругами, определяла дифференциацию статусов рождающегося потомства и, таким образом, поддерживала политические, экономические и ритуальные привилегии, регулируемые «Законом о родословии» [Cao Wei 2000; Cao Zhaolan 2004: 150–176; Cui Mingde 2004; Jia Junxia 2002; She Shusheng 1993; Thatcher 1991]. Постоянное сосуществование нескольких формально замужних жен-консортов в китайской аристократической семье может быть понято с точки зрения двух основных потребностей семьи: обзавестись потомством и заполучить внешние союзы. По сравнению со сложной и полностью институционализированной практикой китайской полигинии, греческое наложничество было далеко не столь четко организованным институтом. Греческий мужчина не приобретал одновременно несколько наложниц наряду с единственной «законной женой»[36]. Греческая наложница, как правило, иностранного происхождения и рабыня, но иногда из обедневшей семьи горожан, не была официально выдана замуж (в отличие от жены), и ее положение, по сути, зависело от сугубо личных отношений с мужчиной. Ее обычно селили в отдельном жилище (хотя иногда приводили в дом мужчины). Рождение законных наследников не было заявленной или основной целью ее

---

[36] Греки различали законную жену и два других типа сексуальных партнерш — куртизанок (*hetairai*) и наложниц (*pallakai*) [Just 1989: 50–66].

приобретения[37]. Представление о том, что хороший брак состоит из мужа и *одной* жены, нашло раннее выражение в эпосе. В «Илиаде» (9.450) Феникс, воспитатель Ахилла, возмущается тем, что отец «обесчестил» (*atimazeske*) его мать, когда завел любовницу, а в «Одиссее» (1.433) Лаэрт, отец Одиссея, говорит, что воздержался от сна с рабыней из уважения к чувствам жены. Такая оценка отношений «один на один» между мужем и женой соответствовала центральному положению супружеской ячейки из двух человек в греческой семье, в то время как китайская полигиния полностью воплощала интересы патрилинейного рода.

Практика полигинии, подчинение супружеских отношений связям между родителями и детьми, непрерывность жизненного цикла женщины от жены до матери, а также недопущение публичной демонстрации супружеской близости и одновременное одобрение супружеского сотрудничества могут помочь объяснить, почему, в сравнении с другими, традиционное китайское общество отличалось низким уровнем открытых гендерных конфликтов[38]. Помимо динамики, рассмотренной в предыдущих главах, касающихся уникальной конфигурации отношений между семейным, религиозным и политическим в китайском обществе, можно сделать еще несколько выводов.

---

[37] В выступлении в суде Демосфен определяет различные функции трех типов сексуальных партнеров: «У нас есть куртизанки для удовольствия, наложницы, чтобы заботиться о наших повседневных телесных потребностях, и жены, чтобы рожать нам законных детей и быть верными хранительницами наших семей» (Демосфен 59.122).

[38] Гиссо [Guisso 1981: 60] кратко обсуждает этот момент. Следует провести важное различие между концепцией соперничества мужчин и женщин как представителей двух постоянных половых племен с различными атрибутами и интересами (что было характерно для греческой традиции) и конфликтами по конкретным вопросам между мужчинами и женщинами, в частности, родственными отношениями в отдельных домохозяйствах. Последний тип конфликтов, конечно, был знаком китайцам всех исторических периодов, но такие конфликты, как правило, понимались как проблемы, возникшие в определенных семьях из-за неудач конкретных людей и подлежащие исправлению путем воспитания и регулирования. Чего нельзя найти в китайской традиции, так это битвы полов в греческом стиле (см. обсуждение в следующих разделах и заключении).

Во-первых, четко определенный путь «восходящей мобильности» от жены к матери сулит надежды и стимулы всем женщинам, возлагающим надежды на свою жизнь, а идеал церемониальной гармонии в браке мог работать как на смягчение гендерного конфликта, так и на сдерживание проявления близости и привязанности в супружеской жизни. Во-вторых, поскольку родители мужа, в особенности свекровь, играют столь важную роль в определении положения жены (от ее статуса до эмоционального благополучия) в семье, отношения между этими двумя женщинами легко могли стать источником серьезного напряжения. Наконец, из-за практики полигинии соперничество между супругами, которые борются за благосклонность мужа, представляет собой еще один механизм, который сглаживает гендерный конфликт и вместо этого настраивает женщин друг против друга в китайской семье. Здесь интересно отметить, что главная жена и другие супруги в одном и том же полигиничном браке обычно были сестрами, рожденными от разных матерей, двоюродными сестрами по отцовской линии или другими родственницами по мужской линии. Предположительно, брак между родственницами (хотя они не обязательно знали друг друга) объяснялся тем, что они с большей вероятностью будут разделять интересы друг друга и, следовательно, не будут подвергать опасности домашнюю гармонию из-за затаенной ревности[39]. Это обоснование, однако, само по себе свидетельствует о неизбежной напряженности в отношениях между женами в семье и о трезвой реальности, стоящей за лелеемым идеалом домашней гармонии.

Таким образом, фактическое и потенциальное соперничество между женщинами в семье — между свекровью и невесткой или между женами (замужем за одним и тем же братом или за разными братьями, состоящими в кровном родстве или нет), — как правило, служило самым важным источником раздоров в китайской семье. Авторитет свекрови, который сам по себе был потенциально серьезным поводом для недовольства, должен был держать напряжение под контролем. В то время как в греческих

---

[39] Цзя Цзюнься [Jia Junxia 2002: 86], ссылаясь на мнение Хэ Сю (129–182). Гране [Granet 1932: 203–204] придерживается той же позиции.

источниках преобладает озабоченность соперничеством полов, в китайских — открытый или скрытый конфликт между женщинами имел, по-видимому, больший потенциал для создания линий разлома в идеальном семейном порядке.

За столом

Китайцы, похоже, гораздо более склонны, чем греки, пытаться продемонстрировать хороший семейный порядок через проведение домашних праздников. Это стремление наиболее отчетливо проявляется в отношении семейного застолья (см. главы 2 и 3), но та же забота часто лежит в основе китайских представлений о других контекстах семейного общения. В последующем обсуждении представлены различные комбинации членов семьи за столом: мать и сын, муж и жена, свекровь и невестка.

Особое значение застольного контекста для демонстрации сыновней почтительности к матерям в Китае можно увидеть на примере истории из «Комментариев Цзо» о том, как князь Чжуан из Чжэна последовал совету Ин Каошу и уладил разлад с матерью, несмотря на ее неоднократные попытки навредить ему (обсуждалось ранее). Ин получил возможность поспорить с князем, когда преподнес ему несколько подарков, а князь в ответ угостил его обедом. Когда князь увидел, что Ин оставил мясо нетронутым, и спросил его почему, Ин ответил: «У меня дома есть мать. Она ела любую еду, которую я для нее добывал, но она никогда не пробовала мясного рагу из вашей кухни. Пожалуйста, позвольте мне принести его ей» («Комментарии Цзо», Инь 1, [Yang 15]). Эти слова вызвали у князя скорбь и сожаление, ведь он поклялся никогда больше не видеть собственную мать, и поэтому ему не перед кем было демонстрировать свое сыновнее почтение.

Мы не будем вдаваться в подробности того, как после этого Ин придумал хитроумный план восстановить отношения князя с матерью, не требующий от князя буквального нарушения клятвы. Мы сосредоточимся на значении поступка, с помощью которого Ин расположил к себе князя и вовлек его в разговор о сыновней почтительности. То, что он мог думать о своей матери и пиберегать для нее хорошую еду, когда обедал с правителем государства, вызвало зависть князя и восторженную похвалу историка (Ин был назван «чистым образцом сыновней почтительности» и считался чиновником, который действительно предан своему господину). Повод для обеда с князем должен был иметь отношение к общественному почету и успеху и не иметь ничего общего с семейной добродетелью, однако в этой истории придворный пир оказывается фоном для семейной трапезы, которую, как можно представить, сын в своей почтительности устроит для матери по возвращении домой. Из других появлений Ина в «Комментариях Цзо» (Инь 11, [Yang 73]) ясно, что он был выдающимся воином, который торжествовал и преуспевал в испытаниях своей силы, но это только делает его образ в самом начале истории еще более поразительным. Усилия и находчивость, которые проявил Ин, помогая князю примириться с матерью, и последующее повышение статуса Ина при дворе и близость к своему господину свидетельствуют о том, что «семейные дела» имели огромное значение для аристократов в Китае VIII века до н. э. Ин представляется заботливым сыном для своей матери, так, например, развлекая князя, он одновременно старался приберечь еду для нее. Как верный чиновник, Ин, очевидно, считал, что восстановление гармонии и счастья князя и его матери является служением своему господину не менее ценным, чем доблестная битва за него на поле брани[40].

Как показано в главе 3, китайский мужчина должен был подавать пример своей жене в соблюдении принципа почтительности к родителям. Соответствующее проявление почтительности, ожидаемой от жены сына, можно найти в описании пира, на котором присутствуют невестка, ее свекор и свекровь на следующий день после свадьбы [Yili 967–968]. После получения подарков

---

[40] Согласно другой истории, произошедшей в 607 году до н. э. и изложенной в «Комментариях Цзо» (Сюань 2, [Yang 661–662]), воин по имени Линчжэ, который не ел три дня, получает еду от Чжао Дуня, цзиньского министра, но съедает только половину. На вопрос, почему он сохранил вторую половину угощения, Линчжэ отвечает, что хочет отнести ее домой своей матери. Движимый сыновней почтительностью Линчжэ, Чжао Дунь готовит для Линчжэ отдельную корзину с едой.

в виде еды и питья, которые свекры передают ей *через помощников*, невеста сама обслуживает своих новых родственников за столом. Когда свекры заканчивают есть, невеста подносит им вино для полоскания рта и готовится съесть то, что осталось у каждого из них. Если свекровь разрешает ей это сделать, то свекор отказывается, ссылаясь на то, что то, что осталось у него, нечисто, и она выполняет его просьбу съесть что-нибудь другое взамен. Все в первом семейном празднике с участием невестки и ее свекров призвано продемонстрировать власть и старшинство свекров, послушание и подчинение невестки, а также особые отношения между невесткой и ее свекровью, как в их предполагаемой близости, так и в важности иерархии между ними. Интересно, будет ли и каким образом (если будет) дух первого пира невестки со свекрами определять все последующие домашние празднества — за исключением жертвоприношений предкам, — на которых она должна будет находиться в их присутствии. Наши свидетельства, однако, не позволяют нам ответить на этот вопрос. Мы знаем только, что принципы и задачи, лежащие в основе проведения первого праздника невестки со свекрами, такие же, как и у многочисленных жертвоприношений предкам, — направлены на установление и укрепление иерархии между женами и их свекрами.

Супружеские отношения редко выделяются для празднования в китайских представлениях о домашнем застолье. Супружеские пары всегда вписываются в общую картину гармоничного и иерархического патрилинейного семейного порядка, когда описываются посвященные предкам пиршества и другие семейные праздники. Например, в оде 164 (*«Тан ди»*, «Вишневое дерево»), которая обсуждалась в главе 2 в связи с ее призывом к братской солидарности, жены и дети братьев также участвуют в семейном пире. Их радость знаменует согласие между братьями. Призыв к благополучию как нуклеарной, так и расширенной семьи завершает терпеливое наставление автора против внутренних раздоров:

> Расставьте блюда и мясные тарелки,
> Пейте вино до дна;
> Все ваши братья здесь вместе,
> мирные, счастливые и кроткие.

> Ваши жены и дети звонко перекликаются
> Как маленькая цитра с большой цитрой.
> Ваши братья в согласии,
> мирные, веселые, в великом ликовании.
> Так вы приносите добро в дом и в семью,
> Радость жене и детям.
> Я глубоко изучал, я размышлял,
> И это действительно так.
> [Cheng, Jiang 451–453]

Исключение из общего погружения супружеских отношений в паутину расширенной семьи в китайских представлениях домашнего праздника можно найти в оде 82 («*Нюй юэ цзи мин*», «Госпожа говорит»):

> Госпожа говорит: «Петух прокричал»;
> Господин говорит: «Еще не рассвело».
> «Встань и посмотри на ночь;
> Утренняя звезда сияет.
> Ты должен быть на улице и далеко отсюда,
> Стрелять диких уток и диких гусей.
> Когда ты их подстрелишь,
> Ты должен принести их домой.
> А я их для тебя приготовлю,
> А когда я их приготовлю,
> Мы будем пить вино.
> И я буду твоей до старости.
> Я поставлю перед тобой цитры;
> Все будет мирно и хорошо».
> «Зная, что ты много работаешь,
> Я даю тебе в подарок нефритовые подвески.
> Зная, что ты послушна,
> Я даю тебе в подарок нефритовые подвески.
> Зная, что ты любишь меня,
> Я дарю тебе в ответ нефритовые подвески».
> [Cheng, Jiang 235–238][41]

---

[41] Наше прочтение и перевод последней строфы следуют за Чэном и Цзяном [Cheng, Jiang 237]. Другое прочтение, на котором, по-видимому, основан перевод Уэйли, будет рассмотрено в начале следующего раздела.

Это стихотворение представляет собой редкую для ранних китайских источников иллюстрацию супружеской гармонии и *близости*. Мы видим трудолюбивую пару, которая четко знает свои обязанности по дому. Едва забрезжил рассвет, муж и жена встают и начинают свой день. Муж отправляется на охоту, а жена готовит дичь, которую он приносит домой. Когда день закончится, они отпразднуют его небольшим пиршеством. Еда и вино будут приготовлены для них обоих, и музыка будет праздновать их дружбу и записывать их клятву состариться вместе (與子偕老) (вторая строфа). Стихотворение заканчивается тем, что муж проявляет привязанность и уважение к своей жене и дарит ей нефритовые подвески в знак своей признательности (третья строфа).

Как уже говорилось ранее, гармония и порядок в древнем Китае считались высшим идеалом, определяющим все домашние отношения, а уважительная церемониальность, которая ожидалась от супружеских отношений, подразумевала четкое осознание места каждого супруга в семье. Хотя ода 82 прославляет супружеское согласие, основанное на взаимном признании и разделении труда, она выделяется тем, что озвучивает ласковые и интимные элементы, которые часто оказываются затушеванными в супружеской жизни. Хотя супружеская гармония может быть достигнута без помощи глубокой привязанности и близости, ода 82, кажется, показывает союз, в котором не просто отсутствуют конфликты, но который становится полнее, когда эти элементы присутствуют.

Из анализа этого раздела вытекают два момента сравнения между китайской и греческой традициями. Во-первых, интерес китайцев к тому, чтобы сделать центральной темой соблюдение гармоничного и иерархического семейного порядка на фоне домашнего уюта, не разделялся греческими авторами. В то время как проявление сыновней почтительности по отношению к матери сделало бы пир самой возвышенной сценой для китайцев, в греческих описаниях домашних праздников матери редко оказываются в центре внимания или получателями почестей и благодарностей. В пьесе Менандра «Брюзга», в которой драматизируется момент, когда греческие родители должны отойти в сторону и покинуть сцену для новой супружеской пары, мать, что вполне уместно, является немым персонажем. Что касается застольных представлений о супружеских отношениях и отношениях между женами и их свекрами, то греческие авторы либо вообще не проявляют к ним интереса, либо с удовольствием показывают соперничество двух сторон.

Второе отличие двух традиций заключается в том, что, в то время как китайские источники изображают женщин на пиршестве в их домашних ролях матерей, жен и невесток, в греческих представлениях о семейных пирах больше внимания уделяется традиционным гендерным атрибутам женщин, чем их роли в семье. Так, Сострат и Каллиппид могли вместе шутить над одним и тем же безымянным женским персонажем в пьесе Менандра. Хотя она мать юноши и жена старца, для них обоих она прежде всего женщина и, как таковая, может быть наделена всеми атрибутами, связанными с этим полом. Высокий статус матери и присущая женщине непрерывность роли матери, жены и невестки препятствовали развитию в китайской традиции представления о женщинах как о сословии, находящемся в оппозиции к мужчине. Отсутствие такого же домашнего механизма в греческих традициях, напротив, соответствует осознанию женского пола как отдельного понятия, существующего независимо от конкретной роли женщины по отношению к конкретному мужчине.

За кулисами

Наше прочтение последней строфы оды 82 (см. выше) рассматривает эти строки как часть супружеского обмена, драматизированного в песне, то есть как благодарственную речь мужа своей послушной и трудолюбивой жене. Такое прочтение, ставящее во главу угла совместное празднование супружеской гармонии, расходится с авторитетной классической интерпретацией, согласно которой жена выступает в роли говорящей как в средней, так и в последней строфах. В таком прочтении хорошая жена не только хорошо служит своему мужу, обеспечивая его едой, питьем и музыкой (строфа 2), но и стремится оказать гостеприимство его друзьям (строфа 3). Эта классическая традиция, по-видимому, легла в основу иного перевода последней строфы:

> Если бы я только знала тех, кто приходит к тебе,
> У меня есть камни для пояса, чтобы дать им;
> Если бы я знала тех, которые последовали за тобой,
> У меня есть камни разного рода в подарок им.
> Если бы я знала тех, которые любят тебя,
> У меня есть камни разного рода, чтобы воздать им должное.

В соответствии с интерпретацией Чжу Си этой речи, приписываемой жене, она не ограничивается обеспечением домашнего комфорта для мужа, но активно стремится помочь ему в формировании его социальных связей и предлагает приготовить подарки для гостей, которых он приведет домой [SJZ 4.20b–21a]. Идя дальше Чжу Си, Ван Чжи (1137–1189) изображает жену настолько заботящейся о том, чтобы у ее мужа были хорошие друзья, что она приветствует возможность наблюдать за его гостями, когда они развлекаются в доме [SZW 4.74–75][42]. Хотя мы не склонны к тому, чтобы придерживаться классического прочтения этих строк, поскольку считаем, что оно создает слишком резкий переход в стихотворении — от изображения восхитительной супружеской встречи к выражению женой своего желания помочь мужу развлекать гостей, — мы знаем о важной роли, отводимой женщинам за кулисами мужских празднеств в китайской традиции. Чжу Си, Ван Чжи и другие комментаторы, которые читают последнюю строфу оды 82 в контексте супружеского сотрудничества в развлечении гостей, строят свою интерпретацию на давней традиции рассказов о женах и матерях за кулисами мужских собраний. Оставив

---

[42] Другие комментаторы, считающие, что последняя строфа оды 82 описывает супружескую гармонию в развлечении гостей, это Руй Чэн [Liu et al. 2001: 833–834], Яо Цзихэн [ST 5.151] и Фан Южун [SY 5.211].

в стороне вопрос о том, следует ли принимать во внимание эти истории при чтении оды 82, давайте теперь обратимся к разнообразным и интересным персонам, найденным в ранних китайских записях о женщинах, которые трудились за кулисами на мужских праздниках.

Первая история из «Речи царств» рассказывает о жене Сунь Боцзуна (ум. 576 до н. э.), аристократа Цзинь. Однажды Боцзун вернулся домой со двора в радостном настроении. Когда жена спросила его об этом, он ответил, что это потому, что его коллеги очень хвалили его. Видя, что она не верит его рассказу, Боцзун предложил пригласить коллег на пир, чтобы она могла послушать их разговор. После застолья жена сказала ему, что предчувствует недоброе отношение гостей к нему. Она посоветовала мужу отослать их сына, и Боцзун последовал ее совету. Позже он действительно стал жертвой междоусобицы, но его сын был спасен от нее и стал высокопоставленным министром в Чу («Речи царств», Цзинь 5, 407).

В этой истории мужские празднества послужили поводом для тесного сотрудничества мужа и жены. Из другого источника мы узнаем, что жена постоянно предупреждала Боцзуна о его неосмотрительности («Комментарии Цзо», Чэнь 15, [Yang 876]). Но совет, который она дала ему на этот раз, основываясь на своем наблюдении за пиром из-за кулис, оказался решающим. Если бы Боцзун не отослал их сына, его семейный род бы прервался.

Другое важное семейное решение, похоже, было принято при аналогичных обстоятельствах, описанных во второй истории. В 637 году до н. э. князь Чунэр, бежавший из Цзинь как жертва дворцовой интриги, прибыл в государство Цао. Прослышав о том, что у Чунэра странного вида ребра, князь Гун (?–618 до н. э.) решил увидеть их своими глазами, подглядывая из-за занавески, пока его гость принимал ванну. Такое грубое поведение было серьезным нарушением этикета. Интересно, что историк изложил свою критику устами женщины, жены министра Цао Си Фуцзи. Госпожа Си, как сообщается, сказала своему мужу следующее:

> По моим наблюдениям (吾觀), все те, кто сопровождает цзиньского князя, способны стать главными министрами. Если они будут помогать ему, он обязательно сможет вернуться в свою страну. После возвращения ему непременно удастся возвыситься над другими государствами. Когда он станет правителем и начнет наказывать тех, кто был с ним неучтив, Цао станет его первой мишенью. Почему бы вам не отойти от дел [князя Гуна] как можно скорее? («Комментарии Цзо», Си 23, [Yang 407]; «Речи царств», Цзинь 4, 346).

Си Фуцзи последовал совету своей жены и подружился с Чунэром. Этот поступок окупился через пять лет, когда Чунэр, теперь уже правитель Цзинь, возглавил вторжение в Цао и захватил в плен князя Гуна. Помня об услугах, которые Си Фуцзи оказал ему в трудные времена, Чунэр приказал защищать семью и дом Си («Комментарии Цзо», Си 28, [Yang 454]). Как и в предыдущей истории, жена внесла важный вклад в дело своим добрым советом. Однако в записях не указано, на каком основании госпожа Си столь высоко оценила изгнанников. Мы склонны воспринимать использованное ею выражение «согласно моим наблюдениям 吾觀» в буквальном смысле. То есть вполне возможно, что мадам Си, как и жена Боцзуна в предыдущей истории, также имела возможность подслушать и подсмотреть за торжеством в своем доме[43].

Рассказы о жене Боцзуна и жене Си Фуцзи представляют одну и ту же модель супружеского взаимодействия. Муж может предложить жене подслушивать его гостей, или она сама может обратиться с такой просьбой, но их взаимодействие обязательно характеризуется согласием и сотрудничеством. Кроме того,

---

[43] Гораздо более поздняя история в «Новом рассказе о мире сказок» («*Шишо синьюй*») V века [Yu Jiaxi 1993: 679] подтверждает наши слова. Госпожа Хань была женой ученого чиновника Шань Тао (205–283), среди друзей которого были известные чудаки Руан Цзи (210–263) и Си Кан (223–263). Ссылаясь на прецедент жены Си Фуцзи, госпожа Хань попросила мужа пригласить этих двух мужчин, посещавших их дом, на пир, а сама стала наблюдать за обедающими через отверстие в стене. После этого она обсудила свои наблюдения с мужем, делая замечания и сравнивая личности трех друзей.

мужчина ценит ум женщины и пользуется ее преданностью и интересом к его делам.

В другой истории мы встречаем мать за кулисами мужского пира и узнаем о ее полновластии. Этой матерью была не кто иная, как Цзин Цзян, вдова, известная тем, что морально направляла своего сына Вэньбо. Местом действия был дом ее сына, где Вэньбо развлекал Наньгун Цзиншу, двоюродного брата из другой известной аристократической семьи Лу. В качестве почетного гостя присутствовал министр Лу Дуфу. Когда подали черепаху, Лу Дуфу получил маленькую и расстроился. Когда гости предложили друг другу пообедать черепахами, Лу Дуфу отказался и вышел из-за стола, сказав, что поест, когда черепаха вырастет. Цзин Цзян, которая узнала об этом инциденте — как именно, мы не знаем, но, должно быть, наблюдала за этим сама, либо ей сообщили слуги семьи, — отреагировала с яростью и вызвала Вэньбо. Она побранила его: «Я слышала от своего покойного свекра, что во время жертвоприношений тот, кто воплощает в себе предка, должен получать особое угощение, а на пирах — быть почетным гостем. По какой причине ты обижаешь гостей, скупясь на черепах?» После этой отповеди она выгнала Вэньбо из дома. Только через пять дней, после вмешательства министра, она разрешила сыну вернуться («Речи царств», Лу 2, 202–203).

Суровое наказание, которое Цзин Цзян наложила на Вэньбо, продемонстрировало ее власть над сыном. Две жены в предыдущих историях, госпожа Сунь и госпожа Си, при всей проницательности и уверенности, которые они проявляли в своих суждениях и предложениях, очевидно, действовали с пониманием того, что они помогают своим мужьям и рассчитывают на их послушание и поддержку. В совершенно ином положении оказалась мать Цзин Цзян, которая отчитала и выгнала своего сына за его проступок в кругу собравшихся. Это не пример бессмысленного гнева матери или жестокого обращения с послушным сыном. Как всегда в многочисленных ранних источниках, Цзин Цзян изображается образцом добродетели.

Поскольку промахи на пирах приносили позор в дом, а оскорбленный гость мог стать потенциальным врагом, Цзин Цзян предприняла решительные действия, чтобы возместить ущерб, нанесенный недосмотром Вэньбо. Суровость наказания сделала его заметным для общественности, а заступничество министра показало, что общество признало и оценило искренность семьи. То, что Цзин Цзян действовала от имени интересов семьи и в конечном счете выступала от имени патриархального авторитета, видно из того, что она приводила слова своего покойного свекра, целью которых было напомнить Вэньбо об ответственности, которую он нес перед родом. Другими словами, в осуществлении своей материнской власти Цзин Цзян действовала на той же основе, что и жены, которых хвалили за продвижение интересов семьи через их закулисную деятельность на застольях мужа. Цзин Цзян раньше была женой, и, как и она, эти жены со временем становились матронами и хранительницами семейного порядка. Тогда они тоже получали власть отдавать приказы и назначать наказания, а также давать советы, основанные на том, что видели на мужских торжествах.

Интересно сравнить случай с черепахой, когда Цзин Цзян вмешалась в пир, устроенный ее сыном, с третьим и последним появлением Пенелопы перед пирующими женихами в «Одиссее» (два предыдущих ее появления уже были проанализированы). В 18-й песне, после поединка между переодетым Одиссеем и попрошайкой Иром, за чем ухажеры наблюдали с большим удовольствием, Пенелопа решает предупредить Телемаха об опасности общения с женихами. Снова покрытая вуалью и в сопровождении двух служанок, она произносит речь, стоя у порога обеденного зала:

> Твердости нет, Телемах, у тебя уж ни в сердце, ни в мыслях,
> Мальчиком будучи, был ты гораздо настойчивей духом.
> Нынче ж, когда ты уж вырос, когда ты уж в полном расцвете,
> Всякий когда бы сказал посторонний, взглянувши на рост твой
> И красоту, что пред ним — счастливого сын человека,
> Сердце и мысли твои уж не так справедливы, как прежде,
> Раз подобное дело могло у нас в доме свершиться,
> Раз позволить ты мог так нашего гостя обидеть!

> Как же теперь? Если гость, находясь в нашем собственном доме,
> Может столько терпеть издевательств и столько насилий,
> Стыд и позор между всеми людьми тебе будет уделом!
> (Гомер, «Одиссея» 18. 215–225, пер. В. В. Вересаева)

Обстоятельства сильно напоминают случай с черепахой. В обоих случаях мать узнает о том, что происходит в обеденном зале, обеспокоена поведением сына и собирается сделать ему замечание. Однако очевидны и различия между действиями двух матерей. Во-первых, Пенелопа сама идет в зал, чтобы достичь своей цели, в то время как Цзин Цзян заставляет сына прийти к ней. Во-вторых, Цзин Цзян, ругая сына, ссылается на имя предка, тогда как Пенелопа обвиняет Телемаха из опасения, что его репутация может пострадать.

Китайской матери, которая осуществляет власть над сыном, разрешается и поощряется это делать, поскольку она считается преданным представителем интересов семьи и ключевой фигурой в поддержании патрилинейного и патриархального семейного порядка. Для использования ею власти в домашней сфере отведена специальная ниша. Когда Цзин Цзян видит, что Вэньбо некорректно ведет застолье, она не идет к нему, а вызывает его к себе, и не остается места для сомнений в ее власти над ним. А вот Пенелопа находится в совершенно ином положении.

Как и другие знатные женщины в гомеровском мире, Пенелопа в качестве хозяйки дома следит за оказанием гостеприимства гостям, которые приходят в дом [Pedrick 1988]. Однако Телемах без колебаний критикует управленческое чутье и способности своей матери. Проверяя у кормилицы, надлежащим ли образом позаботились о незнакомце (переодетом Одиссее), он произносит следующие слова:

> Милая нянюшка, как же вы странника в доме почтили?
> Дали ль поесть, уложили ль? Иль так он лежит, без ухода?
> Этого можно от матери ждать, хоть она и разумна.
> То необдуманно вдруг человека окружит почетом
> Худшего, то отошлет и лучшего с полным презреньем.
> (Гомер, «Одиссея» 20.129–133, пер. В. В. Вересаева)

Более того, если Цзин Цзян отстаивает интересы рода и семьи в своей власти над сыном, то Пенелопа, давая советы Телемаху, должна апеллировать к его собственному благополучию. В отличие от четко определенной системной власти, которой обладает китайская мать, Пенелопа, как представляется, гораздо менее уверена в своем личном влиянии на сына, который считает, что вступил в свои права и готов утвердить свою власть в доме и выйти в мир за его пределами.

Конечно, не все китайские женщины «правильно» действовали, пока их родственники устраивали светские мероприятия. Анализ двух предполагаемых «неудач» поможет нам лучше понять положительные образы женщин, стоящих за кулисами. Оба примера взяты из «Комментариев Цзо» и касаются матерей князей.

В первой истории мать князя Цин из Ци (598–582 до н. э.) наблюдала из-за занавесок за аудиенцией своего сына с прибывшим из Цзинь дипломатом, калекой-министром по имени Си Кэ. Когда княгиня увидела Си Кэ, хромающего по ступеням зала аудиенции, она так развеселилась, что разразилась хохотом. Обидевшись на такое публичное оскорбление, Си Кэ поклялся отомстить. Через три года он выполнил свою клятву. В 589 году до н. э., после поражения Ци в войне с Цзинь, Си Кэ потребовал, чтобы княгиню держали в заложниках в Цзинь. Только благодаря воззванию князя Цина во имя сыновней почтительности она избежала личной расправы («Комментарии Цзо», Сюань 17, [Yang 771–772]; Чэнь 2, [Yang 797])[44].

Вторая история связана с Му Цзян (ум. 564 до н. э.), мачехой князя Чэн из Лу (590–573 до н. э.) и одной из самых ярких женщин в «Комментариях Цзо». Инцидент произошел на пиру, который князь Чэн устроил для Цзи Вэньцзы (ум. 568 до н. э.), своего главного советника. Цзи Вэньцзы только что вернулся с дипломатического визита от имени княжеского дома к сестре князя

---

[44] Цитируя две строки из «Од», «Благочестивые сыновья в добром достатке. / Навеки дано тебе благо» (ода 247, *Цзи цзуй*, «Опьяненный вином»; обсуждается в главе 2), князь Цин из Ци утверждал, что было бы безнравственно со стороны Цзиня, лидера среди государств, заставлять другое государство нарушать сыновнюю почтительность, требуя подвести мать.

(дочери Му Цзяна), которая недавно вышла замуж за князя Гуна из Сун (такие визиты были обязательны по брачным обрядам того периода). Во время пира Му Цзян вышла из боковой комнаты, поприветствовала Цзи Вэньцзы и поблагодарила его за услугу, прочитав стихотворение из «Од». Она удалилась только после этого довольно сложного представления («Комментарии Цзо», Чэнь 9, [Yang 843]).

Наиболее очевидное различие между этими двумя повествованиями касается результатов поведения двух княгинь. В одном случае смех невидимой гостю княгини вызвал волну мести за то, что она публично оскорбила высокопоставленного министра могущественного государства. В другом случае неожиданное появление элегантной княгини на пиру, по-видимому, не имело никаких негативных последствий. Однако эти два случая были схожи по характеру поведения княгинь и по восприятию этого поведения в обществе. Смеясь за кулисами на дипломатическом мероприятии или появляясь, когда князь принимал своего главного советника, каждая из княгинь нарушила кодекс женского поведения, который требовал от порядочных женщин быть невидимыми и неслышимыми на светских мероприятиях, проводимых мужчинами. Несомненно, неосмотрительная княгиня Ци, ставшая причиной войны, воспринималась историком с большой неприязнью. Кроме того, систематическое изображение Му Цзян как дерзкой и прелюбодейной женщины, чьи амбиции не могли быть обузданы в женских покоях, также дало понять, что ее присутствие и изобретательное выступление на пиру ее сына складываются в весьма проблемную ситуацию[45].

---

[45] В другом месте мы предположили, что, выбирая строфы, которые она читала для Цзи Вэньцзы, Му Цзян, вероятно, заигрывала с самым влиятельным министром при дворе своего сына [Zhou Yiqun 2003]. Цзи Вэньцзы, отличавшийся благоразумием, ответил не так, как хотелось бы Му Цзян, и, похоже, впоследствии между ними возникла вражда. Му Цзян все же нашел любовника в лице Шусунь Цяору (р. 616 до н. э.), придворного с сопоставимым благородством происхождения и политическим влиянием. Ода 27, произнесенная Му Цзян, будет обсуждаться в главе 5 в связи с женскими голосами в ранней китайской поэзии.

Своим поведением обе княгини отличались от Цзин Цзян и других китайских женщин, которые старались поддержать интересы семьи, ориентированной на мужчину, оставаясь при этом за кулисами. В отличие от них, обе княгини не только преступили физические гендерные границы, открыв свое присутствие гостям-мужчинам, но и не проявили никакого внимания к интересам своих сыновей, потакая собственным удовольствиям и преследуя собственные мотивы. Из двух оснований, по которым китайские княжны подверглись публичному осуждению, одно (что мужской пир должен быть недоступен для женщины) может также объяснить столкновение между Пенелопой и Телемахом, тогда как предполагаемая неприменимость другого (что нарушившая правила женщина пренебрегла интересами своих родственников и ущемила их), возможно, спасла добродетельную греческую царицу от дальнейшего осуждения.

Можно также сравнить реакцию Телемаха на публичные выступления Пенелопы и реакцию китайских князей на поступки их матерей. Пенелопа встречает откровенную критику со стороны сына и считает разумным уступить ему. В отличие от нее, нет никаких сведений о том, что обе китайские княгини удостоились какой-либо критики со стороны своих сыновей. На самом деле, князь Цин доблестно сражался в войне, вызванной его матерью, и после того, как Ци проиграла войну, князь красноречиво и весьма успешно оспорил требование Цзинь выдать мать в качестве заложницы («Комментарии Цзо», Чэнь 16, [Yang 890–892]). Князь Чэн из Лу, который, очевидно, терпел дерзкие поступки своей матери в прошлом, продолжал уступать ее попыткам доминирования после ее появления на пиру (хотя она зашла слишком далеко, когда совместно со своим любовником пыталась свергнуть князя)[46]. Китайский сын считал себя счастливым, если у него была честная, преданная и неукоснительно соблюдающая ритуал мать, такая как Цзин Цзян, которая всегда присматривала за ним и действовала в его интересах из-за кулис, но

---

[46] Когда это случилось, князь Чэн приказал Му Цзян переехать в другой дворец («Комментарии Цзо», Сян 9, [Yang 964]).

он также должен был смириться со своей судьбой, если у него была мать, которая сильно отклонялась от идеала. Так же как китайская мать была наделена большей системной властью и свободой действий, чем мать-гречанка, китайский сын рано усвоил и всю жизнь должен был помнить, что послушание матери — это его долг, добродетель, очевидно, неизвестная Телемаху или любому другому молодому греку, который стремился к совершенству и успеху.

Выводы

Китайские изображения семейных застолий подчеркивают гармонию и порядок среди участников, между старыми и молодыми, мужчинами и женщинами, а также между женщинами разного статуса одной семьи. Материнское благочестие горячо прославляется, мать отмечается за почет и власть, которыми она пользуется по отношению к своим сыновьям и невесткам, супружеское же согласие является темой в тех редких случаях, когда муж и жена выступают в качестве главных действующих лиц. Греческие источники представляют иную картину. Семейный пир, как правило, не изображается как важнейший символ благополучной домашней обстановки. Мужья и жены, выступающие в качестве главных участников застолья, вступают в соперничество и конфликты во время пиршества, и само по себе застолье не играет особой роли в укреплении связей между родителями и их взрослыми детьми. Более того, пир создает важный контекст для ассоциирования женщин с такими стереотипными гендерными атрибутами, как обжорство и пьянство.

Представления о домашних мужских застольях демонстрируют две разные модели гендерного взаимодействия. В китайских текстах жен и матерей хвалят или порицают в зависимости от того, соответствуют ли их действия интересам патрилинейной семьи. Авторитет и свобода действий, которыми пользуется мать за кулисами (независимо от того, добродетельна она или нет), заслуживают такого же внимания, как и признательность, оказываемая женам, которые хорошо используют свои управленческие функции. Греческие представления поражают обилием жалоб на сварливых жен, которые отказываются сотрудничать со своими мужьями, когда те принимают гостей. В отличие от вздорных жен, которые создают проблемы своим мужьям, мать, которой сын дал отпор в пиршественном зале, выглядит довольно бессильной.

Оценивая эти сравнения, мы сталкиваемся с вопросами ценности и сущности. Китайцы представляли свои семейные застолья именно так, потому что были более озабочены раздором, вызванным любым нарушением семейной иерархии и границ, будь то между поколениями, между полами или между женщинами в семье, и поскольку рассматривали домашние праздники как важнейшие поводы для укрепления идеального семейного порядка. В то же время греческие представления получились такими, какими получились, потому что греки были менее озабочены регулированием домашних отношений (в дружеской или иной обстановке), а также потому, что в понимании греков гармония не обязательно была несовместима с конфликтом и соперничеством.

Однако ценности — это не только надуманные представления и образы. Китайская одержимость утверждением семейного порядка в контекстах дружественного пиршественного общения имеет смысл, учитывая центральный статус патрилинейной семьи в их социально-политическом устройстве. Имеются также веские причины для того, почему греческие авторы проявляли глубокую озабоченность гендерным соперничеством, но, в отличие от своих китайских коллег, почти не рассматривали отношения между женщинами в семье в своем представлении о хорошем семейном порядке. Кроме того, учитывая статус Гомера как почитаемого в Греции просветителя, мы должны серьезно отнестись к его изображению Пенелопы как соперницы своего мужа по интеллекту, но инертной и бессильной матери, и подумать о том, насколько такое изображение было основано на нормах и идеалах, а также на реалиях греческой семейной жизни. Наконец, даже если популярность образов наглых и прожорливых женщин в Греции и отсутствие таких образов в Китае не говорит достоверно о реальном поведении женщин в обоих обществах, этот контраст указывает на разное восприятие женщин в этих двух обществах. В Греции «женщина» представляла собой один из двух родов человеческих, характеризующихся набором общих черт, и женщины получали отдельное публичное коллективное представление на гражданских мероприятиях наравне с мужчинами (см. введение и главу 3). В Китае женщины всегда рассматривались как самостоятельные индивиды со специфическими и меняющимися ролями в семье и родственных отношениях, но они не получали коллективного представительства за пределами домашней обстановки.

Часть III

ЖЕНСКАЯ ДЕЙСТВИТЕЛЬНОСТЬ И МУЖСКОЕ ВООБРАЖЕНИЕ

Глава 5
О чем пели женщины

Женщины пели и в Древнем Китае и в Древней Греции, как когда были обременены работой и одиночеством, так и когда наслаждались отдыхом и общением. То, о чем они пели в этих ситуациях, является темой данной главы. Как мы покажем, греческие женщины, как правило, делали темами своих песен дружбу и в меньшей степени связь матери и дочери, в то время как в поэзии, которую, как считается, сочиняли китайские женщины, их волновали мужья, свекрови, а иногда и родители.

Обсуждение женских взглядов добавит важнейшее звено к нашему пониманию концепций гендерных отношений в этих двух обществах, позволяя понять чувства тех, кто до сих пор в исследовании выступал в основном как объект идеологии и институтов, созданных доминирующими в них мужчинами. Однако, прежде чем попытаться извлечь женскую точку зрения, мы должны сначала решить вопрос о характере имеющихся первоисточников и, самое главное, о том, насколько «подлинными» являются дошедшие до нас «женские голоса».

На вопрос о «подлинности» произведений греческих женщин-поэтов ответить относительно просто. От стихов великой, «пламенной» Сафо конца VII — начала VI веков до н. э. до стихов Эринны, Аниты и Носсиды IV и III веков до н. э., мы имеем корпус поэзии женщин, чья историчность и литературная репутация достаточно засвидетельствованы в древних (в основном классических и эллинистических) источниках. Как показывает слава Сафо в Античности, греки признавали тот факт, что некоторые женщины обладали необыкновенным поэтическим даром и могли создавать произведения, достойные передачи и восхваления.

В отличие от этого, у нас мало оснований для подтверждения женского авторства стихов в «*Одах*», которые, как традиционно считается, были написаны китайскими женщинами. Антология представляет собой собрание в основном анонимных стихотворений, темы и авторство которых открыты для интерпретаций. Это особенно верно для од в разделе «Нравы царств», в которых любовь и страсть являются одними из основных тем и на которые приходится большинство песен, традиционно приписываемых женщинам[1]. В конечном счете бесполезно спорить о половой принадлежности (или любом другом признаке) автора почти любого стихотворения в «*Одах*», и поэтому попытка выявить женский субъективный опыт в ранней китайской поэзии сталкивается с рядом проблем.

Надеемся, что сравнительный подход окажет некоторую помощь в сложной попытке расшифровать опыт и чувства женщин Чжоу на основе женских произведений в «Одах». Как будет показано далее, ценности и чувства, выраженные женщинами-авторами или ораторами в китайской и греческой поэзии, указывают нам на те же закономерности в отношении пола и социабельности в Греции и Китае, которые мы обнаружили на основе мужских источников. Это соответствие означает, что в рамках двух традиций существуют различные степени раскола между ценностями, выражаемыми авторами и ораторами-женщинами, с одной стороны, и мужскими представлениями и ожиданиями в отношении женщин — с другой. Домашнее хозяйство в семье, ориентированной на мужчин, которая была общей сферой, отведенной женщинам, и в Китае, и в Греции, было такой же центральной темой для женщин-авторов в китайской поэзии, как и фоном для воспевания женской дружбы и связи матери и дочери в песнях греческих литераторов. Как понять это различие?

---

[1] Текстуальная двусмысленность (как в отношении темы, так и в отношении пола автора) является меньшей проблемой в песнях, посвященных формальным ритуальным событиям и деятельности мужчин-аристократов, которые сосредоточены в трех других разделах «*Од*».

Можем ли мы предположить, что женскими голосами в «Одах» говорят мужчины, но при этом «признать» выражение женской субъективности в греческой женской поэзии в той мере, в какой греческие женские песни демонстрируют сопротивление доминирующим мужским социальным нормам? В таком случае, однако, мы должны учитывать и тот факт, что греческие женщины — авторы стихов страстно воспевали дружбу, как это делали греческие авторы-мужчины, думая, что это будут делать и обычные греческие женщины. Если греческие женщины в своих подлинных мыслях разделяли те же ценности, что и греческие мужчины, стоит ли всерьез воспринимать и то, что в ранней китайской поэзии женщины провозглашали центральную роль родства? Хотя преобладающая анонимность ранней китайской поэзии не позволит осторожному исследователю говорить о «подлинном» выражении в ней женского опыта, было бы полезно сопоставить китайскую и греческую поэтические традиции для изучения интригующей взаимосвязи между женской действительностью, мужскими общепринятыми нормами и мужскими представлениями о женщинах. Если чрезвычайно трудно узнать, как женщины в древних обществах, где доминировали мужчины, на самом деле определяли и интерпретировали действительность[2], являются ли мужские представления о женщинах и гендерных отношениях в значительной степени «другими», созданными для потребления мужской аудиторией (обеспечивая как развлечение, так и обучение), и говорят ли они нам больше о мужчинах, чем о женщинах? Как много нового мы узнаем, если сможем доказать, что между мужским и женским дискурсами в разных культурах, представленных в данном контексте Древним Китаем и Древней Грецией, существовали различные отношения сопротивления и сотрудничества? Эти вопросы станут предметом обсуждения в двух последних разделах данной главы.

---

[2] Признавая этот факт, Винклер [Winkler 1990a, ch. 7] утверждает, что «за фасадом публичной покорности [греческие] женщины жили своей собственной жизнью и, возможно, имели более полное представление о мужчинах, чем мужчины о женщинах».

Греция: дочери и подруги

Ни одна из женщин-поэтов Древней Греции не оставила следов своих мужей в дошедших до нас стихах. В отличие от полной безвестности мужа, связь матери и дочери и особенно внесемейные женские узы занимают видное место в творчестве греческих поэтесс. Как мы увидим, эти чувства обычно выражаются в рамках определенных тем и контекстов: траур, разлука и воспоминания, ткачество (наиболее типично женская работа) и плетение, а также групповая деятельность женщин, часто в честь женских божеств.

Дочери

У меня ли девочка
Есть родная, золотая,
Что весенний златоцвет —
Милая Клеида!
Не отдам ее за все
Золото на свете.
(Пер. В. Иванова)

Есть прекрасное дитя у меня. Она похожа
На цветочек золотистый, милая Клеида.
Пусть дают мне за нее всю Лидию, весь мой милый
[Лесбос]...
(Пер. В. В. Вересаева)

Так звучит фрагмент 132 Сафо.

Неизвестно, была ли у реальной Сафо дочь по имени Клеида, как утверждается в биографической традиции, которая, похоже, основана на тех фрагментах Сафо, где она упоминается. Ясно и важно то, что великая женщина-поэт воспевает нежные материнские чувства и гордость за свою маленькую дочь.

Она сравнивает девочку с златоцветами и дорожит ею больше, чем богатым царством Лидии (или любой другой привлекательной вещью, которая могла быть упомянута в отсутствующей части поэмы). Мать и дочь ведут беседу в двух других фрагментах (Сафо 98a и 98b), которые находятся на том же папирусе. Фрагмент 98a, сохранившийся лучше других, гласит:

> Мать моя говорила мне: [Доченька]:
> «Помню, в юные дни мои
> Ленту ярко-пунцовую
> Самым лучшим убором считали все,
> Если волосы черные;
> У кого ж белокурые
> Кудри ярким, как факел, огнем горят,
> Той считали к лицу тогда
> Из цветов полевых венок».
> Ты ж велишь мне, Клеида, тебе достать
> Пестро шитую шапочку
> Из богатых лидийских Сард,
> [Что прельщают сердца митиленских дев].
> (Пер. С. Лурье)

Фрагмент 98b содержит только одно полное предложение: «Но для тебя, Клеида, у меня нет красочной ленты для волос — где взять?» Из того, что можно расшифровать в оставшейся части фрагмента, извиняющаяся мать, похоже, объясняет Клеиде, что она не может подарить ей желанную ленту, потому что они сейчас находятся в изгнании, вдалеке от родины[3]. Хотя их точная связь неясна, имеет смысл читать фрагмент 98a и фрагмент 98b как адресованные Клеиде и как сосредоточенные на разговорах, возникших в связи с просьбой девочки о головном уборе. Эти два фрагмента позволяют нам получить представление о том, как мать передавала дочери свои знания и опыт, что, вероятно, происходило ежедневно. Обращает на себя внимание тот факт,

---

[3] В переводе Кэмпбелла: «but ... the Mytilenean ... to have ... if ... decorated ... (the city has?) these memorials of the exile of the sons of Kleanax; for these (of ours?) ... wasted away dreadfully...» («но ... если митиленские ... имеют ... украшены ... (город имеет?) эти памятники изгнания сыновей Клианакса; ибо они (наши?) ... истощены ужасно...»). Ср. в Паросском мраморе о том, что Сафо отправилась в изгнание в период политических волнений на Лесбосе.

что, пытаясь убедить свою маленькую дочь, говорящая во фрагменте 98a использует цепь связей между матерью и дочерью, вспоминая, чему ее учила собственная мать в вопросе украшения волос. Такие непринужденные, близкие взаимодействия между матерями и дочерьми, возможно, обеспечивали бо́льшую часть ежедневных развлечений и неформального образования греческих женщин на протяжении многих поколений.

Во фрагменте 102 изображена девочка, открывающую своей матери, возможно, во время работы за ткацким станком, важный секрет: «О матушка (*glukēa mater*)! Не в силах / за станком сидеть я ткацким. / Мне сердце стройный мальчик / покорил чрез Афродиту» (пер. В. В. Вересаева).

Если естественно, что девочка, отягощенная тайной тоской по мальчику, решает довериться матери, когда они вместе занимаются ткачеством[4], то поразителен тот факт, что она использует в оригинале слово «милая» (*glukēa*) в отношении своей матери-наперсницы. На фоне острого желания, переполняющего влюбленную дочь, «милая мама», как кажется, означает комфорт и безопасность, в которых девушка нуждается и которые не может найти в другом месте.

О важности ткачества для установления тесной связи между матерью и дочерью можно также судить по эпиграмме Носсиды (ок. 300 до н. э.), женщины-стихотворца из Локри (греческой общины в южной Италии). Стихотворение было написано по случаю посвящения халата Гере в знаменитом храме богини на Лакинском мысу (к северу от Локри): «Гера, почитаемая, ты, которая часто спускается с небес и смотрит на твою лакинскую святыню, благоухающую ладаном, прими льняной плащ, который Феофиллида, дочь Клеохи, соткала для тебя вместе со своей благородной дочерью Носсидой» [AP 6.265][5].

Обращение поэта к трем поколениям женщин (Клеохе, Феофиллиде и Носсиде) в этом посвящении напоминает строки из

---

[4] Боура [Bowra 1961: 134] понимает фрагмент 102 Сафо как «*chanson de toile*, как пели девушки за ткацким станком, оплакивая свою любовь».

[5] Обсуждение этого стихотворения см. в [Skinner 1987; Snyder 1989: 79].

фрагмента Сафо 98a, в которых мать передает дочери то, что слышала от собственной матери об украшении волос[6]. Тот факт, что в поэме Носсиды мать и дочь вместе ткут одеяние (и, возможно, несут его в храм Геры во время паломничества), усиливает эмоциональную значимость времени, проведенного ими за ткацким станком. В ответ на тесноту и тяжесть домашнего существования греческие матери и дочери искали утешения друг в друге, и звук их голосов, болтающих и поющих, возвышался над звуками «мелодичного ткацкого станка»[7]. Одеяние, которое Носсида с матерью посвятили Гере, освятило жизненно важную эмоциональную связь, которая поддерживала жизнь греческих женщин и послужила важной темой для их песен[8].

Похоже, что связь матери и дочери продолжает занимать привилегированное положение в представлениях о загробной жизни, что видно как из реальных надписей на гробницах, так и из литературных эпиграмм, посвященных девушкам, которые умерли, не успев выйти замуж[9]. В двух эпиграммах Аниты Тегейской (ок. 300 до н. э.), чьи сохранившиеся произведения представляют собой самый большой корпус греческих женщин-

---

[6] Некоторые исследователи (см., например, [Redfield 2003: 265, note 47; Snyder 1989: 79]) считают, что идентификация Носсидой своей родословной по матронимике (то есть по имени ее матери и матери ее матери) свидетельствует о матрилинейной системе, которая могла практиковаться в Локри. Однако, как утверждает Скиннер [Skinner 1987] и отмечает Снайдер [Snyder 1989: 169, note 24], греческие женщины могли регулярно обращаться друг к другу, используя матронимику, и поэтому стихотворение Носсиды иллюстрирует «гендерную особенность речи», а не свойственный Локри обычай.

[7] Мелодия ткацкого станка — известный троп в греческой литературе (например, Еврипид, «Ифигения в Тавриде» 222, [AP 6.47, 6.160, 6.174, 6.288]). Вероятно, этот троп возник из-за привычки женщин петь во время тканья. Тесная связь между ткачеством и пением в греческой культуре была такова, что в «Одиссее» даже богини Калипсо и Кирка описываются как поющие во время работы на ткацком станке (Гомер, «Одиссея» 5.61–62, 10.221–222, 254–255]).

[8] Скиннер [Skinner 1991: 23] утверждает, что в этом стихотворении Носсида отдает «дань уважения матери как своему самому раннему творческому наставнику».

[9] Эпиграмма, первоначально представлявшая собой надпись на надгробии, со временем стала практиковаться как отдельный литературный жанр.

стихотворцев, за исключением Сафо, изображена мать, оплакивающая раннюю смерть своей дочери:

> Часто на этой могиле своей дочери Клина плачущим голосом звала свое дорогое недолговечное дитя, призывая обратно душу Филениды, которая перед свадьбой перешла через бледный поток Ахерона [AP 7.486].

> Вместо брачной комнаты и торжественных свадебных обрядов для тебя, твоя мать положила в эту мраморную могилу деву, которая обладает твоим ростом и красотой, Ферсия, к тебе можно обращаться, хотя ты уже мертва [AP 7.649].

Высказывалось предположение, что акцент на реальной гробнице в этих двух эпиграммах может указывать на то, что они использовались именно в качестве эпитафий, а не являлись литературными произведениями[10]. Правда это или нет, но центральная роль матери в этих двух эпиграммах соответствует тому, что она занимала важное место в реальных эпитафиях девочкам, умершим преждевременной смертью. Как установила Ева Штеле в своем исследовании эпитафий VI–IV веков до н. э., по сравнению с отцом мать чаще упоминается в качестве человека, скорбящего по дочери, а когда перечисляются несколько членов семьи, мать также обычно занимает главное место [Stehle 2001: 181–183]. Из двух эпиграмм Аниты в одной мать Ферсии названа той, что установила статую дочери на могиле девушки, а в другой Клина изображена в вечном глубоком трауре во время посещения могилы своей дочери Филениды. В обоих произведениях в центре внимания находится мать, скорбящая о безвременной смерти дочери, но эпиграмма о Ферсии и ее матери представляет связь матери и дочери более искренней и трогательной. В то время как Филенида предстает как безмолвный объект постоянных причитаний матери, Ферсия живет в образе статуи, которую мать

---

[10] Снайдер [Snyder 1989: 68–69] делает такое предположение, полагая, что литературные эпиграммы обычно сосредоточены не на могиле, а на чувствах, испытываемых живыми по отношению к мертвым.

воздвигает для нее. Статуя поддерживает эмоциональное взаимодействие между матерью и дочерью, поскольку позволяет создать иллюзию, что к Ферсии «можно обращаться, хотя она уже мертва». Более чем частые причитания Клины у могилы Филениды, материнская визуализация Ферсии, с изображением которой она может продолжать здороваться и разговаривать, не только подтверждают глубокие чувства между матерью и дочерью, но и показывают острое желание сохранить то, что должно было иметь решающее значение для культивирования таких чувств: присутствие в доме человека, с которым женщина могла бы говорить, выражать свои истинные чувства, передавать свои знания и мудрость[11].

Подруги: Сафо

Принято считать, что Сафо, почитаемая как «десятая муза», написала большинство своих стихов для женской аудитории. Кто были эти женщины, является отправной точкой для любой критики, которая использует тематический подход или пытается прояснить контекст произведений Сафо. Была ли Сафо главой «школы благородных девиц», которая давала наставления девушкам брачного возраста, поэтом, как Алкман, для женских хоров, лидером женской религиозной организации или женским аналогом таких поэтов-симпотиков, как ее соотечественник Алкей?[12]

---

[11] Способность женщин к выражению сильных эмоций была признана в греческом обычае, который возлагал на них главную роль в оплакивании умерших на похоронах [Alexiou 1974; Seaford 1994: 74–92]. Эпитафии и эпиграммы (будь то дейктические или нет), как правило, изображали женщин в безудержном трауре. Конечно, гречанки оплакивали и других родственников, помимо своих дочерей, но суть в том, что связь матери и дочери была особенно заметна как в реальных эпитафиях, так и в литературных эпиграммах. О культурных ожиданиях, что мать должна быть передатчиком знаний и добродетели для своей дочери, см. [Stehle 2001, особенно с. 192].

[12] Пример основных современных взглядов на круг Сафо можно найти в статьях, собранных в сборнике Ірина [Greene 1996]. См. также [Stehle 1997, ch. 6; Williamson 1995].

Как нам кажется, каждая из основных интерпретаций отражает определенный аспект поэзии Сафо, и мы никогда не сможем окончательно ответить на вопрос, кем была Сафо, выбрав только один из предложенных вариантов. В нашем прочтении ее творчество, дружба и соперничество, сосредоточенные на деятельности в молодых женских хорах, которые готовились к различным фестивалям, обеспечивали фон и темы для поэзии Сафо. Эти занятия могли иметь религиозные, педагогические, развлекательные и эротические аспекты одновременно, но важно и не подлежит сомнению, что лучшие стихи Сафо были написаны о группе (или группах) женщин, которые считали друг друга подругами и развивали взаимные связи через ритуалы, празднества и песни. Как говорится во фрагменте Сафо 160: «Это я теперь подругам моим буду петь прекрасно и сладостно» (*tade nun etairais tais emais terpnai kalōs aeisō*). Далее мы склонны прочитывать сафический корпус с точки зрения того, что именно дружба и соперничество составляют его центральную линию[13]. В центре обсуждения находятся три аспекта: удовольствие от общения, осуждение предательства и борьба с болью, которую приносит брак.

Празднование прелестей дружеского общения можно найти во фрагменте 2, где описывается пиршество, проводимое под покровительством Афродиты, богини, наиболее часто упоминаемой в песнях Сафо:

> Сверху низвергаясь, ручей прохладный
> Шлет сквозь ветви яблонь свое журчанье,
> И с дрожащих листьев кругом глубокий
> Сон истекает
> … … …

---

[13] Суда — большая византийская энциклопедия X века определяет соратниц Сафо либо как учениц, либо как подруг и соратниц (*hetairai kai philai*). Поскольку сохранившаяся поэзия не позволяет нам с уверенностью провести различие между ученицами и подругами и, более того, поскольку ученица вполне может стать подругой учительницы на всю жизнь, мы выступаем за использование «соратниц» и «подруг» в качестве общих обозначений. Интригующий вопрос о гомоэротизме в сафическом круге будет рассмотрен позже.

> Приди, Киприда,
> В чаши золотые, рукою щедрой
> Пировой гостям разливая нектар,
> Смешанный тонко…
> (Пер. В. В. Вересаева)

Вместо формальной молитвы-гимна Афродите, исполняемой на ритуальном мероприятии в честь богини, это стихотворение, скорее всего, выполняло функцию застольной песни и исполнялось на женском собрании после того, как участницы закончили жертвоприношение и приступили к пиршеству. Успокаивающая атмосфера, созданная образами горящих благовоний, холодной воды, журчащей в ветвях яблони, и сна, спускающегося с мерцающих листьев, говорит о том, что торжественная часть мероприятия закончилась и теперь присутствующие могут посвятить это событие себе. Тем не менее богиня еще не покинула своих служителей. Ее сияющая чувственность отражена в луге, расцветающем весенними цветами, а образ пасущихся лошадей наводит на мысль об эротической атмосфере, подобающей богине любви[14]. В последней строфе Сафо приглашает богиню присоединиться к празднествам пирующих женщин. Интимность, с которой поэтесса обращается к богине с просьбой, указывает на сердечную и легкую атмосферу, царящую на собрании.

Несколько сафических фрагментов подтверждают убеждение, что дружба может определяться наличием общих врагов. В этих стихотворениях говорящая использует резко насмешливые выражения в адрес своих врагов, и она выражает свое разочарование по поводу того, что бывшая соратница покинула ее круг и обратилась к соперницам. Фрагмент 57, например, гласит: «Что за деревенская девушка соблазняет тебя… одетая по-деревенски… не зная, как натянуть свои лохмотья на лодыжки?»

Во фрагменте 71, где говорится о другом предательстве, Сафо воскрешает воспоминания о хороших временах, которые женщины провели вместе:

---

[14] Сексуально заряженный образ животных, пасущихся на цветущих лугах, см. в [Segal 1965].

>...Мика... ты...
> Но я не позволю тебе...
> Ты предпочла дружбу дам из дома Пентея...
> Ты злодейка, ...наш...
> Сладкая песня...
> мягкоголосая... (поет?), и пронзительный (ветерок?)...
> росистый...

Эта песня вполне могла быть исполнена на собрании женщин после того, как одна из них, Мика, бросила своих старых подруг и присоединилась к другому городскому кругу влиятельных женщин[15]. Высказав свой гнев и разочарование, Сафо останавливается на воспоминаниях о прошлых праздниках, которые, как мы полагаем, они проводили вместе. Результатом этого является не только более сильное обличение неверной, но и искренний призыв к остальным оставаться вместе. Таким образом, предательство превращается в средство пропаганды верности и укрепления дружбы[16].

Время от времени предательство может быть встречено с сильным чувством праведности и даже может привязать друзей друг к другу, но брак представляет собой более грозное испытание для круга друзей, потому что он неизбежен. Несколько основных фрагментов Сафо показывают, как женщины справляются с этой проблемой. Фрагмент 94 — один из них:

>...Честно говоря, я хотела бы умереть. Горько плача, она покидала меня,
> И вот что сказала:
> «О, как не повезло нам, Сафо; я действительно покидаю тебя против своей воли».
> Я отвечала ей так:

---

[15] Питтак, тиран, правивший Митиленой во времена Сафо и бывший главным врагом Алкея (см. главу 1), женился в доме Пентея.

[16] Фрагменты 49 и 131 Сафо, похоже, также посвящены предательству подруги. Фрагмент 49: «Я любила тебя, Аттея, когда-то давно... Ты казалась мне маленьким, нежным ребенком». Фрагмент 131: «(Но?), Аттея, мысль обо мне стала тебе ненавистна, / ты улетаешь к Андромеде».

> «Иди, прощай и помни меня, ибо ты знаешь, как мы
> заботились о тебе.
> Но если не знаешь, то я хочу напомнить тебе...
> ...и о тех добрых временах, которые мы провели.
> Ты надевала венки из фиалок, роз и крокусов, лежа рядом
> со мной,
> и много гирлянд, сплетенных из цветов, вокруг твоей
> нежной шеи,
> и ...многими цветочными духами ты помазала себя, как
> подобает королеве...
> и на мягком ложе...
> ...на мягком ложе... ты удовлетворила свое желание...
> Не было ни... ни святилища...
> в котором бы не было нас,
> ни рощи... ни танца... ни звука...

По общему мнению, собеседником «Сафо» (к которой так обращаются во второй строфе, будь то сама поэтесса или ее лирическая героиня) во фрагменте 94 является молодая женщина, которая покидает ее, выходя замуж [Burnett 1979: 25; Snyder 1989: 25–26]. Вероятно, контекстом является прощальное торжество, устроенное для будущей невесты, на что указывает использование первого лица множественного числа («как мы заботились о тебе» и «не было нас») и упоминание венков и гирлянд в середине фрагмента [Lardinois 2001: 83; Rauk 1989][17]. Святилище, роща и танцы, упомянутые в сильно фрагментированных последних строфах, наводят на мысль о хоре, и утверждается, что адресатом стихотворения является девушка, которая покидает свою группу по хору, чтобы выйти замуж [Kamen 2007: 95]. На этой последней встрече с будущей невестой проливается много слез и выражается беспокойство о будущем, но «Сафо», очевидно, центральная фигура группы, пытается дать девушке силы встретить свою новую жизнь, напоминая ей о хороших временах, которые они провели вместе[18].

---

[17] Аналогичные описания атрибутики праздника см. в стихах Алкея, Анакреона и Феогнида.

[18] Интригующее утверждение, что девушка удовлетворила свою тоску на мягком ложе (третья строфа с конца), будет рассмотрено в ближайшее время.

По мере того как поэтесса продолжает свою песню, нам предлагается представить, что группа, включая девушку, становится оживленнее и участвует в новых песнях и забавах, как бы воссоздавая и усиливая воспоминания, которые уже разбудила самая талантливая из группы. Эта последняя встреча, темой которой является воспоминание, должна занять особое место в мыслях уходящей девушки и дать ей утешение в чужой стране и чужом доме.

Еще больше фрагментов рассказывают о том, как те женщины, которые остались, справляются с потерей своих подруг. Например, в распознанной части фрагмента 22 стихотворения Сафо говорящая пытается помочь молодой женщине:

> Я говорю тебе,
> Абанта, возьми (свою лиру?) и пой о Гонгиле,
> пока желание (*pothos*) снова летает вокруг тебя,
> прекрасная. Ведь платье ее взволновало тебя, когда ты
> увидела его; и я радуюсь...

Абанта и Гонгила, возможно, близкие подруги, и отсутствие одной из них, которое будет длительным или даже постоянным из-за ее недавнего замужества, заставляет другую тосковать. Эмоциональные состояния Абанты, вызванные видом и воспоминаниями о Гонгиле, описаны в откровенно эротических терминах. Так же, как раньше Абанту возбуждало платье Гонгилы, теперь «желание» (*pothos*) снова «летает вокруг» (*amphipotatai*) нее в отсутствие подруги. Таинственный намек во фрагменте 94 на «желание» (*pothon*, строфа 8, строка 23), которое будущая невеста однажды удовлетворила «на мягком ложе» в компании своих спутниц, достаточно двусмыслен, чтобы допустить пуританское толкование, что это относится к желанию отдохнуть после энергичных танцев[19]. Однако нельзя отрицать присутствие женского гомоэротизма в описании связей между Абантой и Гонгилой во фрагменте 22. Помимо смелых и теплых физических прикосновений в описании женских уз во фрагментах 22 и 94 их объединяет

---

[19] Именно такое прочтение принял великий немецкий классик Ульрих фон Виламовиц Мёллендорф (1848–1931) [Snyder 1989: 25].

то, что эти узы помещены Сафо в коллективную обстановку. Во фрагменте 94 святые места и танцы вспоминаются как свидетели хорошего времени, которое уходящая девушка провела со своими спутницами. Во фрагменте 22 Абанту призывают взять в руки лиру и петь о Гонгиле. Песня может касаться только двух подруг, но ее услышат все присутствующие женщины, и незаметно все они будут вовлечены в воспоминания о прошлом, чтобы в будущем у них появилось стремление еще больше дорожить тем, чем они еще могут наслаждаться. Таким образом, уход одной из них становится скрепляющей силой для оставшихся, поскольку горе уступает силе песни и товарищества. Отсюда и лаконичное заявление «и я радуюсь» автора — лидера группы. Возможно, не так важно определить, действительно ли коллективная деятельность в сафическом кругу включала в себя сексуальные действия, как просто отметить, что для группы женская связь была понятна на том же языке, что и гетеросексуальное желание, и что ее сила преодолевала разлуку и сохранялась в памяти[20].

Лучшая иллюстрация групповой динамики памяти и дружбы обнаруживается во фрагменте 96:

...Сарда...
часто обращая свои мысли к ней
(Она почитала тебя)
как богиню, которую все могли видеть, и получала
огромное удовольствие от твоей песни.
Теперь она выделяется среди лидийских женщин,
как розовоперстая луна после заката,
превосходящая все звезды, и свет ее распространяется
равно над соленым морем и цветущими полями.

---

[20] В своем анализе фрагмента 22 Лин Хээзерли Уилсон [Wilson L. H. 1996: 54–55] обсуждает контраст между быстротечностью связей между конкретными женщинами в кругу Сафо и стабильностью всего сообщества, поддерживаемого коллективным воспоминанием и празднованием. Винклер [Winkler 1990a: 180–187] утверждает, что неправильно отрицать, что «эмоциональное лесбиянство произведений Сафо» имеет ярко выраженный физический аспект. См. мое последующее обсуждение переплетения дружбы и гомоэротизма в поэзии Сафо.

Роса проливается на красоту, и расцветают розы, и нежный кервель, и цветущий донник.
Часто, когда она ходит взад-вперед, она вспоминает нежную Аттею, и, несомненно, ее мягкое сердце сокрушается о твоей судьбе.
Идти туда. ...этот... ум... много поет... (в) середине
Нелегко нам соперничать с богинями в прелести фигуры...
Адониса...
...Афродита лила нектар из золотых ...своих рук... Убеждена... Герастея[21]... дорогая... (придет?)

Контекст здесь схож с контекстом фрагмента 22, хотя в этом стихотворении речь идет о другой женщине, Аттее, и ее близкой подруге, которая вышла замуж и теперь живет в Лидии. Возможно, Аттея поведала о своей тоске на женском собрании, и Сафо следует за ней стихом, который является шедевром в плане утешения и убеждения. Он состоит из трех частей. В первой части говорится об особом уважении, с которым ушедшая женщина относится к Аттее. Это успокаивает тоску Аттеи, заверяя ее в том, что ее чувства взаимны. Похвала красоте и музыкальному таланту Аттеи указывает на основу дружбы двух женщин, и, возможно, подразумевается, что это комплимент песне и танцу, которые Аттея только что исполнила.

В следующей части, занимающей бо́льшую часть фрагмента, Аттея получает еще больше поддержки: ей описывают ту другую женщину, которая теперь живет в чужой стране. Восхваление непревзойденного совершенства этой женщины в ее новой среде обитания, очевидно, сможет наполнить Аттею гордостью и принесет ей утешение. Сложная метафора, состоящая из серии чувственных образов, предлагает Аттее представить себе, что ее бывшая подруга живет в атмосфере, отмеченной сияющей и безмятежной красотой. Изображение ушедшей женщины, преисполненной тоски по Аттее, заверяет последнюю во взаимности чувств[22].

---

[21] Пометка Кэмпбелла: «вероятно, святилище Посейдона в Герастее в Эвбее».

[22] Исследование, посвященное этой метафоре, см. [McEvilley 1973].

В последней части слишком много лакун, чтобы можно было дать ей какую-то определенную интерпретацию, но вполне вероятно, что здесь автор начинает рассуждать совместно со своей подругой, к которой это стихотворение обращено, чтобы пробудить в ней более позитивное отношение к ситуации. Упоминание о том, что Афродита разливает нектар, может относиться к прошлому событию, в котором участвовали женщины и на котором богиня убеждения также председательствовала. Любовь и убеждение есть высшие силы, объединяющие человеческие существа[23]. Если они действовали раньше, связывая женщин вместе посредством многочисленных групповых мероприятий, то теперь они будут творить еще большую магию, помогая разлученным подругам сохранить свои связи посредством обмена воспоминаниями и укрепления их в памяти.

В то время как у Сафо (22, 94 и 96) воспевается взаимная женская любовь и прославляется ее способность преодолевать время и пространство и справляться с неизбежностью брака, ни в одном из этих стихотворений женская связь не изображается в явном виде, конкурируя с гетеросексуальной любовью и семейной жизнью. Однако, похоже, именно это делает Сафо во фрагменте 16. Его первые три строфы читаются как панегирик страстной гетеросексуальной любви, в котором Елена, влюбившаяся в троянского царевича Париса и сбежавшая с ним, предстает как образец:

> Что прекрасней всего на обугленной солнцем земле?
> «Кавалерии всадники!» — скажут ревниво одни.
> Возразят им другие, ответив тотчас: «Корабли!»
> Ничего нет прекрасней любимого — кажется мне.
> (Пер. С. Полянкиной)

Однако окажется, что пример Елены приведен не для того, чтобы возвеличить гетеросексуальную любовь, а для того, чтобы поддержать утверждение поэтессы в первой строфе, что «пре-

---

[23] Об этой функции Афродиты и Пейто см. [Van Bremen 2003: 325].

красней всего на обугленной солнцем земле» — это любимый человек. Для Елены это был Парис, и вполне оправданно, что она сбежала с любимым, не обращая внимания ни на мужа, ни на ребенка, ни на родителей. Смелость Елены, отправившейся туда, куда влекло ее сердце, вызывает восхищение автора, но легендарный пример вдохновляет ее тосковать не по прекрасному юноше, а по молодой женщине:

> ...согнуть нетрудно...
> ...приходит
> Нынче все далекая мне на память
> Анактория.
> Девы поступь милая, блеском взоров
> Озаренный лик мне дороже всяких
> Колесниц лидийских и конеборцев,
> В бронях блестящих.
> Знаю я — случиться того не может
> Средь людей, но все же с молитвой жаркой...
> (Пер. В. В. Вересаева, цит. по: [Свиясов 2003])

Анактория из фрагмента 16, как и женщины, появляющиеся во фрагментах 22, 94 и 96, вполне может быть юной невестой, и ее бывшие подруги, возможно, вспоминают ее на своем собрании. И снова, как и в этих песнях, оратор использует язык чувственности, чтобы выразить тоску по отсутствующей девушке. Повторное упоминание колесниц и пехоты, которые сравниваются с прекрасной походкой и светлым лицом Анактории, напоминает об образе в начале стиха и дает понять, что для говорящей связь между Анакторией и ее подругами — самая прекрасная вещь в мире. В этот момент мы вынуждены снова задуматься над утверждением автора о том, что разрушительный поступок Елены, продиктованный любовью, напоминает ей об Анактории. Учитывая положительное использование примера Елены в этом стихе, предполагает ли автор, что внесемейные женские связи, как еще одно проявление любви, достойны такого же страстного стремления, и что любое последующее пренебрежение социальными нормами, касающимися обязанностей женщины (в лице мужа, ребенка и родителей, как в случае Елены), является понятным и даже оправданным в таком стремлении? Возможно, мы заходим слишком далеко в своих рассуждениях, но такое предположение крайне заманчиво, во всяком случае, невозможно ошибиться в необычайной решительности, с которой воспевается сила любви между женщинами в этом стихотворении. Способность женской любви преодолевать препятствия времени и расстояния неоднократно воспевалась во фрагментах Сафо, но во фрагменте 16 она получает высший статус, утверждая, что «любимый» — самое прекрасное на свете.

Сафо имеет право так утверждать, поскольку она вступила в особые отношения с Афродитой, божеством, которое наиболее часто появляется в ее поэзии. Центральную роль любви и убеждения в круге Сафо можно увидеть во фрагменте 1, единственном полном стихотворении в корпусе. Весь стих состоит из молитвы Сафо к богине любви:

> Пестрым троном славная Афродита,
> Зевса дочь, искусная в хитрых ковах!
> Я молю тебя, — не круши мне горем
> Сердца, благая!
> Но приди ко мне, как и раньше часто
> Откликалась ты на мой зов далекий
> И, дворец покинув отца, всходила
> На колесницу
> Золотую. Мчала тебя от неба
> Над землей воробушков милых стая;
> Трепетали быстрые крылья птичек
> В далях эфира.
> И, представ с улыбкой на вечном лике,
> Ты меня, блаженная, вопрошала, —
> В чем моя печаль, и зачем богиню
> Я призываю,
> И чего хочу для души смятенной.
> «В ком должна Пейто, укажи, любовью (*philotata*)
> Дух к тебе зажечь? Пренебрег тобою
> Кто, моя Сафо?

> Прочь бежит? — Начнет за тобой гоняться.
> Не берет даров? — Поспешит с дарами.
> Нет любви к тебе? — И любовью вспыхнет,
> Хочет не хочет.
> О, приди ж ко мне и теперь! От горькой
> Скорби дух избавь и, чего так страстно
> Я хочу, сверши и союзницей верной
> Будь мне, богиня!
> (Пер. В. В. Вересаева)

Кто та, кого Сафо (самоидентифицированная в строфе 5, строка 20) просит Афродиту убедить принять ее любовь (*philotata*, *philei* и *philˉesei* используются в строке 23)? Возможно, это бывшая подруга, которая непродуманно ушла к сопернице и причинила Сафо разочарование и беспокойство, как это, вероятно, происходит во фрагментах 57 и 71 (рассмотренных ранее). Несмотря на «печаль» и «пренебрежение», которые она вынуждена претерпевать (строфа 5), Сафо хочет вернуть девушку, возможно, не только из-за своих чувств к сбежавшей, но и ради сохранения престижа и солидарности группы Сафо по отношению к конкурирующему женскому кругу. Звучные заверения Афродиты, обращенные к Сафо, что тот, кто убегает, скоро будет преследовать, а тот, кто не любит, скоро полюбит, даже если против своей воли, поражают своим сходством со знакомой риторикой мужского гомосексуального ухаживания[24]. Подобно тому, как взрослый любовник, преследующий своего возлюбленного, пытается завоевать симпатию и расположение мальчика, указывая ему на то, что сам мальчик однажды станет тем вынужденным преследователем, Сафо надеется убедить девушку, используя те же доводы. Ее просьба к Афродите стать ее «союзницей» (*summachos*) в этом стремлении и отголоски «Илиады» во всем стихе говорят о том, что для Сафо, как и для

---

[24] Риторика бегства и преследования в мужском гомосексуальном ухаживании обсуждалась в главе 1. Строки Сафо (строфа 6) звучат по-гречески следующим образом: «kai gar ai pheugei tacheōs diōxei / ai de dōra mē deket' alla dōsei / ai de mē philei tacheōs philēsei / kōuk etheloisa».

греческих мужчин, восхвалявших гомоэротические связи, любовь — это война, несущая ужас, разочарование и разрушение, но также и приносящая радость, острые ощущения и удовлетворение тем, кто в этой войне участвует[25]. Более того, в этой борьбе участники сражаются посредством скорее искусства и убеждения, нежели с помощью подарков, и за общественную честь не меньше, чем за удовлетворение личных чувств. Неизбежность замужества женщины и серьезное нарушение дружеских отношений между женщинами, которое оно влечет за собой, может означать, что женщины находят эту войну более разочаровывающей и разрушительной, чем мужчины, и потому должны вести ее с большей страстью и преданностью.

Максим Тирский (ок. 125–185), римский софист, хорошо знавший греческую литературу, установил явное структурное соответствие между кружками Сафо и Сократа. И Сафо, и Сократ возглавляли группу протеже, соперничая с другими группами. «Чем были для него Алкивиад, Хармид и Федр, тем были для нее Гиринна, Аттис и Анактория. Чем соперничающие ремесленники Продик и Горгий, Фрасимах и Протагор были для Сократа, Горго и Андромеда были для Сафо» (Максим Тирский 20). Действительно, нельзя игнорировать параллели между женскими связями, прославляемыми Сафо, и сетями мужской дружбы и гомоэротизма, изображаемыми в мире Алкея, Феогнида и Сократа.

---

[25] Риссман [Rissman 1983], чья книга называется «Любовь как война: гомеровские аллюзии в поэзии Сафо», исследует соотношение эротического и военного в поэзии Сафо. Джакомелли [Giacomelli 1980] и Марри [Marry 1979] анализируют структуру греческой женской гомосексуальности через ее параллели с мужской моделью. Довер [Dover 1978: 177] считает, что троп преследования и бегства во фрагменте 1 Сафо отличается от его использования в мужской поэзии. Он утверждает, что Сафо называет себя в поэме и поэтому «не сочиняет ни воображаемой ситуации, ни вымышленной личности»; обещание Афродиты, что девушка скоро будет преследовать Сафо и предлагать ей дары, подразумевает эротическую взаимность. Бинг и Коэн [Bing, Cohen 1991: 72, note 3] высказываются в том же духе. Мы находим аргументы Джакомелли [Giacomelli 1980], Марри [Marry 1979] и Риссмана [Rissman 1983] более убедительными.

Сафо была женщиной, но она была гречанкой. Подобно тому, как Феогнид использует лексику любви (*erōs*) и дружбы (*philos*, *philotēta*, *hetairos* и так далее), оба эти стремления переплетает в своей поэзии Сафо, а Афродита, богиня-покровительница, следит за развитием этих двух видов привязанностей (*philotata* и *pothon*) в кругу Сафо. Подобно тому, как Феогнид обещает бессмертие Кирну, Сафо предрекает вечную память для себя и своих единомышленниц, поскольку все они являются почитателями муз[26]. Как Алкей постоянно объединяет и наставляет своих товарищей и соратников, так и Сафо находит повод для песен, когда ей и ее спутницам приходится справляться с горем предательства или разлуки. Как Сократ признается, что всю жизнь был влюблен в юношей, которых он стремился воспитать, так и Сафо предстает страстной поклонницей, вдохновительницей и руководительницей женщин своего круга, в той же мере, как и яростной противницей их соперниц. В целом, подобно Алкею, Феогниду, Сократу и другим поэтам-мужчинам, Сафо наслаждается состязанием за превосходство и посвящает себя поиску и воспеванию «горько-сладкой» дружбы[27].

---

[26] Во фрагменте 55 Сафо порицает кого-то (врага?), кто не обладает дарами муз: «Ты умрешь и в земле будешь лежать; / воспоминания / Не оставишь в веках, / как и в любви; / роз пиэрийских ты / Не знавала душой; / будешь в местах / темных аидовых / Неизвестной блуждать / между теней, / смутно трепещущих» (пер. В. В. Вересаева). Затем во фрагменте 147 Сафо пророчит бессмертие для себя и своих единомышленников: «И не забудут об нас, говорю я, и в будущем». Эти два фрагмента, возможно, послужили основой для утверждений, сделанных в источнике II века: «Я думаю, вы наверняка слышали, как Сафо тоже хвасталась перед некоторыми из тех женщин, которые считались удачливыми, и говорила, что Музы сделали ее поистине блаженной и завидной, и что ее не забудут даже после смерти».

[27] Согласно Кэмпбеллу [Campbell 1983: 18], идея любви, которая одновременно горька и сладка, впервые выражена во фрагменте 130, где Сафо признается: «Эрос вновь меня мучит истомчивый — / Горько-сладостный (*glukupikron*), необоримый змей, неотразимое создание». Тот факт, что на папирусе за этим фрагментом сразу же следует фрагмент 131, в котором она обращается к Аттис (возможно, той же женщине, которая появляется во фрагменте 96?) и обвиняет ее в предательстве ради другой женщины, позво-

Подруги: от Сафо до Эринны

Обсуждая эпиграмму Носсиды об одеянии, которое она и ее мать соткали и посвятили Гере, мы отметили, что обращение к именам трех поколений женщин в ее семье в посвящении напоминает фрагмент 98а Сафо, где мать обсуждает украшение волос со своей дочерью, вспоминая разговоры, которые она вела со своей собственной матерью. Независимо от того, правомерна ли параллель в данном случае, факт остается фактом: Носсида была первой женщиной-поэтом в истории западной литературы, которая открыто заявила о своем подражании Сафо[28]. Носсида гордо заявляет в эпиграмме: «Если в Митилену, странник, в край прекрасных танцев плывешь ты, / чтобы вдохновиться цветами благими Сафо, / там скажи, что меня — милую и Музам и ей — родила / земля локрийская; имя мое, запомни, — Носсида. Теперь же ступай!» [AP 7.718] (пер. Е. Алешиной)[29].

В другой эпиграмме Носсида, напоминая Сафо, превозносит Афродиту (Киприду) как богиню — покровительницу своего

ляет предположить, что эти фрагменты принадлежат к одной поэме и что Сафо использует слово «горько-сладкий» для характеристики любви между женщинами. Среди поэтов-мужчин Феогнид также описывает гомосексуальную любовь как горькую и сладкую одновременно: «Горька (*pikros*) и сладка (*glukus*), прелестна и сурова, / Кирн, любовь к молодым, пока она не исполнится. / Ибо если человек достигает, она становится сладкой, но если он стремится и не достигает, / это из всех вещей самая мучительная» (строки 1353–1356). В пользу того, чтобы признать параллели у Сафо и поэтов-мужчин между контекстами социабельности и гомоэротическими настроениями, см. [Parker H. 1993, 2005; Yatromanolakis 2007].

[28] В последующие века Сафо и ее круг, по-видимому, послужили важной моделью для греческих идей о социальном контексте женских песен. Например, широко распространено мнение, что большое количество изображений на афинских вазах V века до н. э., изображающих все женские собрания с музыкальными выступлениями и чтением стихов, было сделано по образцу Сафо и ее женского круга (см., например, [Bernard 1985: 48; Williams 1993: 100]). Ср. другое мнение [Yatromanolakis 2007: 143–160].

[29] Есть предположение, что эта эпиграмма послужила эпилогом к сборнику поэзии Носсиды [Snyder 1989: 79].

искусства: «Нет ничего сладостнее любви, все остальные радости жизни / вторичны в сравнении с ней: даже мед уста мои отвергают. / Так говорит Носсида. / Кого Афродита не любит, / тот не знает ее цветов — не знает, каковы ее розы» [AP 5.170] (пер. Е. Алешиной)[30].

Учитывая славу Сафо и ее окружения и то, что Носсида сознательно подражала своей предшественнице, может ли женщина-поэт IV века до нашей эры, когда заявляет, что любовь — ее главная тема, иметь в виду любовь женщин друг к другу?

Трудно дать ответ на этот вопрос. Шесть из оставшихся девяти стихотворений Носсиды посвящены изображению женщин или женским обращениям к Афродите. Кэтрин Гуцвиллер утверждает, что, как и в поэзии Сафо, в стихах-портретах и посвятительных стихах Носсида воспевает чувственную красоту женщин и подчеркивает «эротическое возбуждение, вызванное присутствием [женщин]» [Gutzwiller 1997: 215, 216]. Проблема такого провокационного прочтения заключается в том, что три посвятительных стихотворения, особенно то, в котором говорится о большом богатстве, которое женщина по имени Полиархис «получила благодаря своему великолепному телу» и использовала для подношения Афродите, вполне могли быть написаны для куртизанок (покровительницей которых была богиня любви)[31]. Не зная, каким именно женщинам были адресованы эти эпиграммы, было бы неверно делать на их основе вывод о социальном контексте поэтического творчества Носсиды. Однако на основании трех стихотворений-портретов, восхваляющих нежность, жизнерадостность, достоинство и мудрость женщин, а также близость матери и дочери, можно утверждать, что Носсида со-

---

[30] Поразительное вступительное заявление гласит: «*Hadion ouden erōtos*». Учитывая программный характер этого стихотворения, оно могло послужить прологом к собранию стихов Носсиды [Gutzwiller 1997: 213; Skinner 1989].

[31] Снайдер [Snyder 1989: 80] считает статус куртизанки Полиархис несомненным и предполагает, что два других посвящения также были написаны для куртизанок. Гуцвиллер [Gutzwiller 1997] не поднимает вопрос об идентичности женщин, сосредоточившись на том, как эротические элементы в трех стихотворениях напоминают поэзию Сафо.

здает женский мир, который можно считать ее собственным «сафическим кругом» [Gutzwiller 1997: 216–219]. Как бы ни была привлекательна эта интерпретация, слабость ее заключается в том, что портретные описания в целом статичны и практически не дают подсказок о существовании круга, члены которого занимаются общей деятельностью, делят друг с другом чувства и воспоминания.

Если Носсида, несмотря на заявленное ею сафическое вдохновение, оставляет нам менее чем определенные свидетельства о происхождении своих поэтических творений, то сафическая традиция, прославляющая женскую дружбу, была явно продолжена Эринной (ок. 350 до н. э.). Хотя Эринна была родом с небольшого острова Телос и, как утверждают, умерла незамужней в возрасте 19 лет, она снискала исключительную репутацию в качестве стихотворца[32]. Из четырех стихотворений, приписываемых Эринне, одно является надписью к портрету девушки, а три других, две эпиграммы и стихотворение из 300 строк в эпическом метре, посвящены подруге детства по имени Бавкис, которая умерла вскоре после своей свадьбы. Отношения между Бавкис и «Эринной» (имя девушки, которая фигурирует в стихотворениях как близкая подруга Бавкис) ясно раскрываются в одной из двух эпиграмм, которая написана в форме обращения умершей Бавкис к убранству ее собственной могилы. После наставлений о том, что следует говорить прохожим — кто она и откуда, — Бавкис в последних двух строках эпиграммы просит, чтобы было известно, что ее подруга (*synetairis*) Эринна выгравировала на ее могиле такие стихи [AP 7.710][33]. Это кульминационное откровение, несомненно, свидетельствует об особых

---

[32] О том, насколько мало известно о жизни Эринны, и о многочисленных свидетельствах ее статуса в литературе см. [Gutzwiller 1997: 203–204, 210; Snyder 1989: 86–90].

[33] Раскрытие отношений между Эринной и Бавкис: «*kai hotti moi ha synetairis/ ērinn' en tumbōi gramm' echaraxe tode*». Другая эпиграмма [AP 7. 712], голос на могиле Бавкис, рассказывает о невесте, которая умерла вскоре после свадьбы.

отношениях между двумя девушками при жизни Бавкис. Но только из «Прялки», длинной поэмы, которой Эринна была обязана своей поэтической репутацией[34], мы получаем представление о том, насколько глубоким было влияние, которое смерть Бавкис оказала на «Эринну». Сильно фрагментированный текст «Прялки» гласит:

> Мой черед черепахою быть — и раз я попалась,
> В нашем дворе по площадке большой за тобой я гоняюсь.
> Милая Бавкис, о, как по тебе я горько рыдаю!
> В сердце моем не остыли еще наши игры и шутки,
> Живы, нетронуты, там остаются забавы и куклы,
> Наши с подружками пляски и сон по ночам безмятежный,
> А на рассвете — работа, как строгая матерь, разбудит,
> Вместе засадит за шерсть — ведь с этой работы мы жили,
> Так мы, бывало, сидим за окрашенной пурпуром шерстью.
> А прилежаем не сильно — так строгая матерь тотчас же
> Кличет страшилу Мормо — на макушке огромные уши
> Страшно торчат у нее, и четыре ноги ее носят,
> И то и дело она меняется видом ужасным.
> Время пришло, и ушла ты, взошла на ложе супруга,
> Слушаясь матерь мою, — и ребячества наши забыла.
> Я не хочу говорить, как по смерти твоей я рыдала,
> Милая Бавкис моя! Не несли меня ноги из дома,
> Мертвое тело твое я сил не имела увидеть,
> Выйти, власы распустив. И все-таки мне постоянно
> Пурпурный Стыд раздирает ланиты и, став предо мною,
> Так говорит: «О Эринна, вот ты при матери милой
> Уж девятнадцать годков прожила, все глядя на прялку.
> Помни, что быстро прядут свою нить веретена у Мойры,
> Помни, что руки Гелло обнимают объятием крепким».
> Вот как Стыд поучает меня у девичьего ложа.
> Я молодою рукой беру мое зеркальце тотчас —
> Вижу: проходит и вянет уже моей юности свежесть,
> Вижу, что в кудри мои, что убраны славно, вкрапились
> Пряди седые — такие цветы людям старость вплетает.

---

[34] Ее восхваляли как «равную Гомеру» за создание этой поэмы [AP 9.190].

> ...О Гименей, что девам дарует мирное счастье,
> Много утех, почему же сменил ты сладкую радость
> Горем...
> Бедная Бавкис моя!
> (Пер. О. В. Смыки)[35]

То, что первые 27 строк «Прялки» посвящены детским играм и игрушкам, говорит о том, что дружба между Бавкис и «Эринной» началась в раннем детстве. Замечание о «живых, нетронутых» воспоминаниях об играх подчеркивает как краткость жизни Бавкис, так и то, что Эринна, оставшись в одиночестве после смерти Бавкис, пребывала в состоянии совершенной беспомощности. Упоминания о девичьих песнях, работе с шерстью и прялкой могут указывать на то, что хоры, ткачество и прядение были одними из общих занятий, которыми занимались обе девушки, когда выросли[36]. Возможно, полная версия поэмы содержала больше описаний ткачества и прядения или даже наделяла эти занятия символическим значением. Есть вероятность, что именно так поэма получила свое популярное название, «Прялка». Если раньше они пели вместе в хорах молодых женщин и у ткацкого станка, то теперь «Эринна» поет, чтобы облегчить свое горе из-за потери дорогой подруги и невозможности присутствовать на похоронах[37].

Выдвигаются различные теории, все достаточно умозрительные, о том, почему «Эринне» было запрещено присутствовать на похоронах Бавкис (см. строки 32–35). Возможно, потому, что закон

---

[35] Текст см. в [West 1977]. В оригинале книги перевод на английский Джейн Макинтош Снайдер [Snyder 1989: 93]. Гуцвиллер [Gutzwiller 1997: 205–206] также приводит полный перевод этого фрагмента. (Русский перевод цит. по: [Смыки 1999]. — *Прим. перев.*)

[36] Штеле [Stehle 2001: 184] обсуждает реальную эпитафию IV века до н. э. из Хиоса, где умершая восхваляется за то, что она занималась «умной работой» своими руками, явно имея в виду ткачество или работу с шерстью.

[37] И Гуцвиллер [Gutzwiller 1997: 210], и Штеле [Stehle 2001: 197] предполагают, что Эринна, не имея возможности посетить похороны Бавкис, оставалась дома за своим ткачеством.

запрещал присутствие женщин детородного возраста на похоронах, или потому, что «Эринна» была жрицей и ей запрещалось смотреть на труп, или она не была родственницей, или была слишком больна, чтобы выйти из дома, или ее мать не хотела, чтобы она общалась с Бавкис, которая стала слишком смелой в своем поведении после замужества [West 1977: 108–109; Bowra 1936: 334; Skinner 1982: 268–269; Rauk 1989: 102–107; Stehle 2001: 191–196][38]. Какой бы ни была причина ее отсутствия, поэма свидетельствует о любви «Эринны» к своей подруге и демонстрирует роль песни в поддержании и утверждении женской дружбы в греческом мире. Древние источники утверждают, что Эринна сочинила «Прялку», когда ей было 19, в том же возрасте, когда умерла [AP 9.190, 7.11, Suda][39]. Это могло быть совпадением, и смерть Эринны не имела никакого отношения к несчастью с подругой детства по имени Бавкис. Возможно также, что комментаторы выдумали это совпадение, желая придать трагизма гибели талантливой девушки после того, как она написала свое лучшее произведение. Возможно, нам самим следует придать большее значение тому огромному влиянию, которое смерть друга могла оказать на молодую гречанку. Как отмечали многие, скорбные стихи Эринны о Бавкис отсылают нас к фрагментам

---

[38] Штеле строит свою аргументацию, сравнивая эти строки в стихотворении Эринны («Время пришло, и ушла ты, взошла на ложе супруга, / Слушаясь матерь мою, — и ребячества наши забыла») с анонимной эпиграммой Эринне [AP 9.190], которая призвана объяснить обстоятельства создания «Прялки» («Приложившись к прялке из страха перед матерью / и работая за ткацким станком, она стала служанкой Муз»). По Штеле, Бавкис прислушивалась к наставлениям своей матери о домашней работе и добродетели скромности и самоконтроля, но под влиянием Афродиты она могла стать «физически слишком выразительной, игривой или напористой после замужества». Штеле [Stehle 2001: 197] интерпретирует слово *aidōs* (стыд, скромность) в строке 42 как указание на конфликт в чувствах «Эринны» между почитанием матери и любовью к умершему другу. Гуцвиллер [Gutzwiller 1997: 209–210] считает, что *aidōs* означает сдержанность, которую «Эринна» ощущает как дева, хотя Гуцвиллер подчеркивает, что это сдержанность, навязанная ей обществом, в котором доминируют мужчины.

[39] Слово «девятнадцать» появляется в последней различимой части поэмы Эринны.

Сафо 94 и 96, в которых содержатся сетования подруг по поводу выхода одной из них замуж, что для женщин в Древней Греции считалось сродни смерти[40]. Смерть то была или брак, это была боль разлуки для близких подруг, но несмотря на это, женщины, которых это касалось, постоянно пытались отдать дань уважения узам товарищества, храня свои воспоминания и отмечая их в песнях.

Штеле отметила, что если в эпитафиях VI и V веков до н. э. есть два или три единичных примера того, как женщины поминают неродных женщин, то в IV веке до н. э. это явление, похоже, не проявляется [Stehle 2001: 183–185]. Однако стихи Эринны о Бавкис показывают, что среди греческих женщин сохранялась сильная традиция чествования женской дружбы, выходящая за рамки времени, места и жанра. Автор «Прялки» и эпиграммы, в которой умершая Бавкис сообщает, что стихи на стеле сочинила ее подруга Эринна, вполне могла написать следующую эпитафию Эвтиллы, женщины из Афин конца V века до н. э.: «Ради верной и сладкой дружбы (*pistēs hēdeias philotētos*) твоя подруга (*hetaira*) Эвтилла установила эту стелу на твоей могиле, Биот. Ибо, всегда со слезами вспоминая о твоей погибшей юности, она плачет» [Stehle 2001: 182].

От Сафо до Эвтиллы и Эринны дружба была вечной, самой заметной темой в воспоминаниях и песнях греческих женщин.

Китай: мужья, свояки и родители

В своих «Жизнеописаниях женщин», сборнике биографий легендарных и реальных китайских женщин (с датами в основном в периоды Весен и Осеней и Сражающихся царств), Лю Сян

---

[40] О концептуальном и ритуальном сходстве между браком и смертью в Древней Греции см. [Lardinois 2001: 82]. На сходство между «Прялкой» и фрагментами Сафо 94 и 96 указывали Гуцвиллер [Gutzwiller 1997: 207], Раук [Rauk 1989], Скиннер [Skinner 1982: 269, note 13] и Снайдер [Snyder 1989: 96]. Скиннер, кроме того, видит сознательное подражание Сафо в использовании эолийского диалекта в «Прялке».

(ок. 79–8 до н. э.) приписывает авторство девяти стихотворений в «*Одах*» женщинам, отличающимся различными добродетелями[41]. Эти предполагаемые авторы-женщины перечислены в таблице 5.1.

Как видно из таблицы, в четырех рассказах речь идет о женщинах, которые пишут стихи, чтобы выразить свою непоколебимую верность мужу, несмотря на неблагоприятные обстоятельства. Две другие истории (с участием наставницы Чжуан Цзян из Вэй и дочери Шэня из Шаонаня) также посвящены важности женского целомудрия и ритуальных приличий в супружеских отношениях. Из оставшихся трех одна (приписываемая жене чиновника в Чжунане) показывает женщину как хорошую невестку, которая заботится о благополучии свекрови, одна (приписываемая Дин Цзян из Вэй) изображает любящую свекровь, опечаленную отъездом овдовевшей невестки, и последняя (приписываемая госпоже Му из Сюй) фиксирует глубокую заботу замужней женщины о родной семье, переживающей кризис. Распределение межличностных отношений в стихотворениях, которые Лю Сян приписывает женщинам, представлено в таблице 5.2.

Не все предположения Лю Сяна были поддержаны современными или более поздними комментаторами, тем более что и многие другие стихи были приписаны авторам-женщинам специалистами по «Одам» в период между Хань и современностью[42]. На самом деле, если речь идет об анонимных песнях,

---

[41] LNZ 1.5b–6b (Дин Цзян из Вэй), 1.6b–7a (наставница Чжуан Цзяна из Вэй), 2.4b–5a (жена чиновника в Чжунане), 3.2b–3a (госпожа Му из Сюй), 4.1b–2a (дочь Шэня из Шаонаня), 4.2b–3a (вдовствующая госпожа Вэй), 4.3a–3b (жена человека из Цая), 4.3b–4a (госпожа Чжуан из Ли), 4.5a (госпожа из Си).

[42] Несколько примеров иллюстрируют совпадение и расхождение атрибуций, сделанных Лю Сяном (обычно считающимся приверженцем комментаторской традиции Лу), и атрибуций, сделанных другими классическими комментаторами. Хань Ин (ум. 150 до н. э.), мастер ханьской комментаторской традиции, приписывает те же обстоятельства сочинению оды 17, но не идентифицирует женщину как дочь Шэня из Шаонаня [HSWZ 1.5]. Атри-

Таблица 5.1. Оды, приписываемые женщинам
в «Жизнеописаниях женщин» Лю Сяна

Женщина	Приписываемое ей стихотворение	Цель составления стихотворения	Глава в LNZ
Дин Цзян из Вэй	Ода 28 («*Янь янь*», «Ласточка, ласточка»)	Выражение привязанности и печали при возвращении овдовевшей невестки в родную семью	1
Наставница Чжуан Цзян из Вэй	Ода 57 («*Шо жэнь*», «Великолепная женщина»)	Убедить Чжуан Цзян быть целомудренной и вести себя соответственно ритуалам	1
Жена чиновника в Чжунане	Ода 10 («*Жу фень*», «Берега Жу»)	Поощрение мужа посвятить себя государственной службе вдали от дома, чтобы иметь средства для содержания своих родителей	2
Госпожа Му из Сюй	Ода 54 («*Цзай чи*», «Галоп»)	Выражение сожаления по поводу невозможности оказать помощь, когда родная страна подвергается вторжению	3
Дочь Шэня из Шаонаня	Ода 17 («*Хан лу*», «Росистая тропа»)	Отказ выйти замуж за жениха без надлежащих обрядов	4
Овдовевшая госпожа из Вэй	Ода 26 («*Бо чжоу*», «Кипарисовая лодка»)	Выражение преданности умершему мужу	4
Жена господина из Цая	Ода 8 («*Фу и*», «Подорожник»)	Отказ бросить мужа, страдающего от неприятной болезни	4
Госпожа Чжуан из Ли	Ода 36 («*Ши вэй*», «Как мало»)	Выражение верности мужу, который ее не любит	4
Госпожа из Си	Ода 73 («*Да цзюй*», «Моя большая повозка»)	Выражение решимости умереть ради мужа, когда ее страна подвергнется нашествию и она попадает во дворец победителя	4

Таблица 5.2. Распределение межличностных отношений в одах, приписываемых женщинам в «Жизнеописаниях женщин» Лю Сяна

Межличностные отношения	Количество стихов
Жена и муж (в одном случае невеста и жених)	6
Невестка, муж, свекор и свекровь	1
Свекровь и невестка	1
Замужняя дочь и родная семья	1

написанных на языке, не имеющем грамматических гендерных маркеров, и если большинство од, традиционно приписываемых женщинам, посвящены сложным чувствам любви и желания, то неудивительно, что разные читатели воспринимают одну и ту

буция Лю Сяном оды 10 и 54 разделяется многими другими комментаторами. Атрибуция оды 28 представляет собой интересный случай. Хотя Лю Сян читает ее как стихотворение свекрови, которая провожает овдовевшую жену своего сына, Мао приписывает ее Чжуан Цзяну из Вэй, который якобы сочинил песню при отъезде второстепенной супруги, возвращавшейся на родину после смерти сына этой супруги [MSZ 298]. О династии Хань как периоде, в течение которого закрепилась концепция индивидуального авторства литературных произведений, см. [Owen 2006, ch. 5]. Именно в той же ханьской среде «*Оды*» начали историзировать прочтения, примером чего является традиция Мао (II век до н. э.). Благодаря продвижению Чжэн Сюаня традиция Мао стала преобладать над конкурирующими традициями Ци, Лу и Хань начиная с III века н. э. и далее. О принадлежности Лю Сяна к традиции Лу см. [Lin Yaolin 1996: 115–129]. См. [Lin Yaolin 1996; Zhao Maolin 2006] о трех отличных от Мао традициях в период династии Хань, а также [Kern 2007] о сохранении традиции Лу в период Шести династий (ок. III–VI веков). Чэнь Туншэн [Chen Tongsheng 2004, ch. 4] рассматривает связь между ханьскими комментаторскими традициями и доимперской традицией, сохранившейся во фрагментах в «Обсуждении "*Од*" Конфуцием».

же оду по-разному, в зависимости от темы оды или пола ее автора. Поэтому нельзя быть уверенным в том, что женское авторство некоторых од не вызывает сомнений. Тем не менее распределение од, которые Лю Сян приписывает женщинам, в зависимости от отношений, имеет большое значение. Среди всех од, которые в классической комментаторской традиции связывались с женским авторством, нет ни одной песни о связи матери и дочери или о женской дружбе. Вместо этого мужья, свекры и родители (среди прочих кровных родственников) находятся в центре чувств, выражаемых в одах, для которых была определена автор-женщина, будь то боль разлуки, забота о благополучии семьи или восторг от празднеств. Несмотря на расхождения в оценках разных комментаторов, спектр основных межличностных отношений в женской поэзии в интерпретации Лю Сяна совпадает с тем, что следует из прочтений других классических комментаторов.

Поскольку никакие дискуссии не могут привести к какому-либо однозначному заключению о том, какие оды действительно были написаны женщинами, было бы бессмысленно перечислять все стихи, которые когда-либо приписывались автору-женщине. Далее мы рассмотрим лишь несколько од из тех, которые получили сильную поддержку, а также тех, по которым пришли к консенсусу в комментаторских традициях. Наша цель заключается в том, чтобы подтвердить то, что уже было сказано о диапазоне отношений в одах, которые, как считается, принадлежат женщинам, и начать сравнительную дискуссию о взаимоотношениях между женской действительностью и мужским воображением.

Муж

Во многих одах звучат голоса женщин, чьи мужья находятся вдали от дома из-за войны, службы или каких-то других дел. Ода 62 («*Бо си*», «Храбр мой господин»), которая является одним из самых известных произведений такого рода, гласит:

Храбр мой господин[43],
Величайший герой в стране!
Мой господин, схватившись за копье,
обгоняет государя.
С тех пор, как мой господин отправился на восток,
Моя голова лохматая, как перекати-поле.
У меня есть жир, чтобы намазать ее;
Но для кого мне выглядеть красиво?
О дождь, о дождь!
А вместо этого солнце сияет ослепительно.
Вся эта тоска по моему господину
Приносит усталость в сердце, боль в голове.
Где мне взять лилейник-красноднев[44],
Чтобы посадить за домом?
Вся эта тоска по моему господину
может принести мне лишь сердечную боль.
[Cheng, Jiang 185–189]

Та же тема одиноких жен, тоскующих по отсутствующим мужьям и в уединении размышляющих о своих сердечных страданиях, находит и другие вариации в одах. Ода 66 (*Цзюнь цзы юй и*, «Мой господин на службе») — один из примеров:

Мой господин на службе;
Он не знает, надолго ли.
О, когда же он придет?
Птицы сидят в своих гнездах,
Еще один день подходит к концу,
Овцы и коровы идут домой.
Мой господин на службе;
Как мне не грустить?

---

[43] Уэйли переводит эту строку как «Хай, Бо храбр», а Карлгрен — «О мой господин, о ты, воинственный». Вслед за Чжу Си [SJZ 3.26b–28a], Фан Южунем [SY 4.185–186] и современными критиками, такими как Чэнь Цзыжань [Chen Zizhan 1983: 194; Cheng, Jiang 186; Qu Wanli 1952–1953, 2: 49], мы понимаем *бо* 伯 как термин, который жена использует по отношению к своему мужу, и заменяем «Бо» Уэйли на «мой господин» во всем стихотворении.

[44] Считается, что это растение способно вызывать забывчивость.

> Мой господин на службе;
> Дни идут, месяцы проходят.
> О, когда же он снова будет здесь?
> Птицы сидят на своих насестах,
> Еще один день подходит к концу,
> Овцы и коровы все вернулись с пастбищ.
> Мой господин на службе;
> Если бы я только знала, что у него есть, что выпить и съесть!
> [Cheng, Jiang 197–199]

Наблюдая за делами, знаменующими конец дня, женщина в предыдущем стихотворении скучает по мужу, который, в отличие от наседок, овец и коров, пасущихся дома, не имеет установленного времени для возвращения[45]. Ее мысли колеблются между тем, что происходит перед глазами (строки 4–6, 12–14), ее собственными чувствами (строки 1–3, 7–11) и беспокойством о благополучии мужа (строки 15–16). По сравнению с интенсивным выражением тоски в некоторых одах (например, в оде 62 и в еще одной оде, о которой речь пойдет чуть позже), данное произведение, возможно, лучше иллюстрирует, как женщина справляется с повседневной жизнью в отсутствие мужа. По словам Ван Чжи (1127–1189), женщина из оды — жена крестьянина, живущая в пригороде, и ее тоска по мужу пробуждается в сумерках — время, наиболее благоприятное для возникновения таких чувств, когда она обходит их ферму, проверяя, все ли птицы и животные дома [SZW 4.64].

Тоска, которую женщина выражает по отсутствующему мужу в оде 66, сдержаннее, чем в оде 229 («*Бай хуа*», «Белый цветок»). Чжу Си считает, что это стихотворение было написано женой царя Ю (781–771 до н. э.), последнего царя Западного Чжоу [SJZ 15.6a]. Увлечение царя Ю (доходившее до такой степени, что он бросил свою царицу и поставил на ее место другую женщину),

---

[45] Чжу Си [SJZ 4.3b–4a]. Среди других классических комментаторов, которые считают стихотворение выражением тоски женщины по отсутствующему мужу, можно назвать Яо Цзихэна [ST 5.134], Фан Южуня [SY 5.192–193] и Ван Сяньцяня [SSY 4.3–4].

как говорят, привело к падению царства[46]. В начальных строфах оды образ отчужденной жены, царицы или нет[47], противопоставляется образам природы, которые означают привязанность и близость:

> Белый цветок скручен в циновку,
> Белый камыш связан в пучки.
> Но мой господин отдалился от меня,
> Оставил меня в одиночестве.
> Белые облака расстилаются по небу,
> На осоке и тростнике роса.
> Небеса грозят бедой;
> Мой господин не думает о будущем.

Несмотря на то, что господин покинул ее, женщина не может не думать о нем. Он — предмет ее тоски и тема ее песни, как она признается в следующих двух строфах:

> Пруд Бяо течет на север.
> Орошая эти рисовые поля.
> Полна печали песня, которую я пою,
> думая о том высоком человеке.
> Они собрали хворост тутового дерева,
> Высоко он пылает в печи.
> Мысль о том высоком человеке
> Обжигает сердце мое.

В то время как рисовые поля, орошаемые водой пруда, заставляют женщину жалеть себя за то, что она обделена вниманием мужчины, злоупотребление древесиной тутового дерева (якобы прекрасного качества и, следовательно, пригодной для лучших

---

[46] Традиция Мао уже проводила связь между сочинением этого стихотворения и безответственным поведением царя Ю, хотя Мао считал, что «народ Чжоу» сочинил это стихотворение, чтобы покритиковать супругу [MSZ 496].

[47] Вслед за Чжу Си, Яо Цзихэн [ST 12.368] и Фан Южунь [SY 12.465] приписали стихотворение царице царя Ю. Цюй Ваньли [Qu Wanli 1952–1953, 2: 200] и Ван Цзинчжи [Wang Jingzhi 1968: 494] отвергают эту атрибуцию и читают стихотворение как плач неизвестной брошенной женщины.

целей, чем топка печи) является аналогией ее собственного позора[48]. Ее жалостливая песня приобретает еще больший драматизм, когда ее ставят в один ряд с веселыми развлечениями, которыми мужчина занимается в своем доме, как показано в следующей строфе, возможно, в компании своей новой возлюбленной. Веселая музыка, доносящаяся до слуха автора, болезненно напоминает ей о ее отчуждении и одиночестве, но ее собственная тоскливая песня выражает не столько обиду и протест, сколько тоску:

> Барабаны и колокола в доме!
> Их слышно снаружи.
> Думая о тебе, я страдаю —
> Как ты смотрел на меня без любви.
> Пеликан на плотине,
> журавль в лесу.
> Мысль о том большом человеке
> Тревожит сердце мое.

Однако протест все же возникает, когда непрерывное выражение тоски и печали женщины подходит к концу. Мужчину нецеприятно сравнивают с уткой-мандаринкой, символом супру-

---

[48] Принятая здесь интерпретация символического значения орошения рисовых полей и неправильного использования древесины тутового дерева была впервые выдвинута Чжэн Сюанем [MSZ 496] и широко распространена среди более поздних комментаторов. Чжэн Сюань понимает «высокую особу» (*шо жэнь* 碩人) как ссылку на соперницу женщины (то есть консорта, которой царь Ю отдал предпочтение вместо своей царицы). Чжу Си [SJZ 15.6b–7a], однако, считает, что фраза относится к царю Ю. Оба варианта толкования имеют широкую поддержку среди древних и современных комментаторов, а перевод термина как «высокий человек» или «большой человек», сделанный Уэйли [Waley 218] и Карлгреном [Karlgren 1950: 182], указывает на влияние Чжу Си. Здесь мы имеем дело с интерпретационной двусмысленностью, поскольку существительные и местоимения в классическом китайском языке не имеют пола. Чтобы сохранить эту лингвистическую двусмысленность, мы меняем «высокий мужчина» / «большой мужчина» Уэйли на «высокий человек» здесь и в остальной части стихотворения, но следуем за Чжу Си в интерпретации строк, в которых появляется этот термин, как выражение недовольства женщины, говорящей против мужчины (а не против ее женщины-соперницы, как читал Чжэн).

жеской верности, и женщина, которая до этого момента не произнесла ни слова неодобрения в адрес своего господина, наконец, позволяет себе обвинить его в непостоянстве:

> Утки-мандаринки на плотине;
> Они сложили левые крылья[49]
> Мой господин не добр;
> Вдвойне, втройне дарит он милости свои.

Обвинение «мой господин не добр 之子無良», сильное своей простотой и прямотой, является, пожалуй, самой яркой строкой в этом стихотворении о боли покинутого. Нота протеста, однако, не будет выдержана. Быстро прекратив свою, вероятно неожиданную, вспышку отчаяния, женщина возвращается к тону, который характеризовал предыдущие шесть строф. На самом деле, к концу стихотворения ее дух, кажется, достиг нового падения, поскольку она пренебрежительно говорит о себе, сравнивая себя с камнем-ступенькой:

> Этот камень кривобокий;
> Наступишь на него — он упадет.
> Мой господин отдалился от меня,
> Бросил меня на произвол судьбы.
> [Cheng, Jiang 729–734]

Камень-ступенька, как бы ни был он низок, все равно вызывает зависть женщины, потому что по нему будет ступать ее господин, в то время как она полностью лишена его внимания[50]. Может быть

---

[49] Уэйли пишет: «There is a mandarin-duck on the dam; / It folds its left wing» («На плотине сидит утка-мандаринка; / Она сложила левое крыло»). Мы изменили единственное число на множественное, поскольку мандариновые утки известны тем, что всегда находятся в паре, и именно в этом заключается особое значение утки в поэме.

[50] Мы вслед за Ху Чэнгуном (1776–1832) и Ма Жуйчэном [MZT 23.784] так интерпретируем значение камня-ступеньки. В таком прочтении он завершает серию контрастов, которые поэма проводит между обращением женщины с мужчиной и образами природы (тростник, связанный в пучки, ри-

важным то, что две заключительные строки строфы (и всего стихотворения) («Мой господин отдалился от меня, / Бросил меня на произвол судьбы») примерно повторяют две последние строки начальной строфы («Но мой господин отдалился от меня, / Оставил меня совсем одну»)[51]. Кольцевая структура стихотворения проясняет, что вспышка гнева женщины против непостоянного мужчины несколькими строками ранее была мимолетной. Возвращение говорящей к выражению своей тоски по ушедшему господину подтверждает тон и мотив, в котором выражен этот «плач» покинутой женщины. Зажатый между повторяющимися выражениями печали и привязанности, двухстрочный протест в предпоследней строфе слаб и лишь подчеркивает падение женщины в более глубокое состояние беспомощности и жалости к себе с помощью сравнения со ступенькой в начале последней строфы[52].

Муж, свекор и свекровь

Ода 10 («*Жу фэнь*», «Берег Ру») читается как передача чувств женщины, чей муж в отъезде и которая обращается к своим свекрам, когда выражает тоску по мужу. Вот это стихотворение:

> Я иду вдоль высоких берегов Жу
> Срезая с сучьев охапки.
> Я еще не видела своего господина;
> Я чувствую боль, как от утреннего голода.

совые поля, смоченные водой пруда, утки-мандаринки). Чжэн Сюань считает, что царица разделяла ритуальную привилегию царя использовать камень-ступеньку для посадки в карету, а Кон Инда добавляет, что вид камня-ступеньки печалит царицу, потому что напоминает ей о том, что она вышла из милости [MSZ 497].

[51] Строки 3–4 первой строфы: *чжи цзы чжи юань, би во ду си* 之子之遠俾我獨兮; строки 3–4 последней строфы: *чжи цзы чжи юань, би во ци си* 之子之遠俾我疧兮.

[52] Другие примеры од, которые широко понимались как тоска жен по своим мужьям: оды 14 («*Цао чонг*», «Цикада»), 19 («*Инь ци лей*», «Глухо грохочет гром»), 33 («*Сюн чжи*», «Петушиный фазан») и 226 («*Цай люй*», «Собирающая зелень»).

> Я иду вдоль высоких берегов Жу,
> Срезаю сучья, что были срублены и выросли вновь.
> Наконец-то я увидела своего господина;
> Он не покинул меня навсегда.
> У леща красный хвост;
> Царский дом пылает.
> Но хотя он и горит,
> Отец и мать рядом.
> [Cheng, Jiang 25–27; Waley 11, с изм.][53]

Лю Сян, который считает, что автор этого стихотворения — жена чиновника, служащего вдали от дома, конструирует обстоятельства его создания в рассказе из «Жизнеописаний женщин» [LNZ 2.4b–5a]. В этом рассказе жена делится с соседкой тем, о чем они с мужем говорили, когда он еще был рядом, а именно, что хотя правительство тираническое, человек, у которого есть родители, должен не только служить ему, но и стараться выполнять свои обязанности без ошибок. Только так он сможет приобрести средства, чтобы содержать родителей и избавить их от тревог. По словам Лю Сяна, именно во время этой беседы с соседкой жена сочиняет оду 10, последнюю строфу которой он цитирует в своем рассказе[54]. В контексте, созданном Лю Сяном, последняя строфа имеет следующий смысл: несмотря на осознание шаткости положения, в котором находится государство, символизируемое царским домом, который пылает, как красный хвост леща, у мужчины нет иного выбора, кроме как посвятить себя государствен-

---

[53] Уэйли принимает последнюю строфу за слова вернувшегося мужа и заключает речь в кавычки. Мы читаем это как продолжение мыслей или речи женщины. Мы также изменили перевод последней строки «Мой отец и мать очень дороги». Китайский оригинал: 父母孔邇. Как мы увидим, перевод Уэйли, хотя и не является буквальным, фактически соответствует нашей интерпретации этой строки.

[54] В одном из девяти рассказов о предполагаемых авторах-женщинах в «Одах» Лю Сян не цитирует стихотворение, которое он приписывает женщине. В семи историях он цитирует либо строфу, либо две-четыре строки стихотворения. В оставшейся истории он цитирует две строфы.

ной службе ради своих родителей, о благополучии которых он всегда должен думать («отец и мать рядом»)[55].

Дидактическое послание в прочтении Лю Сяна оды 10 заключается в том, что мужчина должен идти на компромиссы в своем жизненном выборе ради своих родителей. В частности, он вынужден идти на компромисс, когда приходится выбирать между службой неидеальному правительству и невозможностью содержать своих стареющих родителей. Такое прочтение разделяют и другие комментаторские традиции династии Хань в отношении «Од». Например, в одной из записей в «Иллюстрациях к дидактическому применению книги од» («*Хань Ши вайчжуань*») Хань Ина цитируются две последние строки оды 10, чтобы завершить обсуждение выбора, который должен сделать дворянин между посвящением себя нравственному воспитанию и службой в правительстве, чтобы обеспечить достойную жизнь для своих родителей [HSWZ 1.57][56]. В толковании оды 10 Чжэн Сюаня говорится о том же[57]. Что, пожалуй, наиболее примечательно в прочтении оды 10 Лю Сяна, так это то, что он приписывает женщине авторство того, что считалось каноническим поэтическим высказыванием о приоритете сыновнего долга перед личными интересами[58].

---

[55] Так читает последнюю строфу Чжэн Сюань [MSZ 283]. В том же духе Ма Жуйчэнь интерпретирует «отец и мать очень близки» (父母孔邇) в терминах одной из двух обязанностей, которые, по словам Конфуция, человек может научиться выполнять, изучая оды: «более непосредственная обязанность служить отцу» и «более отдаленная — служить князю» (邇之事父遠之事君, Analects 17.9) [MZT 2.68]. Согласно Ван Сяньцяню, традиция Лу (которой следовал Лю Сян) согласна с чжэнским прочтением последней строфы оды 10, хотя и принимает другую линию рассуждений: «поскольку отец и мать не могут уйти далеко от тиранического государства, нужно усердно служить, чтобы не попасть в беду и не причинить им беспокойства» [SSY 1.41].

[56] Бедный ученый из Восточной Хань по имени Чжоу Пань, который, очевидно, был последователем ханьской традиции в одах, как говорят, был вдохновлен одой 10 на поиск должности, чтобы поддерживать свою мать [SSY 1.38].

[57] См. примечание 96 выше.

[58] Чин [Chin 2006] утверждает, что ключевым новшеством традиции Мао было введение женского этического субъекта. Авторские атрибуции и обрамление нарратива в «Жизнеописаниях женщин» позволяют предположить,

Знакомое послание становится более мощным и убедительным в изложении Лю Сяна, потому что в нем жена, которая потенциально могла бы отвлечь мужа от его обязательств перед родителями, помогает ему выполнять эти обязательства.

Нет недостатка в более поздних комментаторах, которые считали, что ода 10 была женским произведением, хотя они и не принимали во внимание сюжетную основу и состав персонажей, гениально придуманных Лю Сяном. Считая, что стихотворение было написано некой женщиной, которая радуется возвращению мужа из путешествия, Чжу Си объясняет, что в первой строфе записаны ее воспоминания о том, как она тосковала по нему во время его отсутствия. Прочтение Чжу Си косвенно связывает создание стихотворения с диалогом между мужем и женой во время их воссоединения [SJZ 1.13b–14b]. Более четко сформулировал это подразумеваемое обстоятельство Ма Жуйчэнь в своей интерпретации оды 10. По его мнению, в первой строфе женщина вспоминает свое душевное состояние в дни отсутствия мужа, во второй строфе она выражает свою радость по поводу возвращения мужа, а в последней строфе, после радостных моментов, она начинает беспокоиться о вероятности того, что ее муж снова отправится в дорогу [MZT 2.68]. Прочтение Ма, придающее драматизм чувствам и событиям стихотворения, делает последнюю строфу особенно интересной для нашего анализа. Следуя его логике, можно было бы интерпретировать последнюю строфу и как попытку женщины прочитать мысли своего мужа и обратиться к нему с мольбой: разве ты не знаешь о гибельном положении государства? Что ты можешь сделать, чтобы помочь? Вместо того чтобы заниматься бесполезным делом, которое постоянно отрывает тебя от дома, не лучше ли посвятить себя тому, что ты можешь и должен делать, то есть оставаться дома и заботиться о своих родителях?[59]

что традиция Лу не менее активно участвовала в проекте по формированию женского этического субъекта через «Оды», которые на протяжении веков были престижным воспитательно-педагогическим инструментом.

[59] Чэн и Цзян [Cheng, Jiang 27] и Чжан Сюэбо [Zhang Xuebo 1976: 14], придерживаясь прочтения Ма Жуйчэна, однозначно интерпретируют последнюю строфу как попытку женщины убедить мужа не оставлять родителей снова.

Напомним, что в прочтении оды 10 Лю Сяна последняя строфа служит противоположной цели для предполагаемого автора-женщины, которая призывает своего мужа усердно работать при тираническом правительстве, чтобы он мог иметь средства для содержания своих родителей. Несмотря на это расхождение в сюжетах, придуманных для создания стихотворения, и в рассуждениях предполагаемого автора-женщины у Лю Сяна и Ма Жуйчэня, в понимании этими двумя комментаторами структуры семейных отношений, вытекающей из стихотворения, один момент однозначен, а именно: между мужем и женой стоят родители мужчины, и так же, как благополучие родителей часто оказывается предметом заботы мужчин, говорящих в «*Одах*»[60], оно также занимает центральное место в этическом мировоззрении замужней женщины и является самым убедительным аргументом, которым она располагает, пытаясь доказать свою правоту мужу. В рассказе Лю Сяна жена использует этот аргумент, чтобы убедить мужа служить, в прочтении Ма Жуйчэня женщина использует его в попытке удержать мужа дома. В любой из этих интерпретаций то, что хочет или чувствует сама женщина, в конечном итоге отходит на второй план по сравнению с интересами родителей мужа. Возможно, ее действительно больше волнует, что хорошего принесет ей самой решение мужа остаться дома или уехать, как в материальном, так и в эмоциональном плане, но самый убедительный аргумент в ее пользу можно найти не в изложении собственных чувств и мыслей, а в мольбе от имени свекров[61].

---

[60] Примеры стихотворений, в которых мужчины, как правило, путешествующие, выражают беспокойство о своих стареющих родителях, лишенных поддержки: оды 110 («*Чжи ху*», «Взойти на лесистый холм»), 121 («*Бао юй*», «Плюмаж дрофы»), 162 («*Си му*», «Четыре коня»), 185 («*Ци фу*», «Военный министр»), 205 («*Бэй шань*», «Северные холмы»).

[61] Ма Жуйчэнь [MZT 2.68] замечает, что женщина ведет себя «правильно», проявляя заботу о свекрах, вместо того чтобы беспокоиться о том, что муж снова оставит ее. К числу современных комментаторов, которые видят тот же треугольник в своих прочтениях оды 10, относятся Чэн и Цзян [Cheng, Jiang 25–27], Цюй Ваньли [Qu Wanli 1952–1953, 2: 8] и Чжан Сюэбо [Zhang Xuebo 1976: 14].

«Вдали от родителей и братьев»

Бремя роли жены и невестки в семье мужа может быть таким, что одиночество и уныние заставляют женщину тосковать по родной семье. Тот факт, что кровные родственники часто находятся вне пределов ее досягаемости либо из-за физического расстояния, либо из-за ожидания, что замужняя женщина сделает семью мужа главным объектом своей верности, объясняет сильное чувство одиночества и разочарования в стихотворениях, которые, кажется, выражают тоску женщин по своим родным (впрочем, без акцента на связи матери и дочери)[62]. С точки зрения сравнительного анализа, наиболее заметным в ранней китайской поэзии является отсутствие воспевания женской дружбы, которая, судя по всему, не могла конкурировать с обязанностями, предписываемыми женщине перед семьей мужа, и даже не пользовалась той ограниченной институциональной и идеологической поддержкой, которую позволяли женщине в родовых связях. В стихотворении, о котором пойдет речь далее, у женщины, от лица которой ведется речь, вроде бы есть компания, но ей трудно поделиться с подругами своими чувствами, и в итоге она отворачивается от них, чтобы поговорить с собственным сердцем. Ода 39 («*Цюань шуй*», «Весенние воды»), в которой говорит женщина, уроженка Вэй, вышедшая замуж за человека из другого царства:

> Этот источник бьет ключом;
> В Ци он течет.
> Мои мысли обращены к Вэй,
> Ни на один день я не останавливаюсь.
> Эти красивые женщины,
> С ними я могла бы посоветоваться.
> Я осталась на ночь в Цзи,
> Прощальный пир был в Ни.

---

[62] Как отмечает Моу [Mou 2004: 167, note 60], отношения матери и дочери очень маргинальны в сохранившихся ранних китайских текстах.

> Когда девушка выходит замуж,
> Она уезжает далеко от родителей и братьев.
> Поприветствовав своих тетушек,
> Я спросила о старших сестрах.
> Я останусь на ночь в Гань,
> Прощальное пир устрою в Яне.
> Смажь маслом ось и вставь в колесо,
> И отправь карету в дальний путь,
> И скоро я прибуду в Вэй:
> В этом не должно быть ничего плохого.
> Чем больше я скучаю по весне Фэй,
> Тем сильнее я вздыхаю.
> Мое сердце летит к Сюй и Цао;
> В нем пусто и грустно.
> Я запрягу карету и поеду кататься:
> Так я развею свои печали.
> [Cheng, Jiang 106–109]

Комментаторы в целом согласны с тем, что ода 39 выражает тоску замужней женщины по родному городу Вэй, хотя они часто расходятся во мнениях относительно мыслительного процесса, описанного в стихотворении. Начало стихотворения, по-видимому, указывает на то, что, охваченная тоской по дому, женщина ищет компанию подруг («эти красивые женщины» в строке 5). Собравшись вместе, автор среди всех доступных развлечений выбирает для себя сочинить стихотворение. Примечательно, что в стихотворении дважды упоминается застолье. С первым из них, прощальным пиром перед отъездом замуж, связано ее последнее воспоминание о том, что она была дочерью в кругу своих родных (вторая строфа). Заметно, что она особо упоминает своих тетушек и старших сестер, которые, будучи матерями и женами в других семьях, возможно, не смогли проводить ее. Очевидно, на данном этапе своей жизни будущая невеста чувствует особую привязанность к своим родственницам, которые, возможно, сыграли важную роль в ее ранней социализации. Однако важно отметить, что с формальной точки зрения предстоящий брак отрывает девушку от ее «родителей и братьев», и именно это определение брака она формулирует в строках 9–10 (女子有行遠父母兄弟)⁶³. Вместе с отцом и братьями мать представляет дом, который она покидает, и здесь не отмечена привилегированность отношений между матерью и дочерью.

Второе застолье воображаемое, оно в грезах женщины происходит на ее новой родине и предшествует долгожданному воссоединению с родной семьей (третья строфа). Волнение в полной мере проявляется в веселье, с которым готовится карета. Читатель поддерживается в этой восхитительной иллюзии до последней строки строфы, когда неуверенное заявление «В этом не должно быть ничего плохого» выдает ее осознание многочисленных препятствий на пути к осуществлению ее мечты. Только теперь мы по-настоящему понимаем строки 5–6, где она говорит, что «могла бы также» посоветоваться со своими подругами (聊與之謀).

Возможно, как предполагают многие комментаторы, «эти красивые женщины» в компании — это жены, вступившие с ней в один полигиничный брак [SJZ 2.20b; ST 3.89–90; SMZ 3.113; Cao Zhaolan 2004: 237; Cheng, Jiang 107]. В самом стихотворении нет ничего, что могло бы это подтвердить и исключить возможность того, что женщины состоят в родстве или просто являются соседками и подругами. Однако независимо от того, какие именно отношения связывают говорящую и ее окружение, из стихотворения становится ясно, что их присутствие не вывело ее из мрачного настроения. В конце концов она чувствует, что она одна и должна справиться со своими разочарованиями и тоской в одиночку. Отсюда прямое выражение сильной тоски по родной земле в последней строфе. Кажется, теперь она на мгновение игнорирует присутствующих и предается своим собственным чувствам. Как следует из двух последних строф, она решает отправиться в путь в одиночестве, поскольку беседа с подругами не принесла облегчения ее печалям.

---

⁶³ Строки «Когда девушка выходит замуж, / Она уходит далеко от родителей и братьев» (в других местах в целях рифмовки написано «братья и родители») снова появляются в одах 51 и 59. Очевидно, родители и братья, как правило, представляли нативную семью женщины.

Действительно, несмотря на явное указание о присутствии компании в стихотворении, перед нами предстает образ молодой жены, которая, пытаясь примириться со своей супружеской жизнью, не находит утешения в собеседницах и не может не тосковать по своим родным, которые находятся вне досягаемости. Наиболее наглядным примером парадокса между одиночеством и дружеским общением в стихотворении является тот факт, что нынешний социабельный контекст полностью затмевает два других. Хотя один праздник был в прошлом, а другой воображаемый, они кажутся нам более реальными и сиюминутными. Независимо от того, кто составляет ее окружение и как они могут быть связаны между собой, мы видим песню замужней женщины об одиночестве и тоске по дому. Кроме того, в ней отсутствует восхваление женской дружбы, что становится еще более заметным, когда говорящая находится в компании подруг.

Анонимные истоки в традиции китайской женской поэзии

Ода 54 («*Цзай чи*», «Галоп») — это единственное стихотворение в «*Одах*», авторство которого приписывается реальной женщине на основании внешних свидетельств. Согласно комментарию Цзо («Комментарии Цзо», Минь 2, [Yang 267]), госпожа Му, жена князя из Сюя, уроженка Вэй, «*фу*» (賦, глагол, который может означать «сочинила» или «продекламировала») оду 54 (許穆夫人賦載馳) в 660 году до н. э.[64], когда Вэй подверглась нашествию народа ди, а князь И из Вэй, сводный брат госпожи Му, погиб в битве. Хотя комментаторы, начиная с Мао Хэна и Лю Сяна в эпоху Хань, единодушно интерпретировали запись в «Комментариях Цзо» (или в каком-то другом общем источнике) как то,

---

[64] О двух значениях *фу* по отношению к исполнению поэзии в «Комментариях Цзо» см. в [Yang 31, 1548]. Примеры, в которых *фу*, по-видимому, указывает на оригинальное сочинение, можно найти в («Комментарии Цзо», Инь 3 [Yang 31], Минь 2 [Yang 268], Вэнь 6 [Yang 547], Дин 4 [Yang 1548]).

что госпожа Му из Сюя была автором оды 54[65], отсутствие контекста в лаконичном высказывании и многозначность глагола *фу* затрудняют суждение о том, действительно ли госпожа Му из Сюй сочинила оду или же она просто продекламировала ее.

Если следовать древним и современным комментаторам и считать, что ода 54 была написана госпожой Му из Сюя, чтобы выразить сожаление по поводу ее неспособности помочь родине в борьбе с завоевателями, то при прочтении возникает образ одинокой женщины. В строфах 2–4 говорящая выражает недовольство своим мужем и его двором за то, что они препятствуют ее попыткам оказать помощь родной семье, когда ту постиг кризис. Разочаровавшись, женщина уходит в себя. Ее мысли блуждают по холмам и полям, единственным местам, где она может скрыться от неприятного ей окружения и найти хоть какое-то утешение для своего скорбящего сердца: «Я иду по пустыне; / Густо растет василёк. / С пустыми руками в большой стране, / К кому мне пойти, на кого положиться?» [Cheng, Jiang 153][66]. В песне не указано, есть ли у говорящей в этих строках компания, но ее чувство беспомощности напоминает нам оду 39, в которой говорящая представляет собой одинокую фигуру, несмотря на женское общество, с которым она встречается. Здесь, как и там, женская связь не упоминается в качестве мощной поддержки для женщин в их борьбе с трудностями супружеской жизни.

Невозможно точно установить связь между госпожой Му из Сюй и одой 54: была ли она ее автором или просто декламировала стихотворение на светском торжестве, как это было принято среди элиты периода Весен и Осеней? Есть два свидетельства, которые не оставляют сомнений в причастности женщин к вы-

---

[65] Мао использует и *фу*, и *цзуо* 作 (создавать, сочинять) в своем предисловии к оде 54; Лю просто говорит, что госпожа Му сочинила (*цзуо*) оду 54 [MSZ 320; LNZ 3.2b–3a]. Кун Инда [MSZ 320] подробно останавливается на семантической эквивалентности между *фу* и *цзуо* в формулировке предисловия к Мао.

[66] Интерпретация третьей строки Карлгреном [Karlgren 1950: 36], разделяемая многими авторитетами (см. глоссы в [Cheng, Jiang 154; Yang 599, 1051]), может быть более точной: «Я поспешила бы за помощью к какому-нибудь великому государству, / но на кого мне полагаться, к кому идти?»

сокому искусству декламации од. В обеих записях фигурируют аристократки VI века до н. э., каждая из них декламирует разные строфы из оды 27 («*Люй и*», «Зеленый плащ»). Обсуждение этих двух записей может пролить свет на вопрос о поэтическом голосе женщин в преимущественно анонимной доимперской китайской литературной традиции.

Главным героем одной из записей является Му Цзян, прелюбодейная и честолюбивая вдова покойного князя Сюаня из Лу. Прервав пир, который ее сын князь Чэн устраивал для своего главного советника, только что вернувшегося с дипломатической миссии, Му Цзян обратилась к гостю с речью и прочла для него последнюю строфу оды 27, после чего удалилась (об этом говорится в главе 4). Другая женщина, которая, согласно записям, прочла оду, — была Цзин Цзян, женщина-образец, известная своей тщательностью в соблюдении ритуалов. Пригласив специалиста по ритуалам рода на пир, где она доверила ему организацию брака своего сына, Цзин Цзян прочитала для него третью строфу оды 27 («Речи царств», Лу 2, 210).

Мао и многие классические комментаторы, включая Чжу Си, Яо Цзихэна и Фан Южуня, считали, что ода 27 была написана Чжуан Цзян, добродетельной женой вэйского князя Чжуана (758–735 до н. э.), после того как она проиграла в состязании с одной из других жен супруга и потеряла расположение своего господина [MSZ 297; SJZ 2.4b–5a; SY 3.123; ST 3.70]. Стихотворение звучит так:

> Эй, зеленый плащ,
> Зеленый плащ с желтой подкладкой!
> Печаль моего сердца,
> Утихнет ли она когда-нибудь?
> Эй, зеленый плащ,
> Зеленый плащ и желтая юбка!
> Печаль моего сердца,
> Закончится ли она когда-нибудь?
> Эй, зеленые нити!
> Это ты их сшила.
> Я думаю о древних:
> Пожалуйста, помоги мне быть безупречной.

> Широкий стежок и вышивка
> не греют, когда приходит ветер.
> Я думаю о древних:
> Они действительно знают мое сердце.
> [Cheng, Jiang 66–67] (изм. строфы 3 и 4)

В доминирующей повествовательной структуре, установленной для прочтения оды 27 в классических комментариях, брошенная княгиня выражает горькие чувства по поводу своей потери в первых двух строфах поэмы («Печаль моего сердца, / Утихнет ли она когда-нибудь?»; «Печаль моего сердца, / Закончится ли она когда-нибудь?»), а в следующих двух строфах она показана находящей утешение и мужество в размышлениях о «древних» (*гу жэнь*). Кто такие «древние» в данном контексте? Чжу Си, который вслед за Мао с некоторой неохотой допускает, что Чжуан Цзян может быть автором оды 27, считает, что «древние» — это женщины, которых постигла подобная участь в прошлом. В третьей строфе, полагает он, женщина пытается ободрить себя, думая о тех древних, которые пережили схожий опыт, но справились с ним, а в последней строфе она отмечает, что они предвидят и дадут мудрость, которая ей понадобится [SJZ 2.4b][67]. Только такие женщины-«древние» могли в полной мере понять несправедливые страдания, выпавшие на долю говорящей в оде женщины — автора оды (我思古人實獲我心), поэтому она ищет у них силы, чтобы выдержать испытания и сохранить свою добродетель (我思古人俾無訧兮).

Возможно, есть смысл в том, что и Му Цзян, и Цзин Цзян, которые были единственными женщинами-практиками, занимавшимися высоким искусством декламации од, выбирали оду 27, когда хотели передать свои собственные желания и до-

---

[67] Как и Чжу Си, Ван Чжи скептически относится к тому, что Мао приписывает оду 27 Чжуан Цзян (в стихотворении нет таких указаний), но считает, что стихотворение, несомненно, является женским причитанием. Он делает вывод, что эта женщина должна быть мудрым и вдумчивым человеком, который понимает как прошлое, так и настоящее. Она неоднократно обращается к «древним», потому что знает: то, что было в прошлом, повторится в настоящем [SZW 2.25].

стичь личные цели⁶⁸. Может быть, за их выбором стояло общее представление о женском авторстве стихотворения. Следуя обычаям чтения «Од», обе женщины могли вырвать оду 27 из ее первоначального контекста (каким бы он ни был), чтобы выразить свои намерения, но вполне вероятно, что пол и личность автора оригинала, как это обычно понималось в их время, были важными факторами, побудившими их избрать именно это стихотворение.

Предшествующее прочтение, безусловно, является весьма спорным. Во-первых, выбор одного и того же стихотворения двумя женщинами вполне может быть совпадением. Во-вторых, в обычае декламации «Од» пол автора оды или говорящего в ней, похоже, не мешает практикам противоположного пола выбирать ее для представления. Лучшие примеры можно найти в двух записях в «Комментариях Цзо» (Вэнь 14, [Yang 599]; Сян 19, [Yang 1051]). В обоих случаях министр на дипломатическом мероприятии декламировал четвертую строфу оды 54, выражая желание обратиться за помощью к более крупному царству. Другими словами, если госпожа Му действительно была автором оды 54, то перед нами случай, когда стихотворение женщины было прочитано мужчиной, но если она просто декламировала оду 54, то эти две записи подтверждают, что стихотворение мужчины может быть прочитано женщиной. Независимо от отношения госпожи Му к оде 54, записи об использовании министром строфы из нее позволяют предположить, что чтение Му Цзян и Цзин Цзян оды 27 не является хорошим доказательством сознательного отождествления женщин с традицией женского литературного выражения в Китае VI века до н. э.

---

⁶⁸ Мы уже высказывали предположение, что две разные строфы оды 27, выбранные Му Цзян и Цзин Цзян, соответствуют различным практическим намерениям и моральному состоянию двух женщин [Zhou Yiqun 2003]. Если Му Цзян выбирает строфу, отмеченную страстной тоской и допускающую эротическую интерпретацию в соответствии с традициями чтения «Од», то Цзин Цзян выбирает строфу, демонстрирующую заботу о том, чтобы быть морально и ритуально «безупречной», чтобы передать свое послание знатоку ритуала.

Не стремясь к окончательному выводу, а лишь анализируя доказательства, чтобы увидеть, можно ли пролить больше света на роль женщин в литературном творчестве в древнем Китае, мы рискнем предположить, что ссылка на оду 27 в песне госпожи Бань (ум. 6 до н. э.) может добавить немного больше веса теории о том, что ранние китайские женщины-литераторы чувствовали особую связь со своими предшественницами. Госпожа Бань, дворцовая дама династии Хань, происходила из знатной семьи, в которой выросло несколько поколений ученых и чиновников. Долгое время пользовавшаяся благосклонностью императора Чэна (37–7 до н. э.) благодаря своей образованности и тщательному соблюдению ритуальных правил, госпожа Бань изменила свою судьбу, когда император увлекся двумя красавицами-сестрами из числа своих наложниц, которые в современных источниках изображаются ревнивыми, коварными и жестокими. Опасаясь худшего и едва избежав козней сестер, госпожа Бань получила разрешение покинуть императора, чтобы служить вдовствующей императрице. Находясь в самоизгнании, леди Бань написала «Песню самообольщения», в которой рассказала о своих прошлых стремлениях и нынешних страданиях. Большая часть песни состоит из навязчивого описания одиночества и страданий покинутой женщины[69], но его последняя часть, кажется, описывает мысли поэта, когда она стремится играть роль общительной спутницы:

---

[69] Отрывок из рапсодии иллюстрирует это: «Я прячусь в темном дворце, уединенном и неподвижном: / Главный вход закрыт, запретные ворота заперты, / Пыль лежит в богато украшенных залах, мох покрывает нефритовые лестницы, / Во дворах зеленая трава густо растет. / Широкие покои мрачны, занавеси темны, / Сквозь пустые оконные решетки дует холодный ветер. / Он колышет занавески и платья, раздувает красные шифоны; / свист, свист, звук шуршащих шелков. / Моя душа улетает в какое-то тайное, тихое место; / Мой господин больше не благоволит мне своим присутствием; кто может чувствовать честь в этом? / Я смотрю вниз на красно-оранжевую дорожку / И вспоминаю, где когда-то ступал мой господин. / Я смотрю вверх на его окутанные облаками покои / И двойные потоки слез льются по моему лицу» (пер. Дэвид Р. Кнехтгес (David R. Knechtges)) [Chang K. S., Saussy 1999: 20].

С приятным выражением лица,
Я смотрю на тех, кто меня окружает;
Наполните крылатый кубок, чтобы развеять мою печаль.
Я думаю, как человек рождается для жизни,
И как внезапно проходит, словно плывет по течению.
Я уже пользовалась известностью и почетом,
И прожила жизнь в несравненных благах.
Я буду бодрствовать духом, наслаждаться в полной мере,
Ведь удачу и счастье трудно предугадать.
«Зеленый плащ» и «Белый цветок» —
С древних времен так обстояли дела[70].

Образ, созданный в этом отрывке, — одинокая женщина, пьющая в одиночестве среди дружеской компании, но мысленно и психологически отстраненная от нее, — напоминает анализ говорящего в оде 39 («Весенние воды»). Разница в том, что если одинокая женщина в оде 39 не находит утешения от тоски по дому в компании, которую она составляет, то госпожа Бань поет о мужественной борьбе брошенной женщины за утешение в новой жизни путем подавления воспоминаний о старой любви и обращения к философии. Хотя трудно сказать, является ли использование оды 27 Му Цзян и Цзин Цзян интерпретацией стихотворения в соответствии с доминирующей классической интерпретацией, аллюзия госпожи Бань на эту оду («Зеленая куртка»; «Зеленый плащ») явно указывает на то, что она приняла эту концепцию прочтения. За столетия до этого Чжуан Цзян потеряла расположение своего господина из-за другой супруги, свою печаль она выразила в «Зеленом плаще» и нашла утешение в «древних», которые могли ее понять. Теперь госпожа Бань также переживает страдания и прибегает к поэзии для самовыражения. Подобно тому, как Чжуан Цзян обращалась к «древним», госпожа Бань признает себя обязанной мудрости, выраженной автором «Зеленого плаща», а также другому историческому примеру покинутой женщины, которая использовала поэзию для выражения своей печали и разочарования, — жене

---

[70] Пер. Дэвид Р. Кнехтгес (David R. Knechtges) [Chang K. S., Saussy 1999: 20].

царя Ю, предполагаемому автору оды 229 («*Бай хуа*», «Белый цветок»)[71]. Ссылаясь на «Зеленый плащ» и «Белый цветок», госпожа Бань завершает свое поэтическое сетование: «С древних времен так обстоят дела 綠衣兮白華自古兮有之». Несмотря на анонимность од 27 и 229 и вытекающую из этого сложность поиска в них «подлинных» признаков женской субъективности, также важно, что госпожа Бан, первая исторически реальная женщина-поэт Китая, чья жизнь и творчество надежно засвидетельствованы, понимала эти две оды как высказывания более ранних женщин, разделявших ее беды и чувства. Ораторы в одах 27 и 229 обеспечили как поэтическое вдохновение, так и духовное утешение для автора «Песни самообольщения»[72].

В своем исследовании того, как некоторые анонимные поэмы, созданные в период с конца I века до н. э. по III век н. э., обрели авторов в последующие несколько столетий, Стивен Оуэн указывает на то, что в основе авторских атрибуций лежал поиск авторов, говорящих о себе. Он делает вывод, что в таких атрибуциях «происхождение поэмы в конечном счете менее интересно, чем ее историческая судьба» [Owen 2006: 224]. Заимствуя эту мысль, мы предлагаем следующее: если в принципе бесполезно пытаться определить, было ли какое-либо произведение в «Одах» на самом деле написано женщиной, важно знать то, что антология содержит много стихов, которые были приняты за отражение реального женского опыта и взглядов, и что, кроме того, эти произведения послужили каноническим обоснованием, литера-

---

[71] Отголоски настроений и поэтических приемов оды 229 в песни госпожи Бан нетрудно заметить. В обоих произведениях расстроенная, покинутая женщина с подавленной страстью тоскует по возлюбленному, который стал недосягаем, но все еще заполняет пространство, населенное покинутой женщиной.

[72] После положительного отзыва о предполагаемом авторе оды 27 — женщине, которую он хвалит за мудрость и утонченное понимание актуальности прошлого, Ван Чжи завершает цитатой строки госпожи Бань, намекающей на оды 27 и 229 [SZW 2.25]. Нам кажется, что Ван Чжи подразумевает связь между использованием госпожой Бань этих двух од и тем, что женщина в оде 27 говорит о мудрости «древних».

турными аллюзиями и тропами для более поздних китайских женщин, которые выражали себя в поэзии[73].

На самом деле, Чжуан Цзян будет регулярно упоминаться китайскими литераторами императорского периода, которые пытались подтвердить и популяризовать женское поэтическое творчество, прослеживая его истоки от «Од»[74]. Для столетий писателей и читателей императорского Китая Чжуан Цзян была не «лирической героиней», как мы привыкли понимать этот термин, а реальной женщиной, рассказывающей о своей личной беде и дающей утешительный исторический пример женщинам, которым приходилось сталкиваться с подобными страданиями. Мы лишь хотим высказать предположение, что этот способ прочтения и переживания, лежащий в основе формирования китайской традиции женской поэзии, мог зародиться гораздо раньше, в период, когда поэзия почти всегда принимала форму исполняемых песен[75]. Стихотворение, известное как женская песня в начале или в другой критический момент его распространения, может приобрести другие значения при повторном исполнении в других случаях и для другой аудитории. Однако в условиях такой изменчивости то, что, как считалось, определяло женское авторство песни (от голоса и в зависимости от внешних обстоятельств), как правило, оставалось особенно связанным с женщинами и определяло последующее выражение женщинами своего опыта. Как мы и пытались доказать, возможно, именно в этом заключалась история создания и использования оды 27 от Чжуан Цзян, Му Цзян и Цзин Цзян до госпожи Бань.

---

[73] Как видно из настоящего обсуждения, вопрос авторства в целом и женской субъективности в частности в ранних китайских литературных и эстетических традициях является чрезвычайно сложным.

[74] Об этой стратегии легитимации см. [Chang K. S. 1997; Chang K. S., Saussy 1999: 3; Xu Sufen 2006].

[75] Керн [Kern 2005] утверждает, что до конца IV века до н. э. (а возможно, и до II века до н. э.) не существовало приблизительно стандартизированной письменной версии «*Од*». Это позволяет предположить, что до этого времени устное исполнение оставалось основной формой передачи канонического песенного корпуса.

Женский опыт и мужское воображение

Прочтение, предложенное в предыдущем разделе, не может и не должно исключать возможность того, что за женскими голосами в «Одах» (или, по крайней мере, за некоторыми из них) могут скрываться мужчины. Вместо этого, полностью признавая такую возможность, мы хотели бы теперь исследовать два волнующих вопроса: какова вероятность того, что раскрытие «подлинной» женской субъективности в обществах с доминированием мужчин, таких как Древняя Греция и Древний Китай, может привести к подрыву основной культуры и утверждению женской субкультуры или даже контркультуры? И в какой степени выражение женской субъективности не только формировалось под влиянием доминирующих мужских ценностей, но и зависело от того, чтобы быть принятым основной культурой для выживания?

Наш краткий ответ на эти вопросы носит двоякий характер. С одной стороны, формирующая роль доминирующих мужских ценностей и их принятие основной культурой были настолько важны для формирования и выживания женской субкультуры в древних обществах, таких как Греция и Китай, что мы вряд ли обнаружим женскую контркультуру, придерживающуюся радикально иных ценностей. Греческие великие, от Солона до Платона, не отдавали должное Сафо не потому, что она пела о запретных темах и одобряла подрывные идеи или практики[76]. Она вышла замуж, завела семью и сочиняла свадебные песни[77], хотя, как и другие греческие женщины-литераторы, чьи произведения сохранились, она, несомненно, сделала внесемейные гомосоциальные связи центральным элементом своих песен. Поступая так, Сафо

---

[76] См. [Nagy 2004: 33, note 23] об исполнении песен Сафо на мужских симпозиумах. Ятроманолакис [Yatromanolakis 2007] предполагает, что мужчины греческой элиты могли рассматривать чувства, описанные в поэзии Сафо, как сравнимые с их собственным гомоэротическим опытом. Дэвидсон [Davidson 2007: 406] также отмечает соответствие сафической поэзии мужской модели гомоэротического опыта.

[77] Например, фрагменты Сафо 44 и 110–117А. См. у Снайдера [Snyder 1989: 31–33] обсуждение свадебных песен Сафо. Согласно Суде, мужем Сафо был богатый купец по имени Керкил.

и другие греческие женщины-поэты следовали тому же культурному сценарию и принимали те же социальные ценности, что и мужчины-поэты. Их чествование связи матери и дочери представляет собой лишь частичное отклонение от мужского образца, поскольку с точки зрения патрилинейности эта связь представляет собой центробежную силу (мать и дочь окажутся в разных патрилиниях), но что их всегда будет их объединять, так это их пол. Полностью женский праздник Фесмофорий, основополагающим мифом которого является трогательная история Деметры и Персефоны (см. главу 3), иллюстрирует то, как связь матери и дочери могла быть подведена под категорию женской гомосоциальной связи и публично одобрена как таковая в Древней Греции. Аналогичным образом чувства родства были предметом заботы китайских поэтов, как мужчин, так и женщин, с той лишь разницей, что в то время, как мужчины воспевали агнатическое родство и сыновнюю почтительность, женщины выражали чувства, которые распространялись на их кровных родственников, а не только на мужей (а иногда и на родителей мужа). Опять же, это лишь кажущееся отклонение от мужского паттерна, потому что чувства, связанные с мужьями и родственниками, проистекают из тягот супружеской жизни и могут говорить об обязательной центральной роли патрилинейной семьи в эмоциональном мире китайских женщин. Проблемы и переживания межличностных отношений, которые звучат в поэтических голосах греческих и китайских женщин, в основном вписываются в мужскую поэтическую традицию.

Однако, с другой стороны, выражения женского опыта не были органично интегрированы в парадигмы мужских ценностей. Степень интеграции зависела от того, как женщины были расположены и какими полномочиями были наделены в патрилинейной семейной структуре. В Китае, где патрилинейная семья предоставляла женщинам четко определенные ниши и пути к власти, успешно игнорировала женскую дружбу, но оставляла место для родовой привязанности, ставка на брак и семью могла быть настолько высока, что не оставалось места для проявления альтернативных интересов. В этом случае выражение женского опыта, как правило, соответствовало ожиданиям мужчин относительно женских желаний и эмоций. Подобного согласия в греческой традиции не наблюдается. Признания Пенелопы в бесконечной скорби по отсутствующему мужу, которые очень напоминают женские чувства в «Одах»[78], не находят отклика в песнях греческих женщин-поэтов. Поддерживая узы матери и дочери, стремясь к совершенству и близости в кругу подруг, греческие женщины соперничали с мужчинами в страстном воспевании своего гомосоциального опыта. Такое подражание вызывало неоднозначное отношение у мужчин.

Греческие мужчины признавали и принимали, что греческим женщинам, как и им самим, были свойственны дружба и соперничество. Общественные институты, способствующие формированию женских связей, особенно те, что связаны с празднествами, не могли бы существовать и функционировать без поддержки мужчин. Греческие мужчины играли решающую роль в формировании женской субъективности, выросшей из той же социальной среды, которая питала граждан мужского пола: от финансовой ответственности за участие своих родственниц в фестивалях до сочинения песен и обучения женских хоров. В этом смысле существует большая степень согласия между тем, что возникает из девичьих песен Алкмана и хоровых од Аристо-

---

[78] Например, сравните строфу 2 оды 62 («С тех пор, как мой господин отправился на восток, / Моя голова лохматая, как перекати-поле. / У меня есть жир, чтобы намазать ее; / Но для кого мне выглядеть красиво?») с тем, как Пенелопа в «Одиссее» (18.178–181) отвечает на просьбу кормилицы искупаться и помазаться, чтобы не выглядеть вечно траурной: «Не убеждай, Евринома, меня, чтоб в своей я печали / Кожу водой омывала, румянами мазала щеки. / Отняли всю красоту у меня олимпийские боги / С самой поры, как уплыл Одиссей на судах изогнутых». Аналогично, во время своей первой встречи с переодетым Одиссеем, Пенелопа говорит (19.124–126): «Нет, чужеземец, мою добродетель — мой вид и наружность — / Боги сгубили с тех пор, как пошли аргивяне походом / На Илион, а меж них и мой муж Одиссей находился» (пер. В. В. Вересаева). Ср. феминистское прочтение [Clayton 2004], в котором Пенелопа предстает как поэтическая героиня, выражающая альтернативный дискурс. Вместо того чтобы подчеркивать верность Пенелопы Одиссею, Клейтон подчеркивает ум Пенелопы (лучше всего это демонстрирует ее поступок, когда она постоянно ткет и распутывает саван, который она делает для Лаэрта, и этим трюком успешно обманывает женихов в течение трех лет).

фана, с одной стороны, и тем, что непосредственно доходит до нас из произведений женщин-поэтов, с другой стороны. Героини, которые блистают в обоих типах источников, — это молодые женщины, которые принимают женскую дружбу.

Однако то, что греческие женщины разделяли те же социальные ценности, ориентированные на соперничество и дружбу, что и мужчины, неизбежно вступало в конфликт с основными ожиданиями мужчин в отношении женщин, а именно, что они должны быть хранительницами домашнего очага и посвящать себя исключительно служению нуждам патрилинейной семьи. Как мы убедились, в дошедшей до нас поэзии греческих женщин эти ожидания встретили гробовым молчанием. Интересно, что, соответственно отсутствию мужа в греческой женской поэзии, греческие мужчины не проявляли особого интереса к рассказам о тоске женщин по своим мужьям. Регулярно выражая свое беспокойство по поводу стремления женщин к внесемейным связям, греческие мужчины тем не менее проявляли интерес к рассказам о тоске женщин по мужу[79], лишь изображая муж-

---

[79] Мужская настороженность и беспокойство по поводу привязанности женщин к своим подругам находит широкое выражение в греческих текстах. Например, в «Женщинах на празднике Фесмофорий» Аристофана (строки 795–796) женщина рассказывает о мужьях, которые всеми силами пытаются найти своих жен, если они ночевали в чужом доме после ночной вечеринки во время религиозных праздников, опасаясь, что жены могут замышлять что-то плохое вдали от дома. В Идиллии 15 Феокрит пишет о мужчине, который перевез свою семью далеко, чтобы отдалить жену от ее соседки и близкой подруги, но его усилия не увенчались полным успехом, потому что подруга все равно навещает жену и приглашает ее присоединиться к ней на празднике. Более явно выраженные негативные версии этих мужских чувств можно найти в текстах, начиная с сатиры Семонида VII века до н. э. и заканчивая афинской драмой V века до н. э. В своей сатире Семонид восхваляет женщину-пчелу, единственное искупительное достоинство женского рода, за то, что ей не нравится «сидеть среди женщин и рассказывать эротические истории» (7.90–91). Ипполит в одноименной пьесе Еврипида осуждает жен, которые сплетничают, и рекомендует женщинам поселиться с немыми зверями, чтобы у женщин не было собеседников (строки 645 и далее). Обсуждая плач Эринны по Бавкис, Гуцвиллер [Gutzwiller 1997: 208] отмечает, что греческое общество склонно замалчивать выражение женщинами привязанности к другой женщине в качестве публичного дискурса, опасаясь, что это будет разрушительным, и даже несмотря на то, что отно-

ским голосом чувства тоскующей жены в образе верной Пенелопы[80].

Итак, несмотря на то что на основании поэтических голосов женщин в Греции и Китае нельзя сделать вывод о женской контркультуре, можно выделить два способа формирования и выражения женской субъективности, связанных с основными мужскими ожиданиями и представлениями. В Греции существовал внутренний конфликт между поддержанием женской культуры, в которой ценились соперничество и внесемейные гомосоциальные связи, и ограничением женщин домом и домашними обязанностями. Следовательно, часто может показаться, что мужские ожидания противоречили и не могли приспособиться к независимому выражению женского опыта, но, по иронии судьбы, такое напряжение было результатом того, что женщинам позволялось разделять мужские ценности в очень ограниченном числе разрешенных институтов (в основном связанных с религиозной деятельностью), в то же время отказывая им в возможности реализовать эти ценности в тех же сферах и теми же способами, что и мужчинам. В отличие от двойственных отношений между женским опытом и мужским воображением в Греции, китайские источники демонстрируют бóльшую степень согласия между ними и, соответственно, представляют меньший потенциал для обнаружения признаков расхождения в репрезентации женского опыта.

Выводы

И в Древнем Китае, и в Древней Греции замужество сопровождалось огромными трудностями для женщин, особенно для молодых невест, и песни в обеих литературных традициях пере-

---

шения, которые женщины устанавливали в первые годы своей жизни, «могли представлять собой самые крепкие эмоциональные связи, которые они когда-либо знали».

[80] Примеры ссылок на верность Пенелопы: сборник Феогнида (1126–1128), «Орест» Еврипида (588–590) и «Женщины на празднике Фесмофорий» Аристофана (547–548).

дают их борьбу с этими трудностями. Однако эти женщины отличаются и по своим певческим голосам. Как и греки, греческие женщины очень агонистичны в своих песнях, и они больше всего ценят свои связи с теми, кто разделяет их пол и их опыт[81]. Подобным образом, мужские и женские голоса в китайской поэзии перекликаются друг с другом в своем предпочтении семейных отношений, а полное отсутствие дружбы с женщинами в песнях говорит о еще большей второстепенности внесемейных гомосоциальных связей в жизни китайских женщин[82]. Все попытки определить, где в стихотворениях, которые, как считается, были написаны китайскими женщинами, заканчивается «подлинная женская субъективность» и начинается «ложное представление», могут оказаться тщетными.

Вновь подчеркивая, что попытки установить женское авторство «*Од*» были бы бесплодными и что вполне возможно, что по крайней мере некоторые из песен, которые считаются женскими, на самом деле были сочинены мужчинами[83], не думаем, что

---

[81] Хотя Марру [Marrou 1956: 60] отражает викторианское отношение к гомоэротизму, он метко улавливает связь между дружбой в сафическом кругу и греческой мужской любовью: «аберрация, которой предавались женщины Греции, была ответом женщин на безумие любви между мужчинами».

[82] Здесь мы вспоминаем описания словесных обменов между мужчинами и женщинами в одах, связанных с древними китайскими праздниками (см. главу 3). Как отмечалось там, женская дружба никогда не является темой этих песен, которые вместо этого показывают молодых женщин, преуспевающих в игре ухаживания.

[83] Изучающие позднюю китайскую литературу знают, как нелегко отличить подлинный голос реальной женщины, мучительно переживающей за своего ушедшего господина, от голоса мужчины, выдающего себя за такую женщину (см., например, [Rouzer 2001, ch. 4]). Мужчины писали под женской личиной по разным причинам, а не только из-за вуайеристского интереса или по просьбе брошенной женщины, искавшей поэтического выражения своего бедственного положения (см., например, историю о сочинении рапсодии дворца Высоких Ворот; о сходстве между этим произведением и рапсодией самообольщения леди Бан см. [Knechtges 1981: 59]). Начиная с элегий, приписываемых Цюй Юань (ок. 340 — ок. 278 до н. э.), верному, но неоцененному государственному деятелю Чу, который в конце концов покончил жизнь самоубийством, сложилась почтенная поэтическая традиция, в которой

в китайской традиции мужское господство было таким, что женщины были полностью лишены права голоса, или что женские голоса в «Одах» были лишь отголосками, созданными мужчинами для отражения мужской точки зрения. Если греческие женщины-поэты выражают в разных формах те же ценности, что и их коллеги-мужчины, то у нас есть все основания подозревать, что «подлинные» голоса китайских женщин, если они когда-либо будут найдены с уверенностью, окажутся гораздо более похожими на голоса китайских мужчин-поэтов, чем на песни греков, как женские, так и мужские. Другими словами, при всей осторожности, мы считаем, что женские голоса в «Одах» действительно позволяют нам получить ценные сведения о переживаниях женщин в Древнем Китае, и утверждаем, что различные проблемы и эмоции, проявляемые греческими женщинами-поэтами и женщинами-ораторами в китайской поэзии, могут быть поняты с точки зрения различной степени, в которой женщины были вплетены в патрилинейный семейный порядок в этих двух обществах.

мужчины-литераторы выражают свое разочарование и чувство отчуждения, особенно в связи с государственной службой, принимая голос покинутой женщины. Для сравнения достаточно отметить два момента.
Во-первых, в отличие от китайских мужчин, греки, похоже, не были заинтересованы в том, чтобы говорить от лица брошенной женщины. Возможно, они считали, что фантазия о верной жене, которая тоскует по мужу, не отражает поступки или слова жен в реальной жизни; кроме того, жалкая брошенная женщина не встречается в сохранившихся произведениях греческих поэтов-женщин. Популярность мужского голоса, говорящего от лица женщины, в поздней китайской литературной традиции отчасти объясняется верой в то, что таким образом удастся передать подлинные переживания реальной покинутой женщины, и эта вера подтверждается произведениями, написанными реальными женщинами. Во-вторых, большая свобода китайских литераторов говорить женскими голосами, вероятно, связана с тем, что в Китае не существовало концепции мужчины и женщины как резко различающихся и потенциально противопоставляемых рас. Этот момент был затронут в главе 4 и будет вновь поднят в заключении. Короче говоря, несмотря на бóльшую вероятность того, что некоторые женские голоса в «Одах» могли быть опосредованы мужчинами, мы считаем маловероятным, что эти женские голоса просто повторяют мужскую позицию.

В Китае, где инкорпорация была более тщательной, а связи между матерью и дочерью и внесемейные гомосоциальные связи играли менее важную роль, женщины могли испытывать больший эмоциональный стресс, но при этом стремились найти облегчение и компенсацию в соответствии с ценностями патрилинейной семейной системы. Они проявляли бо́льшую зависимость от своих мужей и свекров, к лучшему или худшему, и пытались поддерживать связь со своими кровными родственниками в условиях сильного давления в новой семье. Другими словами, женские голоса в ранней китайской поэзии свидетельствуют о том, как женщины пытаются приспособиться к супружеской жизни со всем комплексом обязанностей и испытаний и найти свое место в ней. Такая поэзия может выполнять катарсическую функцию, давая эмоциональную разрядку, но она не направлена на поиск выхода в альтернативных социальных отношениях.

В основе греческой женской поэзии о связи матери и дочери и женской дружбе лежит менее сильное влияние патрилинейной семейной системы, оказываемое на женщин в Древней Греции. По сравнению с излияниями тоски и разочарования в китайской поэтической традиции, греческие песни отражают недовольство женщин, уделяя внимание милым отношениям матери и дочери и горько-сладкому проявлению дружбы. Если их песни также отражают поиски греческими женщинами канала для выхода эмоций, то они работают не через катарсис, что означает облегчение определенных эмоций путем их адекватного выражения (как в китайской традиции), а через поиск альтернатив. Таким образом, поэзия греческих женщин лучше поддается прочтению, которое обнаруживает сопротивление, а не приспособление, и которое более глубоко исследует субъективный опыт женщин в отрыве от того, что Джон Уинклер называет «мужским дискурсом упреков и предписаний» [Winkler 1990a: 207][84].

---

[84] Признание такой податливости не означает, что мы должны чрезмерно подчеркивать «непокорность» или «подрывной характер» литературных голосов греческих женщин. Как неоднократно отмечалось в этой главе, произведения греческих женщин-поэтов создавались и передавались в социально санкционированных учреждениях.

Приложение. Женские связи в уезде Цзянъюн

Обсуждая гомоэротические отношения в стихах Алкмана и Сафо, Бруно Джентили предполагает, что существуют параллели между древними Лесбосом и Спартой и женскими общинами в южном Китае Нового времени. В этих китайских общинах женщины являются «признанными лесбиянками», хотя они могут покинуть свою общину и выйти замуж за мужчину, у них есть свои ритуалы и богиня-покровительница [Gentili 1988: 77].

Аналогия, которую Джентили проводит лишь мимоходом, привлекает внимание, и мы рассмотрим ее здесь в виде приложения в надежде пролить свет на два вопроса: был ли «цивилизаторский процесс», в ходе которого распространялись религиозные и этические ценности Чжоу, связанные с патрилинейной семьей, сопряжен с настойчивыми усилиями по препятствованию культивированию женщинами внесемейных гомосоциальных связей? И не является ли примечательное согласие между мужским воображением и женским опытом в ранней китайской поэзии результатом подавления голосов, выражающих различные женские переживания? Наше краткое исследование приведет нас в несколько отдаленных деревень в Цзянъюне, Хунане (южный Китай), регионе, где засвидетельствованы женские гомоэротические практики, подобные тем, которые упоминаются Джентили и его источниками. Особенно подходящим для такого исследовательского и сравнительного анализа Цзянъюн делает обнаруженное там более двух десятилетий назад «женское письмо», загадочная система письма, используемая только женщинами в Цзянъюне, вероятно, с XIX века[85].

---

[85] Обнаруженное впервые в 1982 году, «женское письмо» вскоре привлекло большое внимание исследователей. Происхождение его неясно до сих пор, хотя XIX век представляется вероятным хронологическим началом. Женское письмо вышло из моды после захвата власти коммунистами в Китае в 1949 году и особенно во время «культурной революции» (1966–1976). Лишь немногие пользователи этого письма дожили до 1980-х годов, когда в Цзянъюн съехались ученые, чтобы изучить как систему письма, так и связанную с ней культуру. См. [Chiang 1995; Liu F. 2004a, 2004b; Silber 1994] и другие исследо-

Как отражение формальной, ритуализированной роли, которую играла дружба незамужних девушек в местном обществе Цзянъюна, две общие темы песен, написанных женским письмом, — это воспевание внесемейных женских связей и негодование по поводу брака за его разрушение девичьей дружбы. Вышивка и рукоделие часто служат контекстом и тропами для выражения таких чувств. Например, в одной из песен описывается вышивание двух подруг:

> Мы вышивали пару золотых петухов, сидящих на башне,
> Мы вышивали пары птиц всех видов, взмывающих в небо.
> Мы вышиваем пару желтых драконов, покидающих свои
>   пещеры,
> Желтые драконы покидают свои пещеры и пересекают
>   океаны.
> Мы вышили пару карпов, живущих в глубинах моря,
> Пара за парой, пара за парой, каждый из них неразлучен!
> Наша взаимная любовь никогда не будет разорвана,
> Она будет длиться вечно и никогда не закончится.
> [Idema, Grant 2004: 546]

Остро эротический язык этого отрывка напоминает поэзию Сафо, воспевающую тесные узы между женщинами ее круга. Подобным образом, причитания о том, что брак наносит ущерб дружбе, которые вновь и вновь звучат в песнях, написанных на женском письме, перекликаются с мучительными прощаниями между спутницами жизни в стихах Сафо[86]. В основе таких тематических и риторических параллелей между двумя корпусами женских песен может лежать более свободное вписывание женщин в институт патрилинейной семьи как в Древней Греции, так и в отдаленном сельском районе смешанных этносов в современ-

---

вания, перечисленные в библиографическом разделе [Idema, Grant 2004: 831–832]. Помимо письменности, Лю [Liu F. 2004a] также изучает местную женскую традицию пения, называемую «женскими песнями», которые имеют общие темы и язык произведений, зафиксированных в «письме».

[86] См., например, песни в [Idema, Grant 2004: 548–550; Liu F. 2004a: 268–276; Silber 1994: 66–67].

ном Китае. В регионе, где использовалось женское письмо, также была распространена практика так называемого отложенного брака, когда через несколько дней после свадьбы невеста возвращалась в свою родную семью (где ее мог навестить муж) и не поселялась в доме мужа до тех пор, пока не рожала первого ребенка[87]. Формальный переезд в семью мужа обычно затруднял поддержание дружеских отношений между девушками и должен был означать начало полной инкорпорации женщины в семью мужа, но некоторые женщины все же прилагали усилия для поддержания контактов друг с другом посредством сообщений, написанных женским письмом, насколько географическая близость позволяла такое общение [Liu F. 2004a: 268–276]. Таким образом, несмотря на окончательную приверженность основной китайской патрилинейной идеологии и практике, местное общество Цзянъюна, сельской местности на периферии китайской культуры до середины XX века, оставляло много места для женских гомосоциальных связей и сохранило уникальные литературные свидетельства переживаний и привязанностей, ассоциирующихся со стремлением женщин к внесемейным социальным отношениям.

Открытие женского письма как средства чествования внесемейных женских гомосоциальных связей в пределах нескольких деревень в южной глубинке Китая указывает нам на возможность того, что высокая степень согласия между мужским воображением и женским опытом в китайской поэтической традиции была достигнута по мере того, как патрилинейная семья становилась все более успешной в кооптации женщин по китайскому образцу[88]. К сожалению, возможно, мы никогда не сможем понять

---

[87] Практика «отложенного брака» [Liu F. 2004a: 262; Silber 1994: 48] была также обнаружена в южных провинциях Фуцзянь и Гуандун [Silber 1994: 48; Stockard 1989].

[88] В [Liu F. 2004a: 280] сравниваются стихи, написанные женским письмом, с поэзией женщин-литераторов в культурных центрах Китая позднеимперского периода (ок. 1400–1900). В то время как мужчины в Цзянъюне (крестьяне или элита), как правило, относились к использованию женского письма безразлично или с недоверием, расцвет женской поэзии в культурных

этот процесс, изучая лишь дошедшие до нас известные источники китайской традиции.

Все сохранившиеся текстовые и археологические свидетельства показывают, что институциональные и идеологические аппараты, направленные на кооптацию женщин в патрилинейную семью, существовали уже во времена первого расцвета китайской цивилизации.

Включало ли создание «*Од*», помимо прочего, исключение и подавление любого почитания женской дружбы вместе с тем, что оно отводило главное место патрилинейным семейным и родственным отношениям в своей интерпретации женского поэтического опыта?[89] Если акцент на семейных отношениях в «Одах» действительно был характерен для элитарной культуры во всех регионах, входивших в сферу культуры Чжоу, то не привело ли неуклонное распространение элитарной культуры Чжоу в другие регионы к маргинализации и подавлению внесемейных гомосоциальных связей, которые могли играть важную роль в жизни и поэтическом самовыражении женщин в этих местах? Положительный ответ на оба вопроса можно предположить, но невозможно обосновать на основе имеющихся свидетельств[90]. Культуру женского письма в отдаленном и этнически смешанном районе современной провинции Хунань не следует принимать за реальность, скрывающуюся под слоем идеалов о жизни древнекитайских женщин, которые можно найти в текстах как мужчин, так и женщин. Если всегда существовало множество уровней

центрах Китая опирался на щедрую мужскую поддержку, и эти женские произведения демонстрировали очевидную идентификацию стилей и настроений с мужской поэзией.

[89] Добсон [Dobson 1969: 56], полагая, что женщины сочинили большинство песен в разделе «Нравы царств» «*Од*», таким образом объясняет однородность языка песен: «их составители дамы королевских дворов — несмотря на широкое географическое распределение этих дворов, очевидно, имели общий язык и общую традицию создания песен — так же, как они имели общие родственные связи и обычаи как класс, как женщины аристократии».

[90] Как утверждает Хинш [Hinsch 2005: 80], «достоверной информации о лесбиянстве в древности практически не существует».

и граней реальности, определяемых классом, временем, пространством и другими факторами, то многие века перестройки институциональных и идеологических аппаратов, заложенных в эпоху Чжоу, могли все больше сокращать разнообразие реальностей в китайских семейных и гендерных отношениях. Вопрос о «подлинном» выражении женской субъективности в китайской поэзии остается таким же сложным, как и к началу эпохи Нового времени в Китае.

В конечном итоге, независимо от того, представляла ли и в какой степени культура женского письма альтернативный мир женских эмоций и связей, который неуклонно отступал перед доминирующей китайской культурой, сосредоточенной на ценностях патрилинейной семьи, насколько мы можем судить, такой альтернативный мир никогда не имел более крупного социально-политического контекста, подобного Древней Греции времен Сафо и других греческих женщин-поэтов. При всех поразительных параллелях между женскими песнями из Цзянъюня и Древней Греции, мы знаем, что в Цзянъюне дружба девушек обычно развивалась в домашней среде через занятия рукоделием и вышиванием. Нет никаких признаков того, что в Цзянъюне участие в публичной коллективной деятельности обеспечивало регулярную институциональную основу для развития женской дружбы, как это было в случае с женщинами в Древней Греции [Liu F. 2004a: 252]. Известно также, что женским письмом в Цзянъюне пользовались исключительно женщины [Liu F. 2004a: 280]. Если для мужчин и женщин в Греции соперничество со сверстниками, общественное признание и внесемейные связи формировали контекст для определения индивидуальной ценности и идентичности, то в Китае, как известно, подобного контекста не существовало ни в основной традиции, ни в регионах и обществах, которые постепенно втягивались в «цивилизаторский процесс», начавшийся как сознательная кампания в эпоху Чжоу.

Заключение

Китайцы и греки в X–IV веках до н. э. стремились к достижению социальной сплочённости в рамках различных институтов. В Греции именно на празднествах с их музыкальными и атлетическими состязаниями, на симпозиумах и в гимнасиях, где мужчины и мальчики общались и упражнялись, а также на различных коллективных мероприятиях, организованных по полу и возрасту, греческие мужчины и женщины (а также мальчики и девочки) соревновались в индивидуальном мастерстве и культивировали личную дружбу, связь с группой сверстников и гражданское общение. В Китае контекстами, в которых воплощались идеалы общительности, были жертвоприношение предкам, семейные застолья и общинные пиры, объединённые принципами различия и иерархии, вытекающими из родственной организации.

Рассмотрение всевозможных институциональных оснований для стремления к общению в Древнем Китае и Древней Греции приводит нас к той точке зрения, которая уже давно утверждается и недавно была уточнена Джеффри Ллойдом и Натаном Сивином в области сравнительных исследований, а именно, что древнекитайское общество было ориентировано на авторитет, конформизм и взаимозависимость, в то время как древнегреческое общество было ориентировано на соперничество, конфронтацию и автономию [Lloyd G. 1996, 2002, 2004; Lloyd G., Sivin 2002][1]. В то время как предыдущие исследователи концентри-

---

[1] Идея гармонии в китайской философии широко обсуждалась, часто в сравнительном аспекте (см., например, [Bodde 1953; Li C. 2006, 2008; Liu S., Allinson 1988]).

ровали свое внимание на царском дворе, судебной системе, академических кругах и собраниях, мы вводим новую важную социальную сферу и исследуем, как принципы и динамика, действующие во внутренней и внешней среде, связаны друг с другом и влияют друг на друга. Хотя сравнительным исследованиям такого масштаба трудно избежать критики за слишком широкие рамки, мы попытались придать сравнению комплексный характер, определив специфику подкатегорий отношений в рамках двух основных категорий (родства и дружбы) и проанализировав, как эти отношения складывались в различные и сложные схемы в двух древних обществах. Как показано в нашем исследовании, констелляции межличностных отношений в древнекитайских и древнегреческих источниках разворачиваются в виде наборов симпатий и конфликтов между людьми в разных ролях, в разных контекстах, по разным причинам и с разными целями. В двух традициях можно выделить несколько важных моментов, касающихся симпатий и конфликтов:

1. Если в греческом мире первостепенное значение для формирования идентичности, эмоциональной поддержки и ценностной ориентации имеют внесемейные гомосоциальные связи, то для китайской традиции характерен примат патрилинейной семьи и родственных связей.
2. Греческие материалы поражают как своей демонстрацией значимости женских гомосоциальных связей (прежде всего между женщинами-подругами, но также между матерью и дочерью), так и повсеместным гендерным соперничеством (как позитивно, так и негативно изображенным). Для сравнения, в китайских источниках конфликт полов стоит на втором месте, большее внимание уделяется регулированию отношений между женами в семье (как между поколениями, так и внутри одного поколения), и лишь немногие источники затрагивают тему женских гомосоциальных связей между матерью и дочерью или между подругами.
3. В китайской традиции укрепление связи между матерью и сыном идет параллельно с усилиями по установлению иерархии в отношениях и преемственности между свекро-

вью и невесткой. В отличие от этого, в греческой традиции связь матери и сына занимает менее важное место и гораздо меньше внимания уделяется обеспечению лояльности и послушания невестки своим родителям.

Было бы интересно сравнить эти выводы с теорией, предложенной антропологом Луизой Ламфер в содержательной статье «Стратегии, сотрудничество и конфликт между женщинами в домашних группах» [Lamphere 1974][2]. В рамках исследования, охватывающего общества от современных промышленно развитых стран до африканских племён, Ламфер сравнивает внутренние и внешние отношения женщин в патрилокальной, патрилинейной расширенной семье и в нуклеарной семье в современном крестьянском хозяйстве, используя традиционный Китай и современную Грецию в качестве основного примера для каждого типа. Ее утверждения двояки. С одной стороны, отношения между женщинами в расширенной семье характеризуются конкуренцией и конфликтами, а не сотрудничеством, потому что «интересы женщин никогда не совпадают» при такой структуре властных полномочий. В противоположность этому, жена в нуклеарной семье избавлена от конкуренции с другими женщинами внутри домашней группы, поскольку она способна оказывать непосредственное влияние на домашнее хозяйство. С другой стороны, существует тесная связь между положением женщины в домашней структуре и ее внешними отношениями. Для сотрудничества и союза женщины в расширенной семье обычно обращаются к «менее напряженным отношениям за пределами домашней группы». Ламфер не утверждает, что женщины в нуклеарных семьях с меньшей вероятностью обратятся к женщинам вне домашней группы за союзом, потому что они менее вовлечены во внутренний конфликт, хотя это кажется следствием, которое можно логически вывести из ее двойного аргумента о расширенной семье [Lamphere 1974: 104–106].

---

[2] Это эссе появилось в ставшей уже классической антологии, которую Ламфер составила в соавторстве с Мишель Цимбалист Розальдо: «Женщина, культура и общество» [Rosaldo, Lamphere 1974].

Применение Ламфер терминов «расширенная семья» и «нуклеарная семья» к традиционному Китаю и современной Греции следует понимать с точки зрения двух идеальных типов и с точки зрения сочетания демографической реальности и концептуальных норм. Помня об этом, мы можем проверить ее теорию на двух имеющихся в нашем распоряжении древних примерах, которые вписываются в ее типологию[3]. Результаты данного исследования демонстрируют, что внутренние и внешние отношения женщин развивались совсем по-другому. Для Китая мы показали, что, хотя потенциальные однополые конфликты в семье действительно были предметом серьезного беспокойства, стремление китайских женщин к внешним отношениям не достигало такого интенсивного уровня, как у гречанок, согласно всем сохранившимся свидетельствам из Древнего Китая и Древней Греции. Приоритетный статус патрилинейной семьи в древнекитайском обществе по сравнению с альтернативными институтами и идеологиями, а также гендерная динамика внутри семьи, по-видимому, не позволяли китайским женщинам в значительной степени обращаться к внесемейным гомосоциальным связям для сотрудничества и союза, в условиях напряженного гомосоциального женского конфликта. В отличие от этого, в Древней Греции домашние конфликты между женщинами в семье казались незначительной проблемой, а в центре греческой концепции семейного порядка были отношения между мужем и женой, в изображении греческих супружеских отношений присутствовал сильный элемент соперничества, а внесемейная дружба была представле-

---

[3] Активную защиту обоснованности использования того, что называют современной средиземноморской моделью для понимания древнегреческой семьи, см. [Cohen 1991]. Преемственность через линию, разделяющую традиционное (до 1911 года) и современное в Китае, можно найти во многих исследованиях китайской семьи XX века, особенно в обширных сельских районах Китая (см., например, [Johnson 1988; Wolf 1972]). Не предполагая такой преемственности (между Древней и современной Грецией и между Древним и современным Китаем), наше применение теории Ламфер основывается на том, что конфигурации семейного порядка в древних Китае и Греции примерно соответствуют двум моделям семейной структуры, установленным в ее сравнении.

на как занимающая исключительное место в жизни греческих женщин. Будучи менее тесно интегрированными в патрилинейную семью и имея сравнительно богатые альтернативные социальные возможности за пределами семьи и родственных связей, древнегреческие женщины, по-видимому, были гораздо более свободны в установлении внесемейных гомосоциальных связей для сотрудничества и союза, а также проявляли особую страсть к таким отношениям.

Целью данного исследования было внести вклад в сравнительные исследования различных аспектов социальных отношений женщин (внутри и вне семьи, а также связи между ними), причем в разных обществах и исторических периодах[4]. В исследовании также предпринята попытка выявить важную связь между принципами, лежащими в основе гендерных отношений, и другими сферами отношений и деятельности. Для того чтобы соперничество полов в Древней Греции было сформулировано с той интенсивностью и распространенностью, которую мы видим в дошедших до нас источниках, конкуренция и равенство как доминирующие греческие принципы социальной организации сыграли решающую роль. С одной стороны, греческие женщины имели справедливую долю в высокоагонистических публичных общественных мероприятиях. С другой стороны, хотя мужское доминирование и женская покорность должны были быть правилом в домашней сфере, такое правило противоречило преобладающим в остальном идеалам соперничества и равенства, и семья, соответственно, могла приобретать вид места, где те же общественные ценности соперничества и равенства между полами принимались и воплощались в отношениях между мужем и женой. Если в древнегреческой семье общественные ценности конкуренции и эгалитаризма распространялись на домашнюю сферу, то в Древнем Китае тот же принцип иерархии (основанный на принадлежности к поколению, полу и возрасту), лежащий

---

[4] Две антологии под редакцией Кольера и Янагисако [Collier, Yanagisako 1987] и Розальдо и Ламфер [Rosaldo, Lamphere 1974] сыграли важную роль в определении теоретической повестки для данного исследования.

в основе функционирования патрилинейной семьи, был применим и в сфере управления обществом и государством.

Принципы равенства и конкуренции, лежащие в основе греческого стремления к гармонии и солидарности, привели к тому, что общество было динамичным, но расколотым. Одним из важных источников динамизма и раскола было противоречие между номинально эгалитарным характером общества и его принципом «достижения через соревнование», с одной стороны, и жестким бесправием или оттеснением женщин в общественной конкуренции, с другой стороны (единственным крупным исключением была религия)⁵. Представления о гендерном соперничестве и о женщинах как о племени другого пола с отдельными и, вероятно, антагонистическими интересами пронизывают греческие источники различных периодов и жанров, а общеженские мероприятия (особенно религиозные и ритуальные) служили институциональной основой для формирования сильных внесемейных женских связей, которые могли вступать в конфликт с семейными интересами, в которых доминируют мужчины. Как в воображении мужчин, так и в собственных литературных творениях женщин, когда женщины собираются вместе во время общеженских мероприятий, они наделены голосом, чтобы высказаться, товариществом, чтобы поддержать и придать друг другу сил, и способностью преследовать свои собственные интересы и цели. Преобладание гомосоциальных связей, наблюдаемое в произведениях самих женщин, и смесь восхищения и тревоги, которую греческие авторы-мужчины демонстрировали по отношению к своим соперницам, указывают нам на интригующий динамизм гендерных отношений в греческой традиции.

Целый ряд причин может объяснить то, почему древнегреческая идея о том, что все мужчины и все женщины представляют собой две потенциально антагонистические человеческие расы,

---

⁵ Как уже неоднократно отмечалось, вожделенное равенство в греческом городе было построено на подавлении так называемых аутгрупп, которые имели ограниченный или нулевой доступ к правам и деятельности в привилегированной общественной сфере [Arthur 1984; Patterson O. 1991, ch. 7; Roberts 1994, ch. 12; Vidal-Naquet 1986, часть 3].

основанные на гендерных различиях и выходящие за рамки индивидуальных ролей в семейных и родственных сетях, не получила распространения в Древнем Китае. Во-первых, в Древнем Китае патрилинейная семья определялась как центральный локус существования каждого человека (независимо от его пола), а внесемейные гомосоциальные связи занимали второстепенное место в жизни обоих полов, особенно женщин. Во-вторых, поскольку помимо пола в качестве детерминант семейного статуса выступали поколение и возраст, мужская власть постоянно ослаблялась, а стимулы материнства работали на кооптацию женщин в ориентированный принципиально на мужчин семейный порядок[6]. В-третьих, в условиях, когда иерархия и различия были установлены в качестве основополагающих принципов, определяющих все социальные отношения в Древнем Китае, гендерные различия не приобрели того решающего значения, которое они имели в Древней Греции, где подчинение одного человека другому и различие между мужчиной и женщиной могло быть различием между свободой и несвободой, между полноценным и неполноценным человеком[7]. Наконец, значительное разделение интересов женщин (особенно между свекровью и невесткой, между заловками и между многочисленными супругами мужчины) в соответствии с их различными и меняющимися ролями в сплоченной семье и родственной сети могло легко сделать гомосоциальное соперничество самой распространенной и самой жестокой домашней проблемой. В то же время такое разделение побуждало женщин бороться за расположение мужа, а также вкладывать значительные средства в отношения

---

[6] Объясняя, почему женщины в традиционном Китае могли мириться с навязанным им подчинением, Гуиссо [Guisso 1981: 60] ссылается на высший принцип подчинения молодости возрасту как на самый важный фактор.

[7] Условия быть женщиной или быть порабощенной или иным образом лишенной автономии были концептуально связаны в греческом дискурсе [Davidson 2007: 45–46; Just 1989: 172–177; Patterson O. 1991: 109–120; Vidal-Naquet 1986: 205–223]. О концепции у Аристотеля женщины как деформированного и неполноценного мужчины см. [Allen P. 1985: 97–100; Elshtain 1993: 41–46; Okin 1979: 81–84].

с сыновьями, тем самым укрепляя их привязанность к патрилинейной семье[8].

Все вышеперечисленные факторы в совокупности привели к тому, что в китайской традиции была исключена общая концепция женщины как отдельной и потенциально антагонистической категории человека по отношению к мужчине и вместо нее была создана паутина иерархических, но взаимозависимых межличностных отношений, пересекающих гендерные границы[9]. Сделанный здесь вывод согласуется с мнением других ученых в исследованиях поздних китайских философских, медицинских и дидактических дискурсов, обычно подчеркивающих уникальность концепций «инь-ян». Например, в своем исследовании биологии и гендерных границ в позднеимперском Китае Шарлотта Фурт отмечает, что «не было ничего фиксированного и неизменного в мужском и женском как аспектах инь и ян» и что вместо этого «конфуцианство структурировало гендер вокруг строгих иерархических ролей родства» [Furth 1988: 1, 3]. Тани Барлоу, которая также приходит к выводу о том, что в досовременном Китае не предполагалось основополагающего статуса женщины за пределами семейных отношений, отмечает, что «то, что представляется как "гендер", — это дифференцированные позиции инь/ян: не два анатомических "пола", а множество реляционных, связанных, неравных диад, каждая из которых обозначает различие и аналогично позиционирует его» [Barlow 1994: 259]. Лиза Рафалс и Ли-сян Лиза Розенли выдвигают аналогичные утверждения, подчеркивая коннотации взаимодополняемости,

---

[8] Этот механизм лучше всего проанализирован в [Wolf 1972] в контексте традиционной семьи на Тайване XX века.

[9] Это не означает преуменьшение существования гендерного конфликта в Китае. Мы лишь указываем на то, что представление о вечном соперничестве между мужчинами и женщинами как двумя группами полов характерно только для греческой традиции. См. главу 4 о различии между этим типом полового антагонизма и тем видом гендерного конфликта (происходящего в отдельных семьях и между мужчинами и женщинами, играющими определенные и развивающиеся родственные роли), который был знаком китайцам.

взаимодействия и гармонии в понятиях инь-ян [Raphals 1998, ch. 7; Rosenlee 2006, ch. 3].

Вместо того чтобы брать за основу анализа абстрактные понятия и двигаться от концепции «инь-ян» к концепции «гендерные атрибуты и отношения», мы определяем место гендерных отношений в конкретных институтах и социальных контекстах, в которых выражаются чувства, реализуются отношения и формируются концепции. У такого подхода есть два преимущества. Во-первых, он позволяет нам лучше понять, почему китайцы не думали в терминах врожденных противоположных гендерных черт. Во-вторых, исключительно концептуальная точка зрения сталкивается с трудностями, связанными с необходимостью объяснить несоответствие между всеми коннотациями гармонии и гибкости концепций инь-ян и построением гендера вокруг строгих иерархических ролей родства в досовременном китайском обществе в реальности. Фурт, например, отмечает, что натурфилософская концепция «инь-ян казалось бы, должна способствовать широкому и терпимому взгляду на вариации в сексуальном поведении и гендерных ролях», но в социальной реальности это не произошло [Furth 1988: 1, 3]. Подход с точки зрения социальных институтов и социальных контекстов позволяет нам иметь ситуативное понимание как близости, так и конфликтов в конкретных интерактивных гендерных отношениях и тем самым способствует поиску недостающей связи между философскими концепциями, социальными системами и моделями поведения.

Если внутрисемейная конкуренция среди мужчин вполне могла уживаться с высоким приоритетом патрилинейной родственной сплоченности (по отношению к посторонним), даже если принудительный характер такой сплоченности способствовал межсемейной конкуренции, то аналогичная динамика могла действовать и на стороне женщин. Если идеал семейной сплоченности был еще более труднодостижим среди жен и матерей, чьи интересы чаще расходились, чем совпадали, то это лишь давало больше оснований для активного контроля над конфликтами и старательных усилий по установлению иерархии среди женщин и пропаганде их коллективной верности патрилинейному роду, связывающему предков и потомков. В то же время, хотя привилегированность общественной жизни в Древней Греции, возможно, непосредственно способствовала появлению сильного агонистического элемента в греческих гендерных отношениях, подход греческих мужчин и женщин к этому вопросу — страстно поддерживать внесемейные связи и занятия, позволяя супружескому соперничеству в изобилии проявляться в домашнем контексте, — был, вероятно, наиболее естественным греческим решением. Состязания были греческой страстью не только в общественной жизни и не только в отношениях мужчин.

Образы китайских женщин, приносящих жертвы предкам вместе со своими родственниками, и греческих женщин, участвующих в праздниках и ритуальных церемониях в компании других женщин общины, могут служить примером двух различных моделей межличностных и гендерных отношений в двух древних традициях. «Под сенью предков» жили и мужчины, и женщины в китайском обществе[10], а ожесточенные состязания в присутствии богов олицетворяли собой контекст, в котором греческие мужчины и женщины стремились к высшей форме групповой солидарности. Напряжение и конфликт, парадоксальным образом возникшие в результате императива патрилинейной родственной солидарности в китайской семье, одновременно разделили китайских женщин как гендерную группу и еще сильнее привязали их к этому институту, поскольку вне его у них практически не было альтернативы. В отличие от них, греческие женщины объединялись со своими подругами, и агонистический дух, который они разделяли со своими родственницами и приносили домой, нашел свое выражение в повсеместном присутствии гендерного соперничества в греческих представлениях о супружеских отношениях. Изображаемое как положительно, так и отрицательно, такое соперничество свидетельствует об ограниченном влиянии института патрилинейной семьи на

---

[10] «Под сенью предков» — так называется известная книга антрополога Фрэнсиса Хсу [Hsu F. 1948] о китайской культуре.

мужчин и женщин, а также о высокой ценности опыта и связей в общественной жизни, выходящих за рамки родственных отношений в греческом обществе.

В известном отрывке из книги «Второй пол» Симона де Бовуар (1908–1986) размышляет о том, почему женщины на протяжении всей истории страдали в своем подчиненном положении и не смогли избавиться от своих «господ»:

> Дело в том, что у них [женщин] нет конкретных способов образовать единство, которое полагало бы себя в противопоставлении. У них нет собственного прошлого, собственной истории, религии и нет трудовой солидарности и общности интересов, как у пролетариев; нет между ними даже той пространственной скученности, что объединяет американских негров, евреев гетто, рабочих Сен-Дени или заводов «Рено» в единое целое. Они живут, рассеянные среди мужчин, и жильем, работой, экономическими интересами, социальным происхождением оказываются теснее связанными с некоторыми мужчинами — будь то отец или муж, — чем с остальными женщинами [Beauvoir 1993: xlviii][11].

В этих мыслях самого пытливого ума проницательно определен источник исторического подчинения женщин и механизм современной феминистской революции[12]. Женщины и в Древнем Китае, и в Древней Греции, несомненно, вписываются в историческую картину, изображенную Бовуар. Однако их отличают

---

[11] Цит. по: Симона де Бовуар. Второй пол. М.: Прогресс; СПб.: Алетейя, 1997. — *Прим. перев.*

[12] Термин «феминизм», как известно, трудно поддается однозначному определению. Для автора данной работы феминизм как социальная концепция может состоять из трех основных компонентов: он утверждает, что (1) женщины как гендерная группа подвергаются неравному и несправедливому обращению со стороны мужчин, (2) что такое неравенство противоречит принципу естественных прав и должно быть исправлено так же, как эти права были недавно завоеваны для мужчин в разных социальных классах, и (3) что женщины должны развить чувство сестринства и предпринять согласованные усилия для изменения своего исторически и социально обусловленного подчиненного положения. В этом кратком определении автор опирался на [Cott 1987: 4–5; Lerner 1993: 274].

и существенные различия. По сравнению со своими китайскими сестрами, греческие женщины имели больше «средств для организации себя в единицу, которая может стоять лицом к лицу с соотносимой единицей». В своей коллективной деятельности они могут быть описаны как сиюминутные и «беспорядочно сбитые вместе» (возвращаясь домой после каждого собрания, они продолжали свою повседневную жизнь до следующего события), но женская солидарность, сформированная и отмеченная таким образом, была очень важна в их жизни и способствовала тому, что в глазах мужчин они рассматривались как отдельная раса, обладающая несомненной силой. Между прочим, то, что Бовуар отмечает многовековое отсутствие у женщин организации и коллективного сознания, еще больше подходит к женщинам Древнего Китая. Едва ли существовавшие или воображаемые как племя, противостоящее мужчинам, они были матерями и женами, глубоко заинтересованными в благополучии своих сыновей и мужей и зависящими от них в применении своей четко определенной власти и влияния. Эти женщины были также слишком слабо привязаны к другим женщинам, чтобы сестринские отношения стали основным источником поддержки и власти.

Было замечено, что «Женский вопрос был затронут уже в современных взглядах» Древней Греции [Redfield 2003: 12][13]. Мы тоже считаем, что различные модели поддержки и репрезентации гендерных отношений, показанные в данном исследовании, имеют важные последствия для нашего понимания различных путей к феминизму в Китае и на Западе в современный период. Такое утверждение не пытается наделить «истоки» детерминистской ролью или предположить, что мы можем каким-либо образом игнорировать другие традиции в двух цивилизациях или многие века, прошедшие между современной эпохой и греческой и китайской древностью, которые стали свидетелями многочисленных идеологических и институциональных инноваций

---

[13] В числе других ученых и женских активисток, которые выделяют греческое наследие как значимое для современных феминистских концепций и движений, см., например, [Cheliga 1896; Patterson O. 1991, ch. 7].

и преобразований, глубоко изменивших гендерные отношения в Китае и на Западе. Вера в связь между моделями гендерных отношений в Древнем Китае и Древней Греции и современными событиями должна лишь помочь нам определить те элементы, которые сохранились на протяжении веков, и обратить внимание на тот факт, что мы по-прежнему сталкиваемся с некоторыми из тех же проблем, с которыми сталкивались древние китаянки и гречанки при структурировании социальных сфер, решении вопросов семьи и гендерных отношений, а также определении приоритетов ценностей и целей общества. Более того, наш и без того сложный мир только усложняет эти задачи. На фоне постоянных разговоров о глобальной конвергенции и опасений по поводу цивилизационных расколов и столкновений в наше время, возможно, как никогда важно пересмотреть наследие классических цивилизаций в попытке лучше понять, откуда мы пришли и как мы оказались там, где мы есть, в сложных вопросах, связанных с нашей природой как социальных существ[14]. Хочется надеяться, что настоящее исследование даст нечто новое как для тех, кто интересуется Античностью ради нее самой, так и для тех, кто склонен размышлять о наследии цивилизации, следуя за древними китайцами и древними греками на их праздники, ритуальные церемонии и пиры.

---

[14] Эйзенштадт [Eisenstadt 2000: 25] называет гендер одной из «наиболее важных новых проблем», с которыми сталкиваются те, кто озабочен вопросом, существует ли только одна модель современности (то есть западная модель) или есть несколько современностей, основанных на опыте культур с различным историческим наследием. Статус и функции семьи в современную эпоху стали ключевым предметом споров среди теоретиков широкого спектра философских убеждений и социальных программ, от классического либерализма, марксизма, феминизма, структурного функционализма и неоконсерватизма до постмодернизма [Berger 2002, ch. 2].

Библиография

Аббревиатуры названий журналов

AJP	American Journal of Philology
CA	Classical Antiquity
CLEAR	Chinese Literature: Essays, Articles, Reviews
CP	Classical Philology
CQ	Classical Quarterly
CW	Classical World
EC	Early China
EMC	Échos du Monde Classique / Classical Views
G&H	Gender and History
G&R	Greece and Rome
GRBS	Greek, Roman, and Byzantine Studies
HJAS	Harvard Journal of Asiatic Studies
JAOS	Journal of the American Oriental Society
JAS	Journal of Asian Studies
JCP	Journal of Chinese Philosophy
JESHO	Journal of the Economic and Social History of the Orient
JHS	Journal of Hellenic Studies
NN	Nan Nü: Men, Women, and Gender in China
TAPA	Transactions of the American Philological Association
TP	T'oung Pao

Основные китайские источники

Analects (Lunyu 論語). Shisanjing zhushu 十三經注疏 ed. (Beijing: Zhonghua, 1980). Tr. James Legge, The Chinese Classics. Vol. 1. Oxford: Clarendon Press, 1893.

Book of Documents (Shangshu 尚書). Shisanjing zhushu ed.

Book of Odes (Shijing 詩經) / Annotated by Cheng Junying 程俊英 and Jiang Jianyuan 蔣見元. 2 vols. Beijing: Zhonghua, 1991. Trans. Arthur Waley, edited with additional translations by Joseph R. Allen. New York: Grove Press, 1996. Цитируется как Cheng, Jiang и Waley.

Book of Rites (Liji 禮記). Shisanjing zhushu ed.

Discourses of the States (Guoyu 國語). 1988. 2 vols. Shanghai: Guji.

Gongyang's Commentary on the Spring and Autumn Annals (Gongyang zhuan 公羊傳). Shisanjing zhushu ed.

Guliang's Commentary on the Spring and Autumn Annals (Guliang zhuan 穀梁傳). Shisanjing zhushu ed.

Han Ying's Illustrations of the Didactic Application of the Book of Odes (Han Shi waizhuan jianshu 韓詩外傳箋疏). Qu Shouyuan 屈守元 ed. Chengdu: Ba shu, 1996.

HS — Ban Gu 班固. History of the Western Han (Hanshu 漢書). Zhonghua shuju ed.

Huang 1996 – Huang Huaixin 黃懷信. Remains of the Documents of the Zhou, Collated, Annotated, and Translated (Yi Zhoushu jiao bu zhu yi 逸周書校補注譯). Huang — Xi'an: Xibei daxue chubanshe, 1996.

JC — Collections of Yin and Zhou Bronze Inscriptions (Yin Zhou jinwen jicheng yinde 殷周金文集成引得). Zhang Yachu 張亞初 ed. Beijing: Zhonghua, 2001.

LNZ — Liu Xiang 劉向. Biographies of Women (Lienü zhuan 列女傳). Sibu beiyao 四部備要 ed.

Mozi 墨子. Sibu congkan 四部叢刊 ed.

MSZ — Book of Odes (Mao Shi Zhengyi) 毛詩正義. Shisanjing zhushu ed.

Sima Qian 司馬遷. Records of the Grand Historian (Shiji 史記). Zhonghua shuju ed.

Yili — Book of Etiquette and Ceremonial (Yili 儀禮). Shisanjing zhushu ed. / Trans. by John Steele, The I–Li, or Book of Etiquette and Ceremonial. London: Probsthain & Co., 1917.

Zhouli — Rituals of Zhou (Zhouli 周禮). Shisanjing zhushu ed.

Zhouyi — Book of Changes (周易). Shisanjing zhushu ed.

Zuo — Zuo's Commentary on the Spring and Autumn Annals (Zuozhuan 左傳). Annotated by Yang Bojun 楊伯峻. 4 vols. Beijing: Zhonghua, 1990.

Основные греческие источники

Примечание. Если не указано иное, все тексты и переводы взяты из Loeb Classical Library, изд. Harvard University Press.

Alkaios 1994 — Alkaios // Greek Lyric. Vol. 1 / Trans. by David A. Campbell. 1994.

Alkman 1988 — Alkman // Greek Lyric. Vol. 2 / Trans. by David A. Campbell. 1988.

AP — The Greek Anthology (Palatine Anthology) / Trans. by W. R. Paton. 1918.

Aristophanes 1990 — Aristophanes. Lysistrata / Trans. and commentary by Alan H. Sommerstein. Warminster: Aris & Philips, 1990.

Aristophanes 1994 — Aristophanes. Women at the Thesmophoria (Thesmophoriazusae) / Trans. and commentary by Alan H. Sommerstein. Warminster: Aris & Philips, 1994.

Aristophanes 1998 — Aristophanes. Assemblywomen (Ecclesiazusae) / Trans. and commentary by Alan H. Sommerstein. Warminster: Aris & Philips, 1998.

Aristotle 1994 — Aristotle. Nikomakhean Ethics / Trans. by H. Rachham. 1994.

Arkhilokhos 1999 — Arkhilokhos // Greek Iambic Poetry / Trans. by Douglas E. Gerber. 1999.

Athenaios 1993 — Athenaios. Deipnosophists / Trans. by C. B. Gulick. 1993.

Attic Skolia 1993 — Attic Skolia // Greek Lyric. Vol. 5 / Trans. by David A. Campbell. 1993.

Bakkhylides 1993 — Bakkhylides // Greek Lyric. Vol. 4 / Trans. by David A. Campbell. 1993.

Euripides 1988 — Euripides. The Bakkhai / Trans. by A. S. Way. 1988.

Euripides 1988 — Euripides. Elektra / Trans. by A. S. Way. 1988.

Euripides 1988 — Euripides. Iphigenia in Tauris / Trans. by A. S. Way. 1988.

Euripides 1994 — Euripides. Alkestis / Trans. by David Kovacs. 1994.

Euripides 1999 — Euripides. Trojan Women / Trans. A. D. Godley. 1999.

Herodotus 1963 — Herodotus. The Histories / Trans. by A. D. Evelyn-White, 1963.

Hesiod 1995 — Hesiod. Theogony / Trans. by Hugh G. Evelyn-White. 1995.

Hesiod 1995 — Hesiod. Works and Days / Trans. by Hugh G. Evelyn-White. 1995.

Homer 1967 — Homer. Odyssey / Trans. by Richmond Lattimore. New York: Harper & Row, 1967.

Homer 1990 — Homer. Iliad / Trans. by Robert Fagles; introduction and notes by Bernard Knox. New York: Penguin Books, 1990.

Homeric Hymns 2001 — Homeric Hymns / Trans. by Michael Crudden. New York: Oxford University Press, 2001.

Isaios 1927 — Isaios. Orations / Trans. by E. S. Forster. 1927.

Menander 1997 — Menander. The Peevish Man (Dyskolos) / Trans. by W. G. Arnott. 1997.

Nossis 1980 — Nossis // The Greek Anthology / Trans. by W. R. Paton. 1980.

Pindar 2002 — Pindar. Olympian Odes, Pythian Odes, Nemean Odes, Isthmian Odes / Trans. by William H. Race. 2002.

Plato 1925 — Plato. Symposium / Trans. by W. R. M. Lamb. 1925.

Plato 1999 — Plato. Apology / Trans. by Harold North Fowler. 1999.

Plato 1999 — Plato. Laws / Trans. by G. G. Bury. 1999.

Plutarch 1931 — Plutarch. Sayings of the Spartan Women (Moralia 240c–242d) / Trans. by Frank Cole Babbitt. 1931.

Plutarch 1939 — Plutarch. On the Control of Anger (Moralia 452e–464d) / Trans. by W. C. Helmbold. 1939.

Plutarch 1982 — Plutarch. Theseos (Lives, Vol. 1) / Trans. by Bernadotte Perrin, 1982.

Plutarch 1993 — Plutarch. Table-Talk (Moralia 612c–748d) / Trans. Edwin, Jr., F. H. Sandbach, and W. C. Helmbold. 1993.

Plutarch 1999 — Plutarch. Advice to the Bride and Groom (Moralia 138a–146a) / Translation, commentary, interpretive essays, and bibliography, ed. Sarah B. Pomeroy. Oxford: Oxford University Press, 1999.

Sappho 1994 — Sappho // Greek Lyric. Vol. 1 / Trans. by David A. Campbell. 1994.

Semonides 1999 — Semonides // Greek Iambus Poetry / Trans. by Douglas E. Campbell. 1999.

Theognis 1982 — Theognidea // Greek Elegy and Iambus. Vol. 1 / Trans. J. M. Edmonds. 1982.

Theokritos 1982 — Theokritos. Idylls / Trans. by Thelma Sargent. New York: W. W. Norton & Co, 1982.

Thucydides 1972 — Thucydides. The History of the Peloponnesian War / Trans. by Rex Warner, with an introduction and notes by M. I. Finley. New York: Penguin Books, 1972.

West 1977 — West, M. L. Erinna // Zeitschrift für Papyrologie und Epigraphik. 1977. Bd. 25. P. 95–119.

Xenophon 1992 — Xenophon. Memorabilia / Trans. by E. C. Marchent. 1992.

Xenophon 1992 — Xenophon. Oikonomikos / Trans. O. J. Todd. 1992.

Xenophon 1992 — Xenophon. Symposium / Trans. by E. C. Marchent. 1992.

Прочие антологии, переводы и комментарии

Вересаев 1953 — Гомер. Одиссея / Пер. В. В. Вересаева. М.: Гос. изд-во худож. лит-ры, 1953.

Гаврилов 1989 — Феогнида Мегарского элегии / Пер. А. Г. Гаврилова // Доватур А. И. Феогнид и его время. Л.: Наука, 1989. С. 150–181.

Гаспаров 1980 — Пиндар, Вакхилид. Оды. Фрагменты / Пер. и подготовка издания М. Л. Гаспарова. М.: Наука, 1980.

Гнедич 1990 — Гомер. Илиада / Пер. Н. И. Гнедича. Л.: Наука, 1990.

Смыки 1999 — Сафо. Прялка / Пер. О. В. Смыки // Эллинские поэты VII–III вв. до н. э. Эпос. Элегия. Ямбы. Мелика / Отв. ред. М. Л. Гаспаров. М.: Ладомир, 1999.

Шервинский 1954 — Софокл. Трагедии / Пер. С. В. Шервинского; ред. и примеч. Ф. А. Петровского. М.: ГИХЛ, 1954.

Ярхо 1983 — Аристофан. Комедии. В 2 томах / Пер. с древнегреч. С. К. Апт, А. И. Пиотровский, Н. Корнилов; коммент. В. Ярхо. Т. 2. М.: Искусство, 1983.

Campbell 1982 — Campbell, David A. Greek Lyric Poetry. Bristol: Bristol Classical Press, 1982.

Chen Zizhan 1983 — Chen Zizhan 陳子展. Shijing zhijie 詩經直解. 2 vols. Shanghai: Fudan daxue chubanshe, 1983.

DO — Cui Shu 崔述. Du Feng ou shi 讀風偶識. Congshu jicheng chubian ed.

DSK — Dai Zhen quanji 戴震全集 6 vols. Vol. 4: Dai Zhen 戴震. Dai shi Shijing kao 戴氏詩經考. Beijing: Qinghua daxue chubanshe, 1991.

Gao Heng 2004 — Gao Heng zhuzuo jilin 高亨著作集林. 10 vols. Vol. 3: Gao Heng 高亨. Shijing jinzhu 詩經今注. Beijing: Qinghua daxue chubanshe, 2004.

Henderson 1996 — Henderson, Jeffrey. Three Plays by Aristophanes: Staging Women. New York: Routledge, 1996.

Karlgren 1950 — Karlgren, Bernhard. The Book of Odes: Chinese Text, Transcription and Translation. Stockholm: The Museum of Far Eastern Antiquities, 1950.

Liu et al. 2001 — Liu Yuqing 劉毓慶, Jia Peijun 賈培俊, and Zhang Ru 張儒, eds. Shijing Baijia Biejie Kao 詩經百家別解考. Taiyuan: Shanxi guji, 2001.

Mandelbaum 1990 — Mandelbaum, Allen. Odyssey. New York: Bantam Books, 1990.

MJB — Chen Qiyuan 陳啟源. Mao Shi jigu bian 毛詩稽古編.

MZT — Ma Ruichen 馬瑞辰. Mao Shi zhuanjian tongshi 毛詩傳箋通釋. 3 vols. Beijing: Zhonghua, 1989.

Page 1951 — Page, Denys L. Alcman: The Partheneion. Oxford: Clarendon Press, 1951.

Peng 1997 — Peng Lin 彭林. Yili quanyi 儀禮全譯. Guiyang: Guizhou renmin chubanshe, 1997.

Qu Wanli 1952–1953 — Qu Wanli 屈萬里. Shijing shiyi 詩經釋義. 2 vols. Taipei: Zhonghua wenhua chuban shiye weiyuanhui, 1952–1953.

SB — Wang Fuzhi 王夫之. Shijing bai shu 詩經稗疏.

SMZ — Chen Huan 陳奐. Shi Maoshi zhuan shu 詩毛氏傳疏. Taipei: Xuesheng shuju, 1974.

Stanford 1959 — Stanford, W. B. The Odyssey of Homer. London: St. Martins Press, 1959.

SJZ — Zhu Xi 朱熹. Shi jizhuan 詩集傳. 2 vols. Beijing: Wenxue guji kanxingshe.

STJ — Lin Yiguang 林義光. Shijing tongjie 詩經通解, 1930.

SSY — Wang Xianqian 王先謙. Shi sanjia yi jishu 詩三家義集疏. Xuxiu Siku quanshu ed.

ST — Yao Jiheng Zhuzuo ji 姚際恆著作集. 10 vols. Vol. 1: Yao Jiheng 姚際恆. Shijing tonglun 詩經通論. Taipei: Zhongyang yanjiuyuan zhongguo wenzhe yanjiusuo.

SY — Fang Yurun 方玉潤. Shijing Yuanshi 詩經原始. 2 vols. Beijing: Zhonghua, 1986.

SZW — Wang Zhi 王質. Shi zongwen 詩總聞. Congshu jicheng chubian ed.

Tang Moyao 2004 — Tang Moyao 唐莫尧. Shijing xinzhu quanyi 詩經新注全譯. Chengdu: Ba Shu shushe, 2004.

Wang Jingzhi 1968 — Wang Jingzhi 王靜芝. Shijing tongshi 詩經通釋. Xinzhuang: Furen daxue wenxue yuan, 1968.

Wang Shoumin 1989 — Wang Shoumin 王守民. Shijing er ya xuanping 詩經二雅選評. Xi'an: Shaanxi Shida chubanshe, 1989.

West 1987 — West, M. L. Orestes. Warminster: Aris & Phillips, 1987.

Yang Tianyu 2004 — Yang Tianyu 杨天宇. Yili yizhu 儀禮譯註. Shanghai: Guji, 2004.

Yu Guanying 1956 — Yu Guanying 余冠英. Shijing xuan 詩經選. Beijing: Renmin wenxue chubanshe, 1956.

Yu Jiaxi 1993 — Yu Jiaxi 余嘉錫, ed. Shishuo xinyu 世說新語. Shanghai: Guji, 1993.

Zhang Xuebo 1976 — Zhang Xuebo 張學波. Shijing pianzhi tongkao 詩經篇旨通攷. Taipei: Guangdong chubanshe, 1976.

Сравнительные китайско-греческие исследования

Примечание. Только книги, статьи перечислены ниже в списке литературы.

Beecroft 2010 — Beecroft, Alexander. Authorship and Cultural Identity in early Greece and China. Cambridge: Cambridge University Press, 2010.

Chen Fang 2001 — Chen Fang 陳芳. Zhongguo Xian Qin yu gu Xila yishu zhi bijiao yanjiu 中國先秦與古希臘藝術之比較研究. Taipei: Wunan tushu, 2001.

Jullien 1995 — Jullien, François. Le détour et l'accès: stratégies du sens en Chine, en Grèce. Paris: Grasset, 1995.

Jullien 2000 — Jullien, François. Detour and Access: Strategies of Meaning in China and Greece. Tr. Sophie Hawkes. New York: Zone Books, 2000.

Kim 2009 — Kim, Hyun Jin. Ethnicity and Foreigners in Ancient Greece and China. London: Duckworth, 2009.

Kuriyama 1999 — Kuriyama, Shigehisa. The Expressiveness of the Body and the Divergence of Greek and Chinese Medicine. New York: Zone Books, 1999.

Li Zhiqiang 2008 — Li Zhiqiang 李志強. Li Zhiqiang Xian Qin he gu Xila yuyan guan yanjiu 先秦和古希臘語言觀研究. Beijing: Xueyuan chubanshe, 2008.

Liu Chenglin 2001 — Liu Chenglin 劉成林. Jitan yu jingjichang: yishu wangguo li de Hua Xia yu gu Xila 祭壇與競技場：藝術王國裏的華夏與古希臘. Beijing: Shehui kexue wenxian chubanshe, 2001.

Lloyd G. 1996 — Lloyd, Geoffrey. Adversaries and Authorities: Investigations into Ancient Greek and Chinese Science. New York: Cambridge University Press, 1996.

Lloyd G. 2002 — Lloyd, Geoffrey. The Ambitions of Curiosity: Understanding the World in Ancient Greece and China. New York: Cambridge University Press, 2002.

Lloyd G. 2004 — Lloyd, Geoffrey. Ancient Worlds, Modern Reflections: Philosophical Perspectives on Greek and Chinese Science and Culture. Oxford: Oxford University Press, 2004.

Lloyd G. 2005 — Lloyd, Geoffrey. The Delusions of Invulnerability: Wisdom and Morality in Ancient Greece, China and Today. London: Duckworth, 2005.

Lloyd G., Sivin 2002 — Lloyd, Geoffrey, and Nathan Sivin. The Way and the Word: Science and Medicine in Early China and Greece. New Haven, CT: Yale University Press, 2002.

Lu Xing 1998 — Lu Xing. Rhetoric in Ancient China, Fifth to Third Century, B.C.E.: A Comparison with Classical Greek Rhetoric. Columbia: University of South Carolina Press, 1998.

Raphals 1992 — Raphals, Lisa. Knowing Words: Wisdom and Cunning in the Classical Traditions of China and Greece. Ithaca, NY: Cornell University Press, 1992.

Reding 1985 — Reding, Jean-Paul. Les fondemonts philosophiques de la rhétorique chez les sophistes grecs et chez les sophistes chinois. Berne: Peter Lang, 1985.

Reding 2004 — Reding, Jean-Paul. Comparative Essays in Early Greek and Chinese Rational Thinking. Aldershot, Hants, England: Ashgate, 2004.

Shankman, Durrant 2000 — Shankman, Steven, and Stephen Durrant. The Siren and the Sage: Knowledge and Wisdom in Ancient Greece and China. London: Cassell, 2000.

Shankman, Durrant 2002 — Shankman, Steven, and Stephen Durrant, eds. Early China / Ancient Greece: Thinking Through Comparisons. Albany: State University of New York Press, 2002.

Wang Daqing 2006 — Wang Daqing 王大慶. Ben yu mo: Gudai Zhongguo yu gudai Xila jingji sixiang bijiao yanjiu 本與末：古代中國與古代希臘經濟思想比較研究, Beijing: Shangwu, 2006.

Yu Jiyuan 2007 — Yu, Jiyuan. The Ethics of Confucius and Aristotle: Mirrors of Virtue. New York: Routledge, 2007.

Литература

Свиясов 2003 – Свиясов Е. Сафо и русская любовная поэзия XVIII — начала XX вв. СПб: Дмитрий Буланин, 2003.

Adkins 1960 — Adkins, A. W. H. Merit and Responsibility: A Study in Greek Values. Oxford: Clarendon Press, 1960.

Ainian 1997 — Ainian, Alexander Mazarakis. From Rulers' Dwellings to Temples: Architecture, Religion and Society in Early Iron Age Greece (1100–700 B.C.). Jonsered: Paul Åströms förlag, 1997.

Alexiou 1974 — Alexiou, Margaret. The Ritual Lament in Greek Tradition. Cambridge: Cambridge University Press, 1974.

Allan 1979 — Allan, Graham A. A Sociology of Friendship and Kinship. London: George Allen & Unwin, 1979.

Allan 1996 — Allan, Graham A. Kinship and Friendship in Modern Britain. Oxford: Oxford University Press, 1996.

Allen J. R. 1996 — Allen, Joseph R. Postface: A Literary History of the Shijing // The Book of Songs / Trans. by Arthur Waley; edited with additional translations by Joseph R. Allen. New York: Grove Press, 1996.

Allen P. 1985 — Allen, Prudence. The Concept of Woman: The Aristotelian Revolution, 750 B.C. — A. D. 1250. Grand Rapids, MI: Eerdmans Publishing Co., 1985.

Anderson 1966 — Anderson, Warren D. Ethos and Education in Greek Music. Cambridge, MA: Harvard University Press, 1966.

Antonaccio 1995 — Antonaccio, Carla Maria. An Archaeology of Ancestors: Tomb Cult and Hero Cult in Early Greece. Lanham, MD: Rowman & Littlefield, 1995.

Arnason 2005 — Arnason, Johann. The Axial Age and Its Interpreters: Reopening a Debate. // Axial Civilizations and World History / Ed. by J. Arnason, S. N. Eisenstadt, and B. Wittrock. Leiden: Brill, 2005.

Arthur 1984 — Arthur, Marilyn B. Early Greece: The Origins of the Western Attitude Toward Women // Women in the Ancient World: The Arethusa Papers / Ed. by John Peradotto and J. P. Sullivan. Albany: State University of New York Press, 1984.

Barlow 1994 — Barlow, Tani. Theorizing Women: Funü, Guojia, Jiating // Body, Subject and Power in China / Ed. by Angela Zito and Tani E. Barlow. Chicago: University of Chicago Press, 1994.

Barringer 2001 — Barringer, Judith M. The Hunt in Ancient Greece. Baltimore: Johns Hopkins University Press, 2001.

Beauvoir 1993 — Beauvoir, Simone de. The Second Sex / Trans. and ed. by H. M. Parshley; with an introduction by Margaret Crosland. Everyman's Library, 1993.

Benson 1995 — Benson, Carol. Mythical Women as Images of Apprehension // Reeder, Ellen, ed. Pandora: Women in Classical Greece. Princeton, NJ: Princeton University Press, 1995.

Berger 2002 — Berger, Brigitte. The Family in the Modern Age: More Than a Lifestyle Choice. New Brunswick, NJ: Transaction Publishers, 2002.

Bernard 1985 — Bernard, P. Les rhytons de Nisa. I. Poétesses grecques // Journal des Savants. 1985. (Janvier–Septembre). P. 25–118.

Billeter 2006 — Billeter, Jean-François. Contre François Jullien. Paris: Allia, 2006.

Bilsky 1975 — Bilsky, Lester James. The State Religion of Ancient China. Taipei: Orient Cultural Service, 1975.

Bing, Cohen 1991 — Bing, Peter, and Rip Cohen. Games of Venus: An Anthology of Greek and Roman Erotic Verse from Sappho to Ovid. New York: Routledge, 1991.

Blakeley 1977 — Blakeley, Barry B. Functional Disparities in the Sociopolitical Traditions of Spring and Autumn China // JESHO. 1977. Vol. 20. № 2. P. 208–241.

Blundell 1995 — Blundell, Sue. Women in Ancient Greece. Cambridge, MA: Harvard University Press, 1995.

Bodde 1953 — Bodde, Derk. Harmony and Conflict in Chinese Philosophy // Studies in Chinese Philosophy / Ed. by Arthur F. Wright. Chicago: University of Chicago Press, 1953. P. 19–80.

Bodde 1975 — Bodde, Derk. Festivals in Classical China: New Year and Other Annual Observances During the Han Dynasty, 206 b.c. — a.d. 220. Princeton, NJ: Princeton University Press, 1975.

Bolmarcich 2001 — Bolmarcich, Sarah. ΌΜΟΦΡΟΣΥΝΗ in the Odyssey // CP. 2001. Vol. 96. P. 205–213.

Bourriot 1976 — Bourriot, Felix. Recherches sur la nature du genos: Étude d'histoire sociale athénienne périodes archaïque et classique. Paris: H. Champion, 1976.

Bowie 1986 — Bowie, Ewen. Early Greek Elegy, Symposium, and Public Festival // JHS. 1986. Vol. 106. P. 13–35.

Bowie 1990 — Bowie, Ewen. Miles Ludens. The Problem of Martial Exhortation in Early Greek Elegy // Murray, Oswyn, ed. Sympotica: A Symposium on the Symposion. Oxford: Clarendon Press, 1990. P. 221–229.

Bowra 1936 — Bowra, C. M. Erinna's Lament for Baucis // Greek Poetry and Life. Oxford: Oxford University Press, 1936. P. 325–342.

Bowra 1961 — Bowra, C. M. Greek Lyric Poetry. Oxford: Clarendon Press, 1961.

Bremmer 1990 — Bremmer, Jan. Adolescents, Symposion, and Pederasty // Murray, Oswyn, ed. Sympotica: A Symposium on the Symposion. Oxford: Clarendon Press, 1990. P. 135–148.

Brown B. 2003 — Brown, Ben. Homer, Funeral Contests and the Origins of the Greek City // Philips, David J., and David Pritchard. Sport and Festival in the Ancient Greek World. London: Classical Press of Wales, 2003. P. 123–162.

Brown M. 2007 — Brown, Miranda. The Politics of Mourning in Early China. Albany: State University of New York Press, 2007.

Brumfield 1981 — Brumfield, Allaire Chandor. The Attic Festivals of Demeter and Their Relation to the Agricultural Year. New York: Arno Press, 1981.

Buffière 1980 — Buffière, Felix. Eros adolescent: La pédérastie dans la Grèce antique. Paris: Belles Lettres, 1980.

Burkert 1985 — Burkert, Walter. Greek Religion / Trans. by John Raffan. Cambridge, MA: Harvard University Press, 1985.

Burkert 1991 — Burkert, Walter. Oriental Symposia: Contrasts and Parallels // Slater, William J., ed. Dining in a Classical Context. Ann Arbor: University of Michigan Press, 1991. P. 7–24.

Burkert 1995 — Burkert, Walter. Greek Poleis and Civic Cults: Some Further Thoughts // Studies in the Ancient Greek Polis / Ed. by M. H. Hansen and K. Raaflaub. Stuttgart: Steiner, 1995. P. 201–210.

Burnett 1979 — Burnett, Anne Pippin. Desire and Memory (Sappho Frag. 94) // CP. 1979. Vol. 74. P. 16–27.

Burnett 1989 — Burnett, Anne Pippin. Performing Pindar's Odes // CP. 1989. Vol. 84. P. 283–293.

Burnett 2005 — Burnett, Anne Pippin. Pindar's Songs for the Young Athletes of Aigina. New York: Oxford University Press, 2005.

Calame 2001 — Calame, Claude. Choruses of Young Women in Ancient Greece: Their Morphology, Religious Role, and Social Function. Tr. Derek Collins and Janice Orion. Lanham, MD: Rowman & Littlefield, 2001.

Campbell 1983 — Campbell, David A. The Golden Lyre: The Themes of the Greek Lyric Poets. London: Duckworth, 1983.

Cantarella 2002 — Cantarella, Eva. Bisexuality in the Ancient World. 2nd ed. / Trans. by Cormac Ó Cuilleanáin. New Haven, CT: Yale University Press, 2002.

Cao Wei 2000 — Cao Wei 曹瑋. San Bo Chefu qi yu Xi Zhou hunyin zhidu 散伯車父器與西周婚姻制度 // Wenwu 文物. 2000. Vol. 3. P. 63–65, 74.

Cao Zhaolan 2004 — Cao Zhaolan 曹兆蘭. Jinwen yu Yin Zhou nüxing wenhua 金文與殷周女性文化. Beijing: Peking University Press, 2004.

Carey 1991 — Carey, Christopher. The Victory Ode in Performance: The Case for the Chorus // CP. 1991. Vol. 86. P. 192–200.

Cartledge 1985 — Cartledge, Paul. The Greek Religious Festivals // Easterling, P. E., and J. V. Muir, eds. Greek Religion and Society. Cambridge: Cambridge University Press, 1985. P. 98–127.

Cartledge 2001 — Cartledge, Paul. Spartan Reflections. Berkeley: University of California Press, 2001.

Chang K. S. 1997 — Chang, Kang-i Sun. Ming and Qing Anthologies of Women's Poetry and Their Selection Strategies // Writing Women in Late Imperial China / Ed. by Ellen Widmer and Kang-i Sun Chang. Stanford, CA: Stanford University Press, 1997. P. 147–170.

Chang K. S., Saussy 1999 — Chang, Kang-i Sun, and Haun Saussy, eds. Women Writers of Traditional China: An Anthology of Poetry and Criticism. Stanford, CA: Stanford University Press, 1999.

Chang K. 1976 — Chang, Kwang-chih. Early Chinese Civilization: Anthropological Perspectives. Cambridge, MA: Harvard University Press, 1976.

Chang Yuzhi 1987 — Chang Yuzhi 常玉芝. Shangdai zhouji zhidu 商代周祭制度. Beijing: Zhongguo shehui kexue chubanshe, 1987.

Cheliga 1896 — Cheliga, Marya. L'Evolution du féminisme // La Revue Encyclopédique. 1896, Nov. 28. Vol. 6. P. 910–913.

Chen Chao-jung 2003 — Chen Chao-jung 陳昭容. Zhoudai funü zai jisi zhong de diwei 周代婦女在祭祀中的地位 // Tsinghua Journal of Chinese Studies. 2003. Vol. 31. № 4. P. 395–440.

Chen Chao-jung 2007 — Chen Chao-jung. Cong qingtongqi mingwen kan Liang Zhou wangshi hunyin guanxi 從青銅器銘文看兩周王室婚姻關係 // Gu wenzi yu gudai shi 古文字與古代史. Vol. 1. Taipei: Institute of History and Philology, Academia Sinica, 2007. P. 253–292.

Chen Chao-jung 2008 — Chen Chao-jung. Liang Zhou qingtongqi de nüxing jieshouzhe yu nüxing zhizuozhe 兩周青銅器的女性接受者與女性制作者 // Paper presented at the Early China Seminar. Columbia University, New York, March 8, 2008.

Chen Lai 2006 — Chen Lai. Gudai sixiang wenhua de shijie: Chunqiu shidai de zongjiao, lunli yu she-hui sixiang 古代思想文化的世界：春秋時代的宗教, 倫理與社會思想. Taipei: Yunchen wenhua, 2006.

Chen Tongsheng 2004 — Chen Tongsheng 陳桐生. Kongzi Shilun yanjiu 《孔子詩論》研究. Beijing: Zhonghua, 2004.

Cheng 1993 — Cheng, Anne. Ch'un ch'iu, Kung Yang, Ku liang and Tso Chuan // Loewe, Michael, ed. Early Chinese Texts: A Bibliographical Guide. Berkeley, CA: Society for the Study of Early China, 1993. P. 67–76.

Chiang 1995 — Chiang, William W. We Two Know the Script; We Have Become Good Friends: Linguistic and Social Aspects of the Women's Script Literacy in Southern Hunan, China. Lanham, MD: University Press of America, 1995.

Chin 2006 — Chin, Tamara. Orienting Mimesis: Marriage and the Book of Songs // Representations. 2006. Vol. 94. № 1. P. 53–79.

Chow 1978 — Chow, Tse-tsung. 1978. The Childbirth Myth and Ancient Chinese Medicine: A Study of Aspects of the Wu Tradition // Ancient China: Studies in Early Civilization / Ed. by David T. Roy and Tsuen-hsuin Tsien. Hong Kong: Chinese University Press, 1978. P. 43–90.

Clayton 2004 — Clayton, Barbara. A Penelopean Poetics: Reweaving the Feminine in Homer's Odyssey. Lanham, MD: Lexington Books, 2004.

Cobb-Stevens et al. 1985 — Cobb-Stevens, Veda, Thomas Figueira, and Gregory Nagy. Introduction // Figueira, T. J., and Gregory Nagy, eds. Theognis of Megara: Poetry and the Polis. Baltimore: Johns Hopkins University Press, 1985. P. 1–22.

Cohen 1991 — Cohen, David. Law, Sexuality and Society: The Enforcement of Morals in Classical Athens. Cambridge: Cambridge University Press, 1991.

Collier, Yanagisako 1987 — Collier, Jane Fishburne, and Sylvia Junko Yanagisako, eds. Gender and Kinship: Essays toward a Unified Analysis. Stanford, CA: Stanford University Press, 1987.

Collins 2004 — Collins, Derek. Master of the Game: Competition and Performance in Greek Poetry. Cambridge, MA: Harvard University Press, 2004.

Comaroff 1987 — Comaroff, John L. Sui genderis: Feminism, Kinship Theory, and Structural 'Domains // Collier, Jane Fishburne, and Sylvia Junko Yanagisako, eds. Gender and Kinship: Essays toward a Unified Analysis. Stanford, CA: Stanford University Press, 1987. P. 53–85.

Cook 1999 — Cook, Constance. The Ideology of the Chu Ruling Class: Ritual Rhetoric and Bronze Inscriptions // Cook, Constance, and John S. Major, eds. Defining Chu: Image and Reality in Ancient China. Honolulu: University of Hawaii Press, 1999. P. 67–76.

Cott 1987 — Cott, Nancy F. The Grounding of Modern Feminism. New Haven, CT: Yale University Press, 1987.

Creel 1970 — Creel, Herlee G. The Origins of Statecraft in China. Vol. 1: The Western Zhou Empire. Chicago: University of Chicago Press, 1970.

Crotty 1982 — Crotty, Kevin. Song and Action: The Victory Odes of Pindar. Baltimore: Johns Hopkins University Press, 1982.

Cui Mingde 2004 — Cui Mingde 崔明德. Xian Qin zhengzhi hunyin shi 先秦政治婚姻史. Jinan: Shandong daxue chubanshe, 2004.

Dai Wei 2001 — Dai Wei 戴维. Shijing yanjiu shi 詩經研究史. Changsha: Hunan jiaoyu chubanshe, 2001.

Davidson 1997 — Davidson, James. Courtesans and Fishcakes: The Consuming Passions of Classical Athens. London: HarperCollins, 1997.

Davidson 2007 — Davidson, James. The Greeks and Greek Love: A Radical Reappraisal of Homosexuality in Ancient Greece. London: Weidenfeld & Nicolson, 2007.

Davies 1989 — Davies, Malcolm. The Greek Epic Cycle. London: Bristol Classical Press, 1989.

De Polignac 1995 — De Polignac, François. Cults, Territory, and the Origins of the Greek City-State / Trans. by Janet Lloyd. Chicago: University of Chicago Press, 1995. French original published in 1984.

Dentzer 1982 — Dentzer, J.-M. Le motif du banquet couché dans le Proche-Orient et le monde grec du VIIe au IVe siècle avant J.-C. Rome: Ecole française de Rome, 1982.

Detienne 1994 — Detienne, Marcel. The Gardens of Adonis: Spices in Greek Mythology / Trans. by Janet L loyd. Princeton, NJ: Princeton University Press, 1994.

Detienne, Vernant 1978 — Detienne, Marcel, and J. P. Vernant. Cunning Intelligence in Greek Culture and Society / Trans. by Janet Lloyd. Atlantic Highlands, NJ: Humanities Press, 1978.

Dillon 2002 — Dillon, Matthew. Girls and Women in Classical Greek Religion. London: Routledge, 2002.

Ding Ding 2003 — Ding Ding 丁鼎. Yili Sangfu kaolun 儀禮喪服攷論. Beijing: Shehui kexue wenxian chubanshe, 2003.

Ding Linghua 2000 — Ding Linghua 丁淩華. Zhongguo sangfu zhidu shi 中國喪服制度史. Shanghai: Shanghai Renmin, 2000.

Dobson 1968 — Dobson, W. A. C. H. The Language of the Book of Songs. Toronto: University of Toronto Press, 1968.

Dobson 1969 — Dobson, W. A. C. H. The Problems of the Book of Songs in the Light of Recent Linguistic Research // American Oriental Society, Middle West Branch, Semi-Centennial Volume: A Collection of Original Essays / Ed. by Denis Sinor. Bloomington: Indiana University Press, 1969. P. 41–58.

Donlan 1985 — Donlan, Walter. Pistos philos hetairos // Figueira, T. J., and Gregory Nagy, eds. Theognis of Megara: Poetry and the Polis. Baltimore: Johns Hopkins University Press, 1985. P. 223–244.

Donlan 2007 — Donlan, Walter. Kin-Groups in the Homeric Epics // Classical World. 2007. Vol. 101. № 1. P. 29–39.

Dougherty, Kurke 2003 — Dougherty, Carol, and Leslie Kurke, eds. The Cultures within Ancient Greek Culture: Contact, Conflict, Collaboration. Cambridge: Cambridge University Press, 2003.

Dover 1978 — Dover, K. Greek Homosexuality. New York: Vintage Books, 1978.

Du Zhengsheng 1979 — Du Zhengsheng 杜正勝. Zhoudai chengbang 周代城邦. Taipei: Lianjing, 1979.

DuBois 1982 — DuBois Page. Centaurs and Amazons: Women and the Pre-history of the Great Chain of Being. Ann Arbor: University of Michigan Press, 1982.

Durkheim 1976 — Durkheim, Émile. The Elementary Forms of the Religious Life. London: Allen and Unwin, 1976.

Ehrenberg 1969 — Ehrenberg, Victor. The Greek State. 2nd ed. London: Mathven, 1969.

Eisenstadt 2000 — Eisenstadt, S. N. Multiple Modernities // Daedalus, 2000. Vol. 129. № 1. P. 1–29.

Elshtain 1993 — Elshtain, Jean Bethke, ed. Public Man, Private Woman: Women in Social and Political Thought. 2nd ed. Princeton, NJ: Princeton University Press, 1993.

Falkenhausen 1993 — Falkenhausen, Lothar von. Suspended Music: Chime-bells in the Culture of Bronze Age China. Berkeley: University of California Press, 1993.

Falkenhausen 1995 — Falkenhausen, Lothar von. Reflections on the Political Role of Spirit Mediums in Early China: The WU Officials in the Zho ULi // EC. 1995. Vol. 20. P. 279–300.

Falkenhausen 1999 — Falkenhausen, Lothar von. The Waning of the Bronze Age: Material Culture and Social Developments, 770–481 B.C. // The Cambridge History of Ancient China: From the Origins of Civilization to 221 B.C. / Ed. by M. Loewe and E. L. Shaughnessy. Cambridge: Cambridge University Press, 1999.

Falkenhausen 2006 — Falkenhausen, Lothar von. Chinese Society in the Age of Confucius (1000–250 BC): The Archaeological Evidence. Los Angeles: Cotsen Institute of Archaeology, 2006.

Fantham et al. 1994 — Fantham, Elaine, Helene Foley, Natalie Kampen, Sarah Pomeroy, and H. Alan Shapiro. Women in the Classical World: Image and Text. New York: Oxford University Press, 1994.

Faraone 2003 — Faraone, Christopher. Playing the Bear and the Fawn for Artemis: Female Initiation of Substitute Sacrifice? // Dodd, David B., and Christopher A. Faraone, eds. Initiation in Ancient Greek Rituals and Narratives. London: Routledge, 2003. P. 43–68.

Faraone, McLure 2006 — Faraone, Christopher, and Laura McLure, eds. Prostitutes and Courtesans in the Ancient World. Madison: University of Wisconsin Press, 2006.

Felson 1994 — Felson, Nancy. Regarding Penelope: From Character to Poetics. Princeton, NJ: Princeton University Press, 1994.

Feng Youlan 1998 — Feng Youlan 馮友蘭. Yuan Zhong Xiao 原忠孝 // Zhongguo zhexue de jingshen 中國哲學的精神. Beijing: Guoji Wenhua Chuban Gongsi, 1998. P. 68–79. First published in 1931.

Figueira, Nagy 1985 — Figueira, T. J., and Gregory Nagy, eds. Theognis of Megara: Poetry and the Polis. Baltimore: Johns Hopkins University Press, 1985.

Fine 1983 — Fine, John V. A. The Ancient Greeks: A Critical History. Cambridge, MA: Belknap Press of Harvard University Press, 1983.

Finley 1977 — Finley, M. I. The Ancient Greeks. New York: Penguin Books.

Finley 1984 — Finley, M. I., ed. The Legacy of Greece: A New Appraisal. Oxford: Oxford University Press, 1984.

Fogel, Zarrow 1997 — Fogel, Joshua A, and Peter G. Zarrow, eds. Imagining the People: Chinese Intellectuals and the Concept of Citizenship, 1890–1920. Armonk, NY: M. E. Sharpe, 1997.

Folch 2006 — Folch, Marcus. Genre, Gender, and Performance in Plato's Laws. Ph.D. diss., Stanford University, 2006.

Foucault 1985 — Foucault, Michel. The History of Sexuality. Vol. 2: The Use of Pleasure / Trans. by Robert Hurley. New York: Vintage Books, 1985.

Foucault 1986 — Foucault, Michel. The History of Sexuality. Vol. 3: The Care of the Self / Trans. by Robert Hurley. New York: Vintage Books, 1986.

Freeman 1999 — Freeman, Charles. The Greek Achievement: The Foundation of the Western World. London: Penguin Books, 1999.

Furth 1988 — Furth, Charlotte. Androgynous Males and Deficient Females: Biology and Gender Boundaries in Sixteenth- and Seventeenth-Century China // Late Imperial China. 1988. Vol. 9. № 2. P. 1–31.

Fustel de Coulanges 1980 — Fustel de Coulanges, Numa Denis. The Ancient City: A Study on the Religion, Laws and Institutions of Greece and Rome / With a new foreword by Arnold Momigliano and S. C. Humphreys. Baltimore: Johns Hopkins University Press, 1980.

Gallant 1991 — Gallant, T. W. Risk and Survival in Ancient Greece: Reconstructing the Rural Domestic Economy. Stanford, CA: Stanford University Press, 1991.

Garlan 1995 — Garlan, Yvon. War and Peace // Vernant, J. P., ed. The Greeks / Trans. by Charles Lambert and Teresa Lavender Fagan. Chicago: University of Chicago Press, 1995. P. 53–85.

Garland 1990 — Garland, Robert. The Greek Way of Life: From Conception to Old Age. Ithaca, NY: Cornell University Press, 1990.

Gassmann 2000 — Gassmann, Robert H. Understanding Ancient Chinese Society: Approaches to Ren and Min // JAOS. 2000. Vol. 120. № 3. P. 348–359.

Gauthier 1985 — Gauthier, Phillipe. Les cités grecques et leurs bienfaiteurs, IVe-Ier siècle avant J.-C. Athènes: École française d'Athènes, 1985.

Gentili 1988 — Gentili, Bruno. Poetry and Its Public in Ancient Greece: From Homer to the Fifth Century / Trans. with an introduction by A. Thomas Cole. Baltimore: Johns Hopkins University Press, 1988.

Gernet J. 1995 — Gernet, Jacques. Buddhism in Chinese Society: An Economic History from the Fifth to the Tenth Centuries. New York: Columbia University Press, 1995. French original published in 1956.

Gernet L. 1981 — Gernet, Louis. The Anthropology of the Greeks / Trans. by John Hamilton and Blaise Nagy. Baltimore: Johns Hopkins University Press, 1981.

Giacomelli 1980 — Giacomelli [Carson], Anne. The Justice of Aphrodite in Sappo Fr. 1 // TAPA. 1980. Vol. 110. P. 135–142.

Glosser 2003 — Glosser, Susan L. Chinese Visions of Family and State, 1915–1953. Berkeley: University of California Press, 2003.

Golden 1990 — Golden, Mark. Children and Childhood in Classical Athens. Baltimore: Johns Hopkins University Press, 1990.

Golden 1998 — Golden, Mark. Sport and Society in Ancient Greece. Cambridge: Cambridge University Press, 1998.

Goody 1962 — Goody, Jack. Death, Property and the Ancestors: A Study of the Mortuary Customs of the LoDagaa of West Africa. Stanford, CA: Stanford University Press, 1962.

Graf 2003 — Graf, Fritz. Initiation: A Concept with a Troubled History // Dodd, David B., and Christopher A. Faraone, eds. Initiation in Ancient Greek Rituals and Narratives. London: Routledge, 2003. P. 3–24.

Granet 1932 — Granet, Marcel. Festivals and Songs of Ancient China. London: George Routledge & Sons, 1932.

Granet 1975 — Granet, Marcel. The Religion of the Chinese People / Trans., ed., and with an introduction by M. Freedman. Oxford: Basil Blackwell, 1975.

Greene 1996 — Greene, Ellen, ed. Reading Sappho: Contemporary Approaches. Berkeley: University of California Press, 1996.

Groningen 1960 — Groningen, B. A. van. Pindare au banquet: Les fragments des scolies edités avec un commentaire critique et explicatif. Leiden: E. J. Brill, 1960.

Guisso 1981 — Guisso, Richard W. Thunder over the Lake: The Five Classics and the Perception of Woman in Early China // Women in China: Current Directions in Historical Scholarship / Ed. by Richard Guisso. Youngstown, NY: Philo Press, 1981. P. 47–61.

Guo Moruo 1931 — Guo Moruo 郭沫若. Shi zu bi 釋祖妣 // Guo Moruo 郭沫若. Jiagu wenzi yanjiU 甲骨文字研究. Shanghai: Dadong shuju, 1931.

Guo Qiyong 2004 — Guo Qiyong 郭齊勇, ed. Rujia lunli zhengming ji: Yi qin qin huyin wei zhongxin 儒家倫理爭鳴集：以親親互隱"為中心. Wuhan: Wuhan Daxue Chubanshe, 2004.

Gutzwiller 1997 — Gutzwiller, Kathryn. Genre Development and Gendered Voices in Erinna and Nossis // Dwelling in Possibility: Women Poets and Critics on Poetry / Ed. by Yopie Prins and Maeera Shreiber. Ithaca, NY: Cornell University Press, 1997. P. 202–222.

Hadas 1959 — Hadas, Moses. Hellenistic Culture: Fusion and Diffusion. New York: Columbia University Press, 1959.

Hagstrum 1992 — Hagstrum, Jean H. Esteem Enlivened by Desire: The Couple from Homer to Shakespeare. Chicago: University of Chicago Press, 1992.

Hall, Ames 1987 — Hall, David L., and Roger T. Ames. Thinking through Confucius. Albany: State University of New York Press, 1987.

Hall, Ames 1998 — Hall, David L., and Roger T. Ames. Thinking from the Han: Self, Truth, and Transcendence in Chinese and Western Culture. Albany: State University of New York Press, 1998.

Hall, Ames 1999 — Hall, David L., and Roger T. Ames. The Democracy of the Dead: Dewey, Confucius, and the Hope for Democracy in China. Chicago: Open Court, 1999.

Hall J. M. 2007 — Hall, Jonathan M. Polis, Community, and Ethnic Identify // The Cambridge Companion to Archaic Greece / Ed. by H. A. Shapiro. Cambridge: Cambridge University Press, 2007. P. 40–60.

Halperin 1990 — Halperin, David. One Hundred Years of Homosexuality. New York: Routledge, 1990.

Hamilton 1943 — Hamilton, Edith. The Greek Way. New York: W. W. Norton & Co., 1943.

Hansen 1998 — Hansen, Mogens Herman. Polis and City-State: An Ancient Concept and Its Modern Equivalent. Copenhagen: Royal Danish Academy of Sciences and Letters, 1998.

Hansen 2006 — Hansen, Mogens Herman. Polis: An Introduction to the Ancient Greek City-State. New York: Oxford University Press, 2006.

Hansen, Nielsen 2004 — Hansen, Mogens Herman, and Thomas Heine Nielsen. An Inventory of Archaic and Classical Poleis. Oxford: Oxford University Press.

Harper 1994 — Harper, Donald. Resurrection in Warring States Popular Religion // Taoist Resources. 1994. Vol. 5. № 2. P. 13–28.

Harris 1976 — Harris, H. A. Sport in Greece and Rome. Ithaca, NY: Cornell University Press, 1976.

Hartsock 1983 — Hartsock, Nancy. Money, Sex and Power: Toward a Feminist Historical Materialism. New York: Longman, 1983.

Havelock 1963 — Havelock, Eric Alfred. Preface to Plato. Cambridge, MA: Belknap Press, Harvard University Press, 1963.

Heath, Lefkowitz 1991 — Heath, Malcolm, and Mary Lefkowitz. Epinician Performance: A Response to Burnett and Carey // CP. 1991. Vol. 86. P. 173–191.

Herman 1987 — Herman, Gabriel. Ritualised Friendship and the Greek City. Cambridge: Cambridge University Press, 1987.

Hinsch 1990 — Hinsch, Bret. Passions of the Cut Sleeve: The Male Homosexual Tradition in China. Berkeley: University of California Press, 1990.

Hinsch 2002 — Hinsch, Bret. Women in Early Imperial China. Lanham, MD: Rowman & Littlefield, 2002.

Hinsch 2003 — Hinsch, Bret. The Origins of Separation of the Sexes in China // JAOS. 2003. Vol. 123. № 3. P. 595–616.

Hinsch 2005 — Hinsch, Bret. Van Gulik's Sexual Life in Ancient China and the Matter of Homosexuality // NN. 2005. Vol. 7. № 1. P. 79–91.

Hodkinson 1999 — Hodkinson, Stephen. An Agonistic Culture? Athletic Competition in Archaic and Classical Spartan Society // Sparta: New Perspectives / Ed. by Stephen Hodkinson and Anton Powell. London: Duckworth, with the Classical Press of Wales, 1999. P. 147–187.

Holzman 1998 — Holzman, Donald. The Place of Filial Piety in Ancient China // JAOS. 1998. Vol. 118. № 2. P. 1–15.

Hornblower 1991 — Hornblower, Simon. The Greek World, 479–323 BC. London: Routledge, 1991.

Hsu C. 1965 — Hsu, Cho-yun. Ancient China in Transition: An Analysis of Social Mobility, 722–222 BC. Stanford, CA: Stanford University Press, 1965.

Hsu C. 2001 — Hsu, Cho-yun. Xi ZhoUShi 西周史. Rev. ed. Beijing: Sanlian, 2001.

Hsu C. 2005 — Hsu, Cho-yun. Rethinking the Axial Age — The Case of Chinese Culture // Axial Civilization and World History / Ed. by J. Arnason, S. N. Eisenstadt, and B. Wittrock. Leidon: Brill, 2005. P. 451–467.

Hsu F. 1948 — Hsu, Francis L. K. Under the Ancestors' Shadow: Chinese Culture and Personality. New York: Columbia University Press, 1948.

Hubbard 2003 — Hubbard, Thomas K., ed. Homosexuality in Greece and Rome: A Sourcebook of Basic Documents. Berkeley: University of California Press, 2003.

Hughes 2005 — Hughes, Bettany. Helen of Troy: Goddess, Princess, Whore. New York: Knopf, 2005.

Humphreys 1978 — Humphreys, S. C. Anthropology and the Greeks. London: Routledge & Kegan Paul, 1978.

Humphreys 1980 — Humphreys, S. C. Foreword // Fustel de Coulanges, Numa Denis. The Ancient City: A Study on the Religion, Laws and Institutions of Greece and Rome / With a new foreword by Arnold Momigliano and S. C. Humphreys. Baltimore: Johns Hopkins University Press, 1980. P. xv–xxiii.

Humphreys 1983 — Humphreys, S. C. The Family, Women and Death: Comparative Studies. London: Routledge & Kegan Paul, 1983.

Hunter 1989a — Hunter, Virginia. The Athenian Widow and Her Kin // Journal of Family History. 1989. Vol. 14. № 4. P. 291–311.

Hunter 1989b — Hunter, Virginia. Women's Authority in Classical Athens: The Example of Kleobule and Her Son (Dem. 27–29) // EMC. 1989. Vol. 33. P. 39–48.

Hwang 2004 — Hwang, Ming-chorng 黃銘崇. "殷周金文中的親屬稱謂'姑'及其相關問題 // Zhongyang yanjiuyuan lishi yuyan yanjiusuo jikan 中央研究院歷史語言研究所集刊. 2004. Vol. 75. № 1. P. 1–98.

Idema, Grant 2004 — Idema, Wilt, and Beata Grant, eds. The Red Brush: Writing Women of Imperial China. Cambridge, MA: Harvard University Press, 2004.

Ikeda 1981 — Ikeda Suetoshi 池田末利. Chūgokukodai shūkyōshi kenkyū: Seido to shisō 中國古代宗教史研究: 制度と思想. Tōkyō: Tōkai DaigakUShuppankai, 1981.

Jameson 1998 — Jameson, Michael H. Religion in the Athenian Democracy // Democracy 2005? Questions and Challenges / Ed. by Ian Morris and Kurt Raaflaub. Dubuque, Iowa: Kendall/ Hunt Publishing Co., 1998. P. 171–195.

Ji Xiuzhu 2005 — Ji Xiuzhu 姬秀珠. Yili yinshi liqi yanjiu 儀禮饮食禮器研究. Taipei: Liren shuju, 2005.

Jia Jinhua 2001 — Jia, Jinhua. An Interpretation of 'Shi keyi qun' // TP. 2001. Vol. 87. P. 1–13.

Jia Junxia 2002 — Jia Junxia 贾俊俠. Chunqiu shiqi de ying zhi ji qi shengxing yuanyin 春秋時期的媵制及其盛行原因 // Jiangnan daxue xuebao 江南大學學報 (humanities edition). 2002. Vol. 1. № 1. P. 49–51, 86.

Jian Bozan 1988 — Jian Bozan 翦伯贊. Xian Qin shi 先秦史. Beijing: Beijing daxue chubanshe.

Johnson 1988 — Johnson, Kay Ann. Women, the family, and peasant revolution in China. Chicago: Chicago University Press, 1988.

Jones 1940 — Jones, A. H. M. The Greek City: From Alexander to Justinian. Oxford: Clarendon Press, 1940.

Just 1989 — Just, Roger. Women in Athenian Law and Life. London: Routledge, 1989.

Kaizuka 1976 — Kaizuka Shigeki 貝塚茂樹. Kaizuka Shigeki chosakushū 貝塚茂樹著作集. Vol. 1: Chūgok Uno kodai kokka 中国の古代国家. Tōkyō: Chūō Kōronsha, 1976.

Kamen 2007 — Kamen, Deborah. The Life Cycle in Archaic Greece // The Cambridge Companion to Archaic Greece / Ed. by H. A. Shapiro. Cambridge: Cambridge University Press, 2007. P. 85–107.

Kang Dewen 1997 — Kang Dewen 康德文. Lun Chunqiu Zhanguo shiqi 'xiao' guannian de bianqian 論春秋戰國時期孝觀念的變遷 // Shehui kexue zhanxian 社會科學戰綫. 1997. Vol. 4. P. 103–109.

Keesing 1976 — Keesing, Roger M. Cultural Anthropology: A Contemporary Perspective. New York: Holt, Rinehart & Winston, 1976.

Keightley 1978 — Keightley, David N. The Religious Commitment: Shang Theology and the Genesis of Chinese Political Culture // History of Religions. 1978. Vol. 17. № 3/4. P. 211–225.

Keightley 1993 — Keightley, David N. Clean Hands and Shining Helmets: Heroic Action in Early Chinese and Greek Culture // Religion and the Authority of the Past, ed. Tobin Siebers. Ann Arbor: University of Michigan Press, 1993. P. 13–51.

Keightley 1998 — Keightley, David N. Shamanism, Death, and the Ancestors: Religious Mediation in Neolithic and Shang China, ca. 5000–1000 B.C. // Asiatische Studien. 1998. Vol. 52. P. 763–828.

Keightley 2000 — Keightley, David N. Ancestral Landscape: Time, Space, and Community in Late Shang China, Ca. 1200–1045 B.C. Berkeley: University of California, Berkeley; Center for Chinese Studies, 2000.

Kern 2000 — Kern, Martin. Shi Jing Songs as Performance Texts: A Case Study of 'ChuCi' (The Thorny Caltrop) // EC. 2000. Vol. 25. P. 49–112.

Kern 2005 — Kern, Martin. The Odes in Excavated Manuscripts // Text and Ritual in Early China / Ed. by Martin Kern. Seattle: University of Washington Press, 2005. P. 149–193.

Kern 2007 — Kern, Martin. Beyond the Mao Odes: Shijing Reception in Early Medieval China // JAOS. 2007. Vol. 127. № 2. P. 131–142.

Kern 2009a — Kern, Martin. Bronze Inscriptions, the Shangshu, and the Shijing: The Evolution of the Ancestral Sacrifice during the Western Zhou //

Early Chinese Religion. Pt. 1: Shang through Han (1250 BC to 220 AD) / Ed. by John Lagerwey and Marc Kalinowski. Leiden: E. J. Brill, 2009. P. 143–200.

Kern 2009b — Kern, Martin. Offices of Writing and Reading in the Rituals of Zhou // Statecraft and Classical Learning / Ed. by Benjamin Elman and Martin Kern. Leiden: Brill, 2009. P. 65–93.

Keuls 1985 — Keuls, Eva. The Reign of the Phallus: Sexual Politics in Ancient Athens. New York: Harper & Row, 1985.

Knapp 1995 — Knapp, Keith. The Reinterpretation of Xiao // EC. 1995. Vol. 20. P. 195–222.

Knechtges 1981 — Knechtges, David R. Ssu-ma Hsiang-ju's 'Tall Gate Palace Rhapsody' // HJAS. 1981. Vol. 41. № 1. P. 47–64.

Knox 1989 — Knox, B. M. W. Theognis // The Cambridge History of Classical Literature / Ed. by P. E. Easterling and B. M. W. Knox. Vol. 1, pt. 1: Early Greek Poetry. Cambridge: Cambridge University Press, 1989. P. 95–105.

Knox 1996 — Knox, B. M. W. Introduction // Odyssey / Trans. by Robert Fagles. New York: Viking, 1996. P. 3–64.

Kominami Ichiro 1995 — Kominami Ichiro 小南一郎. Sha no gireika wo megutte: So no futatsuno dankai 射の儀禮化をめぐって－その二つの段階 // Chūgokukodai reisei kenkyū 中國古代禮制研究 / Ed. by Kominami Ichiro. Kyoto: Kyoto Daigaku Jinbun Kagaku Kenkyūjo, 1995. P. 47–116.

Kominami Ichiro 2001 — Kominami Ichiro. Chūgokuno reisei to reigaku 中國の禮制と禮學. Kyoto: Hoyu Shoten, 2001.

Konstan 1993 — Konstan, David. Aristophanes' Lysistrata: Women and the Body Politic // Sommerstein, Alan, Stephen Halliwell, Jeffrey Henderson, and Bernhard Zimmermann, eds. Tragedy, Comedy and the Polis. Bari: Levante Editori, 1993. P. 431–444.

Konstan 1997 — Konstan, David. Friendship in the Classical World. Cambridge: Cambridge University Press, 1997.

Kowalzig 2004 — Kowalzig, Barbara. Changing Choral Worlds: Song-Dance and Society in Athens and Beyond // Murray, Penelope, and Peter Wilson, eds. Music and the Muses: The Culture of 'Mousikē' in the Classical Athenian City. Oxford: Oxford University Press, 2004. P. 39–65.

Krentz 2007 — Krentz, Peter. Warfare and Hoplites // The Cambridge Companion to Archaic Greece / Ed. by H. A. Shapiro. Cambridge: Cambridge University Press, 2007. P. 61–84.

Kurke 1991 — Kurke, Leslie. The Traffic in Praise: Pindar and the Poetics of Social Economy. Ithaca, NY: Cornell University Press, 1991.

Kurke 1997 — Kurke, Leslie. Inventing the Hetaira: Sex, Politics, and Discursive Conflict in Archaic Greece // Classical Antiquity. 1997. Vol. 16. № 1. P. 106–150.

Kurke 2000 — Kurke, Leslie. The Strangeness of 'Song Culture // Taplin, Oliver, ed. Literature in the Greek and Roman Worlds: A New Perspective. Oxford: Oxford University Press, 2000. P. 40–69.

Lambert 1993 — Lambert, S. D. The Phratries of Attica. Ann Arbor: University of Michigan Press, 1993.

Lamphere 1974 — Lamphere, Louise. Strategies, Cooperation and Conflict among Women in Domestic Groups // Woman, Culture and Society / Ed. by Michelle Zimbalist Rosaldo and Louise Lamphere. Stanford, CA: Stanford University Press, 1974. P. 97–112.

Landes 1982 — Landes, Joan B. Hegel's Conception of the Family // Elshtain, Jean Bethke, ed. The Family in Political Thought. Brighton, Sussex: Harvester Press, 1982. P. 125–144.

Lardinois 2001 — Lardinois, André. Keening Sappho: Female Speech Genres in Sappho's Poetry // Lardinois, André, and Laura McClure, eds. Making Silence Speak: Women's Voices in Greek Literature and Society, Princeton, NJ: Princeton University Press, 2001. P. 75–92.

Larson 1995 — Larson, Jennifer. Greek Heroine Cults. Madison: University of Wisconsin Press, 1995.

Lefkowitz 1976 — Lefkowitz, Mary. The Victory Ode: An Introduction. Park Ridge, NJ: Noyes Press, 1976.

Lefkowitz 1981 — Lefkowitz, Mary. The Lives of Greek Poets. Baltimore: Johns Hopkins University Press, 1981.

Lefkowitz 1986 — Lefkowitz, Mary. Women in Greek Myth. Baltimore: Johns Hopkins University Press, 1986.

Lefkowitz 1996 — Lefkowitz, Mary. Women in the Panathenaic and Other Festivals // Worshipping Athena: Panathenaia and Parthenon / Ed. by Jennifer Neils. Madison: University of Wisconsin Press, 1996. P. 78–91.

Lefkowitz 2003 — Lefkowitz, Mary. Greek Gods, Human Lives: What We Can Learn from Myths. New Haven, CT: Yale University Press, 2003.

Lei Haizong 1940 — Lei Haizong 雷海宗. Zhongguo wenhua yu Zhongguo de bing 中國文化與中國的兵. Changsha: Shangwu, 1940.

Lerner 1993 — Lerner, Gerda. The Creation of Feminist Consciousness: From the Middle Ages to Eighteen-seventy. Oxford: Oxford University Press, 1993.

Levine 1985 — Levine, D. Symposium and the Polis // Figueira, T. J., and Gregory Nagy, eds. Theognis of Megara: Poetry and the Polis. Baltimore: Johns Hopkins University Press, 1985. P. 176–196.

Lewis J. 1985 — Lewis, John. Erso and the Polis in Theognis Book II // Figueira, T. J., and Gregory Nagy, eds. Theognis of Megara: Poetry and the Polis. Baltimore: Johns Hopkins University Press, 1985. P. 197–222.

Lewis M. E. 1990 — Lewis, Mark Edward. Sanctioned Violence in Early China. Albany: State University of New York Press, 1990.

Lewis M. E. 1997 — Lewis, Mark Edward. Ritual Origins of the Warring States // Bulletin de L'École Française d'Extrême-Orient. 1997. Vol. 84. P. 73–98.

Lewis M. E. 1999 — Lewis, Mark Edward. Writing and Authority in Early China. Albany: State University of New York Press, 1999.

Lewis M. E. 2006a — Lewis, Mark Edward. The Construction of Space in Early China. Albany: State University of New York Press, 2006.

Lewis M. E. 2006b — Lewis, Mark Edward. The Flood Myths of Early China. Albany: State University of New York Press, 2006.

Li C. 2006 — Li, Chenyang. The Confucian Ideal of Harmony // Philosophy East and West. 2006. Vol. 56. № 4. P. 583–603.

Li C. 2008 — Li, Chenyang. The Ideal of Harmony in Ancient Chinese and Greek Philosophy // Dao: A Journal of Comparative Philosophy. 2008. Vol. 7. № 1. P. 81–98.

Li F. 2001–2002 — Li, Feng. 'Offices' in Bronze Inscriptions and Western Zhou Government Administration // Early China. 2001–2002. Vol. 26. P. 1–72.

Li F. 2006 — Li, Feng. Landscape and Power in Early China: The Crisis and Fall of the Western Zhou, 1045–771 BC. Cambridge: Cambridge University Press, 2006.

Li F. 2008 — Li, Feng. Bureaucracy and the State in Early China: Governing the Western Zhou. Cambridge: Cambridge University Press, 2008.

Li F. (forthcoming) — Literacy and the Social Contexts of Writing in the Western Zhou. In Writing and Literacy in Early China, ed. Feng Li and David Branner. Seattle: Washington University Press, forthcoming.

Li Hengmei 1999 — Li Hengmei 李衡眉. Xian Qin shi lunji 先秦史論集. Jinan: Qilu shushe, 1999.

Li W. 2007 — Li, Wai-yee. The Readability of the Past in Early Chinese Historiography. Cambridge, MA: Harvard University Press, 2007.

Li Xiangping 1991 — Li Xiangping 李向平. Wangquan yu shenquan 王權與神權. Shenyang: Liaoning jiaoyu chubanshe, 1991.

Liang Shuming 2003 — Liang Shuming 梁漱溟. Zhongguo wenhua yaoyi 中國文化要義, Shanghai: Shanghai shijijituan chuban gongsi, 2003. First published in 1949.

Lin Suying 2000 — Lin Suying 林素英. Sangfu zhidu de wenhua yiyi: yi Yili Sangfu wei taolun zhongxin 喪服制度的文化意義：以《儀禮琓喪服》為討論中心. Taipei: Wenjin, 2000.

Lin Suying 2003 — Lin Suying 林素英Cong Guodian jian tanjiu qi lunchang guannian 從《郭店簡》探究其倫常觀念：以服喪思想為討論基點. Taipei: Wanjuanlou tushu gufen youxian gongsi, 2003.

Lin Yaolin 1996 — Lin Yaolin 林耀潾. Xi Han sanjia Shi xue yanjiu 西漢三家詩學研究. Taipei: Wenjin, 1996.

Liu F. 2004a — Liu, Fei-wen. Literacy, Gender, and Class: Nüshu and Sisterhood Communities in Southern Rural Hunan [Female-Specific Written Script] // NN. 2004. Vol. 6. № 2. P. 241–282.

Liu F. 2004b — Liu, Fei-wen. From Being to Becoming: Nüshu and Sentiments in a Chinese Rural Community [Jiangyong County, Hunan Province] // American Ethnologist. 2004. Vol. 31. № 3. P. 422–439.

Liu Q. 2003 — Liu, Qingping. Filiality versus Sociality and Individuality: On Confucianism as Consanguinitism // Philosophy East and West. 2003. Vol. 53. № 2. P. 234–250.

Liu S., Allinson 1988 — Liu, Shu-hsien, and Robert E. Allinson, eds. Harmony and Strife: Contemporary Perspectives, East and West. Hong Kong: Chinese University Press, 1988.

Liu Z., Liu J. 1997 — Liu, Zehua, and Jianqing Liu. Civic Associations, Political Parties, and the Cultivation of Citizenship Consciousness in Modern China // Fogel, Joshua A, and Peter G. Zarrow, eds. Imagining the People: Chinese Intellectuals and the Concept of Citizenship, 1890–1920. Armonk, NY: M. E. Sharpe, 1997. P. 39–60.

Liu Yu 2008 — Liu Yu劉雨. Liang Zhou Caoguo tongqi kao 两周曹國銅器考 // Zhongyuan wenwu中原文物. 2008. Vol. 2. P. 42–46.

Lloyd G. 1990 — Lloyd G. Aetiology of Hantavirus Infections // Antiviral Chemistry and Chemotherapy. № 1, 1990. P. 227.

Lloyd-Jones 1975 — Lloyd-Jones, H., ed. Females of the Species: Semonides on Women. London: Duckworth, 1975.

Loraux 1993 — Loraux, Nicole. The Children of Athena / Trans. by Caroline Levine. Princeton, NJ: Princeton University Press, 1993. French original published 1984.

Loraux 2002 — Loraux, Nicole. The Divided City: On Memory and Forgetting in Ancient Athens / Trans. by Corinne P ache with Jeff Fort. New York: Zone Books, 2002.

Lowe 1998 — Lowe, N. J. Thesmophoria and Haloa: Myth, Physics and Mysteries // Blundell, Sue, and Margaret Williamson, eds. The Sacred and the Feminine in Ancient Greece. London: Routledge, 1998. P. 149–173.

Lu Kanru, Feng Yuanjun 1999 — Lu Kanru陸侃如, and Feng Yuanjun 馮沅君. Zhongguo shishi 中國詩史. Tianjin: Baihua wenyi chubanshe, 1999.

Lu Yun 1990 — Lu Yun 盧云. Xian Qin liang Han shiqi hunyin lizhi de diyu kuozhan yu jieceng chuanbo 先秦 兩漢時期婚姻禮制的地域擴展與階層傳播 // Lishi dili 歷史地理. 1990. Vol. 8. P. 113–132.

Lü Wenyu 2006 — Lü Wenyu呂文郁.Zhoudai de caiyi zhidu周代的采邑制度 (增訂版). Beijing: Shehui kexue wenxian chubanshe, 2006.

Ludwig 2002 — Ludwig, Paul W. Eros and Polis: Desire and Community in Greek Political Theory. Cambridge: Cambridge University Press, 2002.

MacDowell 1995 — MacDowell, Douglas M. Aristophanes and Athens: An Introduction to the Plays. Oxford: Oxford University Press, 1995.

Maine 1861 — Maine, Henry. Ancient Law: Its Connection with the Early History of Society and Its Relation to Modern Ideas. London: J. Murray, 1861.

Mann 2000 — Mann, Susan. The Male Bond in Chinese History and Culture // American Historical Review. 2000. Vol. 105. № 5. P. 1600–1614.

Marrou 1956 — Marrou, H. I. A History of Education in Antiquity / Trans. by George Lamb. New York: Sheed & Ward, 1956.

Marry 1979 — Marry, John D. Sappho and the Heroic Ideal // Arethusa. 1979. Vol. 12. № 1. P. 71–92.

Martin 1993 — Martin, Richard P. Telemachus and the Last Hero Song // Colby Quarterly. 1993. Vol. 29. № 3. P. 222–240.

Maspero 1978 — Maspero, Henri. China in Antiquity / Trans. by Frank A. Kierman, Jr. Amherst: University of Massachusetts Press, 1978.

Mattos 1988 — Mattos, Gilbert L. The Stone Drums of Ch'in. Nettetal, Germany: Steyler Verl., 1988.

Maurizio 1998 — Maurizio, Lisa. The Panathenaic Procession: Athens' Participatory Democracy on Display // Democracy, Empire, and the Arts in Fifth-Century Athens / Ed. by Deborah Boedeker and Kurt Raaflaub. Cambridge, MA: Harvard University Press, 1998. P. 297–317.

McEvilley 1973 — McEvilley, Thomas. Sapphic Imagery and Frag. 96 // Hermes. 1973. Vol. 101. P. 257–278.

Mikalson 2004 — Mikalson, Jon D. Histories: Greece // Religions of the Ancient World: A Guide / Ed. by Sarah Iles Johnston. Cambridge, MA: The Belknap Press of Harvard University Press, 2004. P. 210–219.

Mikalson 2005 — Mikalson, Jon D. Ancient Greek Religion. Malden, MA: Blackwell Publishing, 2005.

Millender 1999 — Millender, Ellen G. Athenian Ideology and the Empowered Spartan Female // Sparta: New Perspectives / Ed. by S. Hodkinson and A. Powell. London: Duckworth, 1999. P. 355–391.

Miller 1978 — Miller, Stephen G. The Prytaneion: Its Function and Architectural Form. Berkeley: University of California Press, 1978.

Monoson 2000 — Monoson, Susan Sara. Plato's Democratic Entanglements: Athenian Politics and the Practice of Philosophy. Princeton, NJ: Princeton University Press, 2000.

Morris 1987 — Morris, Ian. Burial and Ancient Society: The Rise of the Greek City State. Cambridge: Cambridge University Press, 1987.

Morris 1991 — Morris, Ian. B The Archaeology of Ancestors: The Saxe/Goldstein Hypothesis Revisited // Cambridge Archaeological Journal. 1991. Vol. 1. № 2. P. 147–169.

Morris 1992 — Morris, Ian. Death-Ritual and Social Structure in Classical Antiquity. Cambridge: Cambridge University Press, 1992.

Morrow 1960 — Morrow, Glenn. Plato's Cretan City: A Historical Interpretation of the Laws. Princeton, NJ: Princeton University Press, 1960.

Mou 2004 — Mou, Sherry J. Gentlemen's Prescriptions for Women's Lives: A Thousand Years of Biographies of Chinese Women. Armonk, NY: M. E. Sharpe, 2004.

Murray O. 1980 — Murray, Oswyn. Early Greece. Stanford, CA: Stanford University Press, 1980.

Murray O. 1982 — Murray, Oswyn. Symposion and Mannerbund // Concilium Eirene XVI/I / Ed. by P. Oliva and A. Frolikóvá. Kabinet pro studia recká, rímská a latinská CSAV, 1982. P. 47–52.

Murray O. 1983a — Murray, Oswyn. The Greek Symposion in History // Tria Corda: Scritti in onore di Arnaldo Momigliano / Ed. by E. Gabba. Como: Edizioni New Press, 1983. P. 257–272.

Murray O. 1983b — Murray, Oswyn. The Symposion as Social Organisation // The Greek Renaissance of the Eighth Century B.C.: Tradition and Innovation / Ed. by R. Hägg and N. Marinatos. Stockholm: Svenska Institut i Athen, 1983. P. 195–199.

Murray O. 1990a — Murray, Oswyn. The Affairs of the Mysteries: Democracy and the Drinking Group // Murray, Oswyn, ed. Sympotica: A Symposium on the Symposion. Oxford: Clarendon Press, 1990. P. 149–161.

Murray O. 1991 — Murray, Oswyn. War and the Symposium // William J. Slater, ed. Dining in a Classical Context. Ann Arbor: University of Michigan Press, 1991. P. 83–103.

Murray O. 1995 — Murray, Oswyn. Forms of Sociality // Vernant, J. P., ed. The Greeks / Trans. by Charles Lambert and Teresa Lavender Fagan. Chicago: University of Chicago Press, 1995. P. 218–253.

Murray O. 2000 — Murray, Oswyn. Feasting and Alcohol in Ancient Societies // Studies in Chinese and Western Classical Civilizations: Essays in Honour of Prof. Lin Zhi-chun on his 90th Birthday. Tianjin: Nankai Daxue Chubanshe, 2000. P. 350–364.

Murray O., Price 1990 — Murray, Oswyn, and Simon Price, eds. The Greek City from Homer to Alexander. Oxford: Clarendon Press, 1990.

Murrin 1994 — Murrin, Michael. History and Warfare in Renaissance Epic. Chicago: University of Chicago Press, 1994.

Nagler 1993 — Nagler, Michael N. Penelope's Male Hand: Gender and Violence in the Odyssey // Colby Quarterly. 1993. Vol. 29. № 3. P. 241–257.

Nagy 1990 — Nagy, Gregory. Pindar's Homer: The Lyric Possession of an Epic Past. Baltimore: Johns Hopkins University Press, 1990.

Nagy 1996 — Nagy, Gregory. Poetry as Performance: Homer and Beyond. Cambridge: Cambridge University Press, 1996.

Nagy 2004 — Nagy, Gregory. Transmission of Archaic Greek Sympotic Songs: From Lesbos to Alexandria // Critical Inquiry. 2004. Vol. 31. P. 26–48.

Nicholson 2005 — Nicholson, Nigel. Aristocracy and Athletics in Archaic and Classical Greece. New York: Cambridge University Press, 2005.

Nylan 2000 — Nylan, Michael. Golden Spindles and Axes: Elite Women in the Archaemenid and Han Empires // The Sage and the Second Sex: Confucianism, Ethics, and Gender / Ed. by Chenyang Li. Chicago: Open Court, 2000. P. 199–222.

Nylan 2001 — Nylan, Michael. The Five Confucian Classics. New Haven, CT: Yale University Press, 2001.

Oakley, Sinos 1993 — Oakley, John H., and Rebecca H. Sinos. The Wedding in Ancient Athens. Madison: University of Wisconsin Press, 1993.

Ober 1989 — Ober, Josiah. Mass and Elite in Democratic Athens: Rhetoric, Ideology, and the Power of the People. Princeton, NJ: Princeton University Press, 1989.

Okin 1979 — Okin, Susan Moller. Women in Western Political Thought. Princeton, NJ: Princeton University Press, 1979.

Osborne 1993 — Osborne, Robin. Competitive Festivals and the Polis: A Context for Dramatic Festivals at Athens // Sommerstein, Alan, Stephen Halliwell, Jeffrey Henderson, and Bernhard Zimmermann, eds. Tragedy, Comedy and the Polis. Bari: Levante Editori, 1993. P. 21–37.

Osborne 2000 — Osborne, Robin. Women and Sacrifice in Classical Greece // Buxton, Richard, ed. Oxford Readings in Greek Religion. Oxford: Oxford University Press, 2000. P. 294–313.

Owen 2006 — Owen, Stephen. The Making of Early Chinese Classical Poetry. Cambridge, MA: Harvard University Press, 2006.

Parker H. 1993 — Parker, Holt. Sappho Schoolmistress // TAPA. 1993. Vol. 123. P. 309–351.

Parker H. 2005 — Parker, Holt. Sappho's Public World // Greene, Ellen, ed. Women Poets in Ancient Greece and Rome. Norman: University of Oklahoma Press, 2005. P. 3–24.

Parker R. 1986 — Parker, Robert. Greek Religion // The Oxford History of the Classical World / Ed. by John Boardman, Jasper Griffin, and Oswyn Murray. Oxford: Oxford University Press, 1986. P. 254–274.

Parker R. 1996 — Parker, Robert. Athenian Religion: A History. Oxford: Oxford University Press, 1996.

Pateman 1988 — Pateman, Carole. The Sexual Contract. Stanford, CA: Stanford University Press, 1988.

Patterson C. B. 1998 — Patterson, Cynthia B. The Family in Greek History. Cambridge, MA: Harvard University Press, 1998.

Patterson O. 1991 — Patterson, Orlando. Freedom. Vol. 1: Freedom in the Making of Western Culture. New York: Basic Books, 1991.

Pedrick 1988 — Pedrick, V. The Hospitality of Noble Women in the Odyssey // Helios. 1988. Vol. 15. № 2. P. 85–102.

Percy 1996 — Percy, William Armstrong III. Pederasty and Pedagogy in Archaic Greece. Urbana: University of Illinois Press, 1996.

Percy 2005 — Percy, William Armstrong III. Reconsiderations about Greek Homosexualities // Journal of Homosexuality. 2005. Vol. 49. № 3/4. P. 13–61.

Perlman 1983 — Perlman, Paula. Plato's Laws 833C–834D and the Bears of Brauron // GRBS. 1983. Vol. 24. № 2. P. 115–130.

Philips 2003 — Philips, David J. Athenian Political History: A Panathenaic Perspective // Philips, David J., and David Pritchard. Sport and Festival in the Ancient Greek World. London: Classical Press of Wales, 2003. P. 197–232.

Pines 2002 — Pines, Yuri. Foundations of Confucian Thought: Intellectual Life in the Chunqiu Period, 722–453 B.C.E. Honolulu: University of Hawaii Press, 2002.

Pitt-Rivers 1973 — Pitt-Rivers, Julian. The Kith and the Kin // The Character of Kinship / Ed. by Jack Goody. Cambridge: Cambridge University Press, 1973. P. 89–105.

Polinskaya 2003 — Polinskaya, Irene. Liminality as Metaphor: Initiation and the Frontiers of Ancient Athens // Dodd, David B., and Christopher

A. Faraone, eds. Initiation in Ancient Greek Rituals and Narratives. London: Routledge, 2003. P. 85–106.

Pomeroy 1975 — Pomeroy, Sarah B. Goddesses, Whores, Wives, and Slaves: Women in Classical Antiquity. New York: Schocken Books, 1975.

Pomeroy 1997 — Pomeroy, Sarah B. Families in Classical and Hellenistic Greece. Oxford: Clarendon Press, 1997.

Pomeroy 1999 — Pomeroy, Sarah B., ed. Plutarch's Advice to the Bride and Groom and A Consolation to His Wife: English Translations, Commentary, Interpretive Essays, and Bibliography. New York: Oxford University Press, 1999.

Pomeroy 2002 — Pomeroy, Sarah B. Spartan Women. Oxford: Oxford University Press, 2002.

Poo 1998 — Poo, Mu-chou. In Search of Personal Welfare: A View of Ancient Chinese Religion. Albany: State University of New York Press, 1998.

Powell 1999 — Powell, Anton. Spartan Women Assertive in Politics? Plutarch's Lives of Agis and Kleomenes // Sparta: New Perspectives / Ed. by Stephen Hodkinson and Anton Powell. London: Duckworth with the Classical Press of Wales, 1999. P. 393–419.

Price 1999 — Price, Simon. Religions of the Ancient Greeks. Cambridge: Cambridge University Press, 1999.

Pritchard 2003 — Pritchard, David. Athletics, Education and Participation in Classical Athens // Philips, David J., and David Pritchard. Sport and Festival in the Ancient Greek World. London: Classical Press of Wales, 2003. P. 293–349.

Pucci 1987 — Pucci, Pietro. Odysseus Polutropos: Intertextual Readings in the Odyssey and the Iliad. Ithaca, NY: Cornell University Press, 1987.

Pucci 1998 — Pucci, Pietro. The Song of the Sirens: Essays on Homer. Lanham, MD: Rowman & Littlefield., 1998.

Puett 2002 — Puett, Michael. To Become a God: Cosmology, Sacrifice, and Self-Divinization in Early China. Cambridge, MA: Asia Center, Harvard University Press, 2002.

Qian Hang 1991 — Qian Hang 錢杭. Zhoudai zongfa zhidushi yanjiu 周代宗法制度史研究. Shanghai: Xuelin chubanshe, 1991.

Qian Zongfan 1989 — Qian Zongfan 錢宗范. Zhoudai zongfa zhidu yanjiu 周代宗法制度研究. Guilin: Guangxi shifan daxue chubanshe, 1989.

Qin Zhaofen 2003 — Qin Zhaofen 秦照芬. Shang Zhou shiqi de zuxian chongbai 商周時期的祖先崇拜. Taipei: Lantai chubanshe, 2003.

Raaflaub 1993 — Raaflaub, Kurt. Homer to Solon: The Rise of the Polis // The Ancient Greek City-State: Symposium on the Occasion of the 250th

Anniversary of the Royal Danish Academy of Sciences and Letters, July 1–4, 1992 / Ed. by M. H. Hansen. Copenhagen: Munksgaard, 1993.

Raaflaub 1998 — Raaflaub, Kurt. A Historian's Headache: How to Read 'Homeric Society // Archaic Greece: New Approaches and New Evidence / Ed. by N. Fisher and H. van Wees. London: Duckworth, 1998. P. 69–193.

Raaflaub 2005 — Raaflaub, Kurt. Polis, 'the Political,' and Political Thought: New Departures in Ancient Greece, c. 800–500 bce // Axial Civilizations and World History / Ed. by J. Arnason, S. N. Eisenstadt, and B. Wittrock, Leiden: Brill, 2005. P. 253–283.

Raphals 1998 — Raphals, Lisa. Sharing the Light: Representations of Women and Virtue in Early China. Albany: State University of New York Press, 1998.

Raphals 2001 — Raphals, Lisa. Arguments by Women in Early Chinese Texts // NN. 2001. Vol. 32. P. 157–195.

Raphals 2002a — Raphals, Lisa. The Woman Who Understood the Rites // Confucius and the Analects: New Essays / Ed. by Bryan W. van Norden. Oxford: Oxford University Press, 2002. P. 275–302.

Raphals 2002b — Raphals, Lisa. Gender and Virtue in Greece and China // JCP. 2002. Vol. 29. № 3. P. 415–436.

Rauk 1989 — Rauk, John. Erinna's Distaff and Sappho Fr. 94 // GRBS. 1989. Vol. 30. P. 101–116.

Rawson 1999a — Rawson, Jessica. Western ZhoUArchaeology // The Cambridge History of Ancient China: From the Origins of Civilization to 221 B.C. / Ed. by M. Loewe and E. L. Shaughnessy. Cambridge: Cambridge University Press, 1999. P. 352–449.

Rawson 1999b — Rawson, Jessica. Ancient Chinese Ritual as Seen in the Material Record // State and Court Ritual in China / Ed. by Joseph McDermott. Cambridge: Cambridge University Press, 1999. P. 20–49.

Redfield 1995 — Redfield, James. Homo Domesticus // Vernant, J. P., ed. The Greeks / Trans. by Charles Lambert and Teresa Lavender Fagan. Chicago: University of Chicago Press, 1995. P. 153–183.

Redfield 2003 — Redfield, James. The Locrian Maidens: Love and Death in Greek Italy. Princeton, NJ: Princeton University Press, 2003.

Reding 1996 — Reding, Jean-Paul. Review of François Jullien, Detour and Access (French original) // China Review International. 1996. Vol. 3. № 1. P. 160–168.

Rhodes 1986 — Rhodes, P. J. The Greek City States: A Source Book. Norman: University of Oklahoma Press, 1986.

Rissman 1983 — Rissman, Leah. Love as War: Homeric Allusion in the Poetry of Sappho. Konigstein: Hein, 1983.

Roberts 1994 — Roberts, Jennifer T. Athens on Trial: The Antidemocratic Tradition in Western Thought. Princeton, NJ: Princeton University Press, 1994.

Roller 1981 — Roller, L. E. Funeral Games for Historical Persons // Stadion. 1981. Vol. 7. P. 1–18.

Rosaldo, Lamphere 1974 — Rosaldo, Michelle Zimbalist and Louise Lamphere, ed. Woman, Culture and Society. Stanford, CA: Stanford University Press, 1974.

Rose 1957 — Rose, H. J. The Religion of a Greek Household // Euphrosyne. 1957. Vol. 1. P. 95–116.

Rosenlee 2006 — Rosenlee, Li-hsiang Lisa. Confucianism and Women: A Philosophical Interpretation. Albany: State University of New York Press, 2006.

Rösler 1990 — Rösler, Wolfgang. Mnemosyne in the Symposion // Murray, Oswyn, ed. Sympotica: A Symposium on the Symposion. Oxford: Clarendon Press, 1990. P. 230–237.

Roussel 1976 — Roussel, Denis. Tribu et cité: Études sur les groupes sociaux dans les cités grecques aux époques archaïque et classique. Paris: Les Belles lettres, 1976.

Rouzer 2001 — Rouzer, Paul. Articulated Ladies: Gender and the Male Community in Early Chinese Texts. Cambridge, MA: Harvard University Asia Center, 2001.

Salkever 2004 — Salkever, Stephen. Review of François Jullien, Detour and Access // Bryn Mawr Classical Review. 2004. Vol. 8. № 17.

Saussy 1993 — Saussy, Haun. The Problem of a Chinese Aesthetic. Stanford, CA: Stanford University Press, 1993.

Saussy 2002 — Saussy, Haun. No Time Like the Present: The Category of Contemporaneity in Chinese Studies // Shankman, Steven, and Stephen Durrant, eds. Early China / Ancient Greece: Thinking Through Comparisons. Albany: State University of New York Press, 2002. P. 35–54.

Saxonhouse 1992 — Saxonhouse, Arlene W. Fear of Diversity: The Birth of Political Science in Ancient Greek Thought. Chicago: University of Chicago Press, 1992.

Scanlon 2002 — Scanlon, Thomas F. Eros and Greek Athletics. New York: Oxford University Press, 2002.

Schaberg 1999a — Schaberg, David. Travel, Geography, and the Imperial Imagination in Fifth-Century Athens and Han China // Comparative Literature. 1999. Vol. 51. № 2. P. 152–191.

Schaberg 1999b — Schaberg, David. Song and the Historical Imagination in Early China // HJAS. 1999. Vol. 59. № 2. P. 305–361.

Schaberg 2001 — Schaberg, David. A Patterned Past: Form and Thought in Early Chinese Historiography. Cambridge, MA: Harvard University Asia Center, 2001.

Schachter 2000 — Schachter, Albert. Greek Deities: Local and Panhellenic Identities // Further Studies in the Ancient Greek Polis / Ed. by Pernille Flensted-Jensen. Stuttgart: Franz Steiner Verlag, 2000. P. 9–17.

Schmitt-Pantel 1987 — Schmitt-Pantel, Pauline. Sociabilité et imaginaire de la cité // Thelamon, Françoise, ed. Sociabilité, pouvoirs et société: Actes du colloque de Rouen 24/26 nov. 1983. Rouen: Publications de l'Université de Rouen, 1987. P. 73–74.

Schmitt-Pantel 1990a — Schmitt-Pantel, Pauline. Sacrificial Meal and Symposion: Two Models of Civic Institutions in the Archaic City? // Murray, Oswyn, ed. Sympotica: A Symposium on the Symposion. Oxford: Clarendon Press, 1990. P. 14–33.

Schmitt-Pantel 1990b — Schmitt-Pantel, Pauline. Collective Activities and the Political in the Greek City // Murray, Oswyn, and Simon Price, eds. The Greek City from Homer to Alexander. Oxford: Clarendon Press, 1990. P. 199–214.

Schmitt-Pantel 1992 — Schmitt-Pantel, Pauline. La cité au banquet: Histoire des repas publics dans les cités grecques. Rome: École française de Rome, 1992.

Schwartz 1987 — Schwartz, Benjamin I. The Primacy of the Political Order in East Asian Societies: Some Preliminary Generalizations // Foundations and Limits of State Power in China / Ed. by Stuart R. Schram. London: School of Oriental and African Studies, University of London, 1987. P. 1–10.

Seaford 1994 — Seaford, Richard. Reciprocity and Ritual: Homer and Tragedy in the Developing City-state. Oxford: Oxford University Press, 1994.

Sealey 1987 — Sealey, Ralph. The Athenian Republic: Democracy or the Rule of Law? University Park: Pennsylvania State University Press, 1987.

Sedgwick 1985 — Sedgwick, Eva Kosofsky. Between Men: English Literature and Male Homosocial Desire. New York: Columbia University Press, 1985.

Segal 1965 — Segal, Charles. The Tragedy of the Hippolytus: The Waters of Ocean and the Untouched Meadow // Harvard Studies in Classical Philology. 1965. Vol. 70. P. 117–169.

Segal 1989 — Segal, Charles. Archaic Choral Lyric // The Cambridge History of Classical Literature / Ed. by P. E. Easterling and Bernhard Knox. Vol. 1: Early Greek Poetry. Cambridge: Cambridge University Press, 1989. P. 127–144.

Sena 2005 — Sena, David. Reproducing Society: Lineage and Kinship in Western Zhou China. Ph.D. diss., University of Chicago, 2005.

Shankman, Durrant 2002 — Shankman, Steven, and Stephen Durrant. Introduction // Shankman, Steven, and Stephen Durrant, eds. Early China / Ancient Greece: Thinking Through Comparisons. Albany: State University of New York Press, 2002. P. 1–13.

Shaughnessy 1989 — Shaughnessy, Edward L. The Role of Grand Protector Shi in the Consolidation of the Zhou Conquest // Ars Orientalis. 1989. Vol. 24. P. 51–77.

Shaughnessy 1991 — Shaughnessy, Edward L. Sources of Western Zhou History: Inscribed Bronze Vessels. Berkeley: University of California Press, 1991.

She Shusheng 1993 — She Shusheng 佘樹聲. Zongfa nongnu zhidu xia de Zhoudai hunyin wenhua 宗法農奴制度下的周代婚姻文化 // Renwen zazhi 人文雜誌. 1993. Vol. 2. P. 80–87, 95.

Shen Wenzhuo 2006 — Shen Wenzhuo 沈文倬. Zong Zhou liyue wenming kaolun 宗周禮樂文明攷論. Exp. ed. Hangzhou: Zhejiang daxue chubanshe, 2006.

Shipley 2000 — Shipley, Graham. The Greek World after Alexander, 323–30 B.C. London: Routledge, 2000.

Shirakawa 2004 — Shirakawa Shizuka 白川靜. [1962–1984]. Kinbun tsushaku 金文通釋. Kobe: Hakutsuru Bijutsukan. Collected in Jinwen wenxian jicheng 金文文獻集成. Vol. 45. Hong Kong: Mingzhi wenhua guoji chuban youxian gongsi, 2004.

Si Weizhi 1997 — Si Weizhi 斯維至. Zhongguo gudai shehui wenhua lungao 中國古代社會文化論稿 Taipei: Yunchen wenhua shiye gufen youxian gongsi, 1997.

Silber 1994 — Silber, Cathy. From Daughter to Daughter-in-law in the Women's Script of Southern Hunan // Engendering China: Women, Culture, and the State / Ed. by Christina K. Gilmartin, Gail Hershatter, Lisa Rofel, and Tyrene White. Cambridge, MA: Harvard University Press, 1994. P. 47–68.

Singor 1999 — Singor, H. W. Admission to the Syssitia in Fifth-Century Sparta // Sparta: New Perspectives / Ed. by Stephen Hodkinson and Anton Powell. London: Duckworth, 1999. P. 67–68.

Skinner 1982 — Skinner, Marilyn B. Briseis, the Trojan Women, and Erinna // CW. 1982. Vol. 75. № 5. P. 265–269.

Skinner 1987 — Skinner, Marilyn B. Greek Women and the Metronymic: A Note on an Epigram by Nossis // Ancient History Bulletin. 1987. Vol. 1. P. 39–42.

Skinner 1989 — Skinner, Marilyn B. Sapphic Nossis // Arethusa. 1989. Vol. 22. P. 5–18.

Skinner 1991 — Skinner, Marilyn B. Nossis Thêlyglôssos: The Private Text and the Public Book // Women's History and Ancient History / Ed. by Sarah B. Pomeroy. Chapel Hill: University of North Carolina Press, 1991. P. 20–47.

Slater 1968 — Slater, Philip E. The Glory of Hera: Greek Mythology and the Greek Family. Boston: Beacon Press, 1968.

Slater 1991 — Slater, William J., ed. Dining in a Classical Context. Ann Arbor: University of Michigan Press, 1991.

Snyder 1989 — Snyder, Jane McIntosh. The Woman and the Lyre: Women Writers in Classical Greece and Rome. Carbondale: Southern Illinois University Press, 1989.

Sourvinou-Inwood 1978 — Sourvinou-Inwood, Christiane. Persephone and Aphrodite at Locri: A Model for Personality Definitions in Greek Religion // JHS. 1978. Vol. 98. P. 101–121.

Sourvinou-Inwood 1995 — Sourvinou-Inwood, Christiane. Reading Greek Death: To the End of the Classical Period. Oxford: Clarendon Press, 1995.

Sourvinou-Inwood 2000a — Sourvinou-Inwood, Christiane. What Is Polis Religion? // Buxton, Richard, ed. Oxford Readings in Greek Religion. Oxford: Oxford University Press, 2000. P. 13–37.

Sourvinou-Inwood 2000b — Sourvinou-Inwood, Christiane. Further Aspects of Polis Religion // Buxton, Richard, ed. Oxford Readings in Greek Religion. Oxford: Oxford University Press, 2000. P. 38–55.

Stanford 1992 — Stanford, W. B. The Ulysses Theme: A Study in the Adaptability of a Traditional Hero. Dallas: Spring Publications, 1992.

Stehle 1997 — Stehle, Eva. Performance and Gender in Ancient Greece. Princeton, NJ: Princeton University Press, 1997.

Stehle 2001 — Stehle, Eva. The Good Daughter: Mothers' Tutelage in Erinna's Distaff and Fourth-Century Epitaphs // Lardinois, André, and Laura McClure, eds. Making Silence Speak: Women's Voices in Greek Literature and Society, Princeton, NJ: Princeton University Press, 2001. P. 179–200.

Steiner 1984 — Steiner, George. Antigones. New Haven, CT: Yale University Press, 1984.

Stevenson 2003 — Stevenson, Tom. The Parthenon Frieze as an Idealized, Contemporary Panathenaic Festival // Philips, David J., and David Pritchard. Sport and Festival in the Ancient Greek World. London: Classical Press of Wales, 2003. P. 233–280.

Stewart 1997 — Stewart, Andrew. Art, Desire, and the Body in Ancient Greece. Cambridge: Cambridge University Press, 1997.

Stockard 1989 — Stockard, Janice. Daughters of the Canton Delta: Marriage Patterns and Economic Strategies in South China, 1860–1930. Stanford, CA: Stanford University Press, 1989.

Strauss 1993 — Strauss, Barry S. Fathers and Sons in Athens: Ideology and Society in the Era of the Peloponnesian War. Princeton, NJ: Princeton University Press, 1993.

Sun Zuoyun 1966 — Sun Zuoyun 孫作云. Shijing yu Zhoudai shehui yanjiu 詩經與周代社會研究Beijing: Zhonghua, 1966.

Sweet 1987 — Sweet, Waldo E. Sport and Recreation in Ancient Greece: A Sourcebook with Translations. New York: Oxford University Press, 1987.

Tam 1975 — Tam, Koo-yin. The Use of Poetry in Tso Chuan. Ph.D. diss., University of Washington, 1975.

Tan 2002 — Tan, Sor-hoon. Between Family and State: Relational Tensions in Confucian Ethics // Mencius: Contexts and Interpretations / Ed. by Alan K. L. Chan. Honolulu: University of Hawaii Press, 2002. P. 169–188.

Tandy 1997 — Tandy, David W. Warriors into Traders: The Power of the Market in Early Greece. Berkeley: University of California Press, 1997.

Taplin 2000 — Taplin, Oliver, ed. Literature in the Greek and Roman Worlds: A New Perspective. Oxford: Oxford University Press, 2000.

Thatcher 1991 — Thatcher, Melvin P. Marriages of the Ruling Elite in the Spring and Autumn Period // Marriage and Inequality in Chinese Society / Ed. by Rubie S. Watson and Patricia B. Ebrey. Berkeley: University of California Press, 1991. P. 25–57.

Thériault 1996 — Thériault, Gaétan. Le culte d'Homonoia dans les cités grecques. Lyon: Maison de l'Orient méditerranéen, 1996.

Tong Shuye 1980 — Tong Shuye 童書業. Chunqiu Zuozhuan yanjiu春秋左傳研究. Shanghai: Shanghai renmin, 1980.

Too 2001 — Too, Yun Lee, ed. Education in Greek and Roman Antiquity. Leiden: E. J. Brill, 2001.

Turner 1990 — Turner, Karen. Sage Kings and Laws in the Chinese and Greek Traditions // Heritage of China: Contemporary Perspectives on Chinese Civilization/ Ed. by Paul Ropp. Berkeley: University of California Press, 1990. P. 86–111.

Tyrrell 1984 — Tyrrell, William Blake. Amazons: A Study in Athenian Mythmaking. Baltimore: Johns Hopkins University Press, 1984.

Van Bremen 2003 — Van Bremen, Riet. Family Structures // A Companion to the Hellenistic World / Ed. by A. Erskine. Oxford; Malden MA: Blackwell Publishing, 2003. P. 313–330.

Van Norden 2000 — Van Norden, Bryan W. Review of David L. Hall and Roger T. Ames, Thinking from the Han: Self, Truth and Transcendence in Chinese and Western Culture // Pacific Affairs. 2000. Vol. 73. № 2. P. 288.

Van Zoeren 1991 — Van Zoeren, Steven. Poetry and Personality: Reading, Exegesis, and Hermeneutics in Traditional China. Stanford, CA: Stanford University Press, 1991.

Vauchez 1987 — Vauchez, André. Rapport introductif: Jalons pour une historiographie de la sociabilité // Thelamon, Françoise, ed. Sociabilité, pouvoirs et société: Actes du colloque de Rouen 24/26 nov. 1983. Rouen: Publications de l'Université de Rouen, 1987. P. 7–15.

Venit 1998 — Venit, Marjorie Susan. Women in Their Cups // CW. 1998. Vol. 92. № 2. P. 117–130.

Vernant 1980 — Vernant, J. P. Myth and Society in Ancient Greece / Trans. by J. Lloyd. New York: Zone Books, 1980.

Vernant 1982 — Vernant, J. P. The Origins of Greek Thought. Ithaca, NY: Cornell University Press, 1982.

Vernant 1983 — Vernant, J. P. Hestia-Hermes: The Religious Expression of Space and Movement in Ancient Greece // Myth and Thought among the Greeks / Trans. by H. Piat. London: Routledge & Kegan Paul, 1983. P. 127–176.

Vernant 1991 — Vernant, J. P. Mortals and Immortals: Collected Essays / Ed. by Froma I. Zeitlin. Princeton, NJ: Princeton University Press, 1991.

Vernant, Gernet 1980 — Vernant, J. P., and Jacques Gernet. Social History and the Evolution of Ideas in China and Greece from the Sixth to the Second Centuries B.C. // Vernant, J. P. Myth and Society in Ancient Greece / Trans. by Janet Lloyd. New York: Zone Books, 1980. P. 79–100.

Vidal-Naquet 1986 — Vidal-Naquet, Pierre. The Black Hunter: Forms of Thought and Forms of Society in the Greek World / Trans. by Andrew Szegedy-Maszak. Baltimore: Johns Hopkins University Press, 1986.

Walker 1983 — Walker, Susan. Women and Housing in Classical Greece: The Archaeological Evidence // Cameron, Averil, and Amélie Kuhrt, eds. Images of Women in Antiquity. Detroit: Wayne State University Press, 1983. P. 81–91.

Wang C. H. 1974 — Wang, C. H. The Bell and the Drum: Shih ching as Formulaic Poetry in an Oral Tradition. Berkeley: University of California Press, 1974.

Wang C. H. 1975 — Wang, C. H. Towards Defining a Chinese Heroism // JAOS. 1974. Vol. 95. P. 25–35.

Wang F. 1997 — Wang, Fan-shen. Evolving Prescriptions for Social Life in the Late Qing and Early Republic: From Qunxue to Society // Fogel, Joshua A., and Peter G. Zarrow, eds. Imagining the People: Chinese Intellectuals and the Concept of Citizenship, 1890–1920. Armonk, NY: M. E. Sharpe, 1997. P. 258–278.

Wang Guimin 1998 — Wang Guimin 王貴民. "Xi Zhou wenhua" 西周文化, 1998.

Wang Hui 2000 — Wang Hui 王暉. Shang Zhou wenhua bijiao yanjiu 商周文化比較研究. Beijing: Renmin, 2000.

Wang Lihua 2004 — Wang Lihua 王利華. Zhou Qin shehui bianqian yu 'you' de yanhua 周秦社會變遷與'友'的衍化 // Jiangxi shehui kexue 江西社會科學. 2004. Vol. 10. P. 48–53.

Wang Shunu 1935 — Wang Shunu 王書奴. Zhongguo changji shi 中國娼妓史. Shanghai: Shenghuo shudian, 1935.

Wen Yiduo 1959 — Wen Yiduo 聞一多. Shenhua yu shi 神話與詩. Beijing: Zhonghua, 1959.

Williams 1993 — Williams, D. Women on Athenian Vases: Problems of Interpretation // Cameron, Averil, and Amélie Kuhrt, eds. Images of Women in Antiquity. Detroit: Wayne State University Press, 1983. P. 92–106.

Williamson 1995 — Williamson, Margaret. Sappho's Immortal Daughters. Cambridge, MA: Harvard University Press, 1995.

Wilson L. H. 1996 — Wilson, Lyn Hatherly. Sappho's Sweetbitter Songs: Configurations of Female and Male in Ancient Greek Lyric. London: Routledge, 1996.

Wilson P. 2000 — Wilson, Peter. The Athenian Institution of the Khoregia: The Chorus, the City and the Stage. Cambridge: Cambridge University Press, 2000.

Wilson P. 2003 — Wilson, Peter. The Politics of Dance: Dithyrambic Contest and Social Order in Ancient Greece // Philips, David J., and David Pritchard. Sport and Festival in the Ancient Greek World. London: Classical Press of Wales, 2003. P. 163–196.

Winkler 1990a — Winkler, John J. The Constraints of Desire: The Anthropology of Sex and Gender in Ancient Greece. London: Routledge, 1990.

Winkler 1990b — Winkler, John J. The Ephebes' Song: Tragōidia and Polis // Winkler, John J., and Froma I. Zeitlin, eds. Nothing to Do with Dionysos? Athenian Drama in Its Social Context. Princeton, NJ: Princeton University Press, 1990. P. 20–62.

Wolf 1972 — Wolf, Margery. Women and the Family in Rural Taiwan. Stanford, CA: Stanford University Press, 1972.

Wooyeal, Bell 2004 — Wooyeal, Paik, and Daniel A. Bell. Citizenship and State-Sponsored Physical Education: Ancient Greece and Ancient China // Review of Politics. 2004. Vol. 66. № 1. P. 7–34.

Wu C. 2004 — Wu, Cuncun. Homoerotic Sensibilities in Late Imperial China. London: Routledge Curzon, 2004.

Wu H. 1988 — Wu, Hung. From Temple to Tomb: Ancient Chinese Art and Religion in Transition // EC. 1988. Vol. 13. P. 78–115.

Xiao Bing 1982 — Xiao Bing 蕭兵. Zuozhuan 'guan she' zhiyi左傳觀社質疑 // Zhongguoshi yanjiu 中國史研究. 1982. Vol. 4. P. 145–147.

Xie Naihe 2008 — Xie Naihe 謝乃和. Jinwen zhong suo jian Xi Zhou wanghou shiji kao 金文 中所見西周王后事跡考 // Hua Xia kaogu 華夏考古. 2008. Vol. 3. P. 142–152.

Xu Sufen 2006 — Xu, Sufen. The Rhetoric of Legitimation: Prefaces to Women's Poetry Collections from the Song to the Ming // NN. 2006. Vol. 8. № 2. P. 255–289.

Yan Buke 2001 — Yan Buke 阎步克. Yueshi yu shiguan: Chuantong zhengzhi wenhua yu zhengzhi zhidu lun ji 樂師與史官:傳統政治文化與政治制度論集. Beijing: Sanlian, 2001.

Yang Kuan 1999 — Yang Kuan 楊寬. Xi Zhou shi 西周史. Shanghai: Shanghai renmin, 1999.

Yang Renzhi 2001 — Yang Renzhi 杨任之. Shijing tanyuan 詩经探源. Qingdao: Qingdao chubanshe, 2001.

Yates 1997 — Yates, Robin D. S. The City-State in Ancient China // The Archaeology of City-States: Cross-Cultural Approaches / Ed. by Deborah L. Nichols and Thomas H. Charlton. Washington DC: Smithsonian Institution Press, 1997. P. 71–90.

Yatromanolakis 2007 — Yatromanolakis, Dimitrios. Sappho in the Making: The Early Reception. Cambridge, MA: Center for Hellenic Studies, Harvard University Press, 2007.

Yu 2004 — Yu, Anthony C. State and Religion in China. Chicago: Open Court, 2004.

Zaidman, Schmitt-Pantel 1992 — Zaidman, Louise Bruit, and Pauline Schmitt-Pantel. Religion in the Ancient Greek City / Trans. by Paul Cartledge. Cambridge: Cambridge University Press, 1992.

Zeitlin 1995 — Zeitlin, Froma. Figuring Fidelity in Homer's Odyssey // The Distaff Side: Representing the Female in Homer's Odyssey / Ed. by Beth Cohen. New York: Oxford University Press, 1995. P. 117–152.

Zha Changguo 1993 — Zha Changguo 查昌國. Xi Zhou xiao you yizhi fUde zuoyong 西周孝有抑制父的作用 // Xi Zhou shi lunwen ji 西周史論文集. Vol. 2. Xi'an: Shaanxi renmin jiaoyu chubanshe, 1993. P. 1050–1062.

Zha Changguo 1998 — Zha Changguo 查昌國. You yu Liang Zhou junchen guanxi de yanbian 友與兩周君臣關係的演變 // Lishi yanjiu 歷史研究. 1998. Vol. 5. P. 94–109.

Zhang Jijun 2008 — Zhang Jijun 張繼軍. 先秦 // Zhongguo lunli daode bianqian shigao 中國倫理道德變遷史稿 / Ed. by Zhang Xiqin 張錫勤, Chai Wenhua 柴文華. 2 vols. Vol. 1. Beijing: Renmin, 2008. P. 9–166.

Zhang L. 2005 — Zhang, Longxi. Review of Steven Shankman and Stephen Durrant eds., Early China / Ancient Greece // Comparative Literature. 2005. Vol. 57. № 2. P. 185–192.

Zhang Xitang 1957 — Zhang Xitang 張西堂. Shijing liu lun 詩經六論. Shanghai: Shangwu, 1957.

Zhao Dingxin 2006 — Zhao Dingxin 趙鼎新. Dong Zhou zhanzheng yu RUFa guojia de xingcheng 東周戰爭與儒法國家的形成. Shanghai: Huadong shida chubanshe, 2006.

Zhao H. 2007 — Zhao, Henry. Contesting Confucius // New Left Review. 2007. Vol. 44 (March–April).

Zhao Maolin 2006 — Zhao Maolin 趙茂林. Liang Han sanjia Shi yanjiu 兩漢三家《詩》研究. Chengdu: Ba Shu shushe, 2006.

Zheng Zhimin 1997 — Zheng Zhimin 鄭志敏. Xishuo Tangji 細說唐妓. Taipei: Wenjin, 1997.

Zhou Jiren 1993 — Zhou Jiren 周繼仁. Lun zhongguo gudai biaoyan yishu de shangpinhua wenti 論中國古代表演藝術的商品化問題 // Zhongguoshi yanjiu 中國史研究. 1993. Vol. 15. № 4. P. 44–57.

Zhou Yanliang 2005 — Zhou Yanliang 周延良. Shijing xue'an yu Rujia lunli sixiang yanjiu 詩經學案與儒家倫理思想研究. Beijing: Xueyuan, 2005.

Zhou Yiqun 2003 — Zhou, Yiqun. Virtue and Talent: Women and Fushi in Early China // NN. 2003. Vol. 5. № 1. P. 1–42.

Zhou Yiqun 2005 — Zhou, Yiqun. Word and Music: Conviviality, Spontaneity, and Self-Sufficiency in Classical Athens and Song China // Literature, Religion, and East/West Comparison: Essays in Honor of Anthony C. Yu / Ed. by Eric Ziolkowski. Newark: University of Delaware Press, 2005. P. 202–222.

Zhu Fenghan 2004 — Zhu Fenghan 朱鳳翰. Shang Zhou jiazu xingtai yanjiu 商周家族形態研究. Rev. ed. (first edition 1990). Tianjin: Tianjin guji, 2004.

Zhu Mengting 2005 — Zhu Mengting 朱孟庭. Shijing yu yinyue 詩經與音樂. Taipei: Wenjin, 2005.

Предметно-именной указатель

агон (соревнование) 65, 101, 107, 115, 120, 123, 137, 141, 153, 169, 208, 216, 223, 227, 236, 243, 252, 262, 291, 318, 415, 427, 432
агора 26, 28, 98, 100, 103, 106, 172, 248, 314
Александр Великий 20, 27, 28
Алкей 66, 77–86, 100, 139, 363, 366, 367, 375, 376
Алкеста 293–295
Алкиной 69, 71, 109, 159, 296, 297, 307, 308, 310, 322
Алкман 224, 227, 228, 233, 235, 262, 363, 412, 418
амазонки 246, 247, 310
Анакреон 367
Андромаха 293, 294
Анита 355, 361, 362
Антигона 34
Аполлон 72, 109–111, 113, 114
Арета 230, 296, 297, 302, 307, 308, 310, 322
Аристотель 6, 80, 98, 112, 216, 429
Аристофан 221, 223, 234–238, 240–253, 263, 413, 414
Женщины в народном собрании 238, 241–246, 249–251

Лисистрата 221, 235, 237, 241–252
Женщины на празднике Фесмофорий 223, 238, 241, 413, 414
Артемида 110, 204, 221, 236
Аттическая Сколия 66, 84, 96–101, 110
Афина Ника 246
Афина Фратрия («Братская») 168
Афина Халкиойкос («Меднодомная») 137
Афина 72, 73, 78, 98, 100, 108–110, 116, 128, 137, 152, 168, 221, 241, 246, 285, 322
А. и Одиссей 72, 73, 78, 152, 322
А. и Панафинеи 116, 221
А. и Телемах 72, 78, 108, 128, 322
Афиней 77, 78, 139
Афродита 92, 118, 138, 139, 360, 364, 365, 370, 371, 373–378, 382
А у Носсиды 377, 378
А у Сафо 364, 365, 373–378
Ахилл 67–69, 76, 98, 99, 102, 114, 122, 186–188, 202, 308, 309, 333
А. и Патрокл 67, 76, 99, 114, 186–188, 202

Бань Гу 184, 255, 257, 266
Бовуар Симона де 433, 434
боги почвы и зерна 160, 161, 165–167, 238, 258, 259
брак 142, 190–192, 195, 212, 222, 223, 239, 264–266, 268, 295, 296, 300, 310, 315, 316, 329, 333, 334, 364, 366, 371, 383, 399, 400, 403, 411, 417, 419, 420
  возраст вступления в первый Б. 296
  в мифе о Деметре-Персефоне 239, 240
  Б. и женская дружба 371, 411, 419, 420
  виды Б. 266
  ритуалы Б. 268, 383, 403, 419
  как объединение семей 295
  Б. и религиозные роли женщин 220, 221, 291
братья 30, 40, 59, 60, 97, 125, 141–147, 152, 155–157, 160, 168, 169, 171, 177, 182, 190–192, 194–202, 205, 206, 210–212, 222, 234, 272, 279, 281, 287, 306, 334, 337, 338, 344, 398–401
  конфликт Б. 195, 196, 201
  Б. в пиршественных контекстах 168, 182, 191, 192, 197–199, 205, 211, 337, 344, 399
  иерархия Б. 156, 157, 171
  любовь и солидарность Б. 145, 171, 182, 197, 206, 210
  Б. как метафора гражданских связей 171, 194

Вакхилид 66, 115, 116, 122
Ван Сяньцянь 191, 258, 389, 395
Ван Чжи 341, 389, 404, 408

внесемейные гомосоциальные связи 6, 39, 40–42, 49, 60, 65, 77, 85, 98, 101, 107, 119, 126, 138, 139, 141, 164, 167, 188, 194, 202, 207, 215, 220, 232, 236, 285, 291, 301, 410, 411, 414, 415, 417, 418, 420, 421, 424, 426–429; См. также Дружба
  В. и гражданское товарищество 40, 42, 65, 107, 122
  эротизация и политизация В. 100, 101
  В. и празднества 65, 107, 112, 194, 220
  В. и родство 138, 193–210

Гармодий и Аристогитон 97–100, 116, 248
гармония 48, 57, 73, 80, 146, 149, 150, 170, 197, 199, 201, 202, 209, 216, 279, 291, 330, 334, 336, 337, 339–341, 350, 351, 423
  гражданская Г. 80, 202
  Г. и конфликт 48, 80, 216, 279, 334, 339, 350, 351, 428, 431
  супружеская Г. 146, 330, 334, 339–341
  Г. и иерархия 57, 170, 209, 216, 279, 291, 337, 339, 351
  Г. как идеал 48, 170, 197, 291, 334, 339, 351
  Г. среди родственников 170, 199, 201, 202, 216, 291, 334
Гегель Георг Вильгельм Фридрих 13, 36
гендерные отношения 6, 14, 15, 20–22, 24, 29, 37, 39, 45–52, 54, 56, 58–61, 216, 220, 251, 271,

291, 292, 355, 357, 422, 426–432, 434, 435
Гера 127, 222, 225, 226, 301, 308–311, 318, 360, 361, 377
Г. и Гефест 310, 311
Г. вдохновляющая аргонавтов 127
и Зевс 308–311, 318
Геродот 18, 82, 98, 109
Гесиод 109, 118, 162, 200, 201, 208, 226, 295, 296, 301, 317, 325
Г. о сыновнем долге 208
Г. о конфликте между братьями 200, 201
Г. и греческий пантеон 109
Г. о браке 296
в музыкальном соревновании 118
Г. и ода 301
Г. о Пандоре 317
Г. о половой любви 226
Гестия (богиня) 289, 290
гимнасия 26, 28, 65, 101, 103, 106, 117, 203, 423
Гомер 20, 25, 66–79, 86, 101, 107–111, 128, 139, 140, 153, 159, 181, 186, 187, 234, 236, 252, 292–294, 296–299, 301, 303, 306–312, 315, 320, 321, 346, 351, 361, 380; см. также *Илиада* и *Одиссея*
Г. и группа древних воинов 77
Г. и греческий пантеон 109
Г. как почитаемый наставник 351
гомерические гимны 110, 111, 239, 289
гомосексуальность, гомосексуализм 20, 40–42, 84, 86, 91–93, 96, 101, 208, 215, 375; см. также Сократ, Симпозиум, Феогнид
гомоэротизм 40–42, 92, 99, 101, 364, 368, 369, 375, 415; см. также гомосексуализм
женский Г. 92, 368
Г. и гетеросексуальная любовь 92
мужской Г. 40, 41, 99, 101, 375, 415
социализация и политизаций Г. 40
госпожа Бань 406–409
госпожа Му из Сюй 384, 385, 401, 402, 405
градации траура 212, 271, 280
гражданин-солдат 103, 300
гражданство в Греции 28, 33, 117, 119–121, 164, 166, 168, 169, 219
отсутствие понятия в Китае 33, 36
Гране Марсель 255, 256, 262, 263, 334
греческая комедия 221, 314–317, 329; см. также Аристофан, Менандр
новая комедия 314–316
старая комедия 316
стереотипы женщин в Г. 237, 297, 316, 350
греческие домашние обряды 278, 285, 286, 288–290
греческие жрицы 38, 221, 382
греческие погребальные игры 67, 68, 71, 76, 114, 134, 158, 188
греческие празднества 5, 15, 31, 46, 48, 51, 53, 54, 56, 57, 59, 60, 65, 66, 76, 107, 108, 113, 114, 116–120, 124, 128, 131, 132, 136,

140, 141, 151, 153, 158, 164, 167–169, 175, 177, 186, 188, 193 194, 203, 204, 219–253, 262–265, 285, 286, 289–291, 312, 314, 316, 318, 319, 339, 351, 411–413, 423, 432, 435; см. также хоры

Адония 237

женские Г. 236–239

Апатурии 168, 169, 204

Г. и спортивные состязания 113, 120, 121, 125–127

Враврона (Βραυρώνα) 221

Г. и гражданство 118–120

городские Дионисии 119

соревновательный характер Г. 107, 113–118

Элефсис 221

Г. и свобода женщин 241, 248

Г. и погребальные игры 114

Ленеи 113

панэллинские атлетические праздники 114

Панафенеи 97, 100, 104, 113, 116, 117, 221

Г. и соперничество полов 236–253

Скира 238

Фесмофорий 223, 237–241, 411, 413, 414

Г. и и публичное коллективное представительство женщин 27, 28, 221

греческие храмы / святилища 26, 28, 100, 109, 114, 131, 138, 159, 160, 203, 204, 246, 252, 312, 360, 361, 367, 370

греческий культ героев 134, 158

девичьи песни 224, 232, 233, 235, 252, 381, 412

девушки и незамужние молодые женщины 27, 222, 223, 225–234, 239, 254, 255, 257, 258, 261, 265–268, 287, 300, 312, 313, 360–363, 365, 367, 367–369, 372, 374, 375, 379–382, 399, 400, 420

Д. и почитание предков 265, 267, 268, 279

Д. на спортивных состязаниях 224, 226

хоры Д. 222–236

Д. как гражданские коллективы 27

Д. и юноши 27, 131, 233, 254, 255, 261, 312, 313

Деметра 109, 110, 221, 237–240, 411

Д. и Персефона 110, 239, 240, 411

демократия 29, 98, 100, 106, 114, 118–120, 132, 139, 221, 223, 249

Д. и коллективные действия 29, 139

Дионис 119

Древний Китай / Древняя Греция: хронология Д. 13, 16, 20, 25, 55, 56, 418

дружба 10–61, 68, 69, 76, 77, 81, 85, 87, 89–91, 93–97, 112, 128, 130, 141, 183, 186, 187, 191, 192, 195, 199–202, 207, 209–215, 222, 228, 233, 234, 331, 339, 355–357, 364–366, 369, 370, 375, 376, 379, 381–383, 387, 398, 401, 411–413, 415, 417, 419, 421, 422–424, 426; см. также сверстники, товарищи, гомоэротизм

Д. и предательство 89, 93, 94, 364, 366, 376
восхваление Д. в китайских источниках 187, 401
Д. и родство 9–61, 141, 192, 195, 199–202, 210–212, 214, 215, 233, 234, 357, 421, 424
Д. и любовь 85, 93, 415
радости Д. 87
истинная и ложная Д. 89, 91
Д. женщин 50, 61, 222, 228, 233, 234, 356, 357, 364, 370, 375, 379, 382, 383, 387, 398, 401, 411–413, 417, 419, 421, 422

Дюркгейм Эмиль 47

Еврипид 222—224, 234, 238, 239, 248, 285, 294, 361, 413, 414
Елена 76, 234–236, 252, 297, 299, 306–308, 312, 371–373

жена Боцзуна 331, 342, 343
жена Си Фуцзы 331, 342, 343
женская субкультура / контркультура 410, 414
женские литературные голоса 61, 291, 306, 348, 355, 357, 387, 403, 409–411, 414–418, 428
чувства к мужьям в Ж. 387–393
чувства к мужьям / свекрам в Ж. 393–398
чувства к натальным родственникам в Ж. 280
женская дружба в Ж. 222, 228, 233, 234, 356, 357, 364, 370, 375, 379, 382, 383, 387, 398, 401, 411–413, 417, 419, 421, 422
дружба и любовь в Ж. 93, 415

дружба и брак в Ж. 212, 364, 411, 419
дружба и воспоминания в Ж., 77, 366, 369, 381, 383
дружба и соперничество в Ж. 50, 76, 130, 186, 202, 207, 364, 365, 375, 376, 412, 413, 422, 426
«подлинность» Ж. 355, 357, 408, 410, 415, 416, 422
мужская имитация Ж. 238
связь матери и дочери в Ж. 49, 61, 355, 356, 358, 360–363, 387, 398, 411, 417, 424
женское письмо 418–422
женщины 5, 6, 15, 23, 24, 27, 28, 34, 37–41, 43–47, 49, 50, 53–57, 59–61, 90, 119, 131, 161, 216, 219–224, 227, 228, 234–263, 265–268, 271–297, 300, 302–310, 316–320, 322, 324, 326–335, 340–342, 344, 346–352, 355–434; см. также девушки и незамужние молодые женщины, семейные отношения женщин
дружба Ж. 50, 61, 222, 228, 233, 234, 356, 357, 364, 370, 375, 379, 382, 383, 387, 398, 401, 411–413, 417, 419, 421, 422
Ж. Цзянъюня 418, 420, 422
религиозные организации Ж. 6, 15, 27, 37, 46, 47, 60, 131, 219–221, 224, 237, 241, 244, 248, 255, 257, 275, 277, 282, 284, 285, 288, 289, 291, 333, 363, 364, 413, 414, 428
Ж., рассматриваемые как отдельная половая группа 27, 37, 238, 252, 317, 340, 364, 369, 425, 430, 432–434

жертвоприношения предкам
  в Китае 46, 141, 147, 148, 150,
  151, 154–156, 158, 163, 174, 176,
  178, 179, 182, 205, 220, 266–272,
  275–277, 279–283, 291, 337,
  344, 423
  основное обоснование Ж. 282
  поиск благословения в Ж. 148,
  154, 155, 281
  Ж. и посвящения предкам 148,
  176, 267, 276
  Ж. и праздник урожая 148,
  163, 272
  порядок и гармония в Ж.
  150, 291
  жертвенные сосуды как дары
  в Ж. 155, 176, 179, 268, 269,
  272, 276, 280, 281
Жизнеописания женщин 324, 330,
  331, 383, 385, 386, 394, 395

Закон о наследовании 29, 168,
  270, 271, 296, 297, 323, 332
Зевс Домохозяйства/Зевс
  Ктесий 133
Зевс Ограды/Зевс Геркей 133
Зевс Фратриос 168
Зевс 110, 111, 114, 115, 122, 133,
  135, 168, 236, 239, 285, 287,
  308–312, 315, 317, 318, 320, 373
  З. и Гера 308–311, 318
  З. как божество-покровитель
  атлетических игр 114,
  115, 122

Илиада 67–69, 71, 72, 76, 114, 186,
  187, 234, 236, 294, 308–311, 333,
  374; см. Ахиллес, Елена, Гера,
  Одиссей

инь/ян 430, 431
Исхомах 285, 295, 296, 300, 308,
  310, 314

китайские праздники 167, 169,
  179, 253–265, 415
  К.: сравнение с Грецией
  164–169
  К. и ухаживание 255–258,
  261–265
  упадок К. 265
  обряды плодородия на К. 253,
  255, 257, 258
  свобода женщин на К. 260
  почитание божеств природы
  на К. 160, 161
  К. и сватовство 264
  музыкальные состязания
  на К. 262
  свобода полов на К. 259,
  260, 263
китайские ритуальные тексты 52,
  57, 58
клан 24, 26, 79, 144–146, 169, 192,
  211, 294
Клитемнестра 222, 297, 299
Книга Документов 157, 173, 210
Книга Од 7, 29, 30, 51, 142
  женские авторы в К. 401–409
  исполнение *Од* 142–146, 182,
  197, 257, 409
  ода 10 385, 386, 393–397
  ода 12 268, 269
  ода 27 348, 403–409
  ода 39 398, 399, 402, 407
  ода 48 255–257, 260, 262
  ода 54 211, 385, 401, 402, 405
  ода 62 387, 389, 412
  ода 66 388, 389

ода 82 338–342
ода 84 261, 262
ода 87 260, 261
ода 95 254, 255, 259, 260
ода 133 183, 184, 186, 187
ода 137 257, 262
ода 154 162
ода 164 144–146, 194–200, 211, 337
ода 165 188–193, 198, 199, 211
ода 177 179, 180, 182, 184
ода 185 323
ода 186 212–214
ода 209 148, 149, 155, 163, 182, 271
ода 211 161, 162, 166
ода 212 162
ода 217 197, 199
ода 220 151–154
ода 223 194, 195
ода 229 389, 408
ода 235 29
ода 237 159
ода 240 160, 272
ода 242 172, 174
ода 246 150–153
ода 247 154, 156, 347
ода 251 173
ода 262 177–179, 181, 184
ода 279 272, 278
ода 282 272
ода 290 272
Книга Перемен 37
Книга обрядов 169, 267, 329, 330
Книга этикета и церемониала 142, 148, 151, 170, 171, 205, 207, 264, 268, 271
  К и родовые обряды предкам 148, 205, 271
  К и стрельба из лука 151
  К и ритуалы вступления в совершеннолетие 205, 207
  датировка К. 142
  К о симпозиумах 170, 171
  К и брачные обряды 264
  К и траурные обряды 271
Князь Чжоу 144, 191
Комментарий Гуляна 259
Комментарий Гунъян 259
Комментарии Цзо 45, 145, 146, 172, 173, 197, 202, 205, 211, 259, 268, 269, 277, 281, 323, 324, 326, 329–331, 335, 336, 342, 343, 347–349, 401, 405
  К. о Боцзун его жене 331, 342, 343
  К. о ритуалах вступления в совершеннолетие 205
  К. о супружеских взаимоотношениях 146, 331
  К. о женщинах для развлечений 45
  К. о госпоже Му из Сюй 401
  К. о брачных обрядах 269, 348
  К. о свекрови и невестке 277, 335, 336
  К. о матери князя Цин из Ци 347, 349
  К. о Му Цзян 277, 278, 347–349, 405
  К. о патерналистском правительстве 173
  К. об исполнении Од 211, 401–406
  К. о ши / цзя (расширенных домохозяйствах) 197
  история Линчжэ в К. 336

К. о нарушении брачных обрядов 268, 269

К. о мудрых и властных матерях 323, 324, 329

К. о Си Фуцзи и его жене 331, 342–344

К. об Ин Каошу и князе Чжуане из Чжэна 323, 324, 335

К. о Цзычане и районной школе 172

Кун Инда 145, 182, 197, 402

конкурентность греческой культуры 60, 65, 79, 80, 113, 118, 137, 164, 202, 208, 219, 220, 232, 233, 297, 425, 427, 428; См. также агон, гендерные отношения

К. и конкурентная борьба 85

К. и эгалитаризм 29, 233, 427, 428

К. и женщины 219, 220, 297, 425, 427, 428, 431

конфуцианство 430

Конфуций 6, 147, 169, 209, 210, 259, 277, 282, 328, 386, 395

К. о празднествах 169

К о дружбе и семейных добродетелях 209, 210

К. и Оды 147, 386

К.: восхваление Цзин Цзяна 282, 328

корпоративная патрилинейная организация 26, 60, 126, 179, 284, 271; см. также клан, закон о наследовании

Ксенофан 154

Ксенофонт 37, 66, 101, 103–106, 112, 113, 115, 125, 136, 139, 285, 295, 300, 314

Воспоминания о Сократе 101, 103, 325

Ойкономик (Домострой) К. 285, 295, 300

Симпозиум (Пир) К. 66, 101, 103–106, 112, 113

куртизанки 40, 42, 43, 94, 237, 332, 333, 378

Ламфер Луиза 425–427

Лаэрт 293, 297–299, 333, 412

лесбиянки (лесбиянство) 369, 418

Ллойд Джефри 9, 48, 423

Л. и Натан Сивин 423

Лю Сян 383–387, 394–397

Ма Жуйчэн 189, 392, 395–397

мальчики и юноши 27, 28, 40, 43, 47, 59, 60, 65, 66, 70, 84, 85, 88, 90–97, 101, 103–106, 115, 119, 123–125, 127–129, 131, 135, 137–139, 153, 168, 193, 203, 205–209, 215, 223, 233–235, 247, 254, 255, 261, 312, 313, 320, 322, 340, 345, 360, 372, 374, 376, 423: см. также ровесники, педерастия

М. на атлетических соревнованиях 104, 124, 129, 135, 168, 203, 204, 208, 423

хоры М. 119, 129, 208, 223, 233, 234

М. как гражданские коллективы 27

ритуалы вступления в совершеннолетие для М., 47, 203–207

воспитание, обучение и социализация М. 27, 47, 88, 103, 105, 127, 135, 204, 208, 209
Мао (Комментарий к Одам) 142, 144, 149, 199, 213, 214, 255, 258, 386, 390, 395, 402–404
  традиция Мао-Чжэн-Кун 213, 255, 258
  отличные от М. традиции 214, 386
мать 38, 40, 45, 47, 49, 50, 61, 110, 121, 127, 128, 173, 176, 177, 186, 187, 190, 191, 198, 206, 207, 220, 222, 223, 239, 244, 252, 268, 272–276, 278, 279, 281, 284, 288, 292–295, 298, 301–306, 308, 310–316, 320–329, 333–336, 339–341, 344, 346, 347, 349–352, 355, 356, 358–363, 377, 378, 380, 382, 387, 394, 395, 398–400, 411, 412, 417, 424, 425, 429, 431, 434
  М. Дуна 176, 273–275
  М. князя Цин из Ци 347, 349
  спартанские М. 303–305, 325, 326
межличностные отношения 5, 14, 39, 40, 42, 46–50, 53, 54, 56, 58, 188, 194, 240, 329, 384, 386, 387, 411, 424, 430, 432; см. также внесемейные гомосоциальные связи, гендерные отношения, семейные отношения женщин
  близость и конфликт в М. 14, 49–51
  классификация М. 40, 42, 46
  гомосоциальность и гомосексуальность в М. 39, 49, 411
  обзор паттернов в М. 411
менады 248

Менандр 312–316, 322, 323, 340
Менелай 76, 297, 306–308, 312
Мо-цзы 253, 256, 258, 259
Му Цзян 277, 278, 347–349, 403–405, 407, 409
музы 95, 110, 111, 115, 123, 129, 224, 363, 376, 377, 382
Мэн-цзы 172, 174
Мюррей Освин 7, 16, 25, 75, 79, 86, 87, 304

Носсида 355, 360, 361, 377–379

община 25, 26, 28, 36, 116–119, 122, 123, 140, 158, 160, 161, 164, 167, 170, 171, 174, 194, 206, 208, 222, 232, 253, 263, 286, 288, 360, 418, 432
Одиссей 68–76, 78, 79, 100, 108, 109, 113, 127, 152, 153, 293, 297–299, 302, 306–308, 310, 315, 320–323, 333, 345, 346, 412
  О. и Афина 72, 73, 78, 152, 322
  О. и Елена 76, 297, 299, 306, 308
  О. и Лаэрт 293, 298, 299, 333, 412
  О. в более поздней литературе 75, 76
  О. и Навсикая 315
  О. и Пенелопа 68, 72, 75, 293, 297–299, 302, 308, 310, 315, 320–323, 345, 346, 412
  О. и Телемах 68, 72, 108, 127, 298, 302, 306, 312, 320–323, 345, 346
Одиссея 68–76, 78, 79, 108, 109, 127, 128, 152, 153, 159, 183, 187, 236, 285, 293, 296–299, 303, 306–308, 312, 315, 320–322, 333,

346, 361, 412; см. также Елена, Одиссей, фиакийцы, Пенелопа, Телемах
О. и Илиада 68, 69, 71, 76, 236, 333
О. и Оды 159
О. и ода 412
жертвоприношения в *О.* 108
О. и Телегония 75, 76
Остатки документов эпохи Чжоу 165, 173
отцы и сыновья 29, 40, 50, 59, 60, 70, 110, 125, 128, 132, 135, 136, 141, 154–156, 157, 159, 172–174, 177, 189–191, 202, 216, 257, 258, 266, 269, 270, 273–275, 285, 286, 289, 293–295, 303, 304, 309, 313, 314, 323, 329, 333, 394, 395, 433,
очаг 73, 132, 133, 201, 204, 258, 289, 290, 413
О. в доме 73, 132, 201, 258, 413
О. в городском собрании 132, 133, 204, 289

Пан 110, 312
Пандора 317
патернализм 170–174
патрилинейная семья 60, 201, 215, 220, 263, 268, 278, 281, 350, 351, 411, 413, 418–422, 424, 426–430, 432
П. как основа общества 158, 164, 179, 201, 215, 326, 428
роли женщин в П., 275, 276, 278–281, 284, 289, 291
Пенелопа 68, 72, 75, 293, 297–299, 302, 308, 310, 315, 317, 320–323, 345–347, 349, 351, 412, 414
П. в роли невестки 293, 297

П. в роли женщины — героини 412
П. как мать 298, 302, 320–323, 346, 347, 351
П. как супруга 297–299, 302, 308, 310, 315, 351
первоисточники 7, 8, 15, 355
выбор и интерпретация П. 51–59
виды использованных П. 7, 8
Перикл 100, 106
Пиндар 66, 107, 115, 116, 120–130, 134–139, 224
пиршества 8, 15, 52, 65, 68, 69, 73, 75, 77, 81, 86, 88, 91, 103, 104, 106–108, 111, 125, 141, 148, 152, 153, 168, 179, 181, 193, 199, 209, 283, 292, 306, 310, 317, 322, 337, 339, 340, 350, 364, 365; см. также симпозиум
П. после жертвоприношений 107, 108, 141, 148, 365
П. и празднование спортивных побед 125
П. и празднование военных побед 174–183
семейные П. 188–199, 292, 317, 322, 337, 340, 350,
спортивные состязания на П. 72, 153
женщин на П. 249, 292, 340
Питтак 80, 84, 85, 318, 319, 366
Платон 6, 66, 101–104, 106, 112, 113, 119, 139, 410
Плутарх 110, 265, 287–289, 303, 304, 318, 319, 325
победные оды (эпиникии) 80, 108, 115, 116, 120–126, 129, 130, 136–139

полигиния в Китае 209, 270, 271, 326, 329, 332–334, 400
полигиния и наложничество в Греции 332, 333
полис 16, 18, 24–28, 33, 40, 80, 87, 106, 131, 133, 134, 137, 158, 159, 169, 208
  характеристики П. 24
  П. и китайские города-государства 32, 33
  П. и семья 24–30, 133, 169
  зарождение и развитие П. 16, 24–26
Посейдон 108, 109, 114, 370
почитание предков в Китае 31, 32, 147–169, 176, 272–275, 278, 284, 286, 288; см. также жертвоприношения предкам в Китае
  П. и храм предков 31, 52, 60, 159, 160, 176, 188, 205, 209, 268–270
  П.: перемены от Шан к Чжоу 31, 275
  П. в Чу 265
  П. и греческий культ умерших 157–159
  патрилинейный характер П. 29–31, 281, 282
  П. в Цинь 184, 185
  эволюция роли женщин в П. 265–280
  П. и статус женщин 283–285
почтительность 34, 35, 156, 171, 177, 179, 182, 206, 208, 210, 274, 277, 293, 297, 323, 324, 326, 327, 330, 331, 335, 336, 339, 347, 411
  П. и почитание предков 34, 35, 277
  П. у Конфуция 210
  эволюция понятия П. 34, 35
  выражение П. у китайских воинов 176–183
  выражение П. в контексте пиршеств 179, 335, 336
  П. как основополагающая китайская добродетель 35
  П. и братская любовь 182, 206, 210
  П. в Греции 208, 322
  П. женщинами 277–279, 287–289, 293, 326, 327
пританей 132

разделение полов 15, 37–39, 48, 282
Речи царств 145, 271, 277, 281–283, 324, 328–330, 342–344, 403
религия 6, 15, 18, 66, 31, 32, 35, 46, 47, 108, 109, 117, 131–133, 157, 158, 193, 219, 220, 224, 234, 257, 265, 275, 290, 291, 428, 433; см. также китайский культ предков китайские празднества греческие домашние ритуалы греческие празднества
  Р. и социабельность 46, 47, 60, 66, 107, 140, 158, 193, 219
Ритуалы Чжоу 264
ровесники (сверстники) 47, 50, 76, 79, 115, 127–130, 136, 138–140, 152, 176, 185, 203, 206, 207, 216, 220, 223, 227, 234, 238, 291, 303, 323, 422, 423
родственники агнатические и по браку 155, 156, 190–192, 195, 201, 212, 220, 265, 275, 411

конфликт Р. 201, 431, 432
гармония и солидарность между Р. 201, 428
родство 11, 13–15, 25, 26, 29, 30, 32, 36, 50, 60, 126, 141, 155, 156, 164, 168, 169, 174, 188, 192, 194, 195, 198, 199, 201–203, 210, 212, 214, 215, 232–234, 288, 334, 357, 400, 411, 424, 430, 431
Р. в китайской политической идеологии 155, 164, 170, 212
Р. и гражданство 168, 169, 188
Р. в эволюционистских социальных теориях 12–14, 25, 26
Р. и дружба 11–61, 141, 192, 195, 199–202, 211, 212, 215, 233, 234, 424
Р. и иерархия 26, 29, 30, 60, 156, 163, 164, 170, 206, 337, 423, 429–431

Сафо 228, 355, 358–378, 383, 410, 418, 419, 422
муж С. 410
С. и гомоэротизм 364, 377, 410
С. и соперничающие женские круги 365, 374–376
С. и поэзия симпозиумов 410
семейные отношения женщин 39, 61, 281, 283, 284, 288, 289, 292, 295, 326, 329, 333, 350, 351, 397, 415, 417, 421, 428–432; см. также женские литературные голоса
конфликт между женщинами в С. 279, 297, 327, 334, 335, 350, 351, 414, 425, 426, 428, 430, 431, 432

иерархия женщин в С. 60, 277–279, 286, 429–431
муж и жена в С. 40, 49, 50, 222, 244, 250–252, 266–271, 276, 277, 284–289, 292–301, 303, 306, 308–312, 315–321, 326–336, 339, 342–345, 350, 384, 386, 387–393, 410–417, 426
мать и дочь в С. 38, 40, 49, 50, 61, 239, 268, 312, 313, 355, 356, 358–363, 377, 378, 387, 398–400, 411, 412, 417, 424
мать и сын в С. 40, 49, 50, 128, 206, 207, 244, 273–275, 292, 293, 301–305, 311–315, 320–329, 335, 336, 339, 344, 346–351, 424, 425, 434
свекрови и невестки в С. 40, 49, 50, 270, 271, 277–279, 288, 293, 294, 296, 326–329, 334–337, 384, 386, 429
женская угроза семейному порядку в С. 263, 283
Семонид 317–319, 413
семья 6, passim см. также родство
гражданская С. 27, 28, 37, 134
нуклеарная С. 197, 292–294, 425, 426
патрилинейная С. 60, 201, 215, 220, 263, 268, 275, 278, 281, 284, 289, 291, 337, 350, 351, 411, 413, 416–422, 424, 426–430, 432
расширенная С. 197, 329, 337, 338, 425, 426
С и внедомашние отношения 42, 44, 46, 49, 60, 126, 138, 139, 202, 209, 291, 420–422, 426–429
С. и государство 26, 30, 32–36, 44, 47, 134, 136, 137, 146, 179,

182, 202, 208, 211, 264, 266, 289, 304, 305, 325, 326, 428
симпозиум 42, 46, 47, 66, 78, 79, 84–88, 90, 91, 95, 96, 98–101, 103, 104, 106, 107, 109, 111, 170, 171, 203, 319, 410, 423; см. также Алкей, *Аттическая Сколия*, Сократ, Феогнид
  возлияния и песни на С. 98, 99
  гимны исполнявшиеся на С. 109–113
  С. и лирическая поэзия 78, 91, 95
  С. и гомосексуализм 84, 86, 91, 95, 96
Слейтер Филипп 301–303, 310, 311
собрание (политический орган) 20, 25, 26, 28, 47, 65, 80, 104, 105, 111, 113, 132, 141, 144, 165, 192, 211, 225, 226, 237, 238, 240–246, 248–251, 253, 258, 283, 308, 310, 341, 356, 365, 366, 370, 372, 377, 378, 424, 434
Сократ 66, 101–107, 112, 113, 300, 318, 319, 325, 375, 376
  С. и Ксантиппа 318, 319
  С. и Сафо 375, 376
Солон 106, 296, 410
Софокл 286, 288
социабельность 7, 20–22, 24, 37, 42, 43, 46–49, 51, 52, 54, 59–61, 66, 77, 86, 104, 107, 126, 139–141, 148, 158, 170, 172, 185, 186, 193, 202, 212, 215, 216, 219, 233, 356, 377
  С. в качестве полезной перспективы 21
  С. и гендер 20–22, 24, 37–52, 59–61

С. и политика 22
С. и религия 46, 47, 60, 66, 107, 140, 158, 193, 219
С. и этика 46, 48
Спарта 87, 136, 137, 203, 224, 233, 237, 252, 306, 312, 325, 418
  атлетические соревнования в С. 136–138
  мальчики в С. 203, 204
  матери в С. 303–305, 325, 326
  молодые женские хоры в С. 224, 233, 234
  общий стол в С. 87
стрельба из лука 68, 72, 150–153, 174, 177, 321
Сыма Цянь 259

Тай Сы, царица 327, 328, 331
Телемах 68, 72, 78, 108, 127, 128, 207, 298, 302, 306, 312, 320–323, 345–347, 349, 350
  взросление Т. 127, 128, 207
  Т. во дворце Менелая 312, 306
  Т. и Одиссей 68, 72, 108, 298, 320, 321
  Т. и Пенелопа 298, 302, 320–323, 345–347, 349
ткачество 281, 282, 297, 324, 358, 360, 361, 381
  прядение 257, 258, 381
  работа с шерстью 245, 380, 381
  рукоделие 419, 422
товарищи (товарищество) 40, passim
  Т. в китайских источниках 183, 186–188, 200,
  Т. и супружеские отношения 239, 299–301, 310
  Т. в греческих текстах 67–85

Фан Южунь (Fang Yurun) 145, 179, 189, 191, 268, 269, 341, 388–390, 403
феминизм 433–435
Феогнид (сборник Феогнида) 66, 84–97, 101, 104, 105, 109–111, 113, 139, 207, 367, 375–377, 414
Феокрит 235, 236, 413
Фетида 186, 187, 308, 309
фиакийцы 69, 71, 73, 152, 153, 236, 302; см. также Арета, царь Алкиной
фратрия 16, 168, 169, 204
Фукидид 98, 100
Фюстель де Куланж 12, 46, 157

хоры 15, 46, 117–120, 124, 128, 129, 136, 164, 168, 219, 221–236, 252, 265, 363, 364, 381, 412
общинный характер Х. 117–119, 164, 222
организационные принципы Х. 117–119
соревновательный характер Х. 118, 119, 223, 228, 229, 231
финансовая поддержка Х. 412
Х. и брачный контроль 265
Х. и гражданство 119, 120, 164
Х. и женская дружба 222–236, 364, 381
Х. и конкурентная борьба 118
Х. и мужские связи 119
Х. и социальный статус женщин 221, 222

царь У 160, 169, 177, 178
царь Вэнь 29, 159, 160, 169, 172, 174, 178, 191, 272, 327, 331

Цзинь Цзян (Jin Jiang) 281–284, 324, 328, 330, 344–347, 349, 403–405, 407, 409
и Пенелопа 345–347, 349
Цзыся 277, 328
Цзычан 172
Цинь 15, 132–134

Чжэн (китайское царство) 24, 172, 211, 254, 255, 260, 261, 268–270, 323, 335
Чжэн Сюань (Zheng Xuan) 170, 174, 189, 197, 214, 255, 257, 386, 391, 393, 395
Чжуан Цзян 384–386, 403, 404, 407, 409
Чжу Си 151, 173, 182, 184, 189, 191, 197, 199, 213, 254, 255, 257, 259, 261, 341, 388–391, 396, 403, 404

Шмитт-Пантел Паулина 7, 28, 46, 51, 87, 132

эволюционистские социальные теории 12, 13, 25, 26, 36
эгалитарный, эгалитаризм 26, 29, 44, 126, 156, 215, 233, 427, 428
Э. и конкуренция 29, 233, 427, 428
эпиграмма 360–363, 377–379, 382, 383
эпитафия 362, 363, 381, 383
Эринна 355, 377, 379–383, 413
эфебия 28, 204, 208

ю, пэнъю, ю шэн 154–157, 175, 181, 189–192, 196, 211, 212

Яо Цзихэн (Yao Jiheng) 254, 341, 389, 390, 403

Оглавление

Предисловие 5
Введение. Родство и дружба 11

Часть I. Среди мужчин

Глава 1. Греция. Товарищи, граждане, юноши 65
Глава 2. Китай. Предки, братья, сыновья 141

Часть II. Между мужчинами и женщинами. Среди женщин

Глава 3. Общественные праздники и семейно-бытовые обряды 219
Глава 4. За столом и за кулисами 292

Часть III. Женская действительность и мужское воображение

Глава 5. О чем пели женщины 355
Заключение 423

Библиография 436
Предметно-именной указатель 476

Научное издание

Ицюнь Чжоу

ПРАЗДНЕСТВА, ТОРЖЕСТВА И ГЕНДЕРНЫЕ ОТНОШЕНИЯ В ДРЕВНЕМ КИТАЕ И ДРЕВНЕЙ ГРЕЦИИ

Подписано в печать 11.01.2024.
Формат издания 60 × 90 $^1/_{16}$. Усл. печ. л. 30,8.
Тираж 200 экз.

Academic Studies Press
1577 Beacon Street, Brookline, MA 02446 USA
https://www.academicstudiespress.com

ООО «Библиороссика».
198207, г. Санкт-Петербург, а/я № 8

Эксклюзивные дистрибьюторы:
ООО «Караван»
ООО «КНИЖНЫЙ КЛУБ 36.6»
http://www.club366.ru
Тел./факс: 8(495)9264544
e-mail: club366@club366.ru

Книги издательства можно купить
в интернет-магазине: www.bibliorossicapress.com
e-mail: sales@bibliorossicapress.ru

Знак информационной продукции согласно
Федеральному закону от 29.12.2010 № 436-ФЗ

www.ingramcontent.com/pod-product-compliance
Lightning Source LLC
Chambersburg PA
CBHW070405100426
42812CB00005B/1645